Springer-Lehrbuch

August-Wilhelm Scheer

EDV-orientierte Betriebswirtschafts- lehre

Grundlagen für ein effizientes
Informationsmanagement

Vierte, völlig neu bearbeitete Auflage

Mit 165 Abbildungen

Springer-Verlag Berlin Heidelberg New York
London Paris Tokyo Hong Kong

Professor Dr. August-Wilhelm Scheer
Institut für Wirtschaftsinformatik
Universität des Saarlandes
Im Stadtwald, Geb. 14
D-6600 Saarbrücken 11

ISBN 3-540-52398-7 Springer-Verlag Berlin Heidelberg New York Tokyo
ISBN 0-387-52398-7 Springer-Verlag New York Heidelberg Berlin Tokyo

Druck: Zechnersche Buchdruckerei GmbH & Co. KG, 6720 Speyer
Bindearbeiten: J. Schäffer GmbH u. Co. KG, Grünstadt
2142/7130-543210

Vorwort zur vierten Auflage

Die erste Auflage dieses Buches erschien 1984. Ihr folgten in kurzer Folge zwei weitere Auflagen und ein Nachdruck. Mit dieser vierten Auflage wird eine umfassende Überarbeitung vorgelegt. Mit ihr haben sich Charakter und Zielgruppen des Buches verändert. Die ersten Auflagen hatten vorrangig programmatischen Charakter. Die klassische Betriebswirtschaftslehre sollte auf die Bedeutung der Informationstechnologie für ihre Disziplin hingewiesen werden. Wenn auch immer noch bei Fachvertretern der Betriebswirtschaftslehre Berührungsängste, Ignoranz oder sogar EDV-Feindlichkeit bestehen, so sind doch in der Zwischenzeit wesentliche Erfolge sichtbar geworden:

- Es erscheinen zunehmend betriebswirtschaftliche Lehrbücher, die auch die EDV-gerechte Umsetzung der Problemlösungen behandeln bzw. den Einsatz der EDV in ihren Arbeitsgebieten diskutieren.

- Mit dem CIP (Computer Investitions-Programm) sind auch betriebswirtschaftlichen Lehrstühlen EDV-Ressourcen in Form von PC's und Workstations zur Verfügung gestellt worden, so daß der Zugang zur Informationstechnologie erleichtert wird.

- Die Anzahl der Lehrstühle für Wirtschaftsinformatik ist drastisch vermehrt worden, so daß auch zunehmend in Wirtschaftsinformatik ausgebildete Assistenten oder Lehrstuhlinhaber klassische betriebswirtschaftliche Fächer betreuen.

Kurz gesagt: Die EDV-Kenntnisse werden mit dem Generationenwechsel in der Betriebswirtschaftslehre zunehmen, vielleicht sogar zur Selbstverständlichkeit werden.

Die adäquate Umsetzung der Möglichkeiten der Informationstechnologie in dem betriebswirtschaftlichen Forschungs- und Lehrstoff wird damit aber nicht automatisch sichergestellt.

Auch die Vermehrung von Lehrstühlen zur Wirtschaftsinformatik und die Gründung von eigenständigen Studiengängen zur Wirtschaftsinformatik integriert nicht automatisch EDV-Wissen und Betriebswirtschaftslehre. Vielmehr besteht eine gewisse Gefahr, daß aufgrund der schwierigen Nachwuchssituation Lehrstühle zur Wirtschaftsinformatik aus angrenzenden, mehr technisch bezogenen Disziplinen besetzt werden, so daß der Bezug zur Betriebswirtschaftslehre nicht in dem gewünschten Maße hergestellt wird.

Diese vierte Auflage hat deshalb neben der Begründung einer EDV-Orientierung der klassischen Betriebswirtschaftslehre zwei weitere Aufgaben erhalten:

- Das Buch soll Grundlage einer eigenständigen Vorlesung im Rahmen der Allgemeinen Betriebswirtschaftslehre im Hauptstudium sein, die dabei in den Kanon der Fächer: Marketing, Bilanzen, Rechnungswesen usw. eingereiht wird. Das Thema dieser Vorlesung könnte lauten:

  "Betriebswirtschaftliche Informationsverarbeitung" oder "Informationsmanagement".

  Hierdurch kann die Vermittlung von EDV-technischem Wissen im Propädeutik-Grundstudium durch eine anwendungsbezogene Übersichtsvorlesung im betriebswirtschaftlichen Hauptstudium ergänzt werden.

- Das Buch soll eine Ergänzung für mehr EDV-technische Vorlesungen zur Wirtschaftsinformatik sein und dabei den BWL-Bezug vertiefen.

Das gesamte Buch ist aktualisiert worden. Bei der Behandlung von EDV-Techniken sind die Gebiete Expertensysteme und Computer Aided Software Engineering neu aufgenommen worden. Der Stoff des dritten Teils der früheren Auflagen, in dem ein Programm zur EDV-Orientierung der Betriebswirtschaftslehre ausgearbeitet wurde, ist in den Stoff der beiden ersten Teile eingearbeitet worden. Dadurch werden Redundanzen vermieden.

Bei der Betrachtung von Zusammenhängen zwischen BWL und EDV werden beide Richtungen untersucht:

- Welche Folgerungen kann die BWL aus den EDV-Techniken für ihre Problemlösungen ziehen?

- Wie kann die BWL die Techniken und ihren Einsatz effizienter gestalten?

Mit der zweiten Frage wird somit der Gestaltungsbeitrag der BWL stärker betont.

Der Stoff wird durch zahlreiche praxisnahe Beispiele ergänzt und ist weiterhin auch auf Praktiker aus den Bereichen Betriebswirtschaft und EDV-Abteilung ausgerichtet.

Im Zuge der Umbenennung von "EDV-Abteilungen" zu Abteilungen für "Informationssysteme" oder "Informationsmanagement" wird auch die Bezeichnung "informationsorientierte Betriebswirtschaftslehre" der Bezeichnung "EDV-orientierte Betriebswirtschaftslehre" gleichgesetzt, wenn mit "informationsorientiert" eine enge Kopplung an die Möglichkeiten der Informationstechnik verstanden wird. Dieser Begriffsentwicklung wird mit dem Untertitel **"Grundlagen für ein effizientes Informationsmanagement"** Rechnung getragen.

Ich danke meinen Mitarbeitern für ihre Unterstützung bei der technischen Erstellung des Werkes, insbesondere Frau Dipl.-Kfm. Ruth Bartels, Herrn Dipl.-Kfm., Dipl.-Ing. (FH) Gerhard Keller, Frau Lucie Bender und Frau cand. rer. oec. Stefanie Gasper.

Saarbrücken, Winter 1989/90
August-Wilhelm Scheer

Vorwort zur dritten Auflage

Gegenüber der zweiten Auflage wurden einige Druckfehler berichtigt sowie das Literaturverzeichnis aktualisiert und das Schlagwortverzeichnis überarbeitet.

Saarbrücken, im September 1986
August-Wilhelm Scheer

Aus dem Vorwort zur zweiten Auflage

Gegenüber der ersten Auflage sind lediglich einige formale Fehler berichtigt worden. Eine größere inhaltliche Überarbeitung war aufgrund der kurzen Zeitspanne zwischen den beiden Auflagen nicht erforderlich.

Die Reaktion der Leser auf die erste Auflage des Buches war ungewöhnlich lebhaft. Besonders positiv wurde das Buch von Anwendern aufgenommen, die in ihren Unternehmungen mit den Erfordernissen der EDV konfrontiert sind. Bei dieser Lesergruppe stieß die festgestellte Zurückhaltung von Hochschullehrern der klassischen betriebswirtschaftlichen Fächer gegenüber der EDV auf Unverständnis. Sie selbst seien als Leiter des Rechnungswesens oder des Vertriebes bei der Auswahl eines Standardsoftwarepaketes gezwungen, sich mit der EDV auseinanderzusetzen und erwarten dieses auch von den entsprechenden Fachvertretern der Wissenschaft.

Von den Vertretern der Wirtschaftsinformatik wurde das Buch überwiegend positiv aufgenommen und die Forderung nach einer **EDV-orientierten Betriebswirtschaftslehre** unterstützt.

Die Haltung der Vertreter der klassischen betriebswirtschaftlichen Disziplinen war dagegen gemischt. Neben positiven Äußerungen zeigten sich auch Unsicherheit und eine gewisse Betretenheit gegenüber dem Anspruch, daß die EDV zu einem Umdenken bei vielen betriebswirtschaftlichen Fachinhalten dränge.

Der Verfasser nimmt aber den Absatzerfolg des Buches als ein insgesamt ermutigendes Zeichen dafür, daß der Prozeß gegenseitiger Beeinflussung von Betriebswirtschaftslehre und Informationstechnologie zu beider Nutzen verstärkt wird.

Saarbrücken, im Oktober 1984
August-Wilhelm Scheer

Aus dem Vorwort zur ersten Auflage

Das überwiegende Einsatzgebiet der Elektronischen Datenverarbeitung (EDV) ist die Abwicklung und Unterstützung betriebswirtschaftlicher Funktionen in Organisationen. Trotzdem hat die Betriebswirtschaftslehre noch nicht in hinreichendem Ausmaß die Möglichkeiten und Anforderungen der EDV in ihre Forschungs- und Lehrgebiete aufgenommen.

Bei der zahlreichen Literatur zur Elektronischen Datenverarbeitung dominieren bisher Darstellungen von Grundlagen und Techniken des EDV-Einsatzes, während betriebswirtschaftliche Auswirkungen meist unberücksichtigt bleiben. In diesem Buch wird deshalb untersucht, welche vielfältigen Möglichkeiten die EDV der Betriebswirtschaftslehre in Forschung, Anwendung und Lehre eröffnet und in welcher Form die Betriebswirtschaftslehre den Herausforderungen an eine EDV-geeignete Aufbereitung und Darstellung des betriebswirtschaftlichen Stoffes nachkommen kann und muß.

Im Zuge der Einführung von Dialogverarbeitung und Datenbanken sowie der Vernetzung von EDV-Systemen beginnen die Unternehmungen damit, ihre Organisationsstruktur enger an die Erfordernisse eines effizienten EDV-Einsatzes anzupassen. Nur dadurch gelingt es erst, die Chancen der Informationstechniken voll zu nutzen.

Die Arbeit basiert auf der Verknüpfung von betriebswirtschaftlichem mit EDV-technischem Wissen und bezieht intensive praktische Erfahrungen bei Entwurf, Auswahl und Einführung von EDV-gestützten Informationssystemen ein. Dies ermöglicht es auch, die Anforderungen an die praktische Gestaltung EDV-gerechter betrieblicher Abläufe deutlich zu machen. Dabei wird die EDV selbstverständlich nicht als Selbstzweck angesehen. Ziel der Darstellung ist es vielmehr zu zeigen, wie der angemessene Einsatz der EDV wesentlichen Unternehmenszielen, wie Kostenreduzierung, Straffung organisatorischer Abläufe und Erhöhung der Flexibilität zu Beschaffungs- und Absatzmärkten, dienen kann.

Der Verfasser hat sich zum Ziel gesetzt herauszuarbeiten, welches Wissen über die Wirkungen des EDV-Einsatzes notwendig ist, damit ein betriebswirtschaftlicher Fachkollege, der sich bisher nur wenig mit der EDV beschäftigt hat, dieses in sein Fachgebiet einarbeiten kann.

Dieser Stoff deckt sich weitgehend mit dem EDV-Wissen, das das Informationsmanagement in Unternehmungen besitzen sollte, um den zunehmenden Einsatz der EDV in den Fachabteilungen richtig steuern und für eine integrierte Informationsverarbeitung die notwendigen organisatorischen Konsequenzen bezüglich der Ablauf- und Aufbauorganisation ziehen zu können.

Eine so verstandene Stoffauswahl erschöpft sich nicht in der leicht abzufassenden Beschreibung von Hard- und Software eines EDV-Systems (die hier deshalb lediglich zur Orientierung dargestellt ist). In dieser Arbeit steht vielmehr die Behandlung der **grundsätzlichen Beeinflussung** von betriebswirtschaftlichen Fragestellungen durch den EDV-Einsatz im Mittelpunkt.

Den Einfluß der EDV auf die betriebswirtschaftliche Theorie und Politik der Unternehmung hält der Verfasser für so bedeutend, daß er den dargestellten Stoff als eine wichtige Sichtweise der klassischen betriebswirtschaftlichen Fächer verstanden wissen möchte und ihn damit als Definition einer **EDV-orientierten Betriebswirtschaftslehre** vorschlägt.

Gleichzeitig ist das Buch ein Beitrag zu der von Fachvertretern der Wirtschaftsinformatik geführten Diskussion um Gegenstand und Abgrenzung ihres Fachgebietes.

Saarbrücken, im Januar 1984
August-Wilhelm Scheer

Inhaltsverzeichnis

Kapitel 1: EDV-Orientierung der Betriebswirtschaftslehre

A. Betriebswirtschaftslehre und EDV

In der Betriebswirtschaftslehre haben die Schwerpunkte der Betrachtungsweise in den letzten 40 Jahren mehrfach gewechselt. In der von Gutenberg begründeten Schule (vgl. *Gutenberg, Betriebswirtschaftslehre 1951*) stehen die Produktionsfaktoren und ihr Kombinationsprozeß im Vordergrund, in der entscheidungsorientierten Betriebswirtschaftslehre (vgl. *Heinen, Betriebswirtschaftslehre 1969*) die Analyse und Optimierung von Entscheidungsprozessen; die systemorientierte Betriebswirtschaftslehre betrachtet betriebliche Prozesse als ineinander verschachtelte Regelkreise (vgl. *Baetge, Systemtheorie 1974*), und die empirisch arbeitende Forschungsrichtung betont die Notwendigkeit der empirischen Begründung von Theorieaussagen (vgl. *Witte, Empirische Forschung 1981*).

Keine dieser Entwicklungsrichtungen kann in der Lage sein, das Erfahrungsobjekt "Betriebswirtschaft" vollständig zu umfassen. Vielmehr ergänzen sich die Betrachtungsweisen.

In diesem Sinn soll deshalb auch der Vorschlag verstanden werden, mit der EDV-Orientierung der Betriebswirtschaftslehre einen weiteren Schwerpunkt der Betrachtung hinzuzufügen. Im Zuge der Umbenennung von "EDV-Abteilungen" zu Abteilungen für "Informationssysteme" oder "Informationsmanagement" wird auch die Bezeichnung "informationsorientierte Betriebswirtschaftslehre" der Bezeichnung "EDV-orientierte Betriebswirtschaftslehre" gleichgesetzt, wenn mit "informationsorientiert" eine enge Kopplung an die Möglichkeiten der Informationstechnik verstanden wird. Dieser Begriffsentwicklung wird mit dem Untertitel "**Grundlagen für ein effizientes Informationsmanagement**" Rechnung getragen.

Unter dem Sammelbegriff **EDV** werden die Informations- und Kommunikationstechniken zur elektronischen Verarbeitung von Daten zusammengefaßt, also deren Erfassung, Speicherung, Transformation, Übertragung und Ausgabe. Zur Abkürzung wird im folgenden für den Begriff "Informations- und Kommunikationstechniken" häufig lediglich der Begriff "Informationstechniken" verwendet.

Dieses umfaßt sowohl Hardware- und Softwaretechniken als auch deren konkrete Realisierungen, z. B. in Form von bestimmten Hardwarekonfigurationen und Anwendungsprogrammen.

Die Beziehungen zwischen Betriebswirtschaftslehre und EDV sind vielfältig:

- **Die EDV ermöglicht den Einsatz von rechen- und datenintensiven betriebswirtschaftlichen Planungstechniken und damit die Einführung organisatorischer Abläufe, die ohne EDV-Einsatz unwirtschaftlich oder undurchführbar wären.**

- **Die wirtschaftlichen Vorteile des EDV-Einsatzes können nur dann sinnvoll genutzt werden, wenn für ihren Einsatz geeignete betriebswirtschaftliche Anwendungskonzepte vorliegen.**

- **EDV-Anwendungsprogramme bestimmen zunehmend wesentliche betriebswirtschaftliche Abläufe in Unternehmungen.** Nach Aussagen ist z. B. ein Industriebetrieb nach rund zehn Tagen funktionsunfähig, wenn das EDV-System ausfällt (vgl. *Anselstetter, Nutzeffekte der Datenverarbeitung 1986, S. 19*). Mit steigendem Durchdringungsgrad wird sich diese Zeitspanne noch wesentlich verringern. **Weit verbreitete Standard-Anwendungsprogramme für Rechnungswesen, Produktionsplanung usw. besitzen eine hohe Multiplikatorwirkung für die in ihnen enthaltenen betriebswirtschaftlichen Konzeptionen.**

Diese drei Aspekte
- **Unterstützung rechen- und/oder datenintensiver betriebswirtschaftlicher Verfahren durch die EDV,**
- **Notwendigkeit EDV-geeigneter betriebswirtschaftlicher Konzepte zur Erhöhung der Wirtschaftlichkeit der EDV,**
- **hohe Gestaltungswirkung von Anwendungssoftware**
begründen **die enge Verflechtung von Betriebswirtschaftslehre und EDV.**

EDV-Wissen hat erst Mitte der 60er Jahre mit Gründung des Faches Wirtschaftsinformatik Eingang in die Betriebswirtschaftslehre gefunden. **Wirtschaftsinformatik wird als Wissenschaft von Entwurf und Anwendung computergestützter Informations- und Kommunikationssysteme definiert.** (Die Begriffe Wirtschaftsinformatik, Betriebsinformatik und Betriebliche Datenverarbeitung werden gleichgesetzt, in den letzten Jahren überwiegt aber die Bezeichnung "Wirtschaftsinformatik".) Der erste Lehrstuhl für Wirtschaftsinformatik wurde in der Bundesrepublik Deutschland 1970 an der Universität Erlangen-Nürnberg eingerichtet (vgl. *Mertens, Wedekind, Betriebsinformatik 1982, S. 515*). Inzwischen ist das Fachgebiet an allen größeren wirtschaftswissenschaftlichen Fakultäten vertreten, wenn auch noch nicht immer seiner Bedeutung und seinen speziellen Anforderungen entsprechend sachlich und personell ausgestattet. An etwa 15 deutschsprachigen Universitäten werden Pflichtvorlesungen zur Wirtschaftsinformatik im Grundstudium der Wirtschaftswissenschaften angeboten, und an etwa 40 Universitäten besteht die Möglichkeit zur Wahl des Faches als Vertiefungs- oder Wahlfach.

An rund zehn Universitäten ist oder wird Wirtschaftsinformatik als eigenständiger Studiengang eingerichtet (unter anderem Bamberg, Darmstadt, Dortmund, Duisburg, Essen, Köln, Mannheim, Münster, Paderborn und Saarbrücken).

Bei vielen Universitäten gehören Vorlesungen zur Wirtschaftsinformatik zum Standardprogramm der Allgemeinen Betriebswirtschaftslehre. Einen Überblick gibt der Studien- und Forschungsführer zur Wirtschaftsinformatik (vgl. *Heinrich, Kurbel, Studien- und Forschungsführer 1988*).

Da sich der Einsatz der Informationstechnik weitgehend in der Praxis entwickelt hat, wurde der theoretische Unterbau für betriebswirtschaftliche Anwendungen erst später entwickelt. Die Literatur zur Wirtschaftsinformatik bestand deshalb lange Zeit überwiegend aus stark instrumental ausgelegten Lehrbüchern. In ihnen dominieren Beschreibungen von Hardware- und Softwaregrundlagen sowie von Techniken zum Entwurf von EDV-Systemen. Systematische Darstellungen von betriebswirtschaftlichen Anwendungen mit Hilfe der EDV erscheinen erst in neuerer Zeit.

Für Vertreter der klassischen Fächer der Betriebswirtschaftslehre sind die EDV-technischen Veröffentlichungen wenig motivierend, sich intensiver mit der EDV zu beschäftigen. Vielmehr verstärken sie das Vorurteil, die Wirtschaftsinformatik behandele im wesentlichen "technische" Probleme. Die bereits bestehende Unsicherheit gegenüber der EDV wird dadurch bestätigt und Abwehrhaltungen gegenüber diesem der Betriebswirtschaftslehre angeblich "fremden" Fach werden unterstützt.

Die Wirtschaftsinformatik wäre andererseits überfordert, müßte sie für alle betrieblichen Funktionen EDV-bezogene Anwendungskonzepte entwerfen. Ihre Hauptaufgabe sollte vielmehr sein, neben der Vermittlung von Grundlagenwissen **generelle** Fragestellungen und Wirkungsweisen des EDV-Einsatzes herauszuarbeiten und Lösungsverfahren zu entwickeln, mit deren Hilfe es den klassischen betriebswirtschaftlichen Disziplinen möglich ist, die Aspekte der EDV-Anwendungen stärker einzubeziehen. Diese Entwicklung bahnt sich auch zunehmend an.

Auch die betriebswirtschaftliche Organisationslehre, die eine enge Beziehung zur Informationsverarbeitung besitzt, hat dieses Gebiet bisher nicht ausreichend bearbeitet. So werden z. B. die Fragen untersucht, für welche sachlichen Zwecke welche Technik in der organisatorischen Praxis tatsächlich benötigt wird, unter welchen Gesichtspunkten eine neue Informationstechnik eingesetzt werden sollte (vgl. *Picot, Bürokommunikation 1982*, S. 10) oder welche Wirkungen der EDV-Einsatz auf die Aufbauorganisation von Unternehmungen hat (vgl. *Leavitt, Whisler, Management 1958; Kieser, Kubicek, Organisation 1983*). Diese Problematik berücksichtigt aber nicht ausreichend die wesentlichere Frage, wie betriebswirtschaftliche Abläufe und Entscheidungsprozesse unter Beachtung der neuen Techniken umgestaltet werden können oder müssen.

Die entscheidungsorientierte Betriebswirtschaftslehre behandelt ebenfalls nur einen minimalen Teilausschnitt der für eine EDV-Lösung relevanten Problematik. So macht z. B. die Implementierung einer Bestellregel (Andler-Formel, s-S-Regel usw.) in einem Programmsystem zur Bestellpolitik etwa 0,1 % des Programmcodes aus, während der überwiegende Anteil den Datenanschluß zu vor- und nachgelagerten Abläufen, die Fehlerbehandlung und die Benutzerführung zur organisatorischen Behandlung unterschiedlicher Fälle regelt. Für die Ausführung einer realen Bestellung sind die EDV-Funktionen sicher von höherer Bedeutung als die Bestellregel. **Anders ausgedrückt: Ein Programmsystem zur Bestellabwicklung kann zwar ohne hoch entwickelte Bestellformeln arbeiten, eine noch so komplizierte Bestellregel ohne Anschluß an die Informationsbasis und den organisatorischen Rahmen ist jedoch wirkungslos.**

In einigen speziellen Betriebswirtschaftslehren bestehen bereits Ansätze zur Berücksichtigung von EDV-Techniken, z. B. im Marketing (vgl. *Meffert, Marketing Informationssysteme 1975; Zentes, EDV-gestütztes Marketing 1987*), in der Industriebetriebslehre (vgl. *Heinen, Industriebetriebslehre 1985, S. 1039 ff.; Jacob, Industriebetriebslehre 1972; Hahn, Lassmann, Produktionswirtschaft 1986*), im Personalwesen (vgl. *Domsch, Personalarbeit 1980*). Einige neue Veröffentlichungen gehen auch systematisch auf Änderungsmöglichkeiten betriebswirtschaftlicher Abläufe durch den Einsatz von EDV-Techniken ein. Trotzdem besteht bei vielen klassischen betriebswirtschaftlichen Lehrbüchern ein hohes Defizit an EDV-Orientierung, zum Teil sogar eine Ignoranz.

Das in den USA diskutierte Konzept des Information Resource Management (vgl. *Synott, Gruber, Information Resource Management 1986; Horton, Information Management Workbook 1981*) faßt Information als eigenständigen Produktionsfaktor auf, der analog zu den anderen Produktionsfaktoren zur Erreichung seiner optimalen Ergiebigkeit gezielt eingesetzt und mit den anderen Produktionsfaktoren optimal kombiniert werden muß. Dieses Konzept führt auch zu der Forderung, alle Aktivitäten der Informationsverarbeitung in **einem** Unternehmensressort zusammenzufassen. Dieses Konzept bietet damit eine Basis für eine umfassende organisatorische Einordnung der Informations- und Kommunikationstechnik im Sinne des Informationsmanagements.

Die beschriebene gegenseitige Beeinflussung von EDV und Betriebswirtschaftslehre gilt nicht nur für Theorie und Lehre, sondern auch für den praktischen EDV-Einsatz in Unternehmungen. Dieses Buch wendet sich deshalb neben Studenten an betriebswirtschaftliche Fachvertreter in Wissenschaft und Praxis.

B. Konzept der EDV-orientierten Betriebswirtschaftslehre

B.I. Definition und Aufgaben

Der enge Zusammenhang zwischen Betriebswirtschaftslehre und Elektronischer Datenverarbeitung durch

- Unterstützung rechen- oder datenintensiver betriebswirtschaftlicher Verfahren
durch die EDV,

- Notwendigkeit EDV-geeigneter betriebswirtschaftlicher Konzepte zur Erhöhung der
Wirtschaftlichkeit der EDV,

- hohe Gestaltungs- und Multiplikatorwirkung von EDV-Systemen für betriebswirtschaftliche Aufgaben

begründet die EDV-orientierte Betriebswirtschaftslehre.

**Das Erkenntnisobjekt einer EDV-orientierten Betriebswirtschaftslehre sind somit
die gegenseitigen Wirkungen zwischen Informationstechnologie und Betriebswirtschaft.** Sie beziehen sich auf das gesamte Spektrum der betriebswirtschaftlichen Problemstrukturen und erweitern die Erklärungs- und Gestaltungsfunktion der
Betriebswirtschaftslehre.

Wie bei jedem neuen Ansatz in einer Disziplin werden im Rahmen der Erklärungsfunk-
tion spezifische Darstellungsformen erforderlich. Im Fall der EDV-orientierten Betriebswirtschaftslehre sind die vorhandene EDV-Terminologie und die von der EDV verwendeten Darstellungsformen auf ihre Eignung zur Übernahme in das Methodenangebot der
Betriebswirtschaftslehre zu prüfen.

Die Gestaltungsfunktion muß Ansätze entwickeln, um die durch die Neuorientierung
herausgearbeiteten Aufgaben- und Problemstellungen weiterzuentwickeln und zu lösen.
Auch dafür sind die im Rahmen des Entwurfs von EDV-Systemen verwendeten Methoden
auf ihre Eignung zur Unterstützung der Problemlösung zu untersuchen.

B.II. EDV-orientierte Betriebswirtschaftslehre und Wirtschaftsinformatik

Es wurde deutlich gemacht, daß die EDV betriebswirtschaftliche Problemstrukturen in so
hohem Ausmaß beeinflußt, daß ihre Behandlung nicht allein Aufgabe der speziellen Disziplin Wirtschaftsinformatik sein kann. Die alleinige Behandlung des EDV-Einsatzes
durch die Wirtschaftsinformatik würde diese wegen der Stofffülle nicht nur überfordern,
sondern vor allem den falschen Schluß erzeugen, daß die Stoffinhalte der Allgemeinen
und der anderen speziellen Betriebswirtschaftslehre(n) unverändert bleiben könnten.

Dieses darf aber nicht der Fall sein, vielmehr müssen sich auch die klassischen betriebswirtschaftlichen Fächer stärker zur EDV hin orientieren. Auch die Entwicklung von betriebswirtschaftlich-spezialisierten Lehrstühlen zur Wirtschaftsinformatik wie "Wirtschaftsinformatik in der Produktion" oder "Wirtschaftsinformatik in Banken" hat unterschiedliche Perspektiven. Einmal wird hierdurch die Bedeutung der Informationstechnik für diese Branchen anerkannt und durch die Spezialisierung auch eine kompetente Betreuung der Anwendungen sichergestellt, andererseits besteht die Gefahr, daß dann die klassischen Fächer der Produktionswirtschaft oder Bankbetriebslehre unverändert daneben bestehen. Findet aber eine sinnvoll abgestimmte Arbeitsteilung zwischen diesen Fachgebieten statt, ergibt sich kein Widerspruch zu der Konzeption einer EDV-orientierten Betriebswirtschaftslehre. Vielmehr ist dann die für ein betriebswirtschaftliches Teilgebiet spezialisierte Wirtschaftsinformatik mit der EDV-orientierten speziellen Betriebswirtschaftslehre dieses Teilgebietes identisch. Das Problem reduziert sich somit lediglich auf die Frage der institutionellen Zuordnung: Das Fachgebiet "Wirtschaftsinformatik in der Produktion" könnte sowohl ein Parallellehrstuhl zur Wirtschaftsinformatik als auch zur Produktionswirtschaft sein.

In jeder speziellen Betriebswirtschaftslehre sollten deshalb unabhängig von der Organisation die Fragen behandelt werden, wie ihre Problemstellungen durch den Einsatz der Informationstechnik verändert und wie betriebswirtschaftliche Entscheidungsmodelle und Abläufe unter dem EDV-Einfluß neu gestaltet werden können. Die Allgemeine Betriebswirtschaftslehre sollte einen grundsätzlichen Überblick über diese Probleme geben.

Solange die EDV von den klassischen betriebswirtschaftlichen Disziplinen nicht aufgenommen worden ist, sollte die Wirtschaftsinformatik ihr Schwergewicht auf die EDV-bezogenen betriebswirtschaftlichen Anwendungen legen, damit sich die aufgezeigten Veränderungen in den Unternehmungen durch die EDV nicht ohne wissenschaftliche Begleitung und Unterstützung vollziehen müssen (vgl. Abbildung 1.B.II.01).

Nach einer stärkeren EDV-Orientierung der Betriebswirtschaftslehre kann sich die Wirtschaftsinformatik stärker der Entwicklung von Methoden zur Gestaltung computergestützter Informationssysteme widmen. Ergebnisse dieser Untersuchungen können von der EDV-orientierten Betriebswirtschaftslehre übernommen werden und als Instrumente zur Darstellung EDV-geeigneter betriebswirtschaftlicher Problemlösungen dienen. Das Grundlagenwissen der EDV, hierzu gehören Aufbau und Funktionsweise von Hardwaresystemen, Architektur und Wirkung von Betriebs- und Datenbanksystemen sowie Programmiersprachen und -techniken, gewinnt nach der EDV-Orientierung der Betriebswirtschaftslehre ein höheres Gewicht bei dem Stoffgehalt der Wirtschaftsinformatik (vgl.

auch die von der Gesellschaft für Informatik e. V. verabschiedete Empfehlung zur Universitätsausbildung im Fach Wirtschaftsinformatik, *o. V., Anforderungsprofil 1989*).

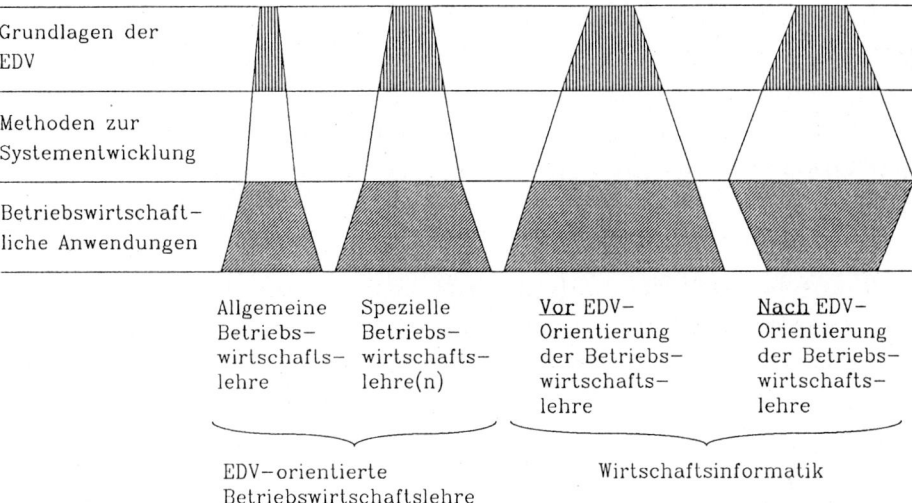

Abb. 1.B.II.01: Schwerpunkte der EDV-orientierten Betriebswirtschaftslehre und der Wirtschaftsinformatik

Es ist zu erwarten, daß von einer EDV-orientierten Betriebswirtschaftslehre neue Anforderungen an Forschungs- und Ausbildungsarbeiten der Wirtschaftsinformatik gestellt werden. Diese Impulse für die Wirtschaftsinformatik sind dann Zeichen einer echten Integration des EDV-Stoffes in die Betriebswirtschaftslehre.

B.III. Betriebswirtschaftlich relevante Komponenten eines Informationssystems

Die betriebswirtschaftlich relevanten Komponenten eines computergestützten Informationssystems sind Datenbasis und Funktionen, die über eine Ablaufsteuerung untereinander und mit dem Benutzer verbunden sind (vgl. Abbildung 1.B.III.01). Die zum Betrieb benötigte Hardware und Systemsoftware sind nur insoweit von Bedeutung, wie sie die genannten Komponenten beeinflussen.

Der **Datenbasis** kommt eine herausragende Bedeutung zu, weil die in einer Unternehmung zentral oder dezentral gespeicherten Daten mit ihren Strukturbeziehungen die Auswertungsmöglichkeiten durch Anwendungsprogramme und freie Anfragesprachen bestimmen.

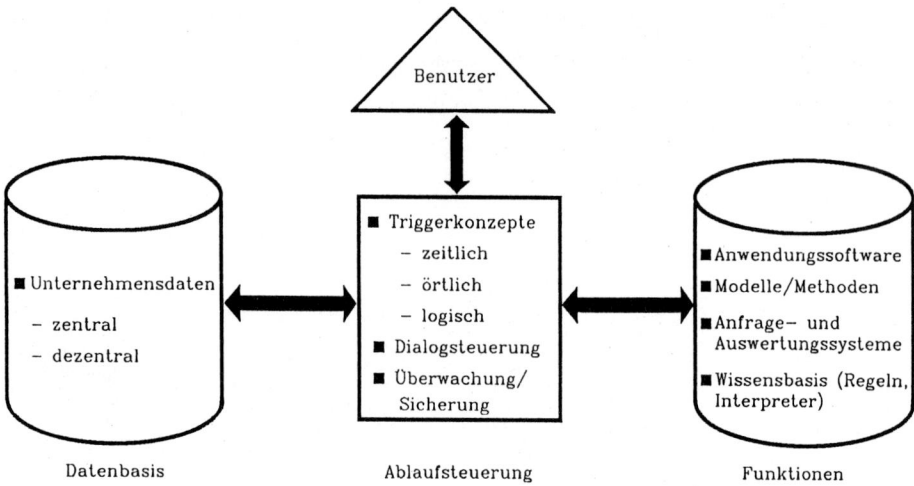

Abb. 1.B.III.01: Computergestütztes Informationssystem

Betriebswirtschaftliches Wissen, dessen direkte Umsetzung in EDV-Systeme durch ihre Einprogrammierung in Anwendungssoftware erfolgt, ist in der Komponente **Funktionen** enthalten. Dabei gehen sowohl betriebswirtschaftliche Entscheidungsregeln wie Losgrößenformeln als auch organisatorische Abläufe in die Programme ein. Der Begriff Funktionen ist weit gefaßt und beinhaltet hier die für klassische betriebswirtschaftliche Anwendungen bestehenden Anwendungsprogramme, weiter Modell- und Methodenbanken, Anfragesprachen und Auswertungssysteme, wie sie von Datenbanksystemen oder Planungssprachen zur Verfügung gestellt werden, sowie wissensorientierte Dialogsysteme der künstlichen Intelligenz.

Die **Ablaufsteuerung** verknüpft Datenbasis und Anwendungssoftware, indem sie die Teilaufgaben und Transaktionen zeitlich, örtlich und logisch steuert. In diesen drei Dimensionen werden auch betriebswirtschaftliche Tatbestände festgelegt. Gleichzeitig bildet die Ablaufsteuerung über die Führung der Dialogschritte (Dialogsteuerung) die Schnittstelle zum Benutzer.

Die hier dargestellten Elemente des Informationssystems sind aus der Sicht betriebswirtschaftlicher Wirkungen heraus konstruiert worden. Konkrete EDV-Techniken können deshalb in mehreren der drei Elemente wirksam werden. Beispielsweise betrifft der Einsatz eines Datenbanksystems die Strukturierungsmöglichkeiten der Datenbasis, die zugehörige Anfragesprache ist ein Teil der Anwendungssoftware, und ein enthaltenes Triggerkonzept sowie die Dialogsoftware sind Teil der Ablaufsteuerung.

Obwohl die Hardware und Systemsoftware eines Informationssystems in dieser Arbeit nur eine untergeordnete Rolle spielen, wird der Aufbau einer typischen EDV-Konfiguration erklärt, um einige wesentliche Begriffe einzuführen und später Anwendungszusammenhänge einordnen zu können.

In Abbildung 1.B.III.02 sind die wesentlichen Hardware-Komponenten eines EDV-Systems schematisch dargestellt.

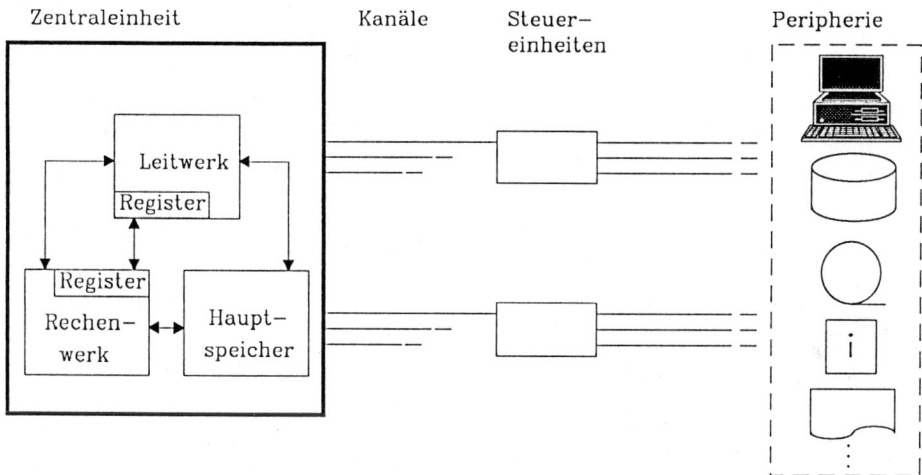

Abb. 1.B.III.02: Hardware-Komponenten eines EDV-Systems

Der wesentliche Bestandteil der Hardware ist die **Zentraleinheit**, die sich aus dem Leitwerk (Steuerwerk), dem Rechenwerk sowie dem Hauptspeicher zusammensetzt. Leitwerk und Rechenwerk werden oft unter dem Begriff **Prozessor** oder **CPU** (Central Processor Unit) zusammengefaßt. In einigen Veröffentlichungen wird auch der Hauptspeicher zur CPU gezählt.

Im Prozessor stehen für die schnelle Speicherung und Verarbeitung kleiner Datenabschnitte sogenannte **Register** und andere schnelle Speicher (z. B. Cache-Memory) zu Verfügung.

Im **Hauptspeicher** sind sowohl die Programme als auch ein Teil der zugehörigen Daten abgelegt. Alle Speicherstellen des Hauptspeichers sind durch Angabe einer Adresse direkt ansprechbar.

Aufgabe des **Leitwerks** ist die Steuerung des Ablaufs der Operationen in der Zentraleinheit. Es lädt die Befehle aus dem Hauptspeicher und interpretiert den darin enthaltenen Operationscode. Je nach Art des Befehls wird dieser vom Leitwerk alleine oder unter Zuhilfenahme des Rechenwerks bzw. unter Zugriff auf weitere Daten im Hauptspeicher ausgeführt.

Aufgabe des **Rechenwerks** ist die Durchführung von arithmetischen und logischen Operationen. Es wird vom Leitwerk angestoßen und mit den entsprechenden Daten versorgt. Für die Durchführung der Operationen bedient sich das Rechenwerk der Register.

Zur Hardware zählt auch die **Peripherie** eines EDV-Systems, d. h. alle diejenigen Systemkomponenten, die der **Ein-** oder **Ausgabe** sowie der **externen Speicherung** dienen. Dabei bedeutet externe Speicherung, daß die Daten nicht im Hauptspeicher liegen. Die externen Geräte sind mit der Zentraleinheit über sogenannte **Kanäle** verbunden. Im Regelfall sind dabei mehrere gleich- oder verschiedenartige Geräte über eine **Steuereinheit**, die mehreren Kanälen zugeordnet werden kann, mit der Zentraleinheit verbunden. Die Speichergeräte (z. B. Magnetbandeinheiten, Disketteneinheiten, Magnetplatteneinheiten) sind im Regelfall in der Nähe der Zentraleinheit aufgestellt, während Ein- oder Ausgabegeräte auch weiter entfernt sein können. In einem solchen Fall muß die Kommunikation über Datenfernübertragung vorgenommen werden.

Bei der **Software** wird zwischen Anwendungssoftware und Systemsoftware (vgl. Abbildung 1.B.III.03) unterschieden.
Anwendungssoftware dient im Zusammenhang mit dem kommerziellen Einsatz von EDV-Anlagen der Lösung betriebswirtschaftlicher Probleme.

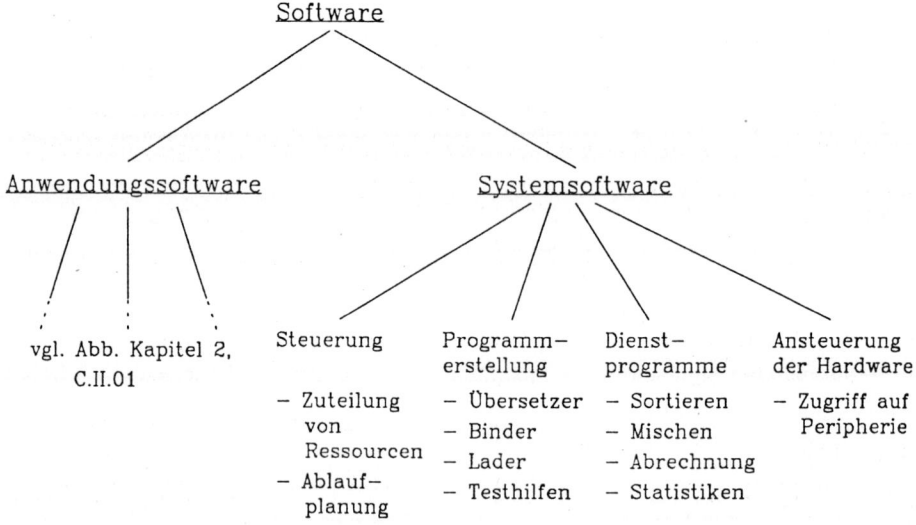

Abb. 1.B.III.03: Klassifikation von Software

Systemsoftware (Systemprogramme) bildet mit der Hardware zusammen die Grundlage für das Funktionieren des EDV-Systems. Die Gesamtheit der Systemprogramme bildet das **Betriebssystem**. Betriebssysteme sind im Regelfall auf die vorhandene Hardware abgestimmt. Sie dienen der Steuerung (Administration) des EDV-Systems, der Programmerstellung (Software-Erstellung), der Durchführung oft benötigter Hilfsfunktionen (Dienstprogramme) sowie der Ansteuerung der Hardware.

Steuerprogramme steuern den Ablauf in einer EDV-Anlage, indem sie den Benutzern die benötigten Ressourcen zuteilen und zur Durchführung anstehende Aufgaben zur Bearbeitung einplanen.

Programme, die der **Programmerstellung** dienen, sind Editoren, Übersetzungsprogramme, Binder, Lader und Testhilfen.

Zu den **Dienstprogrammen** gehören Sortier- und Mischprogramme sowie Programme zur Administration der EDV-Anlage (Abrechnungsfunktionen, Statistiken).

Zur **Ansteuerung der Hardware** dienende Software sorgt für die Umsetzung logischer Funktionen in physikalisch orientierte Anweisungen zum Zugriff auf die Peripherie.

C. Aufbau der Arbeit

Die gegenwärtig sichtbaren wesentlichen Entwicklungs- und Anwendungstrends der EDV betreffen den verstärkten Einsatz von Datenbanksystemen und Dialogverarbeitung, die Entwicklung benutzernaher Sprachen und Expertensysteme, die Entwicklung von Tools zur Softwareentwicklung, die grafische Datenverarbeitung, die Vernetzung von unterschiedlichen Hardwaresystemen sowie die Entwicklung leistungsfähiger Mikrocomputer und EDV-gestützter Steuerungssysteme für Fertigungsanlagen. Von den sogenannten "Neuen Medien", insbesondere Bildschirmtext (Btx), und der Bürotechnologie gehen Impulse zur Einrichtung lokaler Netzwerke sowie zur Kommunikation über Electronic Mail und Electronic Conferencing aus.

Die an den Entwicklungen beteiligten Hersteller und Forscher sehen die engen Verflechtungen zwischen diesen Techniken. Deshalb werden branchenbezogene Konzepte zur Bündelung wesentlicher Techniken zu Anwendungsarchitekturen erarbeitet. So bezeichnet der Begriff CIM (Computer Integrated Manufacturing) ein Gesamtkonzept zur Integration technisch und betriebswirtschaftlich orientierter Anwendungen in einem Industriebetrieb oder der Begriff Electronic Banking den integrierten EDV-Einsatz in Bankbetrieben. Das branchenunabhängige Konzept "Office Automation" umfaßt die Kombination von Electronic Mail, Text-, Datenverarbeitung usw. zu einem Gesamtsystem des automatisierten Büros.

Das japanische Ministerium für internationalen Handel und Industrie (MITI) erstellt in Zusammenarbeit mit der japanischen Industrie ein Konzept zur Entwicklung von Computersystemen der 5. Generation, das die erkennbaren Entwicklungen der Höchstintegration von Schaltkreisen (VLSI = Very Large Scale Integration), künstlicher Intelligenz (Expertensysteme) und benutzernaher Sprachschnittstellen zusammenfaßt. Dieses Programm hat inzwischen in den USA und Europa (**ESPRIT**) Folgeaktivitäten hervorgerufen.

Der Einsatz dieser Techniken wird betriebswirtschaftliche Problemstellungen, Lösungskonzepte und organisatorische Abläufe und damit den Gesamtcharakter von Unternehmen stark verändern. Die Richtungen dieser Änderungen aufzuzeigen, steht im Vordergrund dieser Arbeit.

In **Kapitel 2** wird analysiert, in welcher Form und in welchem Umfang betriebswirtschaftliche Problemstellungen durch Entwicklungen bei den Komponenten eines Informationssystems: Datenbasis, Ablaufsteuerung und Anwendungssoftware beeinflußt werden. Dabei werden jeweils beide Richtungen untersucht: die Umsetzung der Techniken von der Betriebswirtschaftslehre und die Gestaltung des Technikeinsatzes durch die Betriebswirtschaftslehre. Im einzelnen werden dabei die Instrumente Datenbankeinsatz, Dialogverarbeitung, Vernetzung von EDV-Systemen, Expertensysteme und Computer Aided Software Engineering (CASE) analysiert.

In **Kapitel 3** werden EDV-orientierte betriebswirtschaftliche Problemlösungen im Vergleich zu den in der Betriebswirtschaftslehre bekannten Ansätzen diskutiert. Die strategische Bedeutung von EDV-orientierten Lösungen wird dabei besonders herausgestellt. Neben der Produktionsplanung und -steuerung, für die in vielen EDV-Systemen ein eigenständiges Planungskonzept manifestiert ist, betrifft dies Warenwirtschaftssysteme des Handels, deren konsequenter EDV-Einsatz bereits neue Betriebstypen entstehen ließ. In Banken und Versicherungen sind ebenfalls für die wichtigen Funktionen Zahlungsverkehr und Schriftverkehr umfassende EDV-Konzepte erarbeitet worden. Neue Ansätze zur Verknüpfung von EDV-Systemen der Kunden mit denen des Bankenbereiches erweitern die Möglichkeiten erheblich. Auch die betriebswirtschaftlichen Lösungen der branchenübergreifenden Funktionen Finanzbuchführung, Kostenrechnung, Marketing, Personalwesen, Unternehmensplanung und Büroautomatisierung werden zunehmend vom EDV-Einsatz geprägt.

Im abschließenden **Kapitel 4** werden die wesentlichen Ergebnisse der Arbeit zusammengefaßt und in ein EDV-orientiertes betriebswirtschaftliches Modell eines Informationssystems eingeordnet, das als Ausblick für eine künftige Generierung betriebswirtschaftlicher Anwendungslösungen dienen kann.

Wesentliche Grundbegriffe werden im Text erläutert. Nicht erläuterte Begriffe sind weitgehend aus dem Zusammenhang heraus verständlich. Die Ausführungen werden durch viele Beispiele und Abbildungen illustriert.

Kapitel 2: Betriebswirtschaftliche Umsetzung und Gestaltung von EDV-Techniken

Das EDV-System gehört zum Datenkranz einer Unternehmung, der bei der Gestaltung von Abläufen und Entscheidungsprozessen berücksichtigt werden muß.

Beispielsweise begrenzt die Rechengeschwindigkeit des EDV-Systems den Einsatz umfangreicher Planungsmodelle. Die fortschreitende EDV-Entwicklung lockert diese Grenzen, so daß vorher nicht einsetzbare betriebswirtschaftliche Konzepte nun anwendbar werden. Dieses gilt z. B. für die Lösung großer Gleichungssysteme im Rahmen der innerbetrieblichen Leistungsverrechnung, die geeignet sind, den Einsatz heuristischer Verfahren abzulösen. Auch wird das Konzept eines integrierten Management Informationssystems (MIS), das in den 60er Jahren entwickelt wurde, dessen Realisierungsversuche aber wegen der noch unzulänglichen EDV-Möglichkeiten scheiterten, mit fortschreitender EDV-Technik durchführbar.

Diese Grenzen werden zwar vor allem für die reale Unternehmensführung wirksam und nicht für die Entwicklung betriebswirtschaftlicher Theorien; sie sind aber auch von einer anwendungsnahen Betriebswirtschaftslehre zu beachten. Besteht zwischen den Anforderungen der betriebswirtschaftlichen Theorie und den Möglichkeiten der EDV-Realisierung eine zu große Diskrepanz, besteht die Tendenz zur Entwicklung eigenständiger, EDV-geeigneterer Konzepte. Dies ist z. B. für den Bereich der Produktionsplanung und -steuerung eingetreten, dessen EDV-orientiertes, in der Praxis entwickeltes Planungskonzept in **Kapitel 3** unter Punkt **B.I.1.** dargestellt wird.

EDV-Techniken können aber auch neue Möglichkeiten für theoretisch interessante betriebswirtschaftliche Problemlösungen eröffnen, wie z. B. durch die Mensch-Computer-Kommunikation bei der interakiven Entscheidungsfindung. Hier liegt ein wichtiger Beitrag der EDV für die Betriebswirtschaftslehre.

Durch die schnelle Entwicklung neuer EDV-Techniken konnten ihre betriebswirtschaftlichen Möglichkeiten in der Praxis bisher nicht voll genutzt werden. In der Regel waren noch keine neuen betriebswirtschaftlichen Konzepte vorhanden, so daß manuelle Verfahren einfach "abprogrammiert" wurden (vgl. *Mertens, Rechnungswesen 1983, S. 23 - 36*).

Die tiefgreifende Änderung einer betriebswirtschaftlichen Konzeption ist bei ihrer praktischen Einführung auch mit einschneidenden Änderungen in der Aufbau- und Ablauforganisation verbunden. Solche Änderungen sind aber in (Groß-) Unternehmungen häufig nur schwer durchzusetzen. Aus diesem Grund haben sich auch die EDV-Hersteller bei der Entwicklung neuer EDV-bezogener betriebswirtschaftlicher Konzepte zunächst zurückgehalten, um keine zu hohen organisatorischen Widerstände zu erzeugen.

Die Entwicklung neuer organisatorisch-betriebswirtschaftlicher Konzepte wird aber immer dringlicher, weil die hohen Kosten von Datenbankeinsatz, Dialogverarbeitung und Vernetzung die Ausnutzung aller Möglichkeiten ihres wirtschaftlichen Einsatzes erzwingen. Nachdem die erste Rationalisierungswelle, die vor allem einfache Massenvorgänge betraf, abgeschlossen ist, erfordern komplexe Informationssysteme eine differenziertere Anpassung der Organisation.

Die Einteilung der behandelten EDV-Techniken folgt den eingeführten Komponenten eines Informationssystems: Datenbasis, Ablaufsteuerung und Funktionen.

Die Diskussionen der EDV-Techniken sind gleichartig aufgebaut.

Jede Technik wird im ersten Punkt so weit charakterisiert, wie es zum Verständnis der betriebswirtschaftlichen Folgerungen erforderlich ist.

Im zweiten Punkt wird analysiert, wie sie in neue betriebswirtschaftliche Abläufe oder Entscheidungsstrukturen umgesetzt werden kann. Damit wird also der Frage nachgegangen: **Welche Folgerungen kann die Betriebswirtschaftslehre aus der EDV-Technik ziehen?**

Im dritten Punkt werden dann betriebswirtschaftliche Gestaltungsmöglichkeiten der Technik oder ihres Einsatzes erarbeitet. Dieses betrifft dann die Frage: **Wie kann die Betriebswirtschaftslehre die Technik oder ihren Einsatz effizienter gestalten?**

A. Datenbasis: Datenbanksysteme

A.I. Charakterisierung von Datenbanksystemen

In den ersten Jahren der EDV standen bei der Entwicklung von Anwendungssystemen die Programme im Vordergrund. Dabei wurden die Daten jeweils individuell, so wie das jeweilige Programm sie benötigte, auf Datenträgern bereitgestellt. Da viele Anwendungen gleiche Daten verwenden, entstand eine Vielzahl von sich inhaltlich überschneidenden (= redundanten) Dateien. So erfordert z. B. die in Abbildung 2.A.I.01 dargestellte "Auftragsbearbeitung" als Stammdaten die Artikel- und Kundendateien. Während der Auftragsbearbeitung wird eine Auftragsdatei erzeugt. Die Anwendung "Kunden- und Artikelstatistik" benötigt anschließend die Stammdaten in einer anderen Sortierfolge, z. B. die Kundendatei nach Namen sortiert und nicht wie vorher nach Kundennummern. Deshalb wird ein Auszug der interessierenden Daten in einer neu erzeugten Kunden- und Artikeldatei in der gewünschten veränderten Sortierfolge bereitgestellt. Das gleiche gilt für die Auftragsdatei.

16

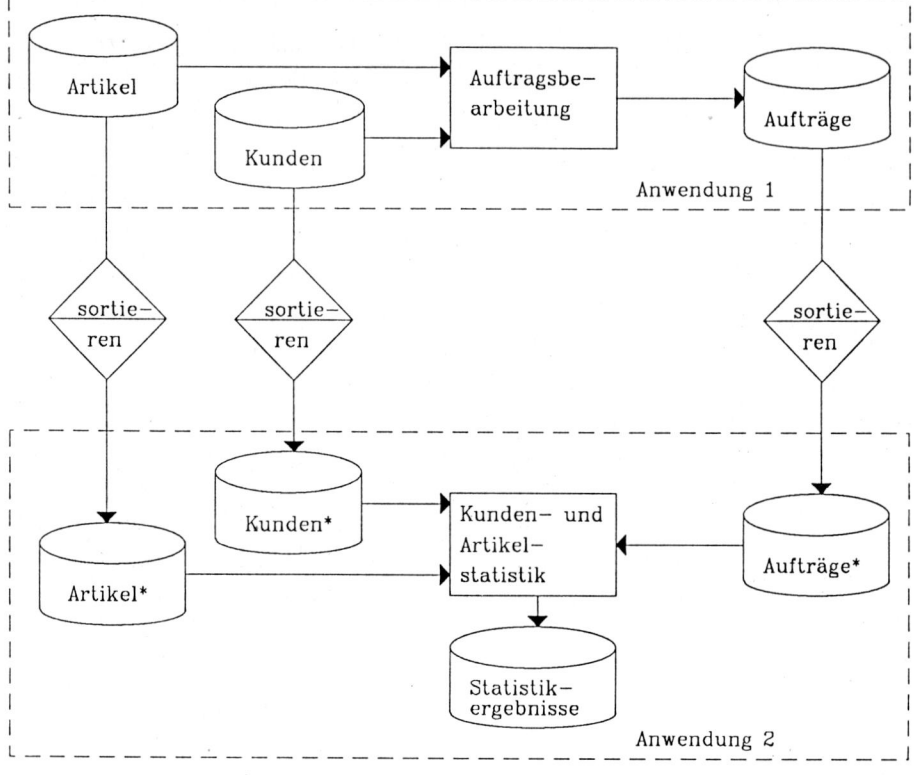

Abb. 2.A.I.01: Konventionelle Dateiverarbeitung

Die für die Auftragsbearbeitung bereitgestellten Dateien werden somit ein zweites Mal angelegt. Diese Datenredundanz verursacht nicht nur höhere Speicherkosten, sondern vor allem einen höheren Aufwand bei der Dokumentation der Datenstrukturen, der Aktualisierung der Daten und ihrer Sicherung für den Fall eines Fehlers im EDV-System. Hinzu kommt, daß die Speicherungs- und Zugriffstechniken der klassischen Dateiverwaltungssysteme (direkte Adressierung, sequentielle Speicherung, indexsequentielle Speicherung) komplexe Datenstrukturen ohnehin nicht redundanzfrei speichern können.

Diese Schwierigkeiten haben dazu geführt, Daten nicht mehr als Zusatz von Programmen, sondern als eigenes Organisationselement und damit unabhängig von einzelnen Anwendungen zu behandeln. Dazu wurden **Datenbanksysteme** entwickelt. Datenbanksystemen fällt als betriebssystemnahen Softwaresystemen die Aufgabe zu, die Daten einer Unternehmung so zu verwalten, daß die einzelnen Anwender ohne Kenntnis der physischen Speicherungsform auf diese Daten zugreifen können (vgl. Abbildung 2.A.I.02). Das **Datenbankverwaltungssystem** stellt den Anwendungen mächtige Befehle zum

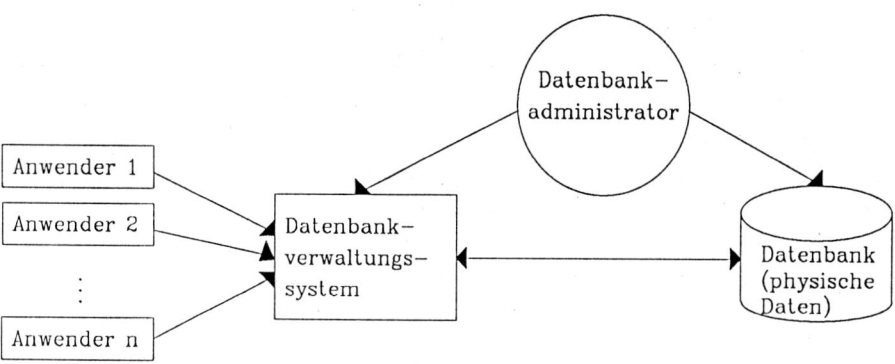

Abb. 2.A.I.02: Einsatz eines Datenbanksystems

Speichern, Verändern, Lesen und Löschen von Daten zur Verfügung, in denen keine speziellen Angaben über die physische Speicherung der Daten auftreten. Die Optimierung
der physischen Speicherungsstrukturen hinsichtlich ihrer Zugriffsfreundlichkeit und
Speicherplatzverwaltung ist Aufgabe des **Datenbankadministrators**, der diese Aufgabe
zentral für die Daten der Unternehmung wahrnimmt.

Bei der programmunabhängigen Datenorganisation greifen verschiedene Anwendungen
auf die gleiche Datenbank zu. Für das Beispiel der Auftragsbearbeitung und Vertriebs-
statistik ist dieses in Abbildung 2.A.I.03 dargestellt.
Damit ein Benutzer (dieses kann ein Mensch mit einer ad-hoc-Abfrage von einem Terminal oder auch ein Anwendungsprogramm sein) mit den Daten der Datenbank arbeiten
kann, muß er wissen, welche Daten mit welchen Datenbeziehungen in der Datenbank
enthalten sind. Dieses Wissen über den logischen Gehalt der Datenbank ist aber von
dem Wissen über die physische Speicherung zu unterscheiden.

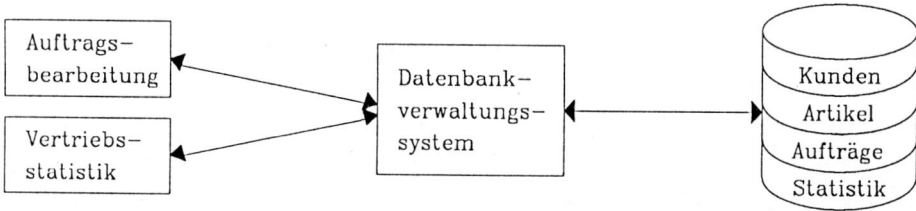

Abb. 2.A.I.03: Programmunabhängige Datenorganisation

Entwicklung und Einsatz von Datenbanksystemen haben in den letzten Jahren stark an Bedeutung zugenommen. Alle großen EDV-Hersteller und viele große Softwarehäuser bieten Datenbanksysteme an. Bekannte Produkte sind in Abbildung 2.A.I.04 angegeben. Einige Datenbanksysteme sind sowohl auf Großrechnern als auch auf Mikrocomputern ablauffähig. Darüber hinaus werden für Mikrocomputer auch spezielle Datenbanksysteme angeboten, so z. B. dBase IV von Ashton Tate.

Die Anschaffung eines Datenbanksystems bindet eine Unternehmung auf längere Zeit, da die aufgebauten Datenstrukturen in viele Anwendungsprogramme eingehen und bei einem Wechsel des Datenbanksystems oft nur mit sehr hohem Änderungsaufwand angepaßt werden können. Auch muß für jedes in der Unternehmung eingesetzte Datenbanksystem spezielles Know-how aufgebaut werden, das zu einer wesentlichen Kapazitätsbindung im Personalbereich führt. Deshalb kann die Entscheidung für ein Datenbank-

Produkt	Hersteller	Typ	Hostrechner	Mikrocomputer Workstation
ADABAS	Software AG	Relational-orientiert	x	
CLIPPER	Nantucket Coorp.	Relational-orientiert		x
DB 2	IBM	Relational	x	
dbase IV	Ashton Tate	Relational		x
DMS	Unisys	Netzwerk	x	
IDMS/SQL	Cullinet	Relational	x	
IMAGE/3000	Hewlett Packard	Netzwerk	x	
IMS/VS-DB	IBM	Netzwerk-orientiert	x	
INFORMIX	INFORMIX Coorp.	Relational	x	x
INGRES	Relational Technology	Relational		x
ORACLE	ORACLE	Relational	x	x
PISA	infodas	Relational	x	x
PROGRESS	PROGRESS	Relational		x
SESAM	Siemens	Relational	x	
SOKRATES	gfl	Relational		x
StarBase	COGNOS	Relational		x
TOTAL	NCR	Netzwerk	x	
UDS	Siemens	Netzwerk	x	
VAX Rdb/VMS	Digital Equipment	Relational	x	x

Abb. 2.A.I.04: Übersicht über einige Datenbanksysteme

system nicht aus einer einzelnen Anwendung heraus getroffen werden, sondern nur aus dem Gesamtzusammenhang der Informationsverarbeitungsstrategie der Unternehmung. Wegen der langfristigen Bedeutung der Entscheidung ist auch die Abstimmung mit der generellen strategischen Unternehmensplanung notwendig. Dieses erfordert das Engagement und die Problemeinsicht der Unternehmensleitung.

Bevor Daten in einer Datenbank gespeichert werden können, muß der logische Aufbau der Datenbank, also die aufzunehmende **Datenstruktur**, bestimmt werden (vgl. *Wedekind, Datenbanksysteme I 1981*).

Die Datenstrukturen werden in mehreren Schritten entworfen (vgl. Abbildung 2.A.I.05). Zunächst werden sie auf einer abstrakten Ebene ohne Bezug zu konkreten Datenbanksystemen konstruiert. Diese Strukturen werden als **logisch-konzeptionelles Datenmodell** bezeichnet. Im nächsten Schritt wird dieses in das Schema eines **Datenmodells** umgeformt, das sich bereits an den Eigenschaften konkreter Datenbanksysteme ausrichtet. Im dritten Schritt wird das Schema in einer speziellen **Datenbankbeschreibungssprache** (Data Description Language) als Schema eines speziellen Datenbanksystems beschrieben. Das Datenbanksystem kann über eine solche Schemabeschreibung alle Daten und Beziehungen anlegen und später auch erreichen.

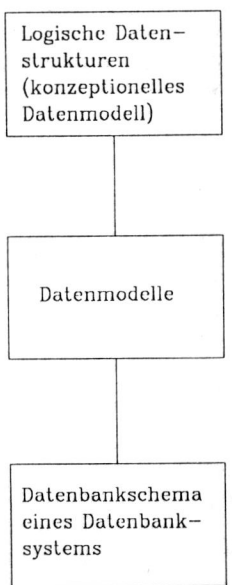

Abb. 2.A.I.05: Ebenen von Datenbeschreibungen

Bei der Konstruktion des logischen Datenmodells werden fachliche Anforderungen an die Auskunftsbereitschaft der Datenbank formuliert. Da in diesem Schritt das Fachwissen eingebracht wird, ist er aus Anwendungssicht am wichtigsten. In den zwei weiteren Schritten werden die logischen Datenstrukturen lediglich formal umgestaltet, ohne daß der fachliche Gehalt verändert wird. Es werden bereits Werkzeuge angeboten, die aus der Beschreibung der logischen Datenstruktur die beiden anderen Formulierungen automatisch erzeugen (z. B. ER/Designer von Chen, MastER-System von GESI srl, msp easy von msp, Information Engineering Workbench (IEW) von Knowledge Ware und STRATOS von SIEMENS).

Das konzeptionelle Datenmodell gibt ein datenorientiertes Abbild der Realität wieder. In ihm werden die interessierenden Objekte mit ihren Eigenschaften sowie den zwischen ihnen bestehenden Beziehungen erfaßt.

Die einzelnen realen Objekte werden als **Entities** bezeichnet. Dieses sind z. B. der einzelne Mitarbeiter "Müller", der einzelne Kunde "Schmidt" oder der einzelne Artikel "Nr. XYZ" einer Unternehmung. Gleichartige Entities werden zu übergeordneten (Mengen-) Begriffen zusammengefaßt, den **Entitytypen**. Sie umfassen dann alle Mitarbeiter, alle Kunden, alle Artikel der Unternehmung.

Entities werden durch ihre Eigenschaften (**Attribute**) beschrieben, z. B. Kunden durch ihre Kundennummer, ihren Namen, ihre Adresse usw.

Logische Zuordnungen zwischen Entitytypen werden als **Beziehungen** bezeichnet. In Abbildung 2.A.I.06 ist eine Beziehung zwischen den Entitytypen KUNDEN und ARTIKEL

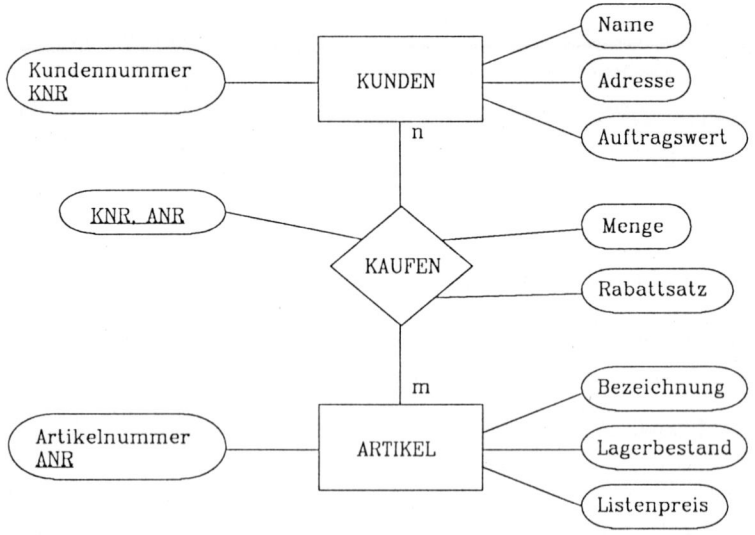

Abb. 2.A.I.06: Darstellung von Entity- und Beziehungstypen

durch das Wort "KAUFEN" hergestellt, d. h. die Beziehung gibt an, welche Kunden welche Artikel kaufen bzw. welche Artikel von welchen Kunden gekauft werden. Analog zu den Entities werden gleichartige Beziehungen zu **Beziehungstypen** zusammengefaßt.

Entitytypen werden durch Rechtecke dargestellt, Beziehungen durch Rauten. Die Darstellung in Abbildung 2.A.I.06 folgt dem Entity-Relationship-Modell (ERM) (vgl. *Chen, Entity-Relationship Model 1976*), das als verbreitete Methode zur Konstruktionsunterstützung gilt.

Beziehungen können ebenso wie Entitytypen Attribute besitzen, so z. B. die Beziehung "KAUFEN" die von einem Kunden insgesamt gekaufte Menge eines bestimmten Artikels oder den auf Kunden **und** Artikel bezogenen Rabattsatz.

Die **Wertebereiche (Domänen)** der Attribute sind ebenfalls Mengen und werden grafisch durch Blasen dargestellt. Die konkreten Zuordnungen zwischen Elementen des Wertebereichs und Elementen der Entity- und Beziehungstypen sind wiederum selbst Beziehungen und werden durch Kanten abgebildet.

Im Rahmen des Entity-Relationship-Modells können 1:n-, m:n-, m:1- sowie 1:1-Beziehungen zwischen zwei oder mehreren Entitytypen dargestellt werden (vgl. Abbildung 2.A.I.07). Bei einer 1:1-Beziehung wird jedem Element der ersten Menge genau ein Ele-

1. Menge   2. Menge

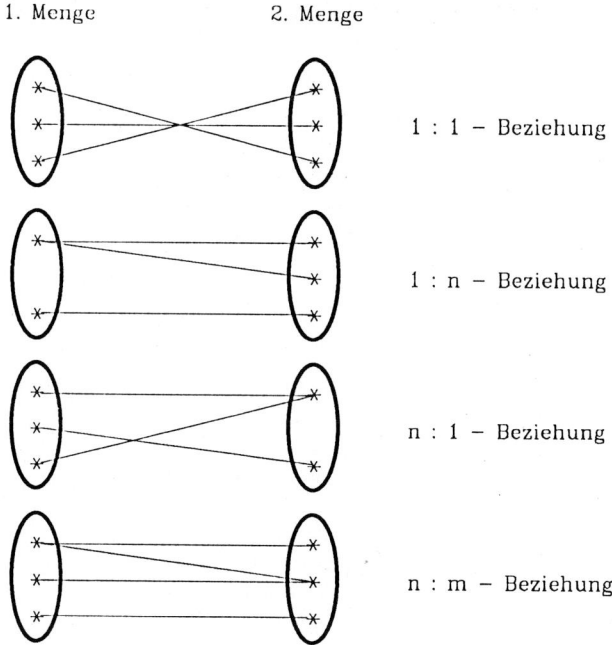

1 : 1 – Beziehung

1 : n – Beziehung

n : 1 – Beziehung

n : m – Beziehung

Abb. 2.A.I.07: Beziehungstypen zwischen Mengen

22

ment der zweiten Menge zugeordnet und umgekehrt. Bei einer 1:n-Beziehung werden jedem Element der ersten Menge n Elemente der zweiten Menge zugeordnet, jedem Element der zweiten Menge aber genau ein Element der ersten Menge. Die n:1-Beziehung drückt den gleichen Sachverhalt in umgekehrter Reihenfolge aus.

Bei einer n:m-Beziehung werden einem Element der ersten Menge mehrere Elemente der zweiten Menge zugeordnet und umgekehrt.

Die Komplexität des Beziehungstyps wird an die Kanten des Entity-Relationship-Diagramms eingetragen (vgl. Abbildung 2.A.I.06). Zwischen einem Entitytyp und mindestens einer Domäne muß eine 1:1-Beziehung bestehen. Die Werte dieser Domäne können dann die Entity-Ausprägungen identifizieren; im Beispiel sind es die Kundennummer KNR und die Artikelnummer ANR. Sie werden als **Schlüsselattribute** bezeichnet.

Beziehungen werden durch die Verschmelzung der Schlüsselwerte der betreffenden Entitytypen identifiziert - hier also die KAUFEN-Beziehungen durch Angabe der Kunden- **und** Artikelnummer.

Schlüsselattribute werden zur Kennzeichnung unterstrichen.

Während des Konstruktionsvorganges kann ein zunächst als Beziehungstyp definierter Tatbestand Ausgangspunkt weiterer Konstruktionsüberlegungen sein. In Abbildung 2.A.I.08 wird dieses dargestellt, indem der Auftragskopf, der zunächst einen Beziehungstyp charakterisiert, durch Umrandung zu einem Entitytyp "uminterpretiert" wird.

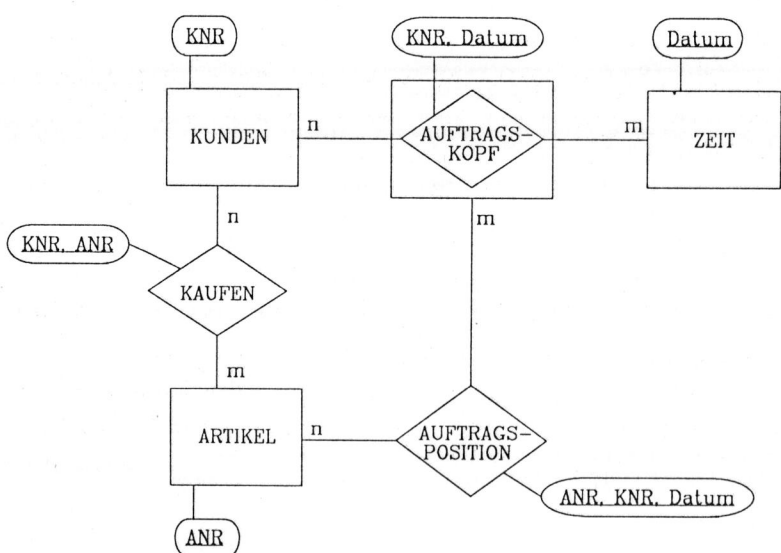

Abb. 2.A.I.08: Uminterpretierung eines Beziehungstyps

Für die Bildung weiterer Beziehungen zu anderen Entitytypen wird dieser uminterpretierte Tatbestand wie ein normaler Entitytyp verwendet. Grafisch ist die Vorgehensweise dadurch klargestellt, daß die Entwicklung des Beziehungstyps aus den beteiligten Entitytypen durch Heranführen der Linien zu den Rautenspitzen ausgedrückt wird. Die von dem uminterpretierten Entitytyp ausgehenden Linien berühren dagegen die Linien der Raute nicht, sondern werden an die Kanten des Rechtecks geführt.

Das Beispiel ist folgendermaßen zu interpretieren: Die Datenstruktur der Abbildung 2.A.I.06 wird um den n:m-Beziehungstyp AUFTRAGSKOPF zwischen KUNDE und ZEIT erweitert. Der Entitytyp ZEIT wird durch das Attribut Datum identifiziert. Jeder Auftrag wird durch Angabe von Kundennummer KNR und Datum identifiziert. Da ein Auftrag mehrere Positionen, die sich jeweils auf unterschiedliche bestellte Artikel beziehen, umfassen kann, besteht zwischen dem AUFTRAGSKOPF und dem Entitytyp ARTIKEL eine n:m-Beziehung. Dazu wird der ursprüngliche Beziehungstyp AUFTRAGSKOPF nun als Entitytyp betrachtet.

Nach Konstruktion des konzeptionellen Datenmodells wird die Datenstruktur in die Schreibweise eines bestimmten Datenmodells überführt. Auch ein Datenmodell beschreibt die Entitytypen und ihre Beziehungen untereinander. Die Beschreibung richtet sich aber bereits an den Philosophien konkreter Datenbanksysteme aus. Neben dem lediglich wegen seiner historischen Bedeutung zu nennenden hierarchischen Datenmodell werden heute das netzwerkorientierte und das relationale Datenmodell diskutiert; für sogenannte Nicht-Standanwendungen aus Technik und Büro erlangt zunehmend auch das objektorientierte Datenmodell Bedeutung. Es wird hier aber nicht intensiver behandelt. Die drei letzten Modelle sind in der Lage, die wesentlichen in der Realität auftretenden Datenstrukturen zu beschreiben. Wegen seiner großen Anwendungsbedeutung steht das Relationenmodell im folgenden im Vordergrund.

Bei einer einfachen Interpretation des Relationenmodells werden Entity- und Beziehungstypen vom Typ n:m jeweils durch Tabellen dargestellt. Jede Zeile einer Tabelle stellt dabei eine Ausprägung dar und wird durch die Schlüsselausprägung identifiziert. Aus dem ERM-Ansatz können die Tabellen des Relationenmodells direkt abgeleitet werden, wobei die unterstrichenen Schlüsselattribute um einige Nichtschlüsselattribute ergänzt werden. Pro Tabelle ist jeweils eine Ausprägungszeile angegeben. In Abbildung 2.B.I.11 ist die Datenbank um weitere Zeilen ergänzt.

R. KUNDEN (<u>KNR</u>,   Name,   Wohnort,   ...)

       4711   Müller   Hamburg

       ...   .

R. ARTIKEL (<u>ANR</u>,   Bezeichnung,   ...)

       223   Tischlampe X11

       ...   ...

R. KAUFEN (<u>KNR</u>,   <u>ANR</u>,   Menge,   ...)

       4711   223   5

       ...   .

R. ZEIT (<u>Datum,</u>   ...)

       4.11.90

       ...

R. AUFTRAGSKOPF (<u>KNR</u>,   <u>Datum,</u>   Bearbeiter,   ...)

       4711   4.11.90   Meier

       ...   .

R. AUFTRAGSPOSITION (<u>KNR,</u>   <u>Datum,</u>   <u>ANR,</u>   Menge,   Preis,   ...)

       4711   4.11.90   223   2   320,00

       ...   .

Das Relationenmodell besitzt keine grafische Darstellungsform und unterscheidet nicht zwischen Entity- und Beziehungstypen.

Aufgrund seiner einfachen Struktur und mathematischen Definition ist das Relationenmodell als Basis benutzerfreundlicher Anfragesprachen und auf ihr aufbauender Programmiersprachen der 4. Generation geeignet, wobei die "Generationen" die Sprachorientierung zählen:

1. Generation: (Maschinensprache),

2. Generation: Assembler (Maschinenorientierte Sprache),

3. Generation: Problemorientierte Sprache,

4. Generation: Benutzerorientierte Sprache.

Im dritten Schritt wird die Datenbeschreibung für ein konkretes Datenbanksystem aus dem Datenmodell abgeleitet und mit Hilfe der sogenannten Data Description Language (DDL) des Datenbanksystems formuliert. Dies wird dann als Datenbankschema bezeichnet.

Einen Auszug der Datenbeschreibung des eingeführten Beispiels zeigt Abbildung 2.A.I.09. Das vollständige Schema ist in Abbildung 2.C.I.09c angegeben.

```
CREATE TABLE Kunden
     (KNR                INTEGER          NOT NULL,
      Name               CHAR (30)        NOT NULL);


CREATE TABLE Zeit
     (Datum              DATE             NOT NULL);


CREATE TABLE Auftragskopf
     (KNR                INTEGER          NOT NULL,
      Datum              DATE             NOT NULL,
      Bearbeiter         CHAR (30)        NOT NULL);
```

Abb. 2.A.I.09: Auszug der Datenbeschreibung

Damit sind die drei Stufen der Entwicklung einer Datenstruktur an dem Beispiel be-schrieben. Es begrenzt die Auswertungsmöglichkeiten der Datenbank, da nur solche Informationsbeziehungen in Auswertungsprogrammen oder ad-hoc-Anfragen verwendet werden können, die im Schema vorgesehen sind.

Die Konstruktion des konzeptionellen Datenmodells, aus dem das konzeptionelle Datenbankschema letztlich abgeleitet ist, ist deshalb von grundlegender Bedeutung. Sie muß so vorgenommen werden, daß viele gegenwärtige und für die Zukunft ge-plante Anwendungen die Datenbank nutzen können.

Aus dem **konzeptionellen Schema**, das alle logischen Datenstrukturen einer konkreten Datenbank in der Datenbankbeschreibungssprache eines Datenbanksystems beschreibt, bekommt jede Anwendung nur den Ausschnitt zur Verfügung gestellt, der von ihr be-nötigt wird. Diese Ausschnitte werden **externe Schemata** (Sub-Schemata) genannt. Die geschilderten Zusammenhänge sind in Abbildung 2.A.I.10 dargestellt.

Aus Abbildung 2.A.I.10 wird darüber hinaus das Zusammenspiel zwischen dem **Daten-bankverwaltungssystem (DBVS)** und dem **Betriebssystem (BS)** einer EDV-Anlage deut-lich. Das Datenbankverwaltungssystem bedient sich zur Speicherung und Suche der physisch gespeicherten Daten auch der Speicher- und Zugriffsroutinen des Betriebs-systems.

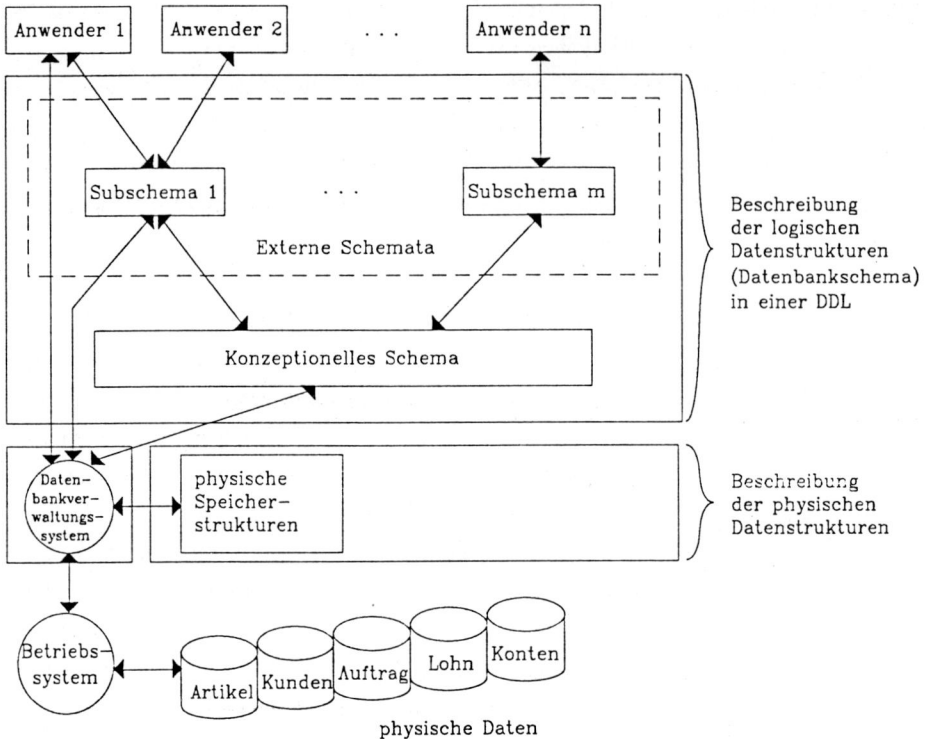

Abb. 2.A.I.10: Beziehung zwischen Datenbankschema und physischen Datenstrukturen

A.II. Betriebswirtschaftliche Umsetzung von Datenbanksystemen

Der Einsatz von Datenbanksystemen ermöglicht neue organisatorische Konzepte der Ablauf- und Aufbauorganisation und eine aktuelle informationsorientierte Steuerung des Unternehmens. Die Daten einer Unternehmung werden deshalb immer mehr als eine ihrer wichtigsten Ressourcen erkannt, die auch eine adäquate betriebswirtschaftliche Beschreibung erfordern.

Der Einsatz des Instrumentes "Datenbanksystem" führt aber nicht automatisch zu diesen Änderungen, sondern erst bei gezielter Nutzung der Möglichkeiten des Instrumentes können diese Wirkungen erzielt werden.

A.II.1. Unterstützung von Vorgangs- oder Prozeßketten (Ablaufintegration)

Bei der ablauforganisatorischen Gestaltung von Vorgängen dominiert heute weitgehend das Prinzip der Arbeitsteilung. Dieses bedeutet, daß ein zusammengehörender Vorgang zergliedert wird, wobei die Teilvorgänge jeweils von funktional spezialisierten Arbeitsplätzen (Arbeitsplatzgruppen) bearbeitet werden. Der Vorteil dieser Organisationsform liegt in einer höheren Bearbeitungsgeschwindigkeit der Teilfunktionen.

Das an Funktionen orientierte Organisationsprinzip prägt auch die Aufbauorganisation, indem Abteilungen, Bereiche usw. durch die Zusammenfassung funktional gleichartiger Einheiten gebildet werden. Da diese Unternehmungsbereiche für ihre Organisation selbst verantwortlich sind, werden auch die Informationssysteme als wichtigstes Hilfsmittel der Organisation hauptsächlich funktional gestaltet.

Abbildung 2.A.II.01 zeigt das funktional gegliederte Informationssystem einer Unternehmung. Auf der unteren Ebene sind horizontal die **mengenorientierten Systeme** angegeben, die sich an den operativen Funktionen Produktion, Technik, Beschaffung, Vertrieb und Personaleinsatz ausrichten. Die mengenorientierten Prozesse werden vertikal in **wertorientierten Abrechnungssystemen** des Rechnungswesens erfaßt. Beispiele sind für das Beschaffungssystem die Kreditorenbuchführung, für das Vertriebssystem die Debitorenbuchführung und für das Personalwesen die Lohn- und Gehaltsabrechnung. In der dritten Stufe werden aus den mengen- und wertorientierten Systemen Informationen für **Berichts- und Kontrollsysteme** abgeleitet.

In einer weiteren Verdichtungsstufe werden **Analyse- und Informationssysteme** erstellt, die neben den verdichteten Daten auch Daten externer Quellen einbeziehen. Beispiele hierfür sind Marketing-, Beschaffungs- und Produktions-Informationssysteme. Die höchste Verdichtungsstufe bilden dann **Planungs- und Entscheidungssysteme**, die insbesondere für langfristig wirkende Entscheidungen Unterstützung geben sollen.

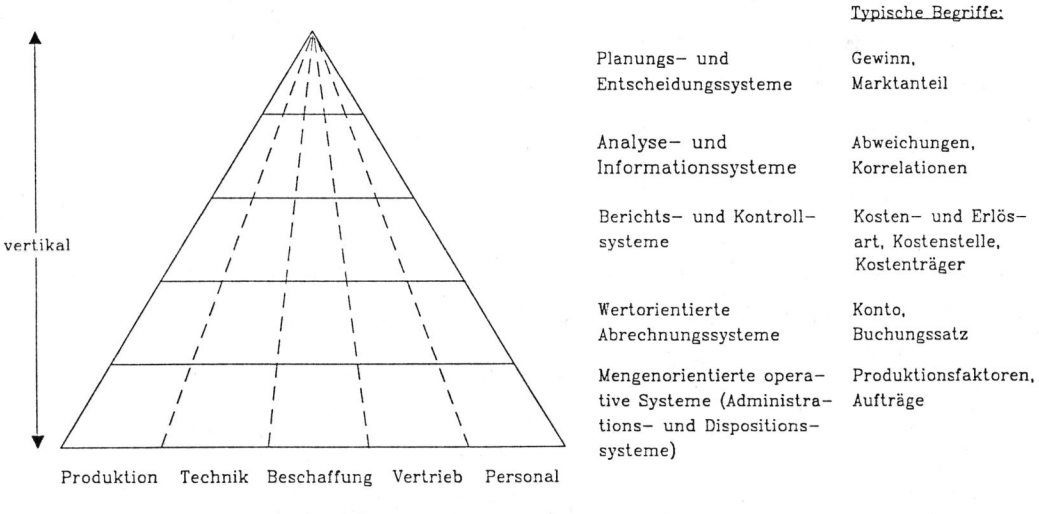

Abb. 2.A.II.01: Funktionsorientierte Informationssysteme

A.II.1.1. Ablaufeffekte der horizontalen und vertikalen Datenintegration

Eine strenge funktionale Trennung führt zum Aufbau isolierter Informationssysteme mit eventuell guter Unterstützung in den Funktionen aber auf jeden Fall unzulänglicher Unterstützung zwischen den horizontalen und vertikalen Funktionen.

Die Unternehmungsabläufe werden aber im allgemeinen nicht in einer einzelnen Funktion vollständig abgewickelt, sondern durchlaufen mehrere horizontale und vertikale Funktionsbereiche.

Dieses wird bereits bei einfachen Beispielen deutlich. In Abbildung 2.A.II.02 ist dazu der Ablauf eines Bestellvorgangs dargestellt.

Von der Anlage eines fremdbezogenen Teiles durch die Normungsabteilung über die Feststellung des Bedarfs (Disposition), die Lieferantenauswahl, die Bestellschreibung, den Wareneingang, die Rechnungsprüfung bis hin zur Kreditorenbuchung durchläuft der Vorgang mehrere aufbauorganisatorische Funktionsbereiche. Neben mehreren horizontalen operativen Bereichen wird er auch im wertorientierten Informationssystem der Finanzbuchführung bearbeitet.

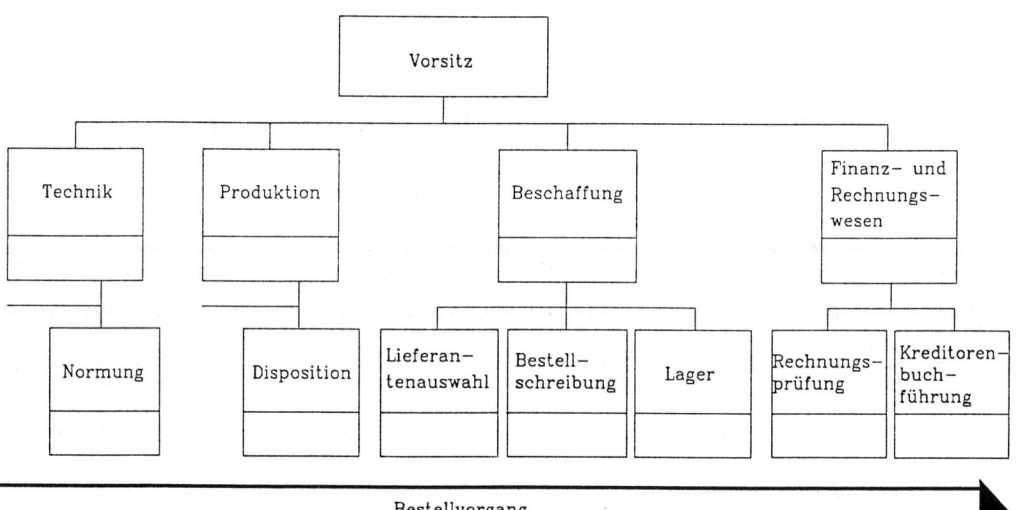

Abb. 2.A.II.02: Ablauf eines Bestellvorgangs

In Abbildung 2.A.II.03 wird ein Ausschnitt dieses Ablaufes (Disposition, Lieferantenauswahl und Bestellschreibung) dahingehend untersucht, welche neuen organisatorischen Möglichkeiten bei der Unterstützung durch eine integrierte Datenbasis möglich sind. Der Fall (a) zeigt eine arbeitsteilige Organisation, bei der jeder einzelne Teilvorgang seine

eigene Datenverwaltung besitzt. Bei jedem Teilvorgang tritt zunächst eine Einarbeitung in den gesamten Vorgang auf, die jeweils durch Schraffur angedeutet wird. Damit ein nachfolgender Arbeitsschritt ausgeführt werden kann, müssen von dem vorhergehenden Arbeitsschritt die Informationen an den nächsten Arbeitsplatz weitergegeben werden.
Neben der Informationsübergabe treten Wartezeiten auf, bis ein Vorgang an dem neuen Arbeitsplatz bearbeitet werden kann.

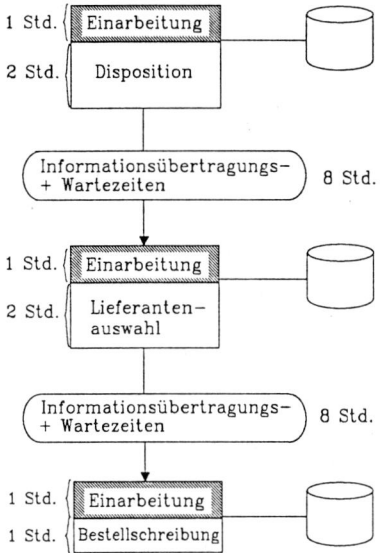

Prozeßkette mit arbeitsteiliger Datenverwaltung
Durchlaufzeit (DLZ) = 24 Stunden = 3 Tage

Abb. 2.A.II.03a: Ablauf bei traditioneller arbeitsteiliger Organisation

Die in dem Beispiel eingesetzten Zahlenwerte sind willkürlich gegriffen, die damit gezeigten Effekte jedoch realistisch.
Bei traditioneller arbeitsteiliger Organisation werden für den gesamten Ablauf des Beispiels 24 Stunden, d. h. bei einer unterstellten Arbeitszeit von 8 Stunden pro Tag, 3 Arbeitstage benötigt.

Beim Einsatz einer integrierten Datenbank in Fall (b) werden alle Informationen, die an einem Arbeitsplatz anfallen und in die Datenbank eingestellt werden, sofort auch an den anderen Arbeitsplätzen verfügbar. Das bedeutet, daß die am Ende des Teilvorganges 1 eingestellten Dispositionszahlen ohne weitere Informationsübertragungszeiten von der Lieferantenauswahl bearbeitet werden können. Allerdings sind hier in der Regel ebenfalls Wartezeiten bis zur eigentlichen Vorgangsbearbeitung anzusetzen. Die Verkürzung der Informationsübertragungszeiten führt aber in dem Beispiel bereits zu einer Reduktion der Durchlaufzeit auf 16 Stunden (zwei Arbeitstage).

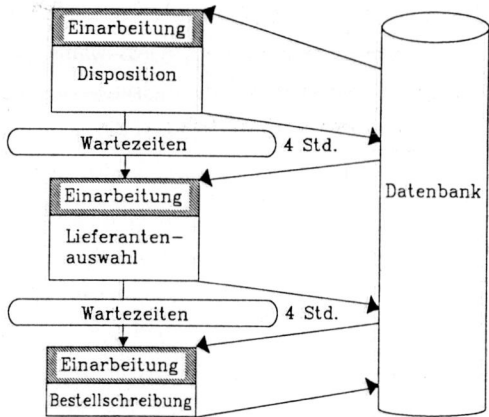

Prozeßkette mit integrierter Datenbasis

DLZ = 16 Stunden = 2 Tage

Abb. 2.A.II.03b: Ablauf bei Unterstützung durch eine integrierte Datenbank

Stehen die jeweiligen Kapazitätsbelastungen der Arbeitsplätze transparent zur Verfügung, so können durch eine verbesserte Zuteilungspolitik der Aufgaben auf die Arbeitsplätze die Wartezeiten zwischen den einzelnen Vorgängen entfallen (Fall c). Die Durchlaufzeit verringert sich somit auf 8 Stunden (ein Arbeitstag).

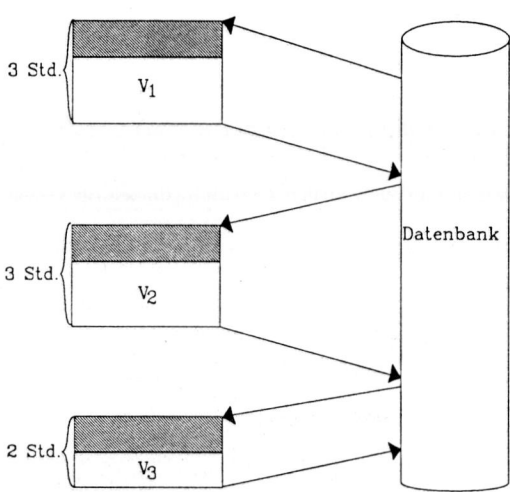

DLZ = 8 Stunden = 1 Tag
keine Wartezeiten

Abb. 2.A.II.03c: Auswirkung der Optimierung der Zuteilungspolitik

Die Weiterleitung und Verteilung von zu bearbeitenden Teilvorgängen kann durch **Aktionsdatenbanken** unterstützt werden. Aktionsdatenbanken enthalten Hinweise auf zu bearbeitende Vorgänge, z. B. in Form von Vorgangsnummern, die in elektronische Briefkästen, die Arbeitsplätzen zugeordnet sind, eingestellt werden.

Bisher wurde unterstellt, daß ein Teilvorgang eine in sich geschlossene Aufgabe darstellt. Häufig kann aber ein Teilvorgang in weitere Arbeitsschritte untergliedert werden, z. B. wenn ein Dispositionsvorgang für mehrere Artikelnummern oder die Lieferantenauswahl für mehrere Artikel durchgeführt werden muß. Im Fall (d) werden deshalb die beiden ersten Teilvorgänge in eine Einarbeitungsphase sowie zwei Arbeitsschritte aufgelöst, während beim dritten Teilvorgang neben der Einarbeitungsphase lediglich ein Arbeitsschritt ausgeführt wird.

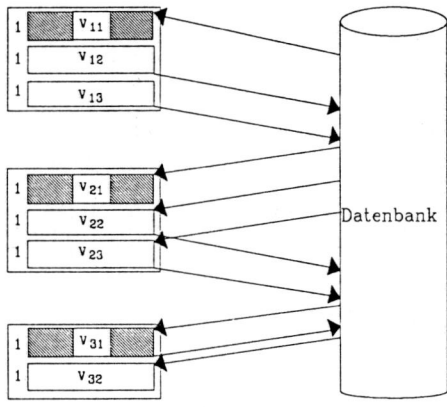

DLZ = 6 Stunden V_{22} setzt V_{12} voraus

                         V_{32} setzt V_{22} voraus

Abb. 2.A.II.03d: Aufgliederung von Teilvorgängen

Werden die Ergebnisse der einzelnen Arbeitsschritte direkt in die Datenbank eingestellt, wie es bei einer konsequenten Dialogverarbeitung der Fall ist, so kann am nächsten Arbeitsplatz bereits mit der Weiterbearbeitung begonnen werden, wenn der gesamte Teilvorgang noch nicht fertiggestellt ist. Mit diesen sich überlappenden Tätigkeiten wird eine weitere Reduktion der Durchlaufzeit des gesamten Vorgangs auf insgesamt 6 Stunden erzielt.

Die einzelnen zeitlichen Wirkungen sind in Abbildung 2.A.II.03e **maßstabsgerecht** zusammengestellt.

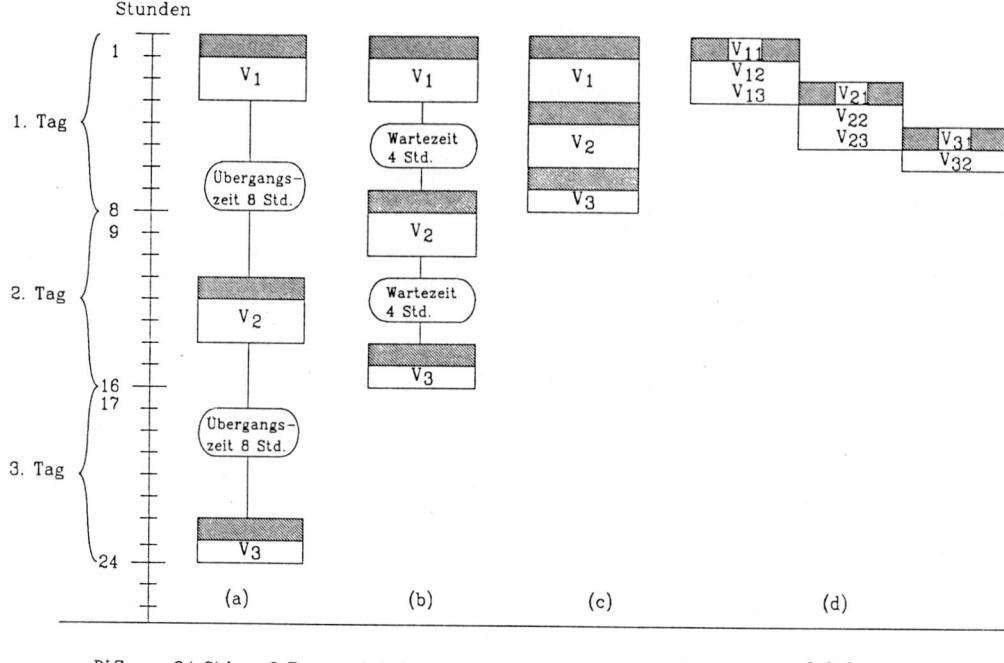

DLZ: 24 Std. = 3 Tage   16 Std. = 2 Tage   8 Std. = 1 Tag   6 Std.
                                                                (Bearbeitungszeit: 8 Std.)

Abb. 2.A.II.03e: Zusammenfassung der zeitlichen Wirkungen

Die erzielte Reduktion der Durchlaufzeiten bei einer geschlossenen Organisation der Vorgangskette zeigt das mögliche Rationalisierungspotential. Das hier beispielhaft dargestellte Ausmaß der Reduktion ist dabei noch eher untertrieben. Es sind Realisierungen bekannt, bei denen durch konsequente Integration der Daten und Ausnutzung der Überlappungsmöglichkeiten z. B. die Vorgangsdauer einer Konstruktionsänderung eines Erzeugnisses von über 50 Tagen auf 2 Tage reduziert werden konnte. Während vorher die Konstruktionsänderung (z. B. Ersatz einer Materialart durch eine andere) nacheinander die Abteilungen Qualitätssicherung, Lagerwirtschaft, Lohnerfassung, Produktionsplanung, Betriebsdatenerfassung, Kostenrechnung und Lager durchlief und erst nach jeweiliger Freigabe weiter bearbeitet wurde, wobei jeweils Informationsübertragungszeiten und Wartezeiten anfielen, werden diese Schritte bei integrierter Bearbeitung nahezu parallel abgewickelt.

Die konsequente Ablauforganisation von Vorgangsketten (Prozeßketten) führt dazu, daß Daten jeweils am Entstehungsort innerhalb der Vorgangskette eingegeben und anschließend nur noch modifiziert oder ergänzt werden. Das bedeutet, daß am Entstehungsort auch solche Daten erfaßt werden müssen, die von der Teilfunktion eigentlich nicht benötigt werden.

Der Datenfluß des Beispiels der Materialwirtschaft ist in Abbildung 2.A.II.04 dargestellt. Bereits am Anfang der Vorgangskette sind die Daten über die benötigte Menge, die Teilenummer, benötigte Qualität, Konditionen, die bestellende Kostenstelle, Kostenart und den auslösenden Kostenträger bekannt. Die wertbezogenen Daten Kostenstelle, Kostenart, Kostenträger, Konditionen sind aber für den mengenbezogenen (horizontalen) Ablauf der Bestellabwicklung zunächst nicht von Bedeutung, sondern erst im Rahmen der Rechnungsprüfung sowie der (vertikalen) Weiterverarbeitung im Finanz- und Rechnungswesen. Werden diese Daten aber bereits am Anfang der Vorgangskette erfaßt, so kann bereits mit der Bestellschreibung eine sogenannte Proforma-Rechnung in der Datenbank erstellt werden, die später zur Grundlage der Rechnungsprüfung wird und dadurch diesen Vorgang erheblich vereinfacht, ihn zum Teil sogar völlig automatisierbar macht.

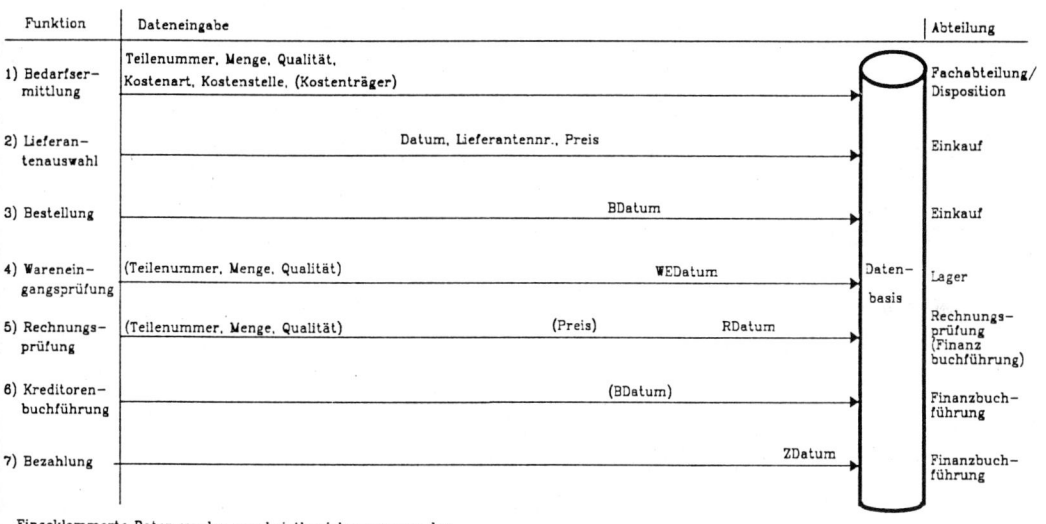

Abb. 2.A.II.04: Datenfluß Materialwirtschaft

Die Belastung durch Dateneingaben am Anfang einer Kette führt somit zu einer Entlastung späterer Arbeitsschritte. Bei einer funktionalen Unternehmensorganisation, bei der die Organisation jeweils nur auf Teilvorgänge gerichtet ist, ist eine solche Verlagerung aber nicht im Interesse der belasteten Funktion, sondern kann nur aus dem Gesamtzusammenhang einer Prozeßbetrachtung deutlich werden.

34

Die beiden Pfeile der Informationspyramide der Abbildung 2.A.II.05 sollen deshalb die Integrationsrichtungen der Datenbasen zur Unterstützung von Prozeßketten verdeutlichen.

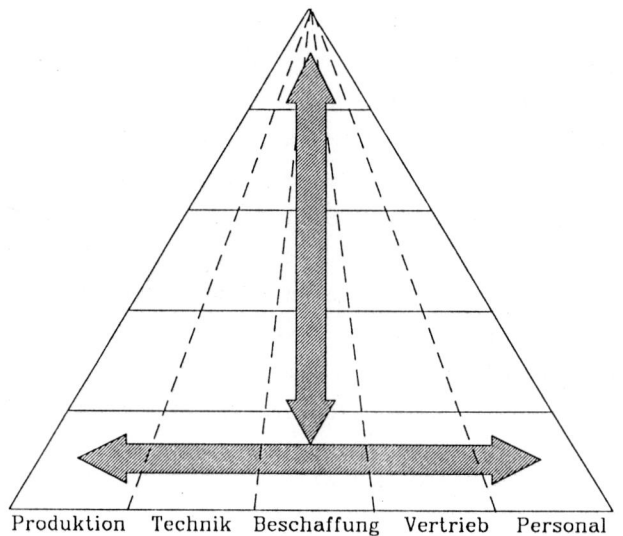

Planungs– und
Entscheidungssysteme

Analyse– und
Informationssysteme

Berichts– und Kontroll–
systeme

Wertorientierte
Abrechnungssysteme

Mengenorientierte opera–
tive Systeme (Administra–
tions– und Dispositions–
systeme)

Produktion   Technik   Beschaffung   Vertrieb   Personal

Abb. 2.A.II.05: Integrierte Informationssysteme

Der waagerechte Pfeil auf der Ebene der operativen Systeme bezeichnet die Sicht der Integration funktionaler Informationssysteme zu einem integrierten Gesamtsystem (horizontale Integration). Der senkrechte Pfeil beschreibt den Verdichtungs- bzw. Auflösungsprozeß, um aus operativen Daten verdichtete Daten bis hin zur globalen Entscheidungsunterstützung auf der Unternehmensebene abzuleiten; umgekehrt können auch globale Zielvorgaben in operative Detailzielsetzungen aufgefächert werden.

A.II.1.2. Typische Prozeßketten

Die Begriffe Vorgangskette, Prozeßkette und Geschäftsprozeß (Business Process) werden gleichgesetzt. Neben der Materiallogistik bildet auch die **Vertriebslogistik** eine durchgängige Vorgangskette, wenn von der Auftragsannahme über die Auftragsverwaltung, Produktionsplanung und Disposition bis hin zur Versandabwicklung eine einheitliche Datenbasis genutzt wird. Diese Sicht überschreitet ebenfalls traditionelle Abteilungsgrenzen, da die Vorgangskette die Abteilungen Verkauf, Produktionsplanung, Lager, Disposition, Fertigungssteuerung, Versand und Debitorenbuchführung durchläuft. Gleichzeitig wird die Prozeßkette in Vertriebs- und Marketinginformationssystemen vertikal weiter verarbeitet.

Weitere Prozeßketten, die jeweils einen ganzheitlichen und damit integrierten Charakter besitzen, sind:

Produktentwicklung von der ersten, vom Marketing ausgelösten Idee über technische Entwicklung (Konstruktion), Arbeitsvorbereitung, Qualitätssicherung bis zur Vorkalkulation (vgl. *Scheer, CIM 1990, S. 90*).

Fertigungssteuerung als Sammelbegriff der zeitnahen Unterstützung der Fertigung. Hier sind vor der Ausführung eines Fertigungsauftrages die Funktionen Auftragsfeinplanung, Qualitätssicherung, Lager- und Transportsteuerung zu integrieren (vgl. Scheer, CIM 1990, S. 97).

In Handelsunternehmungen bildet die **Warenwirtschaft**, d. h. die zeitnahe und artikelgenaue Verfolgung des Warenflusses, eine Prozeßkette.

In Versicherungsunternehmungen bilden z. B. die **Aufnahme eines Kunden** oder die **Abwicklung eines Schadensfalles** Vorgangsketten.

Grundgedanke der **Datenmodellierung** ist es, möglichst breite Zusammenhänge abzubilden. Deshalb sind für den Entwurf der Datenbasis die Kenntnisse der grundlegenden Prozesse erforderlich.

Zur Realisierung der darauf aufbauenden konkreten Abläufe durch EDV-Programme sind diese allerdings weiter zu zergliedern. Der Zusammenhalt wird dann über die Aktualität der einheitlichen Datenbasis gewährt.

Häufig werden die Datenzusammenhänge nicht nur durch zeitlich eng miteinander gekoppelte Glieder einer Ablaufkette deutlich, sondern auch bei zeitlich entkoppelten Anwendungen. Dieses gilt insbesondere bei der vertikalen Integrationsrichtung, da die höheren Ebenen in der Regel periodische Auswertungen erstellen, während die operative Ebene ereignisgesteuert wird. Trotzdem ist der Datenzusammenhang durch das gleiche Objekt gegeben.

Zum Beispiel benötigt die Kostenrechnung im Rahmen einer jährlichen Plankalkulation Stücklisten, Arbeitspläne und Betriebsmitteldaten. Sie sind gleichzeitig Grunddaten der Produktionsplanung und -steuerung (PPS) und werden im allgemeinen von dieser verwaltet.

Werden Kostenrechnung und PPS als getrennte Aufgabengebiete mit unterschiedlichen EDV-Systemen bearbeitet, so muß den Programmen des Rechnungswesens für die Kalkulation die Grunddaten aus dem Produktionsbereich mit Hilfe eines **Bridge-Programms** zur Verfügung gestellt werden (vgl. Abbildung 2.A.II.06). Dieses Bridge-Programm formt die Formate der Daten aus dem Produktionsbereich so um, wie sie von dem Programmsystem der Kostenrechnung benötigt werden.

36

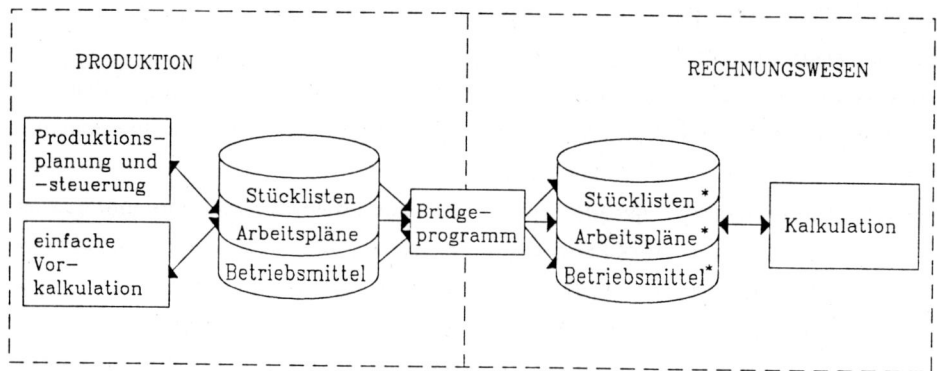

Abb. 2.A.II.06: Bridge-Programm zur Verbindung von Produktionsplanung und Kostenrechnung

Da die betrachteten Datenmengen außerordentlich groß sein können, ist dieser Vorgang
sehr zeitaufwendig. Für in den Ablauf der Angebotserstellung notwendige Kalkulations-
informationen wurden deshalb in EDV-Systeme zur Produktionsplanung und -steuerung
zusätzlich vereinfachte Kalkulationsverfahren aufgenommen. Hier hat also der Ablaufzu-
sammenhang dazu geführt, daß für zeitnahe Anwendungen der Kalkulation die Anwendung "Kalkulation" dem der Datennähe zur Produktionsplanung gefolgt ist.

Da aber bei einer konsequenten Betrachtung die Stücklisten- und Arbeitsplandaten wie
auch die Kalkulationsdaten den gleichen Gegenstand - das Produkt - beschreiben, sollte
dieses zu einer einheitlichen Organisation führen, wie sie in Abbildung 2.A.II.07 dargestellt ist.

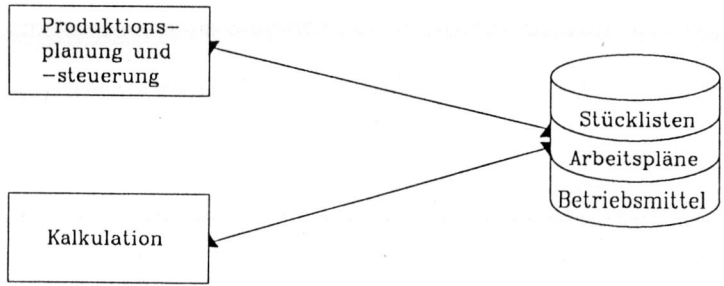

Abb. 2.A.II.07: Integrierte Datenbank für Produktion und Kostenrechnung

A.II.2. Aufbauorganisatorische Effekte der Integration betriebswirtschaftlicher Funktionalbereiche

Die Prozeßbetrachtung unterstützt eine übergreifende Betrachtung betriebswirtschaftlicher Funktionalbereiche.

Die enge Verflechtung der Abläufe über gemeinsame Daten erfordert eine umfassende Zusammenarbeit der Funktionalbereiche beim Entwurf der Datenstrukturen und zwingt zu einer integrierten Betrachtung der betrieblichen Funktionen. So werden mit der Definition der Stücklisten, d. h. der Endprodukte, Baugruppen und Einzelteile eines Betriebs, auch die Kostenträger definiert sowie mit dem Aufbau der Datenstruktur für ein Betriebsdatenerfassungssystem auch die Zählpunkte der Leistungs- und Istkostenerfassung festgelegt.

Die Aspekte der Datenintegration verbinden betriebliche Bereiche, zwischen denen bisher nur ein lockerer Kontakt hergestellt wurde. Im Rahmen der computerunterstützten Konstruktion werden z. B. Stücklisten- und Arbeitsplandaten benötigt und erzeugt, die auch für die Produktionsplanung und -steuerung sowie für die Kostenrechnung relevant sind. Hier ist deshalb eine enge Zusammenarbeit beim Datenentwurf erforderlich.

Diese funktionsübergreifende Zusammenarbeit bei der Gestaltung von Informationssystemen ist nicht nur bei der Neuentwicklung von Informationssystemen erforderlich, sondern auch bei der Auswahl von Standardsoftware. Steht die Integration der Datenstrukturen im Vordergrund, so darf sich der Auswahlprozeß nicht allein an den funktionalen Anforderungen eines einzelnen Unternehmensbereiches ausrichten, sondern muß gleichzeitig die Datenbeziehungen zu benachbarten Funktionsbereichen einbeziehen. Dieses führt dazu, daß zunehmend sogenannte Standardsoftware-Familien in Unternehmungen eingesetzt werden, bei denen der Gedanke der Datenintegration von vornherein unterstützt wird. Dieses hat zur Konsequenz, daß der einzelne Funktionsbereich in einer Unternehmung (vgl. hierzu Abbildung 2.A.II.08) nicht mehr isoliert von den anderen Funktionsbereichen sein Informationssystem gestalten kann.

Da der Einsatz der EDV andererseits immer mehr die Qualität der Arbeit innerhalb eines Funktionsbereiches bestimmt, verliert der Leiter eines Funktionsbereiches somit einen Teil seiner Kompetenz und Gestaltungsfähigkeit. Dieser Punkt ist um so bedeutsamer, wenn Teilbereiche der Unternehmung nach einer Profit Center-Philosophie gesteuert werden. Diese setzt voraus, daß der Teilbereich auch über entsprechende Instrumente verfügt, um sein Ergebnis selbst zu beeinflussen. Mit der Tendenz zur übergreifenden Zusammenarbeit bei der Gestaltung des Informationssystems müßten hier dann Abstriche gemacht werden.

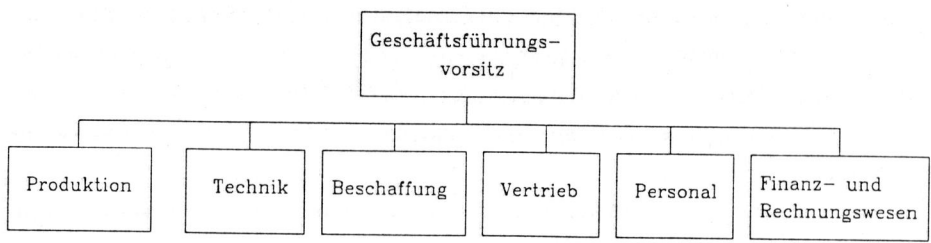

Abb. 2.A.II.08: Funktionsbereiche einer Unternehmung

Wird der Prozeßbetrachtung auch aufbauorganisatorisch Rechnung getragen, so führt dieses zu einer stärkeren objektorientierten Gliederung, indem z. B. ganzheitliche Abläufe für bestimmte Produktgruppen in dafür zuständigen Einheiten gebildet werden. Beispiele dafür sind Fertigungsinseln im Bereich der Produktion oder die Bildung von Produktbereichen im Bereich Vertrieb, Materialwirtschaft und Disposition.

Für wichtige Prozesse können auch aufbauorganisatorische Einheiten gebildet werden, deren Zuständigkeit dann quer zur funktionalen Gliederung verläuft. Beispiel dafür ist eine zentrale Abteilung für Logistik, Auftragssteuerung oder Qualitätssicherung.

Die Straffung von Vorgängen und Bündelung in selbständigen organisatorischen Einheiten führt zu einer Verflachung der Aufbauorganisation. Es entfällt Koordinationsaufwand aufgrund der Daten- und Vorgangsintegration, so daß die Kontrollspanne größer und damit die Organisationspyramide flacher werden kann.

A.III. Betriebswirtschaftliche Gestaltung der Datenintegration

A.III.1. Prozeßkettengestaltung

Die Rationalisierungseffekte der Prozeß- oder Vorgangskettenorganisation treten in der Regel nur bei ihrer konsequenten Durchführung auf; eine Unterstützung von einigen Teilvorgängen innerhalb einer Kette kann in ihrer Auswirkung auf den Gesamteffekt verpuffen.

Die Datenintegration durch Einsatz eines Datenbanksystems ermöglicht erst die konsequente Gestaltung von Vorgangsketten. Andererseits ist die Aufdeckung solcher Vorgangsfolgen Voraussetzung beim Entwurf des integrierten Datenbankschemas.

Da in der Realität die einzelnen abzuwickelnden Prozesse teilweise recht kompliziert sind, ist der Blick für eine durchgängige Organisation häufig versperrt. Aus diesem Grund muß zunächst eine sorgfältige Analyse eines Vorganges durchgeführt werden, um dann ein Soll-Konzept für einen EDV-gerechten Ablauf aufzustellen.

Dieses wird an einem praxisnahen Beispiel demonstriert. Das Beispiel ist einem konkreten Fall nachempfunden. Zur Darstellung der Abläufe werden **Vorgangskettendiagramme** (vgl. Abbildung 2.A.III.01a und Abbildung 2.A.III.01b) eingesetzt, die sich bei vielen praktischen Systemanalysen durch das Institut für Wirtschaftsinformatik (IWi) in Saarbrücken bewährt haben.

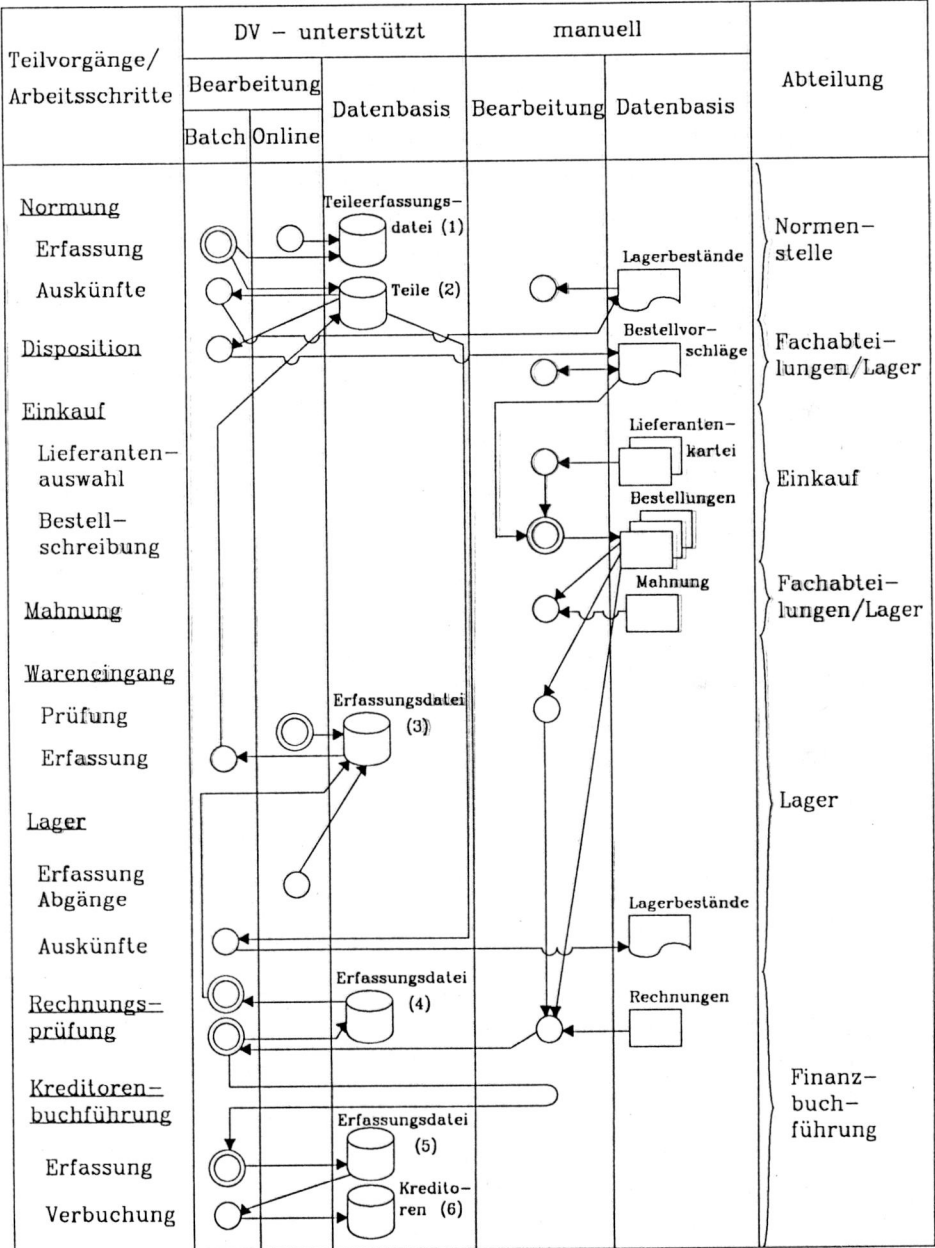

Abb. 2.A.III.01a: Weitgehend abteilungsbezogene Datenverarbeitung

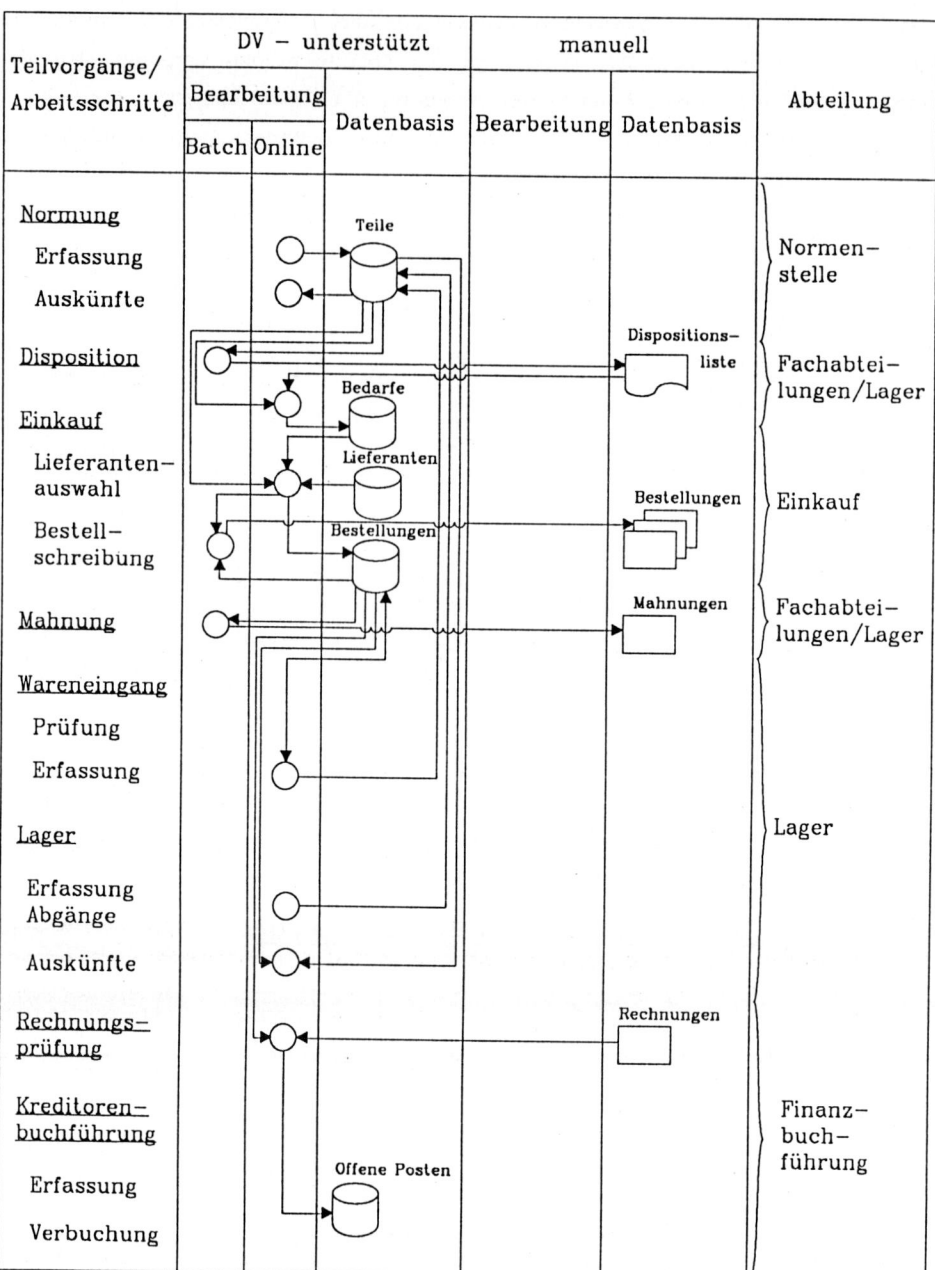

Teilvorgänge/ Arbeitsschritte	DV – unterstützt			manuell		Abteilung
	Bearbeitung		Datenbasis	Bearbeitung	Datenbasis	
	Batch	Online				
Normung Erfassung Auskünfte			Teile			Normen- stelle
Disposition					Dispositions- liste	Fachabtei- lungen/Lager
Einkauf Lieferanten- auswahl Bestell- schreibung			Bedarfe Lieferanten Bestellungen		Bestellungen	Einkauf
Mahnung					Mahnungen	Fachabtei- lungen/Lager
Wareneingang Prüfung Erfassung						Lager
Lager Erfassung Abgänge Auskünfte						
Rechnungs- prüfung					Rechnungen	
Kreditoren- buchführung Erfassung Verbuchung			Offene Posten			Finanz- buch- führung

Abb. 2.A.III.01b: Datenintegrierter Ablauf

Auf der linken Seite sind die einzelnen **Teilvorgänge** (unterstrichen) und **Arbeitsschritte** einer Vorgangskette angegeben.

In den folgenden Spalten ist dargestellt, ob eine Tätigkeit **DV-unterstützt** oder ausschließlich **manuell** abgewickelt wird. Dabei wird zwischen der Bearbeitungsunterstützung und der Art der benutzten Datenbasis unterschieden. Bei der DV-unterstützten Bearbeitung wird zwischen **Batch-** und **Online-Verarbeitung** getrennt.

In der letzten Spalte sind die Namen der **Abteilungen** angegeben, von denen die Teilvorgänge ausgeführt werden. Dadurch wird noch einmal verdeutlicht, daß die Abläufe abteilungsübergreifend betrachtet werden.

In den Spalten werden einfache, sich selbst erklärende Symbole der Ablaufdiagramm- oder Datenflußtechnik verwendet. Die Pfeile geben den Datenfluß an. Sachbearbeitungen werden durch einen Kreis dargestellt, redundante Erfassungsfunktionen durch einen Doppelkreis.

Die Abbildung 2.A.III.01a zeigt den zunächst nicht integrierten, gewachsenen Ablauf der Materialwirtschaft. In ihm sind EDV-Prozesse, die auf weitgehend isolierten Dateikonzepten basieren, mit manuellen Verarbeitungsvorgängen verknüpft. Einige EDV-Funktionen werden online, andere im Batchbetrieb abgewickelt. Den einzelnen Tätigkeiten sind die ausführenden Abteilungen zugeordnet, so daß die abteilungsbezogene (isolierte) Organisation sichtbar wird.

Die Normenstelle legt für neu aufzunehmende Teile Spezifikationen wie Teilenummer, Bezeichnung usw. fest. Die Erfassung erfolgt per Terminal in eine Erfassungsdatei (1). Diese wird (redundant) in einem Batchlauf in die Teilestammdatei (2) überspielt. Aus ihr werden Auskünfte in Form von Listen zur Verfügung gestellt, die manuell bearbeitet werden.

Die Disposition, d. h. die Ermittlung von Bedarfen, nehmen die Fachabteilungen und der Lagerbereich manuell anhand von in Batchläufen erstellten Bestellvorschlagslisten vor. Anhand dieser Dispositionsvorgaben führt der Einkauf die Bestellungen aus, wobei die Lieferanten aus manuell geführten Karteien ausgewählt werden. Duplikate der manuell erstellten Bestellungen erhalten der Wareneingang, die Rechnungsprüfung und die bestellenden Fachabteilungen. Die Fachabteilungen führen daraufhin dezentral die Mahnungen aus, ohne den Einkauf zu informieren, so daß dieser die Mahnungen nicht in der Lieferantenkartei festhalten kann.

Im Lager werden die Wareneingänge anhand der Lieferscheine online in eine Erfassungsdatei (3) erfaßt und in einem Batchlauf (redundant) in die Teilestammdatei überstellt. In die Erfassungsdatei werden auch die Lagerentnahmen eingestellt. Über Batchläufe werden aus der Teilestammdatei Listen zu Auskunftszwecken gedruckt.

Die Abteilung Finanzbuchführung erfaßt bei der Rechnungsprüfung die eingehenden

Rechnungen (4) und vergleicht sie manuell mit den Bestellungen und in einem Batchlauf mit den vom Wareneingang erfaßten Liefermengen.

Anschließend werden die Belege manuell vorkontiert und in der Buchführung an Dateneingabestationen ohne EDV-gestützte Plausibilitätsprüfung auf Magnetband erfaßt (5) und in einem Batchlauf des Kreditorenprogramms verbucht (6).

Es zeigt sich, daß die Daten im wesentlichen aus den Anwendungsperspektiven der Abteilungen organisiert sind. Dieses führt zu einer mehrfachen Erfassung gleicher Daten. So tragen die Fachabteilungen bei der Disposition und der Einkauf bei der Bestellschreibung die Bedarfsdaten (Artikelnummer, Menge usw.) ein. Im Lagerbereich werden die eingehenden Warenmengen anhand der Lieferscheine erneut erfaßt. Bei der Rechnungskontrolle werden aus den ankommenden Rechnungen ein weiteres Mal Artikeldaten eingegeben.

In Abbildung 2.A.III.01c ist eine datenintegrierte Lösung des Beispiels skizziert. Alle Funktionen greifen über ein einheitliches Programmsystem auf die gleiche Datenbank für Teile, Bedarfe, Bestellungen, Lieferanten und Offene Posten zu. Die Datenstruktur der Datenbank ist als ERM dargestellt, wobei auf die Angabe der Beziehungsarten (n:m oder 1:n) verzichtet wird. Der mit dieser Datenbasis mögliche Vorgangsablauf ist in Abbildung 2.A.III.01b dargestellt.

Im Vorgangskettendiagramm der Abbildung 2.A.III.01b sind nur die im Datenbankschema der Abbildung 2.A.III.01c stark umrandeten echten und uminterpretierten Entitytypen eingezeichnet.

Über den Beziehungstyp BEDARF-BESTELLZUORDNUNG sind einer Bestellung die verursachenden Bedarfe und einem Bedarf die resultierenden Bestellungen zugeordnet.

Über den Beziehungstyp BESTELLUNG-OFFENE POSTEN können einer Bestellung die resultierenden Offenen Posten und einem Offenen Posten die verursachende Bestellung zugeordnet werden.

Über die LIEFERANTEN-TEILE-BEZIEHUNG können für ein Teil die in Frage kommenden Lieferanten erreicht werden und für einen Lieferanten die von ihm lieferbaren Teile.

Die Bestellungen sind in einen BESTELLKOPF und BESTELLPOSITIONEN aufgeteilt.

Durch die Umformulierung von Beziehungs- in Entitytypen wird der Konstruktionsprozeß der Datenstruktur noch einmal deutlich.

Das konzeptionelle Datenmodell ist statisch und gibt die insgesamt benötigten Datenstrukturen an.

Alle Funktionen greifen nun auf die gleichen Datenbestände zu, und bei Dateneingaben werden die vorhandenen Informationen nur um die noch fehlenden ergänzt.

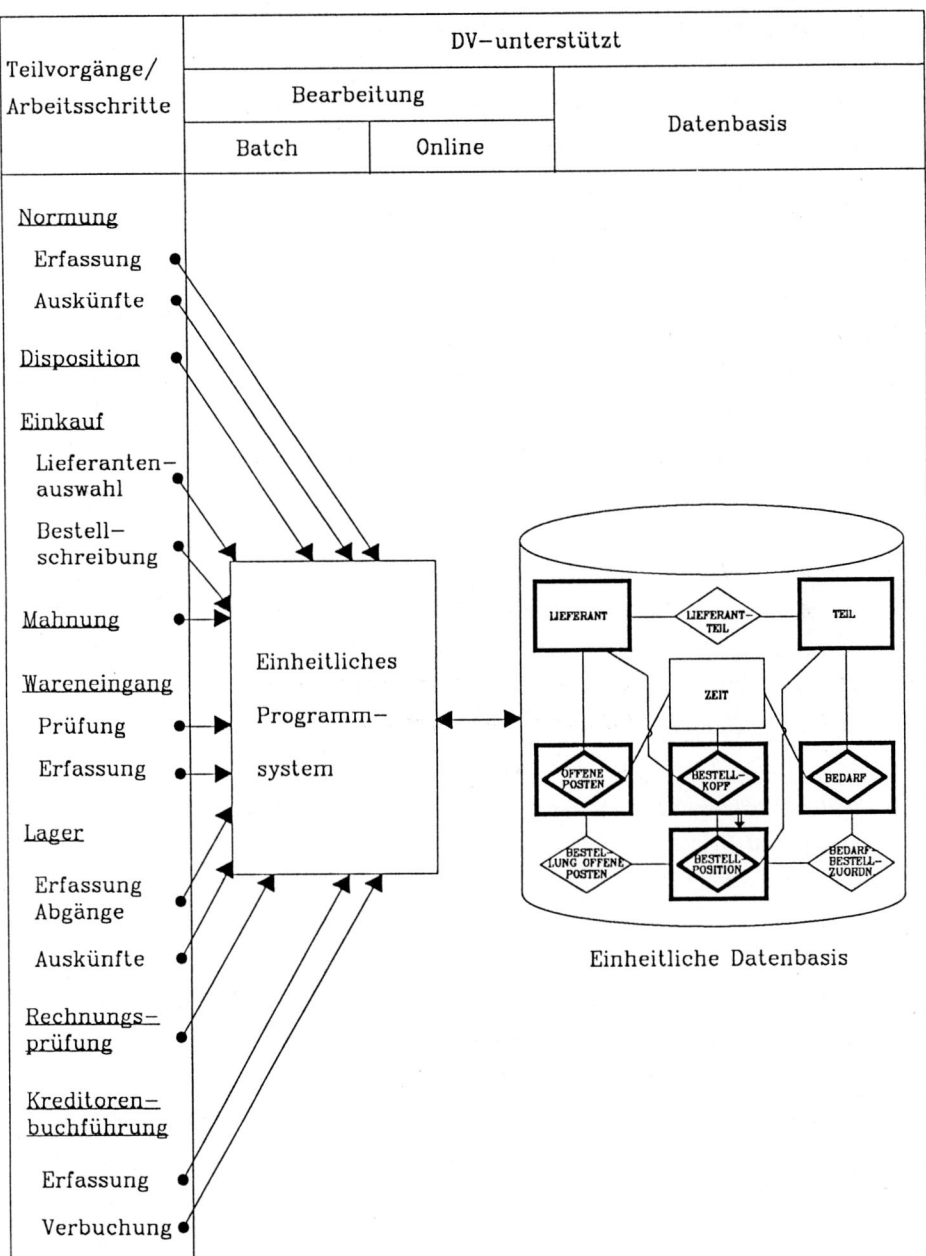

Abb. 2.A.III.01c: Einheitliche Datenbasis

In der Normenstelle werden die Spezifikationen neuer Teile online direkt in die Teiledatei erfaßt, und die gesamte Datei steht für Auskünfte zur Verfügung.

Die Dispositionslisten werden in einem Batchlauf erzeugt. Die Bedarfe werden in die Bedarfsdatei geschrieben, wobei Angaben wie Teilebezeichnung usw. nicht erfaßt werden, sondern aus der Teiledatei übernommen werden können.

Der Einkaufsabteilung stehen die Lieferanteninformationen im Dialog zur Verfügung, so daß die Bestellsätze ebenfalls im Dialog angelegt werden. Aus der Bestelldatei werden in einem Batchlauf die Bestellungen gedruckt.

Die Mahnungen werden ebenfalls aus der Bestelldatei erzeugt.

Bei der Warenannahme stehen die Bestelldaten zur Wareneingangsprüfung online zur Verfügung; gleichzeitig wird in der Teiledatei der Zugang erfaßt. Lagerabgänge werden ebenfalls in der Teiledatei verbucht. Die Rechnungsprüfung greift auf die Bestelldatei zu und ergänzt diese um Angaben der Rechnungen, um daraus Buchungssätze für die Offenen Posten der Kreditorenbuchführung zu erzeugen.

Die verflochtenen Datenflußlinien verdeutlichen die Datenintegration.

Ihr Vorteil besteht neben der redundanzarmen Datenspeicherung und -erfassung in einer Verkürzung der Übertragungszeiten von Informationen zwischen den Gliedern der Vorgangskette. Dadurch kann die Durchlaufzeit des Gesamtvorgangs radikal reduziert werden.

Die betriebswirtschaftliche Gestaltung von Vorgangs- bzw. Prozeßketten bildet ein Optimierungsproblem, indem die auszuführenden Arbeitschritte unter Beachtung der Datenbedürfnisse, Kapazitätsbelastungen der Arbeitsplätze und Qualifikation des einzusetzenden Personals auf die einzelnen Arbeitsplätze verteilt werden. Als Zielsetzungen sind dabei die Optimierung der Durchlaufzeit, Kosten, Erlöse oder Gewinn sinnvoll. Zur Definition von Vorgangsketten sowie ihrer optimalen Zuordnung zu Arbeitsplätzen ist am Institut für Wirtschaftsinformatik (IWi) in Saarbrücken das Simulationssystem CAPSIM erarbeitet worden. Das System CAPSIM stellt ein Hilfsmittel für die Lösung dieser Zuordnungsfragen dar (vgl. *Brandenburg, Simulation von "Computer-am-Arbeitsplatz"-Systemen 1983; Krcmar, Gestaltung von "Computer-am-Arbeitsplatz"-Systemen 1983*). Es besteht aus einem GPSS-F Generator, der anhand einer Beschreibungssprache Abläufe darstellt.

Ein Beispiel zu CAPSIM ist in Abbildung 2.A.III.02 für eine Auftragsbearbeitung angegeben. Die Kästchen bezeichnen Vorgänge, in die jeweils der Vorgangsname sowie die zugehörige Abteilung eingetragen sind. Ein Vorgang kann sich nach seiner Beendigung in mehrere unterschiedliche Vorgänge teilen oder als Einheit in die nächste Bearbeitungsstufe eingehen. Auch ein Übergang zu vorhergehenden Vorgängen, z. B. aus Gründen einer erforderlichen Nachbearbeitung, ist möglich.

Das Softwaresystem CAPSIM generiert anhand der Ablaufbeschreibung ein Simulationsprogramm in der Sprache GPSS-F. Mit dem Simulationsprogramm können unterschiedliche Annahmen über strukturelle Zuordnungen, Übergangswahrscheinlichkeiten, Vorgangsdauern und Ankunftsverteilungen der zu bearbeitenden Elemente eingegeben werden. Aussagen des Modells sind Auswirkungen auf die Zielsetzungsgrößen wie Durchlaufzeiten und Kapazitätsauslastungen der Abteilungen.

Weitere Beschreibungssprachen zur Modellierung von Bürosystemen gibt unter anderem Wißkirchen (vgl. *Wißkirchen u. a., Bürosysteme 1983; Krallmann u. a., Kommunikationsstrukturanalyse 1989*).

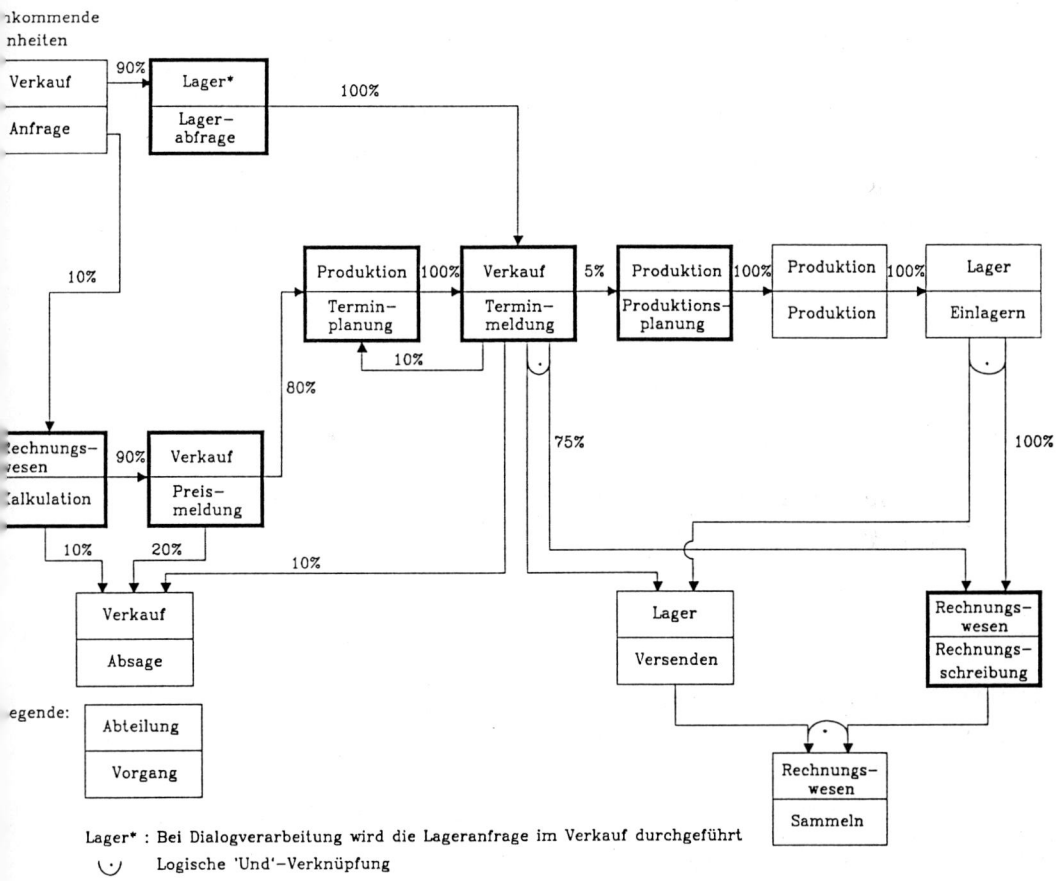

Abb. 2.A.III.02: Grafische Darstellung einer Auftragsbearbeitung in CAPSIM

46

Die Ableitung optimaler Vorgangsketten mit ihren logischen Datenstrukturen ist Aufgabe einer EDV-orientierten Betriebswirtschaftslehre. Aber nicht nur die Optimierung der Pro-zeßketten, sondern auch die Bestimmung des optimalen Integrationsgrades der Daten-basis bildet ein Optimierungsproblem. Mit zunehmendem Integrationsgrad steigt der Nutzen aus der Beschleunigung von Vorgängen - zumindest ab einem bestimmten Inte-grationsgrad - nur noch degressiv an. Die Kosten der Integration, die durch höhere Kom-plexität des Informationssystems für die Einhaltung der Systemsicherheit, Systemver-waltung und erhöhte Qualifikation der Mitarbeiter anfallen, steigen aber ab einem be-stimmten Integrationsgrad überproportional (vgl. Abbildung 2.A.III.03). Der optimale Integrationsgrad wird durch den maximalen Abstand beider Kurven bestimmt. Eine andere Definition eines optimalen Integrationsgrads durch die Bestimmung von in sich integrierten Teilsystemen gibt Hübner (vgl. *Hübner, Integration 1979, S. 381*). Die umfas-sende Bestimmung dieser Nutzen- und Kostenkomponenten ist deshalb ebenfalls eine Aufgabe der EDV-orientierten Betriebswirtschaftslehre.

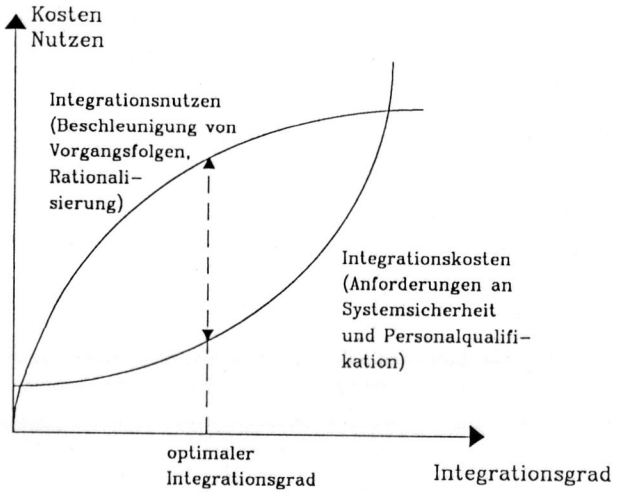

Abb. 2.A.III.03: Optimaler Integrationsgrad

A.III.2. Datenmodellierung: Unternehmensdatenmodell (UDM)

Ein anwendungsunabhängiger Entwurf des logischen Datenmodells einer Unternehmung ist nicht möglich. Er muß auf einem umfassenden betriebswirtschaftlichen Wissen der Entscheidungszusammenhänge und Organisationsabläufe aufbauen. Nur so können die Informationsverflechtungen zwischen Entitytypen unterschiedlicher Anwendungsbereiche in die Datenstruktur eingebracht werden.

Die Betriebswirtschaftslehre hat sich in den 60er und 70er Jahren eingehend mit Entscheidungsinterdependenzen zwischen betrieblichen Problemstellungen beschäftigt und daraus integrierte Planungsmodelle abgeleitet. Dieser Integrationsgedanke unterscheidet sich aber von dem hier entwickelten Konzept der Datenintegration.

Die integrierte Planung erfaßt die Interdependenzen zwischen betrieblichen Entscheidungen, indem in einem Simultanansatz oder einem Abstimmungsprozeß die Auswirkungen einer Entscheidungsgröße auf andere Entscheidungsgrößen (und umgekehrt) berücksichtigt werden (vgl. z. B. Bleicher, *Organisation 1987, S. 38*).

Bei einer datenbezogenen Integration betrieblicher Funktionen wird dagegen untersucht, welche Daten von Funktionen gemeinsam genutzt werden und wie die Daten so strukturiert werden können, daß sie diese Aufgaben redundanzarm und zugriffsfreundlich erfüllen. Die gemeinsame Nutzung der Datenbestände begründet hier also den Integrationsgedanken (vgl. *Emery, Integrated Information Systems 1975, S. 100*).

Aus diesem Grunde muß sehr sorgfältig aus einer unternehmensweiten Sicht festgelegt werden, welche informationellen Verflechtungen für den Unternehmenserfolg im Rahmen einer Unternehmensstrategie erforderlich sind, um von einem eigenentwickelten oder durch Standardsoftware ausgefüllten Informationssystem unterstützt zu werden. Ein systematisches Vorgehen der Konstruktion einer solchen integrierten Datenbasis ist die Aufstellung eines Unternehmensdatenmodells (UDM). Dieses kann in einem Top-Down-Entwurf mit engem Bezug zu anderen Unternehmensmodellen der Betriebswirtschaftslehre abgeleitet werden. Typische betriebswirtschaftliche Unternehmensmodelle sind:

- Das von Gutenberg entwickelte System der Produktionsfaktoren ermöglicht die Beschreibung der zur Leistungserstellung von Industriebetrieben erforderlichen Vorgänge (vgl. *Gutenberg, Betriebswirtschaftslehre 1951*).
- Das externe Rechnungswesen hat mit den Begriffen Konto und Buchungssatz eine in hohem Maße anzuerkennende Abstraktionsebene gefunden, um differenzierte Vorgänge in einem Unternehmen in einer einheitlichen und einfachen Beschreibungssprache abzubilden.
- Auch das interne Rechnungswesen hat mit den Begriffen Kostenart, Kostenstelle und Kostenträger eine einfache Beschreibungssprache zur Abbildung vielfältiger betriebswirtschaftlicher Prozesse entwickelt.
- Die im Rahmen des Operations Research aufgestellten Unternehmensgesamtmodelle (vgl. *Rosenkranz, Modell- und computergestützte Unternehmensplanung 1981 und die dort angeführte Literatur*) beschreiben in detaillierter Weise funktionsübergreifende Entscheidungszusammenhänge.

Die Begriffe der betriebswirtschaftlichen Modelle können den Ebenen der Abbildung 2.A.II.05 zugeordnet werden: Das Gutenberg-Modell bezieht sich auf die operative Ebene, die Finanzbuchführung auf die wertorientierten Abrechnungssysteme, das Kostenrechnungsmodell auf die Controllingebene und das Unternehmensplanungsmodell auf die Ebene der Planungs- und Entscheidungssysteme.

Für die Konstruktion des UDM der operativen Ebene ist deshalb die aus der Theorie der Unternehmung abgeleitete Konzeption, daß der Leistungserstellungsprozeß eines Unternehmens durch die Kombination von Produktionsfaktoren charakterisiert wird und ein Unternehmen Geschäftsbeziehungen zu Marktpartnern unterhält, von Bedeutung. In Abbildung 2.A.III.04 ist dieser Sachverhalt durch die Entitytypen MARKTPARTNER, LEISTUNGEN und PRODUKTIONSFAKTOREN dargestellt. Der Begriff MARKTPARTNER umfaßt die Partner auf dem Absatz- bzw. Beschaffungsmarkt, der Begriff LEISTUNGEN die selbsterstellten und fremdbezogenen Leistungen. Später werden die Begriffe weiter spezifiziert. Die GESCHÄFTSBEZIEHUNGEN bilden einen n:m-Beziehungstyp zwischen LEI-

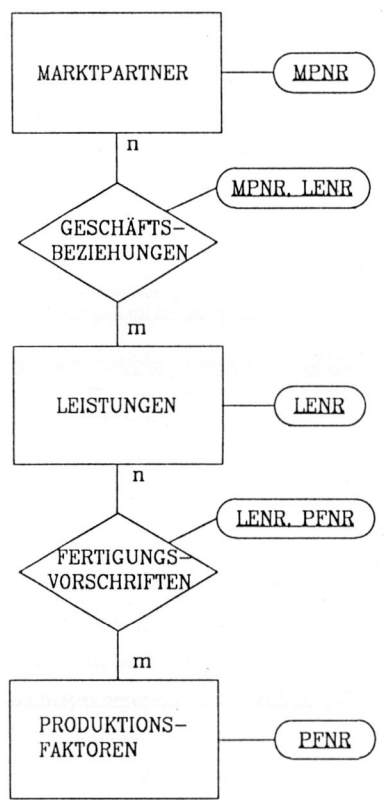

Abb. 2.A.III.04: Elementare Entitytypen und ihre zeitunabhängigen Beziehungen

STUNGEN und der Außenwelt des Unternehmens, dargestellt durch den Entitytyp MARKTPARTNER. Eine Ausprägung der Beziehung beschreibt z. B. die ausgehandelten Konditionen zwischen einem Kunden und einem Artikel. Der Leistungserstellungsprozeß wird durch den Beziehungstyp FERTIGUNGSVORSCHRIFTEN beschrieben. In ihr ist erfaßt, wie eine Leistung durch Einsatz der Produktionsfaktoren Betriebsmittel, menschliche Arbeitsleistung und Werkstoff erstellt werden kann. Da eine bestimmte Leistung häufig mit unterschiedlichen Fertigungsvorschriften erzeugt werden kann, die Produktionsfaktoren ebenfalls in unterschiedliche Leistungen eingehen, ist auch dieser Beziehungstyp vom Typ n:m.

Die dargestellte Struktur ist statisch, d. h. es werden zeitunabhängige Datenstrukturen betrachtet. Sie werden in der Computersprache auch als **Stammdaten** bezeichnet. Zu diesen statischen Strukturen treten Vorgänge, die sich in der Zeit vollziehen. Typische Beispiele dafür sind Aufträge von (oder an) externen Partnern oder für selbsterstellte Leistungen an die eigene Fertigung. Durch Angabe des Zeitbezugs (Datum) können (Wiederhol-) Aufträge identifiziert werden. Weiter ist ausgedrückt, daß diese Vorgänge im Gegensatz zu den statischen Daten nur bis zu ihrer Abarbeitung für die Datenhaltung von Interesse sind.

Zu ihrer Darstellung wird zunächst der allgemeine Entitytyp ZEIT eingeführt (vgl. Abbildung 2.A.III.05). EXTERNE AUFTRÄGE bilden eine Beziehung zwischen MARKTPARTNER, LEISTUNGEN und ZEIT. In gleicher Weise sind INTERNE AUFTRÄGE als Kombination von ZEIT und den zu erstellenden LEISTUNGEN zu interpretieren.

Der Begriff LEISTUNGEN wird dabei in Richtung MARKTPARTNER als absetzbare oder beschaffbare Leistungen und in Richtung PRODUKTIONSFAKTOREN als eigenerstellte Leistungen interpretiert.

In den nächsten Schritten wird diese Datenstruktur verfeinert, indem eingeführte Begriffe aufgespalten werden. Dieser Vorgang wird im Rahmen des Konstruktionsprozesses von Datenstrukturen als **Spezialisierung** bezeichnet.

Der Entitytyp MARKTPARTNER wird dazu in die Teilbegriffe KUNDEN und LIEFERANTEN aufgespalten. Ebenso werden die PRODUKTIONSFAKTOREN in WERKSTOFFE, BETRIEBSMITTEL und MITARBEITER geteilt. Grafisch wird dieses zum Ausdruck gebracht, indem in Abbildung 2.A.III.06 eine "is-a"-Beziehung eingeführt wird, die die Spezialisierung eines allgemeinen Begriffes in Teilbegriffe kennzeichnet. Gleichzeitig werden die LEISTUNGEN in ABSETZBARE LEISTUNGEN, FREMDBEZOGENE LEISTUNGEN und EIGENERSTELLTE LEISTUNGEN gespalten. Während der Entitytyp FREMDBEZOGENE LEISTUNGEN aus Sicht der LEISTUNGEN eine Spezialisierung ist, da hier nur die Materialien und Baugruppen (Werkstoffe) erfaßt sind, ist er eine Generalisierung in bezug auf die Produktionsfaktoren WERKSTOFFE und BETRIEBSMITTEL, da BETRIEBSMITTEL

50

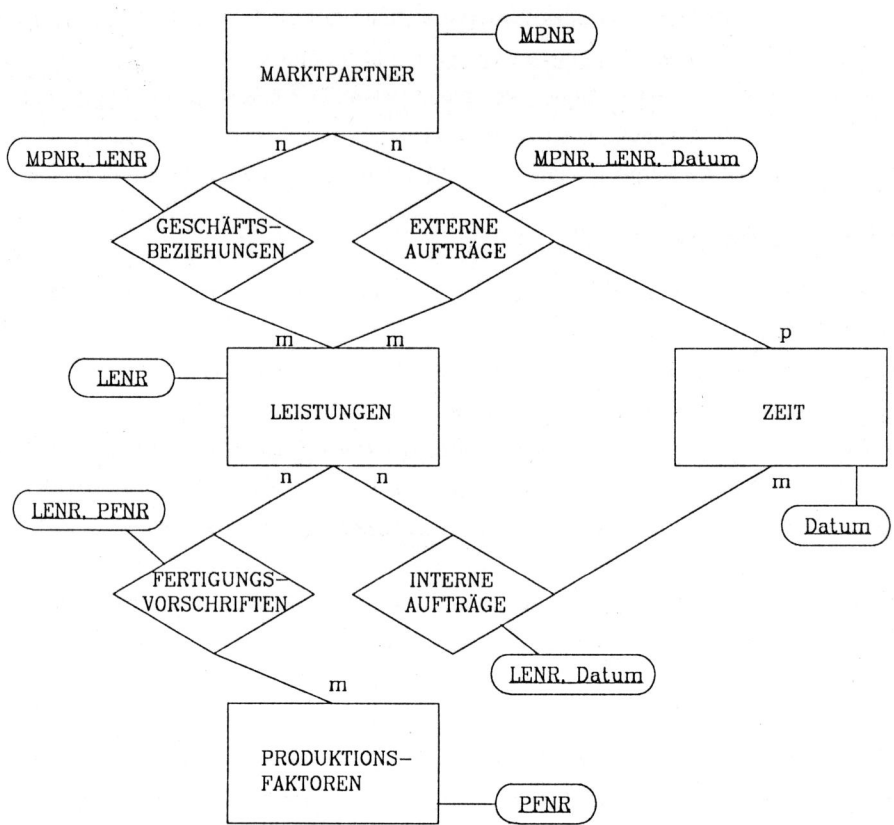

Abb. 2.A.III.05: Ergänzung der Abb. 2.A.III.04 um zeitabhängige Beziehungen

nicht in der Stückliste geführt werden, aber ebenfalls fremdbezogene Leistungen und damit z. B. Gegenstand von Beschaffungsaufträgen sind.

Aus dieser Spezialisierung der Entitytypen folgen auch differenziertere Beziehungstypen. Während in Abbildung 2.A.III.05 EXTERNE AUFTRÄGE noch Beschaffungs- und Kundenaufträge umfaßten, werden diese nun als selbständige Beziehungen eingeführt. Entsprechend beziehen sich die GESCHÄFTSBEZIEHUNGEN zwischen LIEFERANTEN und FREMDBEZOGENEN LEISTUNGEN auf Konditionen, die von Lieferanten eingeräumt werden, während in den GESCHÄFTSBEZIEHUNGEN zwischen KUNDEN und ABSETZBAREN LEISTUNGEN Daten mit Kundenbezug erfaßt werden.

Auf die Angabe von Attributen wird in Abbildung 2.A.III.06 aus Gründen der Übersichtlichkeit verzichtet.

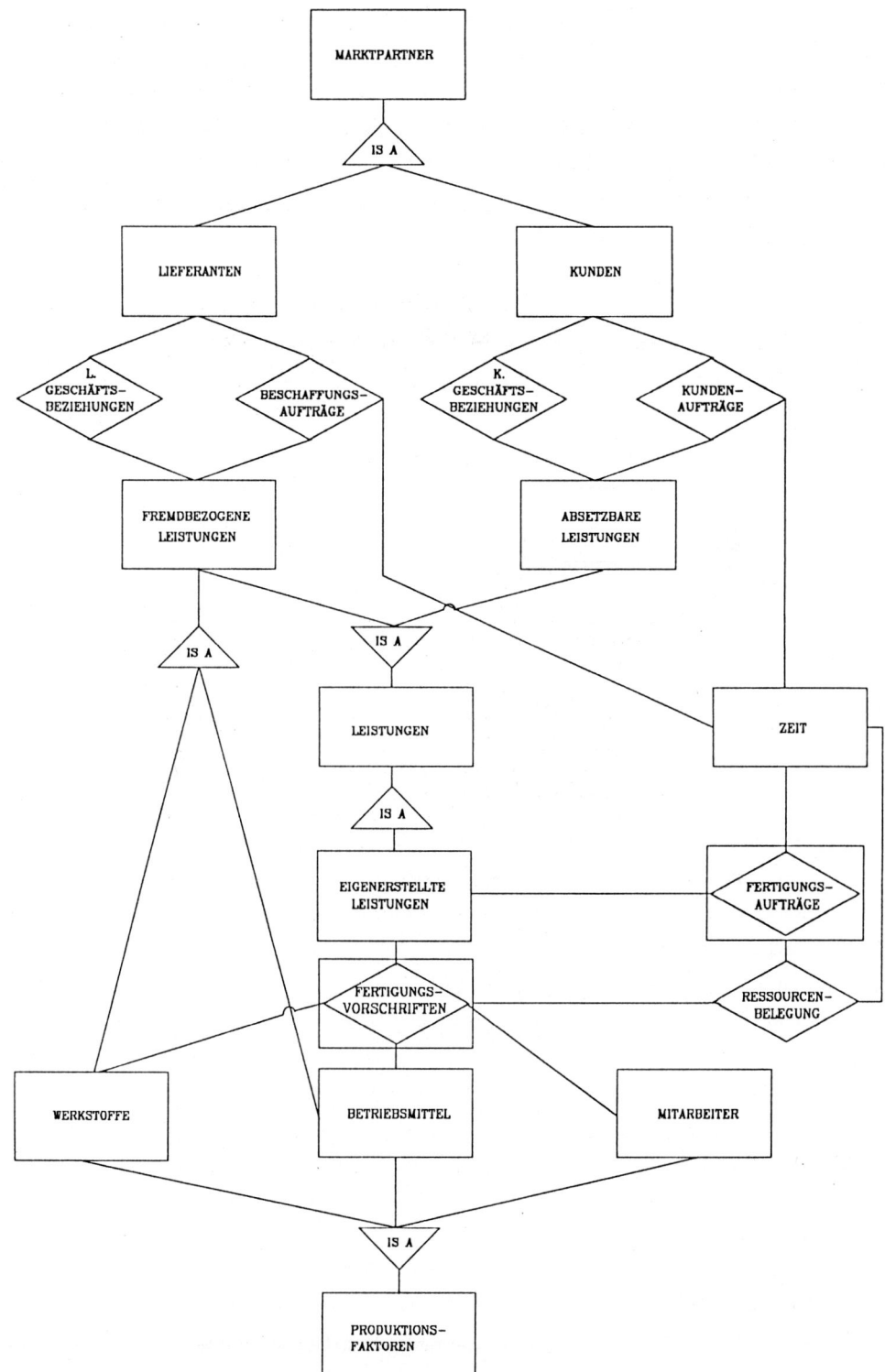

Abb. 2.A.III.06: Anwendung der Operation "Spezialisierung" zur Differenzierung der Datenstruktur aus Abb. 2.A.III.05

Der Vorgang der Spezialisierung hat weitreichende Bedeutung für den Entwurf von Informationssystemen. Mit der Aufspaltung von MARKTPARTNER in LIEFERANTEN und KUNDEN entstehen aus einem vorher einheitlichen Anwendungsgebiet, nämlich der Abwicklung von externen Aufträgen mit noch unspezifizierten Partnern, die zwei getrennten Anwendungsgebiete "Beschaffung" und "Vertrieb".

Die spiegelbildlichen Datenstrukturen der beiden Bereiche machen aber noch ihre enge Verwandtschaft deutlich.

Eine zu frühe Spezialisierung von Begriffen führt demnach zu einer Aufsplitterung von Informationssystemen. Während bei Betrachtung der Abbildung 2.A.III.05 die Verarbeitung von externen Aufträgen noch mit einem Anwendungssoftwaresystem gelöst werden könnte, liegt es bei der Abbildung 2.A.III.06 nahe, zwei getrennte Anwendungssysteme für Beschaffung und Vertrieb zu entwickeln.

Der untere Teil in Abbildung 2.A.III.06 bildet die Leistungserstellung ab. Die FERTIGUNGSVORSCHRIFTEN beinhalten die Informationen, wie eigenerstellte Leistungen durch WERKSTOFFE, BETRIEBSMITTEL und MITARBEITER erstellt werden. FERTIGUNGSAUFTRÄGE sind Bewegungsdaten und deshalb mit dem Entitytyp ZEIT verbunden. Ein Fertigungsauftrag enthält somit als wichtige Daten die zu erstellende Leistung (ausgedrückt z. B. durch eine Teilenummer), das Fertigstellungsdatum und die herzustellende Menge. Wird der Auftrag auf den Ressourcen eingeplant, so führt dieses zu einer Beziehung zwischen dem FERTIGUNGSAUFTRAG und der zugeordneten FERTIGUNGSVORSCHRIFT. Diese Beziehung wird als RESSOURCENBELEGUNG bezeichnet. Um diesen Vorgang durchzuführen, wird vorher der Fertigungsauftrag in einen Entitytyp "uminterpretiert". Er ist zwar als Beziehungstyp konstruiert worden, bezüglich der Einführung der Beziehung RESSOURCENBELEGUNG besitzt er nun aber den Charakter eines Entitytyps. Grafisch wird diese Unterscheidung dadurch sichtbar, daß bei der Einführung von FERTIGUNGSAUFTRAG die Kanten an die Raute geführt werden, während die Kanten zur Beziehung RESSOURCENBELEGUNG von den Kanten des Rechteckes ausgehen.

Auch das Unternehmensdatenmodell der Abbildung 2.A.III.06 befindet sich noch auf einem hohen Abstraktionsgrad. Durch fortlaufende Spezialisierung der Begriffe muß es deshalb für praktische Zwecke weiter verfeinert werden. Dieses ist für einen Industriebetrieb durchgeführt worden (vgl. hierzu *Scheer, Wirtschaftsinformatik 1988*). Das dort entwickelte Unternehmensdatenmodell umfaßt rund 300 Entity- und Beziehungstypen aus den operativen Bereichen Produktion, Beschaffung, Vertrieb, Personal und Technik. Das Modell hat bereits mehrfach als Referenzmodell bei praktischen Anwendungen gedient. Eine Vorstellung von dem Detaillierungsgrad des Modells gibt Abbildung 2.A.III.07, in der ein Ausschnitt des Beschaffungsbereiches dargestellt ist. Es handelt sich somit um eine weitere Spezialisierung der in Abbildung 2.A.III.06 mit den Entity- und Beziehungstypen LIEFERANTEN, L.GESCHÄFTSBEZIEHUNGEN, BESCHAFFUNGSAUFTRÄGE und FREMDBEZOGENE LEISTUNGEN dargestellten Zusammenhänge.

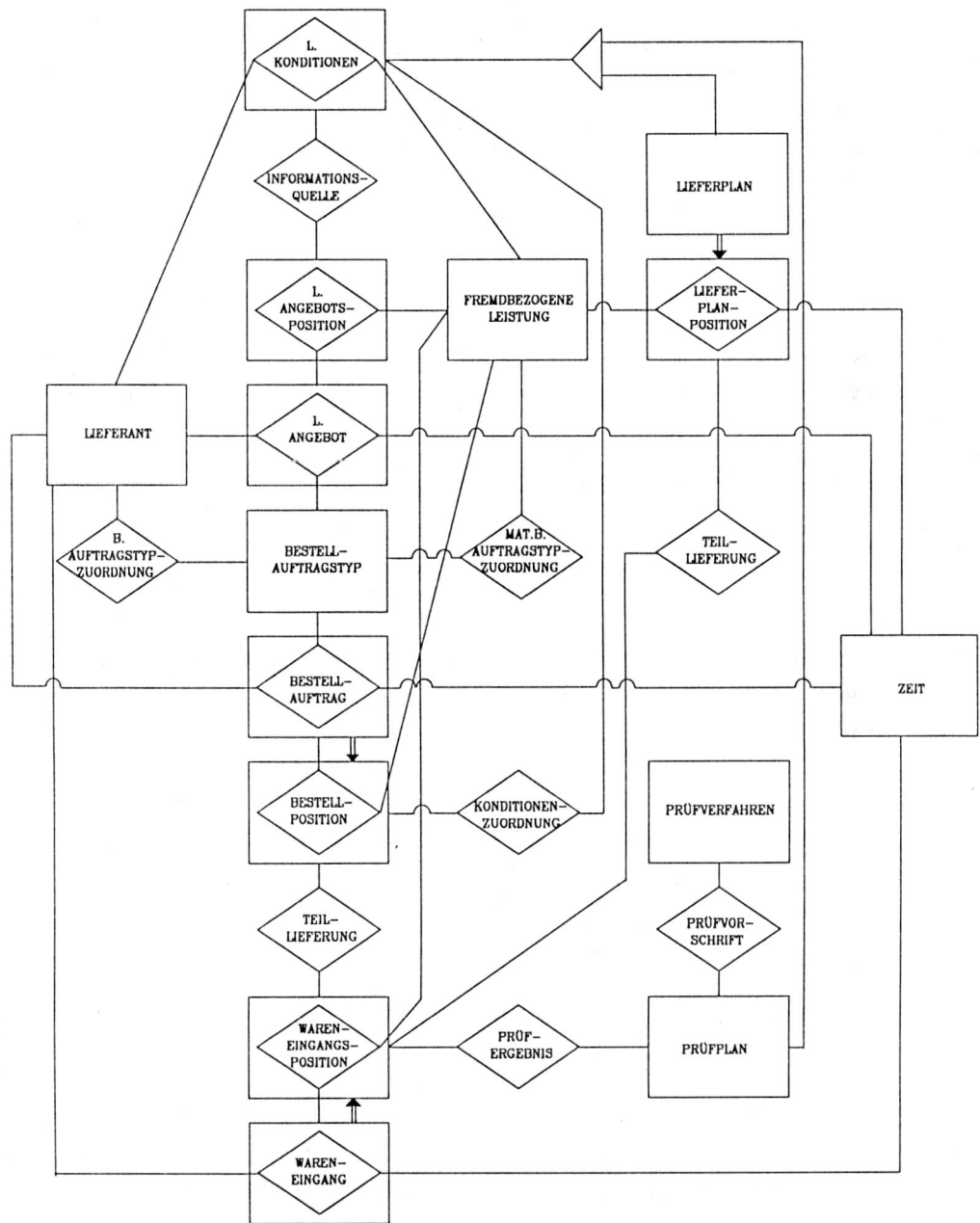

Abb. 2.A.III.07: ERM: Bestellung und Wareneingang

Neben der Stammdatenverwaltung von Lieferanten, Lieferantenkonditionen, fremdbezogenen Leistungen und Bestellauftragstypen ist die Bestellauftragsabwicklung von der Angebotseinholung über die Bestellauftragserteilung und den Wareneingang dargestellt. Die Liefer- und Prüfpläne sind als Spezialisierungen der Konditionen angegeben.

Typische und wichtige Anwendungsfelder eines Unternehmensdatenmodells sind:

1. Dokumentation der wichtigen Unternehmensressource "Daten",

2. komprimierte Darstellung von Integrationszusammenhängen als Grundlage für Schulung und Einarbeitung in die Informationsverarbeitung eines Unternehmens,

3. wesentlicher Ausgangspunkt für den Entwurf neuer Informationssysteme,

4. Nachdokumentation von bestehenden Informationssystemen,

5. Grundlage des Abgleichs zu Datenstrukturen von Standardsoftware,

6. Grundlage der Einordnung von Teilprojekten zur Realisierung eines Integrationskonzeptes,

   hierbei können redundante Datenstrukturen von Teilprojekten sowie Datenschnittstellen besonders sichtbar gemacht werden,

7. Grundlage eines Kontrollinstrumentariums für das Topmanagement im Bereich der Informationsverarbeitung, da durch die grafische Darstellung und komprimierte Übersichtlichkeit ein wirksamer Projektrahmen abgesteckt wird,

8. Sichtbarmachung von Konsequenzen aus Ablaufänderungen.

B. Ablaufsteuerung

B.I. Zeitliche Steuerung: Dialogverarbeitung

B.I.1. Charakterisierung von Dialogverarbeitung

Bei der bis Ende der 70er Jahre vorherrschenden **Stapel- oder Batchverarbeitung** werden die zu bearbeitenden Vorfälle gesammelt und dann in einem geschlossenen Posten ohne Eingriff des Benutzers von einem EDV-Programm verarbeitet.

Bei der **Dialogverarbeitung** erfolgt dagegen die vollständige Bearbeitung eines Vorgangs durch Interaktion zwischen Mensch und Computer.

Ein Dialog zwischen Mensch und EDV-System ist immer dann sinnvoll, wenn ein Partner alleine (also im Monolog) ein Problem nicht oder nur wesentlich schlechter lösen kann.

Die Dialogverarbeitung ist nicht nur bei Terminalanwendungen von Groß-EDV-Systemen von Bedeutung, sondern ist bei Arbeitsplatz-orientierten EDV-Systemen (Workstations und Personal Computern) die vorherrschende, oft sogar die einzig mögliche Verarbeitungsform. Das amerikanische Nachrichtenmagazin TIME hat deshalb bereits im Januar 1983 in dem Titelbild zur Wahl des Computers als "Machine of the Year 1982" diese enge Beziehung zwischen Benutzer und EDV-System auch optisch zum Ausdruck gebracht, indem nicht ein isoliertes EDV-System, sondern ein Benutzer im Dialog mit dem Computer gezeigt wurde.

Zur Kommunikation mit dem EDV-System sind eine **benutzergerechte Systemoberfläche**, mit der der Kontakt zu den technischen Hardware-Funktionen hergestellt wird, und eine **Programmiersprache** zur Umsetzung des betriebswirtschaftlichen Problems erforderlich.

Die Anforderungen an Systemoberfläche und Programmiersprache hängen dabei von den Möglichkeiten und Erwartungen der Benutzer ab.

Zur Unterscheidung dieser Anforderungen wurden verschiedene Einteilungen für Benutzergruppen diskutiert (vgl. z. B. *Martin, Application Development 1982, S. 102 - 106; Davis, Olson, Management Information Systems 1984, S. 503 - 533).*

Davis und Olson schlagen vier Kriterien zur Einteilung von Benutzern vor:

1. Entwickler und Nichtentwickler: Entwickler entwickeln ihr System selbst, während Nichtentwickler fremdentwickelte Systeme einsetzen.
2. Laien gegenüber Experten,
3. häufige gegenüber gelegentliche Benutzer,
4. direkte gegenüber indirekte Benutzer: Der direkte Benutzer bedient sein System für eigene Auswertungen, der indirekte Benutzer gibt Daten ein, die von anderen (direkten) Benutzern verwendet werden.

Die unterschiedlichen Klassifizierungen betonen vor allen Dingen den Unterschied zwischen geübten und weniger geübten Benutzern. Dabei besteht die Bestrebung, die Benutzeroberfläche und auch die Programmiersprachen immer "einfacher" werden zu lassen.

Der Bildschirm kann in verschiedene Bereiche (**Fenster**) aufgeteilt werden. Die Fenster können mehreren unterschiedlichen Prozessen zugeordnet werden. Dadurch ist es dem Benutzer möglich, quasi gleichzeitig mit mehreren Prozessen zu kommunizieren. Hierbei ist auch die Übertragung von Daten aus einem Prozeß an einen anderen Prozeß durch Weitergabe von einem Fenster an das andere Fenster möglich.

Bezüglich der Eingabe geht ein Trend von digitalen zu analogen Funktionen. Neben der digitalen Tastatur werden deshalb **Lichtgriffel** und **Mouse-Technik** angesetzt, um durch analoge Cursor-Positionierungsfunktionen, die am Bildschirm angezeigt sind, Funktionen zu aktivieren. Bei einem **Touchscreen** genügt hierbei bereits das Berühren des Bildschirms an der entsprechenden Stelle.

Für die Ausführung und Dateneingabe können **Kommandos, Menuetechnik, Maskensteuerung** und **Eingabeaufforderungen** (Prompting) eingesetzt werden.

Bei einer **Kommandosteuerung** werden dem Benutzer bestimmte Befehlswörter zur Verfügung gestellt, indem z. B. durch Aufruf des Kommandos COPY eine Kopie von einer vorhandenen Datei erzeugt oder durch SORT eine Datei nach einem weiter zu spezifizierenden Kriterium sortiert wird. Eine Kommandosteuerung besitzt hohe Flexibilität, setzt aber entsprechendes EDV-Wissen des Benutzers voraus.

Für ungeübte Benutzer ist deswegen eine **Menuesteuerung** geeigneter. Hierbei wird dem Benutzer eine Liste von Auswahlmöglichkeiten zur Verfügung gestellt. Dabei werden in einem Hauptmenue zunächst sehr globale Funktionen vorgeschlagen, die nach Auswahl einer Funktion in Untermenues zu spezielleren Optionen aufgefächert werden können.

Die einzelnen Optionen eines Menues können durch Begriffe oder durch Symbole (sogenannte **Icons**) angegeben werden. Beispielsweise kann die Option "löschen" durch das Symbol eines Papierkorbs dargestellt werden. Wird dieses Symbol über einen Cursor mittels Mouse-Technik aktiviert, so wird der markierte Bereich des Bildschirms oder eine angegebene Datei gelöscht.

Die Hierarchisierung von Menues führt zu **Baumstrukturen**; kann ein Untermenue aber auch von mehreren übergeordneten Knoten erreicht werden, sind auch **Netzstrukturen** sinnvoll. So stellt z. B. die Menuesteuerung innerhalb des deutschen Bildschirmtextsystems eine Netzstruktur dar.

Deutlich werden Baumstrukturen bei **Pull down-** und **Pop up-Menues**. Bei beiden Menuearten kann jeweils von einer Ebene auf die direkt darunterliegende übergegangen werden.

Bei einer **Maskensteuerung** wird dem Benutzer quasi ein Formular am Bildschirm zur Verfügung gestellt, in dessen freie Felder er Eintragungen vornehmen kann. Gegenüber der Menuesteuerung ist hier eine größere Variabilität gegeben, allerdings ist bei einer starren Maskenfolge häufig ein schwerfälliger Bearbeitungsablauf gegeben.

Bei einer Steuerung durch **Prompting** stellt das System Fragen an den Benutzer, die von ihm beantwortet werden müssen. Beispielsweise kann bei Beginn eines Dialogs das System ein Paßwort zur Benutzeridentifizierung verlangen.

Weitere Unterstützungen der Dialogverarbeitung sind sogenannte **Help-Tasten**, bei deren Drücken der Benutzer Hinweise über die gegenwärtige Situation seines Dialogs sowie mögliche Weiterführungsschritte erhält. Auf **Funktionstasten** können Benutzer umfangreiche Befehlsabläufe frei programmierbar ablegen und aufrufen.

Bei der Entwicklung von **Computersprachen** besteht ebenfalls eine Tendenz zur Benutzerorientierung. Bei den Sprachen der Vierten Generation wird dieses besonders deutlich. Es steht nicht mehr die Beschreibung der Resultatsermittlung, also das **"wie"** im Vordergrund, sondern die Beschreibung des zu erzielenden Resultates selbst, also das **"was"**. Zur Erstellung einer Auswertung müssen vom Benutzer lediglich die gewünschten Größen mit entsprechenden Formatangaben spezifiziert werden. Die Vierte-Generationssprache übersetzt dann diese Anforderungen in eine Prozedur, die die Auswertung generiert. Zur Unterscheidung der früheren **prozeduralen Sprachen** werden Sprachen der Vierten Generation deshalb auch als **nicht-prozedural** bezeichnet.

Eine Vereinigung von benutzerfreundlicher Oberfläche und Programmiersprache ist das System Smalltalk 80 (vgl. Abbildung 2.B.I.01) (vgl. *Gansinger u. a., Smalltalk 80* 1987). Es

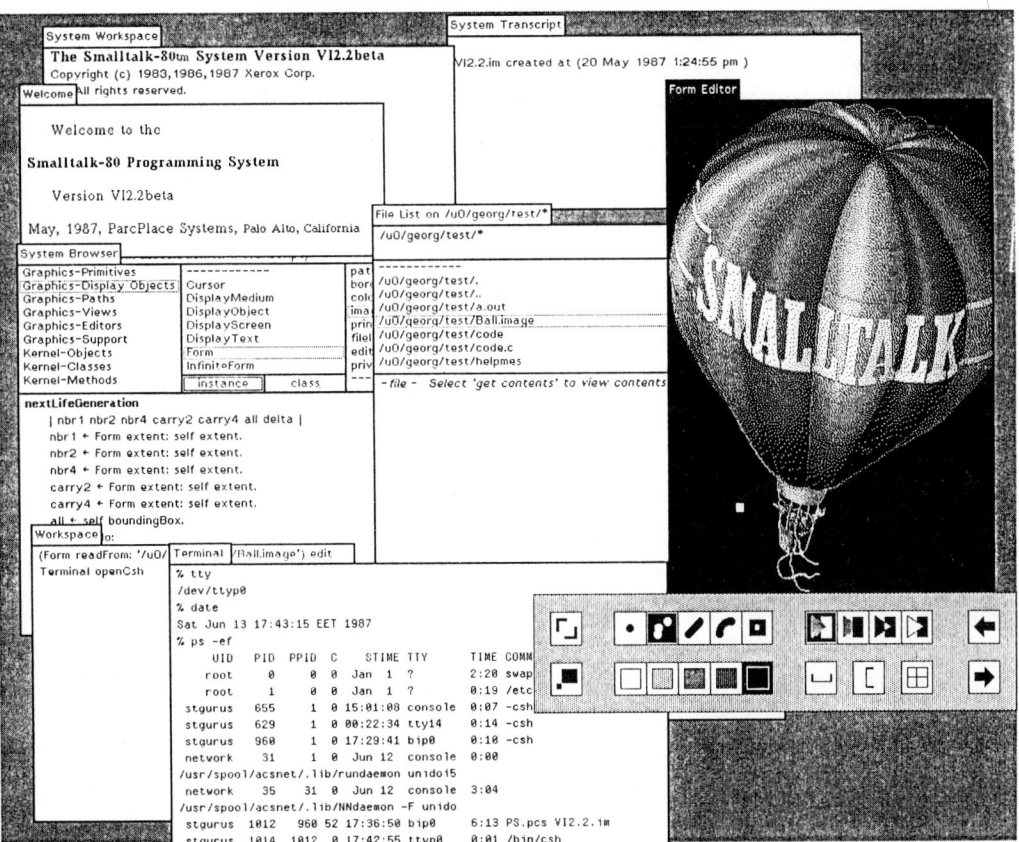

Abb. 2.B.I.01: Smalltalk-Beispiel

(aus *Gansinger u.a., Smalltalk 80 1987, S. 241*)

beruht auf dem Ansatz **objektorientierter Programmiersprachen**. Weiter werden intensiv Fenstertechnik und Mouse-Cursor-Technik eingesetzt. Objekte können von dem Benutzer auf dem Bildschirm durch Zeigen mit der Mouse identifiziert werden. Durch Menueauswahl können dann Nachrichten zwischen diesen Objekten ausgetauscht werden, die Systemaktivitäten auslösen.

Die Dialogverarbeitung bietet neue Formen für betriebswirtschaftliche Problemlösungen. Dieses gilt insbesondere für die mit der Dialogverarbeitung mögliche Ereignisorientierung der Planung, verstärkte Integration von betrieblichen Abläufen an Arbeitsplätzen (Funktionsintegration) und Unterstützung interaktiver Entscheidungsprozesse.
Die Faktoren treten bei konkreten Anwendungen häufig gemeinsam auf und unterstützen sich gegenseitig als Vorteile der Dialogverarbeitung.

B.I.2. Betriebswirtschaftliche Umsetzung von Dialogverarbeitung

B.I.2.1. Ereignisorientierung

Dialogverarbeitung erhöht die **Aktualität** von Daten. Datenänderungen werden sofort bei Bekanntwerden über ein Datensichtgerät eingegeben und stehen damit den nachfolgenden Anwendungen unmittelbar zur Verfügung.
Für alle Daten einer Unternehmung ist aber nicht die gleiche Aktualität erforderlich. Werden Daten lediglich zu vorher festgelegten Auswertungszeitpunkten benötigt, so brauchen sie auch nur zu diesen Zeitpunkten "aktuell" zu sein. Werden dagegen Daten unvorhersehbar oder laufend benötigt, so müssen sie ständig aktuell sein. Dieser zweite Fall ist insbesondere für **Stammdaten** wie Artikel-, Kunden-, Lieferanten- und Mitarbeiterdaten gegeben, auf die viele Anwendungen zugreifen. Als Stammdaten werden solche Daten bezeichnet, die zeitlich unbegrenzt in der Unternehmung aktuell gehalten werden sollen. Die Speicherdauer eines Stammdaten-Entity ist nicht von vornherein begrenzt. **Bewegungsdaten** wie Aufträge, Bestellungen, Buchungen usw. haben dagegen eine von vornherein zeitlich begrenzte Speicher- und Aktualisierungsdauer.
Die Verwaltung von Stammdaten ist wegen der Forderung nach hoher Aktualität weitgehend dialogisiert und hat die Stapelverarbeitung mit ihren umständlichen Fehlerbehandlungsläufen nahezu verdrängt.

Der Aktualitätsaspekt ist aber nicht nur bezüglich der Daten interessant, sondern auch im Zusammenhang mit Planungsvorgängen. **Batch-orientierte Planungsläufe** werden zu vorher festgelegten Zeitpunkten (z. B. am Ende einer Woche oder am Ende eines Monats) für den anstehenden Planungszeitraum durchgeführt (vgl. im oberen Teil der Abbildung 2.B.I.02 die Planungszeitpunkte T1, T2 und T3). Dabei können sich die Planungszeiträume bei rollierender Planung überlappen, so der Zeitraum (T2, T3), der sowohl zu dem Zeitpunkt T1 als auch zu dem Zeitpunkt T2 geplant wird. Bei Verfolgung des **Neuaufwurfprinzips** werden bei einem Planungslauf auch die im vorherigen Planungslauf für den überlappten Planungszeitraum bereits eingeplanten Größen wieder frei und ohne Bindung neu bestimmt.

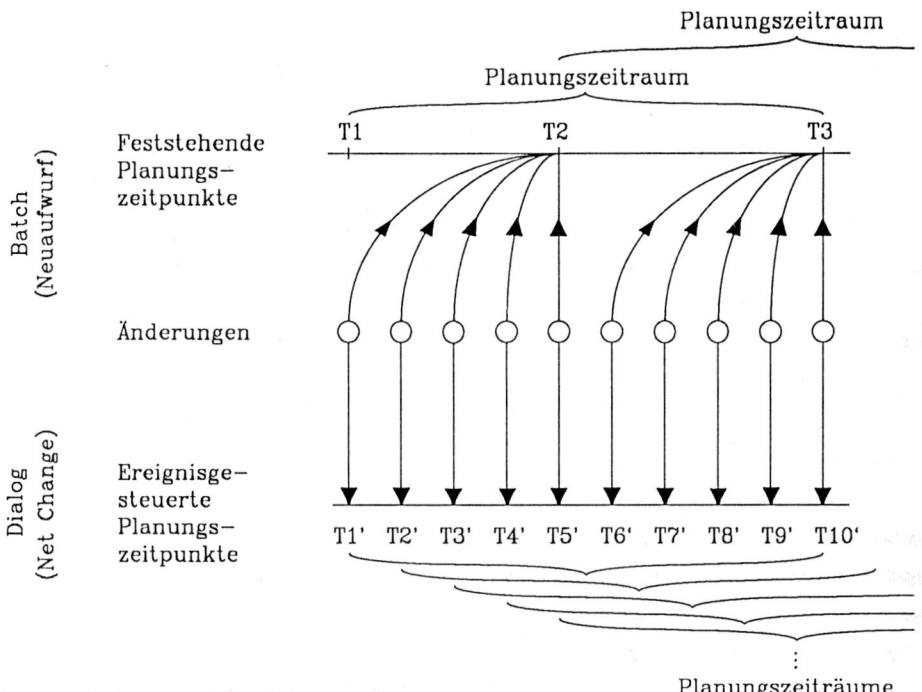

Abb. 2.B.I.02: Neuaufwurf- und Net-Change-Prinzip

Ein wesentlicher Nachteil des Batch-orientierten Planungsprinzips ist, daß die nach Durchführung der Planung auftretenden Datenänderungen (z. B. neue Absatzprognosen, Ausfall von Produktionsanlagen, Stornierung eines wichtigen Kundenauftrags usw.) die Planung nicht verändern, sondern, sofern sie sich auch auf spätere Perioden auswirken, gesammelt werden, um beim nächsten Planungszeitpunkt verarbeitet zu werden. So werden die Datenänderungen im Zeitintervall (T1, T2) erst zum Zeitpunkt T2 berücksichtigt. Das Planungsprinzip ist auf festgelegte Planungszeitpunkte und feste Planungszeiträume ausgerichtet. Zum Planungszeitpunkt, insbesondere bei Anwendung des Neuaufwurfprinzips, besteht eine Vielzahl von Freiheitsgraden. Viele der in der quantitativen Betriebswirtschaftslehre entwickelten Planungsmodelle folgen weitgehend diesem Planungsansatz. Es besteht deshalb eine enge Entsprechung zwischen diesem Aspekt der betriebswirtschaftlichen Planungslehre und einer perioden- bzw. planungszeitpunkt-orientierten Batchverarbeitung.

Bei einer **dialogorientierten Planungsphilosophie** ergibt sich ein Planungslauf dagegen **nicht** aus einem vorgegebenen Planungszeitpunkt, sondern aus einem Ereignis, das eine Planänderung oder Neuplanung sinnvoll macht. Ein solches Ereignis kann eine wesentliche Datenänderung, z. B. Annahme eines Eilauftrages, Ausfall einer Produktionsanlage, Stornierung eines wichtigen Kundenauftrags oder Verzögerung einer Zulieferung sein. Sobald eine derartige Datenänderung erkannt wird, wird sie in den Planungsprozeß eingespielt und in allen betroffenen Planungsbereichen bearbeitet.

Dieses bedeutet konkret, daß z. B. nach der Stornierung eines Kundenauftrags sofort die Auftragsdatei geändert und nach dem Anstoß der Bedarfsauflösung die Fertigungs- und Beschaffungsaufträge reduziert werden. Damit ist die aufgetretene Auftragsänderung sofort durchgängig in allen Plandateien berücksichtigt. Treten zu einem Zeitpunkt sowohl positive als auch negative Datenänderungen auf, so wird nur die Differenz (**Net-Change**) bei der Aktualisierung der Planung berücksichtigt.

In Abbildung 2.B.I.02 ist dieses Vorgehen durch die sich aus Datenänderungen ergebenden Planungszeitpunkte T1', T2', ..., T10' angedeutet. Werden die gleichen Planungsperioden wie bei Batchverarbeitung unterstellt, so überlappen sie sich nunmehr sehr stark.

Bei einer zeitraumbezogenen Planung nach dem Neuaufwurf-Prinzip muß zum Planungszeitpunkt die Zielsetzung über den gesamten Zeitraum bekannt sein. Bei Verfolgung des Net-Change-Prinzips kann dagegen bei jeder Planänderung mit neuen Zielsetzungen gearbeitet werden (vgl. *Kazmeier, Ablaufplanung 1984*).

Bei dem Net-Change-Prinzip werden von vornherein Planänderungen für möglich gehalten. Deshalb ist es sinnvoll, bei einer Änderung nicht jedes Mal einen vollständigen Optimierungslauf durchzuführen, bei dem im Prinzip alle Planvariablen geändert werden können. Vielmehr ist es aus organisatorischen Gründen sinnvoll, nur unbedingt notwendige Änderungen durchzuführen, um eine stärkere Stabilität von Planungsvorgaben zu gewährleisten. Im Gegensatz zum Neuaufwurf werden dann aber nicht alle Freiheitsgrade genutzt.

Mit diesem Gedankengang wird eine gewisse Suboptimalität der Planung bewußt in Kauf genommen. Es bleibt allerdings die Frage, ob der perioden- bzw. planungszeitpunkt-orientierte Ansatz mit seiner Prämisse der Datenkonstanz während des Planungszeitraums nicht noch wesentlich angreifbarer ist.

Dies gilt auch für stochastische Ansätze, da hier zum Planungszeitpunkt die Wahrscheinlichkeitsverteilungen der Daten bekannt sein müssen. Auch das Prinzip der flexiblen Planung ermittelt eine Strategie, die für alle zum Planungszeitpunkt denkbaren Datensituationen ein optimales Vorgehen ermöglicht (vgl. *Hax, Laux, Flexible Planung 1972*). Sobald sich aber die angenommenen Wahrscheinlichkeiten- oder Alternativen-Mengen während des Ablaufs selbst ändern, ist der Ansatz nicht mehr gültig.

Ein Planungsansatz, der dem Net-Change-Gedanken folgt, muß im Rahmen der Dialogverarbeitung auf die benötigten Rechenzeiten Rücksicht nehmen. Dialogverarbeitung ist nur bei dialoggeeigneten Aufgaben sinnvoll, d. h. bei Dialogen, bei denen sowohl der Mensch als auch das EDV-System in angemessener Zeit auf Anfragen antworten können. Diese Forderung unterstützt den Ansatz einfacherer Planungsverfahren, wie sie im Zusammenhang mit interaktiven Entscheidungsprozessen, auf die im nächsten Abschnitt eingegangen wird, bereitgestellt werden.

Der Net-Change-Gedanke wird bereits von EDV-gestützten Planungssystemen realisiert, insbesondere im Produktionsbereich (vgl. *Scheer, Produktionsbereich 1983, S. 82 ff.; Berthold, Aktionsdatenbanken 1983; Hofmann, Aktionsorientierte Datenverarbeitung 1988*).

Der Übergang von einer zeitraumbezogenen zu einer dialoggesteuerten, ereignisorientierten Planung ermöglicht weitreichende Konsequenzen für betriebswirtschaftliche Problembehandlungen. Beispielsweise könnten wesentliche Teile der betriebswirtschaftlichen Kostenrechnung, die bisher stark periodenorientiert ausgelegt ist, modifiziert werden. So führen EDV-Systeme Kalkulationen bisher vornehmlich einmal im Jahr für das gesamte Produktionsprogramm durch, da die Datenübernahme aus den vorgelagerten Produktionsbereichen einer häufigeren Bearbeitung entgegensteht. Wegen der starken Schwankungen von Wechselkursen, Rohstoffpreisen usw. kann aber eine aktuelle Kalkulation sinnvoll sein (vgl. z. B. *Langer, Kosteninformationssystem 1980*). In diesem Fall bietet sich an, die Kosten für bestimmte Endprodukte im Dialog zu kalkulieren, sobald eine derartige Datenänderung auftritt. Das gleiche gilt auch für Kalkulationen im Rahmen von Auftragsverhandlungen.

Trotz der genannten Vorteile einer Dialogverarbeitung bleiben auch weiterhin Stapelverarbeitungsabläufe sinnvoll. So können Kapazitätsbelastungen des EDV-Systems eine sofortige Aktualisierung aller erkannten Änderungen verbieten. Aber auch für Planungen oder Abrechnungsfunktionen, die längerfristig auf bestimmte Perioden ausgerichtet sind und bei denen Datenänderungen erst zu festgelegten Kontrollzeitpunkten betrachtet werden, sind weiterhin Batchprozesse sinnvoll. So ist z. B. die Analyse von Soll-Ist-Abweichungen in einer Plankostenrechnung bisher auf Periodenwerte bezogen und ihre Errechnung erfolgt deshalb auch erst am Ende dieser Perioden (z. B. Monate) in Batchläufen. Behält man dieses Organisationsprinzip bei, ist die Einführung einer ereignisorientierten Dialogverarbeitung hier nicht sinnvoll. Wird dagegen die Planung auf andere Größen als Perioden bezogen, so kann sich diese Aussage ändern. Beispielsweise können die Kostenplanung auf Fertigungsaufträge bezogen und die laufenden Ist-Kosten durch eine aktuelle Betriebsdatenerfassung erfaßt werden. Dann ist es möglich, mit ad-hoc-Anfragen zu beliebigen Zeitpunkten Hinweise für korrigierendes Eingreifen zu geben. Auch kann das EDV-System bei Überschreiten bestimmter Warngrenzen selbständig (ereignisgesteuert) auf Kostenabweichungen hinweisen.

Der Net-Change-Gedanke ist vor allem bei kurzfristigen Planungsüberlegungen von Bedeutung, bei denen sofort auf Datenänderungen reagiert werden muß.
Um die Freiheitsgrade bei einem Neuaufwurf mit der hohen Aktualität des Net-Change-Prinzips zu verbinden, wird deshalb ein abgestuftes Vorgehen vorgeschlagen (vgl. Abbildung 2.B.I.03).

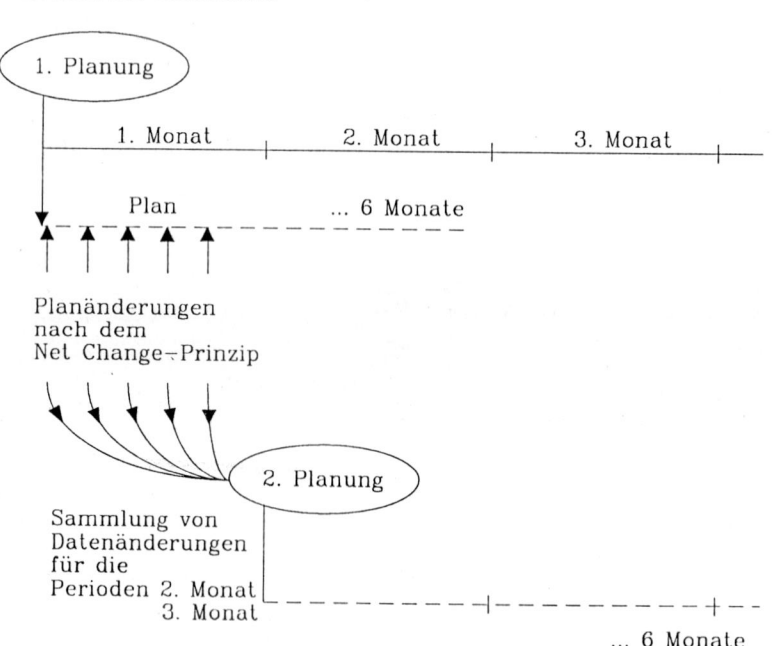

Abb. 2.B.I.03: Verbindung von Neuaufwurf und Net-Change

Für eine Planungsaufgabe, z. B. Festlegung des Produktionsprogramms, wird zu vorbestimmten Planungszeitpunkten, z. B. in monatlichen Abständen das Produktionsprogramm der nächsten Periode von sechs Monaten geplant. Dieser Planungsvorgang kann

in Batchläufen, aber auch in einem interaktiven Entscheidungsprozeß im Dialog ausgeführt werden. Wichtig ist hier nur die Tatsache, daß der Planungsvorgang zu einem festgelegten Zeitpunkt erfolgt. Wegen der geringen Aktualität des Vorgangs und des möglicherweise hohen Rechenaufwandes, z. B. bei Einsatz eines LP-Modells, kann eine
Batchlösung sinnvoll sein.

Innerhalb des folgenden Monats werden wichtige Datenänderungen sofort nach dem Net-
Change-Prinzip eingespielt. Der bestehende Produktionsplan wird dabei möglichst wenig
verändert und nur soweit den Datenänderungen angepaßt, daß Unzulässigkeiten und
grobe Verletzungen der Wirtschaftlichkeit vermieden werden. Die Datenänderungen werden zusätzlich gesammelt und bei dem nächsten Planungslauf nach dem Neuaufwurf-
prinzip in eine komplette Neuplanung einbezogen.
Batchverarbeitung und sofortige Online- oder Realtime-Verarbeitung sind die zwei
Extrema unterschiedlicher zeitlicher Verarbeitungsformen, zwischen denen weitere Möglichkeiten existieren. Bei einer **asynchronen Online-Verarbeitung** werden z. B. die Vorgänge im Dialog erfaßt, die Daten dann aber in eine Warteschlange eingestellt, aus der sie
je nach Auslastung des EDV-Systems abgearbeitet werden. Die Steuerung zwischen so-
fortiger Online-Verarbeitung, asynchroner Verarbeitung bis hin zur Batchverarbeitung
wird EDV-technisch durch **Triggerkonzepte** realisiert (vgl. Abbildung 2.B.I.04). Dieses
wird am Beispiel einer Auftragsbearbeitung verdeutlicht.

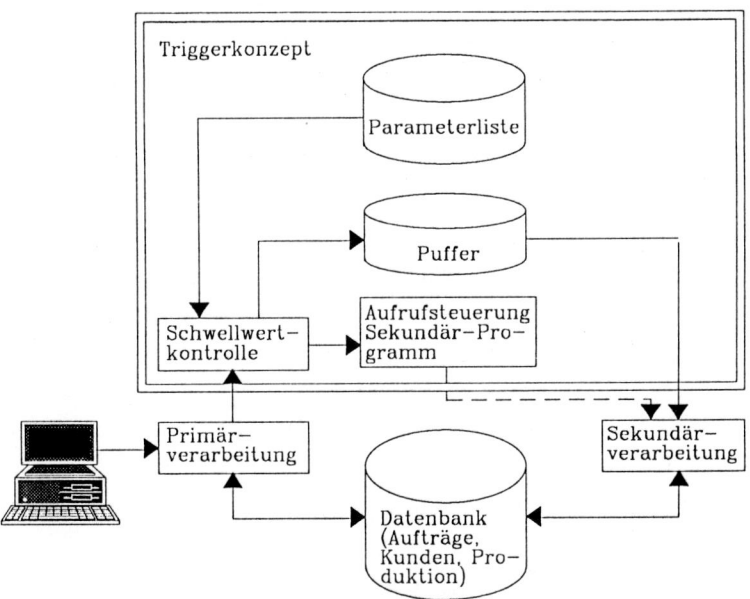

Abb. 2.B.I.04: Triggerkonzept zur Auftragsbearbeitung

Bei der Annahme eines Kundenauftrags erfolgt die Primärbearbeitung der Triggersteuerung. Dabei stellt das Auftragserfassungsprogramm die Auftragsdaten in die Datenbank ein. Im Anschluß daran übergibt das System die Daten einem Überprüfungsmechanismus, der entscheidet, ob aus dieser Primärbearbeitung sofort eine Sekundärbearbeitung, z. B. die Reservierung der für den Auftrag benötigten Lagerbestände, vorgenommen werden soll, oder ob erst mehrere Aufträge in einem **Puffer** gesammelt werden, um diese zusammen (in einem Batchlauf) zu verarbeiten. Das Anstoßen der Sekundärbearbeitung wird über **Parameterlisten** gesteuert oder kann sich an festgelegten Zeitpunkten ausrichten. Mit Hilfe des Triggerkonzeptes ist es deshalb auch möglich, eine Batchverarbeitung durchzuführen.

Triggerkonzepte regeln auch die Kommunikation zwischen Terminalarbeitsplätzen und Online-Programmen sowie zwischen Online-Programmen und anderen Online-Programmen (vgl. *Berthold, Aktionsdatenbanken 1983*). Die Triggerfunktionen steuern dabei nicht nur den zeitlichen Ablauf, sondern sorgen auch dafür, daß die Dialogketten in ihrer Logik konsistent bleiben. Hierzu werden z. B. in Transaktionsmatrizen die Vorgänger-Nachfolgerbeziehungen zwischen den Dialogschritten (Transaktionen) festgelegt. Damit enthalten sie neben den technischen Abgrenzungsfunktionen auch wesentliche Teile der betriebswirtschaftlichen Ablauflogik.

B.I.2.2. Funktionsintegration

Im Rahmen der Stapelverarbeitung wurden Datenerfassung, Sachbearbeitung und Datenverarbeitung streng voneinander getrennt. Äußerlich sichtbar wurde dieses an speziellen Datenerfassungsarbeitsplätzen, getrennten Sachbearbeiterplätzen in Fachabteilungen und dem im closed-shop-Betrieb arbeitenden Rechenzentrum.

Im Rahmen der Dialogverarbeitung werden diese Funktionen dagegen an einem Bildschirmarbeitsplatz vereinigt. Der Sachbearbeiter erfaßt Daten, führt Kontrollfunktionen am Terminal aus und steuert den Rechenablauf. Ein instruktives Beispiel (vgl. *Reblin, Stapel- oder Dialogverarbeitung 1980, S. 50*) zeigt in Abbildung 2.B.I.05, daß die bei Stapelverarbeitung benötigten neunzehn Arbeitsschritte einer Finanzbuchführung bei Dialogverarbeitung auf fünf Arbeitsschritte am Bildschirmarbeitsplatz verdichtet werden können. Insbesondere entfallen aufwendige Transportvorgänge zwischen Datenerfassung, Rechenzentrum und Sachbearbeiter, so daß auch eine wesentliche Beschleunigung des Ablaufs eintritt.

Durch die Zusammenfassung von Dateneingabe und Sachbearbeitertätigkeit zu Mischarbeitsplätzen korrigiert sich die Datenverarbeitung aus einem organisatorischen Irrweg heraus.

Batch—Verarbeitung

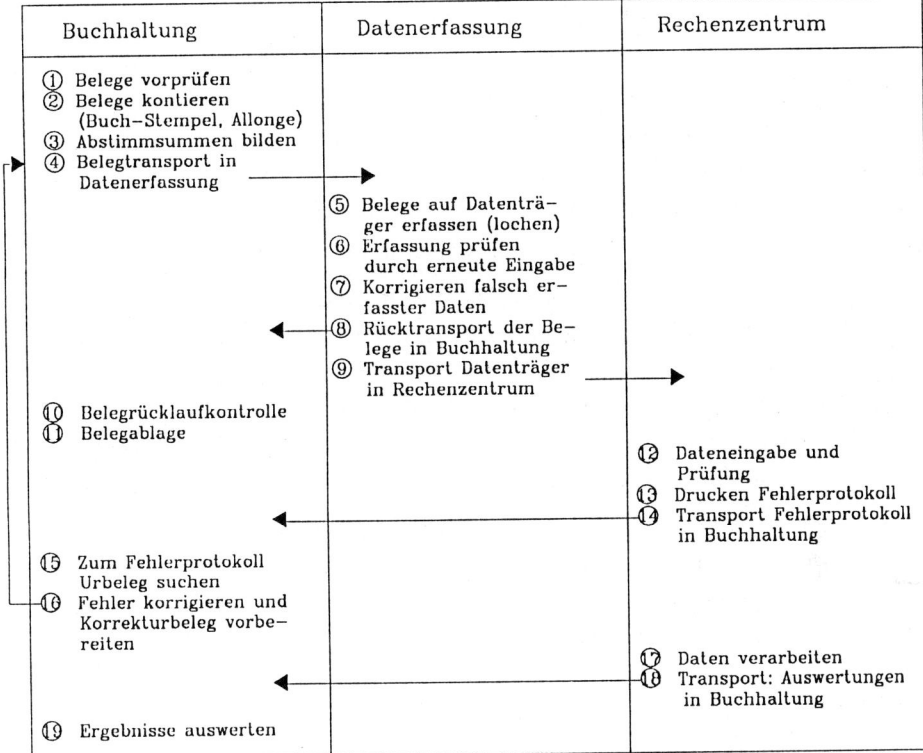

Buchhaltung	Datenerfassung	Rechenzentrum

① Belege vorprüfen
② Belege kontieren
   (Buch—Stempel, Allonge)
③ Abstimmsummen bilden
④ Belegtransport in
   Datenerfassung
	⑤ Belege auf Datenträ-
	   ger erfassen (lochen)
	⑥ Erfassung prüfen
	   durch erneute Eingabe
	⑦ Korrigieren falsch er-
	   fasster Daten
	⑧ Rücktransport der Be-
	   lege in Buchhaltung
	⑨ Transport Datenträger
	   in Rechenzentrum	

⑩ Belegrücklaufkontrolle
⑪ Belegablage
		⑫ Dateneingabe und
		   Prüfung
		⑬ Drucken Fehlerprotokoll
		⑭ Transport Fehlerprotokoll
		   in Buchhaltung

⑮ Zum Fehlerprotokoll
   Urbeleg suchen
⑯ Fehler korrigieren und
   Korrekturbeleg vorbe-
   reiten
		⑰ Daten verarbeiten
		⑱ Transport: Auswertungen
		   in Buchhaltung

⑲ Ergebnisse auswerten		

Dialogverarbeitung

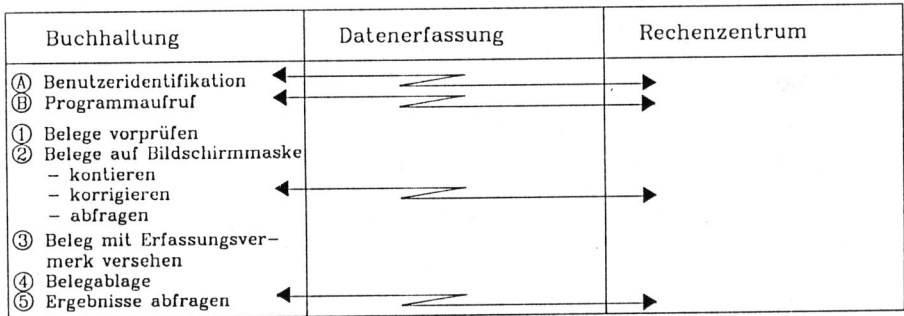

Buchhaltung	Datenerfassung	Rechenzentrum
Ⓐ Benutzeridentifikation Ⓑ Programmaufruf		

① Belege vorprüfen
② Belege auf Bildschirmmaske
   – kontieren
   – korrigieren
   – abfragen
③ Beleg mit Erfassungsver-
   merk versehen
④ Belegablage
⑤ Ergebnisse abfragen		

Abb. 2.B.I.05: Funktionsintegration beim Übergang von Batch- zu Dialogverarbeitung

Neben der Integration von Dateneingabe und Verarbeitung können im Rahmen der Dialogverarbeitung aber auch solche Arbeitsfolgen an einem Arbeitsplatz vereinigt werden, die auch bei manueller Bearbeitung aus Gründen der Arbeitsteilung getrennt worden waren. Durch die Vereinfachung der Vorgänge bei EDV-Unterstützung schrumpfen die Vorteile der Arbeitsteilung, und die Nachteile des erhöhten Koordinationsaufwands und der zeitlichen Verzögerung durch Übertragungs- und Einarbeitungszeiten lassen sich bei einer Reintegration der Funktionen vermeiden.

Ein wesentliches Motiv für eine Teilung von Vorgängen ist auch die Schwierigkeit, die für eine umfassende Vorgangsbearbeitung benötigten Informationen an einem einzelnen Arbeitsplatz aktuell bereitzustellen. Bei Vorgangsteilung brauchen dagegen an einem Arbeitsplatz lediglich Informationen für den zu bearbeitenden Teilausschnitt verfügbar zu sein. Bei einer EDV-gestützten integrierten Datenbasis kann aber ein Sachbearbeiter von seinem Arbeitsplatz aus auf umfassende aktuelle Informationen zugreifen, so daß auch dieses Argument zur Begründung der arbeitsteiligen Vorgangszerlegung entfällt.

In Abbildung 2.B.I.06 wird das Beispiel der Prozeßkette aus Abbildung 2.A.II.03 wieder aufgegriffen. Dort wurde in den Fällen (c) und (d) bereits herausgestellt, daß die hohe Durchlaufzeitverkürzung nur in Verbindung von integrierter Datenbasis mit Dialogverarbeitung möglich ist. Nur so kann die Aktualität der Datenbasis nach Abschluß eines (Teil-) Vorgangs für die sofortige Weiterbearbeitung genutzt werden. Insofern ist die dort erzielte Reduktion der Durchlaufzeit bereits auch ein Ergebnis der Dialogtechnik.

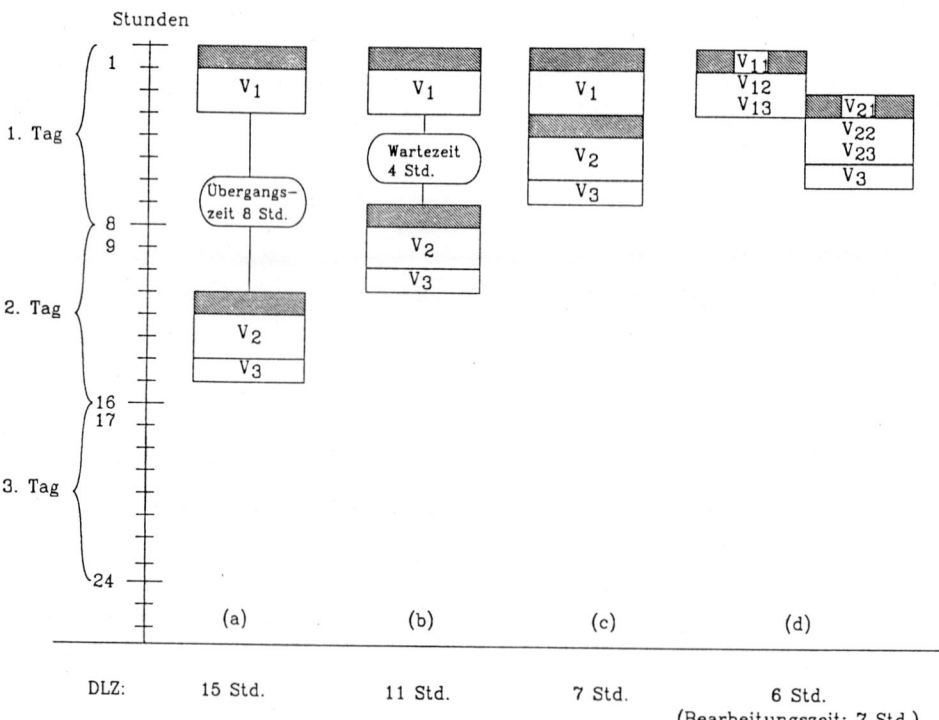

Abb. 2.B.I.06: Verringerung der Durchlaufzeit

Durch eine Zusammenfassung der Vorgänge zu größeren Arbeitspaketen können die Durchlauf- und Bearbeitungszeiten weiter reduziert werden, da Übergangs- (bzw. Warte-) und Einarbeitungszeiten entfallen bzw. weiter reduziert werden.

Wird der arbeitsteilige Ablauf zwischen V_1 (Disposition), V_2 (Lieferantenauswahl) und V_3 (Bestellschreibung) neu gegliedert, indem Lieferantenauswahl und Bestellschreibung zusammengefaßt und an einem Arbeitsplatz durchgeführt werden, so entfällt eine zwischen ihnen bestehende Übergangs- bzw. Wartezeit und die Einarbeitungszeit fällt für $(V_2 + V_3)$ nur noch einmal an.

Die vier Fälle des Beispiels führen dann zu den Abläufen der Abbildung 2.B.I.06.

Die **ganzheitliche Vorgangsbearbeitung** führt zu einer Funktionsanreicherung am Arbeitsplatz. Die EDV dequalifiziert somit nicht die menschliche Arbeit, sondern führt zu ihrer Anreicherung. Dieses wird z. B. durch Forderungen nach Mehrfachqualifizierung deutlich. Es zeigt sich auch, daß bei Einführung von EDV-bezogenen Integrationskonzepten wie CIM (Computer Integrated Manufacturing, vgl. Kapitel 3, Punkt B.I.2.) die Anforderungen an die Qualifikation der Mitarbeiter so hoch werden können, daß diese zum entscheidenden Engpaßfaktor werden. Dieser Tatbestand wird von Shunk (vgl. *Shunk, CIM in den USA 1988*) eindrucksvoll durch die Reihenfolge der wichtigsten Erfolgsfaktoren einer Unternehmung zum Ausdruck gebracht: Mitarbeiter, Technologie, Kapital.

Auch die ganzheitlichere Vorgangsbearbeitung muß den Kapazitätsgrenzen der Arbeitsplätze Rechnung tragen. Die Arbeitspakete müssen deshalb weiterhin auf mehrere Arbeitsplätze aufgeteilt werden. Nur ist das Zuteilungsprinzip nicht nach Funktionen, sondern nach den Arbeitsobjekten ausgerichtet.

In Abbildung 2.B.I.07 zeigt der Fall (a) zunächst eine funktionale Aufteilung, in der pro Bearbeitungsfunktion Arbeitsplatzgruppen gebildet werden, die bei der Disposition aus zwei und bei den anderen Funktionen jeweils aus einem Arbeitsplatz bestehen. Alle vier Vorgänge der Artikel A bis D werden von diesen Gruppen bearbeitet.

Im Fall (b) sind die Funktionen Lieferantenauswahl und Bestellschreibung zusammengefaßt, dafür werden aber zwei Arbeitsgruppen gebildet, die jeweils für bestimmte Artikelgruppen zuständig sind. Das Arbeitspaket wird also nach den Objekten gegliedert. Dadurch wird eine stärker objektbezogene Spezialisierung erzielt.

Bei funktionaler Gliederung wird also ein weites Spektrum von Objekten in einer engen Funktion - bei objektbezogener Gliederung dagegen ein engeres Objektspektrum in ganzheitlicher Funktion bearbeitet.

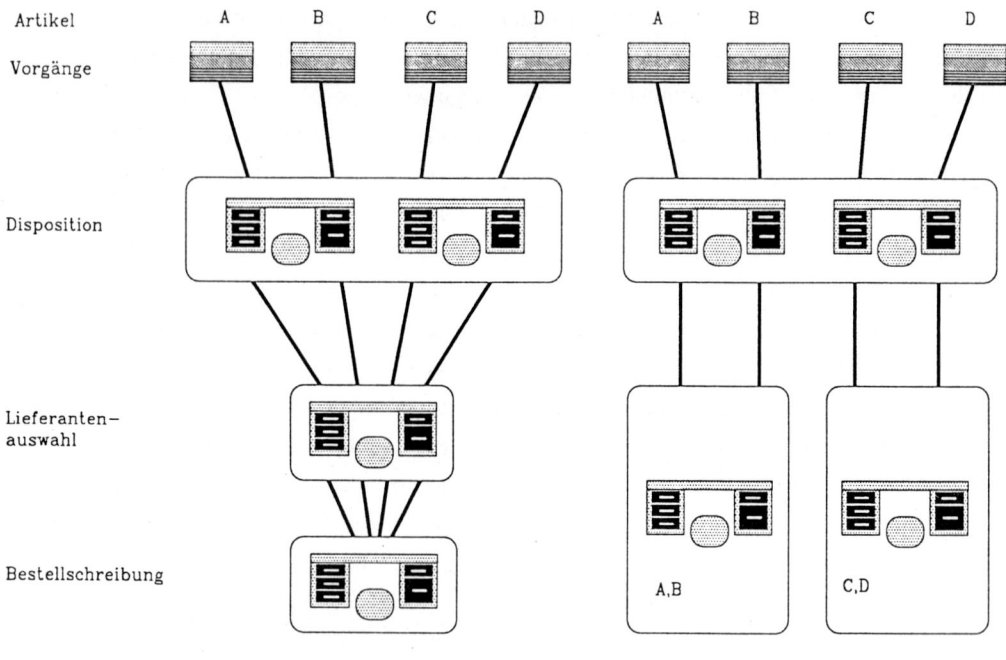

Abb. 2.B.I.07: Aufteilung von Arbeitspaketen zu Arbeitsplätzen

Der Vorteil der Funktionsintegration besteht in einer Verringerung von Einarbeitungszeiten der Sachbearbeiter, Verringerung von Übertragungszeiten und einer erhöhten
Auskunftskompetenz an Arbeitsplätzen. Die arbeitsteilige Funktionstrennung hat dagegen in vielen Bereichen, trotz möglicher Rationalisierungserfolge, zu erheblichen Ver-
schlechterungen des Kundenservices geführt. Beispielsweise wurden in Bankbetrieben
an den Kundenschaltern häufig getrennte Schalter für das Spar- und Girogeschäft sowie
für Beratung und Kassenabwicklung eingerichtet. Der Kunde mußte sich somit vor mehreren Schaltern in Warteschlangen einreihen. Dabei standen den Mitarbeitern für Aus-
kunftszwecke häufig nur inaktuelle Listen zur Verfügung. Bei einer Dialogverarbeitung
können nun mehrere Funktionen (mindestens Spar- und Girogeschäft) an einem Schal-
terplatz integriert werden. Dadurch entfallen für den Kunden erhebliche Wartezeiten (vgl.
Scheer, Wirtschaftlichkeitsanalyse 1978, S. 305 ff.). Von einem Arbeitsplatz aus werden
dem Kunden umfassend und aktuell über seine verschiedenen Konten Auskunft erteilt.

Abbildung 2.B.I.08 zeigt als weiteres Beispiel eine funktionsintegrierte Auftragsbearbeitung. Der Auftragsbearbeiter prüft bei der Annahme eines Auftrags zunächst die Bonität
des Kunden, indem er auf die Kundendatei zugreift (1), anschließend prüft er die Verfüg-

barkeit der Artikel durch Zugriff auf die Artikel-/Lagerdatei (2), bei Vorhandensein eines Lagerbestandes löst er eine Reservierung aus (3), falls nicht genügend Artikel auf Lager sind, stellt er durch Zugriff auf den Produktionsplan den frühesten Termin für neuverfügbare Artikel fest (4), ermittelt den aktuellen Liefertermin durch Zugriff auf den Versand- und Tourenplan (5), druckt anschließend für den Kunden eine Auftragsbestätigung aus und veranlaßt die Speicherung des Kundenauftrags.

Bei traditionell arbeitsteiliger Bearbeitung werden diese Funktionen jeweils von unterschiedlichen Abteilungen (Auftragsannahme, Lager, Produktion und Versand) zeitlich nacheinander ausgeführt. Dabei müssen sich alle Sachbearbeiter neu in den Vorgang einarbeiten, und zwischen den Bearbeitungsfolgen fallen erhebliche Übergangszeiten an. Die integrierte Bearbeitung ermöglicht deshalb nach Praxisbeobachtungen, die Durchlaufzeit von mehreren Tagen auf wenige Minuten zu verringern (vgl. auch, Abbildung 3.B.IV.01).

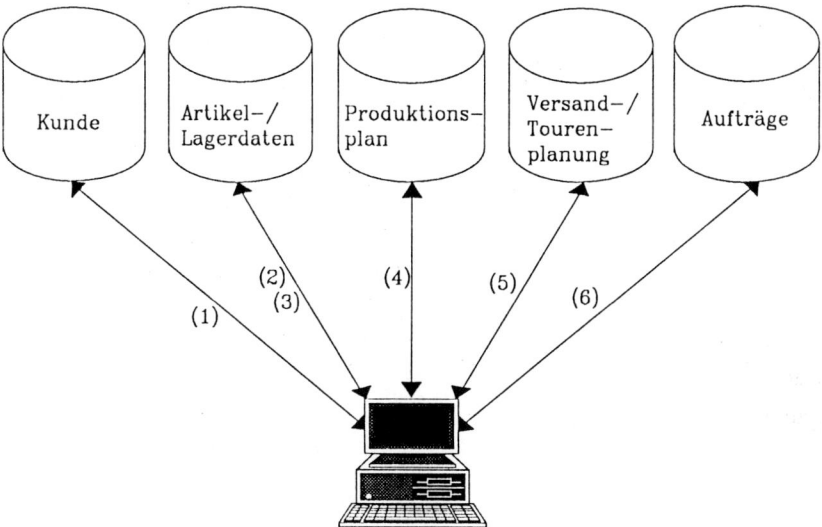

Abb. 2.B.I.08: Integrierte Auftragsbearbeitung an einem Arbeitsplatz

Gegenüber der datenorientierten Integration, wie sie oben durch den Einsatz von Datenbanksystemen beschrieben wurde, besteht bei einer Funktionsintegration die Besonderheit, daß alle Funktionen von <u>einem Arbeitsplatz</u> ausgeübt werden. Sie setzt aber eine Datenintegration voraus, da die gleichen Daten für vielfältige Funktionen bereitstehen müssen.

Die Integration von übergreifenden Funktionen an einem Arbeitsplatz erfordert eine höhere Personalqualifikation als bei der Spezialisierung auf einzelne Ausschnitte einer Vorgangsfolge. Gleichzeitig birgt der direkte Zugriff auf Daten, die von anderen Fachabteilungen gepflegt werden, Gefahren für Fehlinterpretationen, da der Filter bei der Informationsweitergabe auf Anfragen aus anderen Abteilungen durch die für die Daten verantwortliche Fachabteilung nun fehlt. Hier muß durch Schulungen die Datenverantwortung bewußt gemacht werden.

Mit der hohen Dialogverflechtung wächst die Komplexität des EDV-Systems und damit dessen Empfindlichkeit gegenüber technischen und benutzerbedingten Fehlern. Aus diesem Grund besitzen die Teile des Betriebssystems zur Steuerung der Dialogverarbeitung (**Teleprocessing-Monitore**) umfangreiche Konzepte zum sofortigen Wiederanlauf nach einer Unterbrechung des Systems (vgl. *Reuter, Fehlerbehandlung 1982*).

Durch die vielfältigen Zugriffsmöglichkeiten von einem Arbeitsplatz aus auf unterschiedliche Daten besteht das Problem, klare Berechtigungskreise zu definieren, um unberechtigtes Zugreifen auf Daten weitgehend auszuschließen. Auch dazu stellen Teleprocessing-Monitore über Tabellensteuerungen entsprechende Hilfsmittel zur Verfügung.

In Abbildung 2.B.I.09 ist z. B. angegeben, daß für einen bestimmten Sachbearbeiter die Datei A lediglich gelesen werden darf, die Datei B geändert werden darf und in der Datei C auch Sätze neu angelegt werden dürfen. Derartige Konzepte können über die Dateiebene auf Satzebene, Feldebene bis hin auf Feldinhaltsebene gesteuert werden (vgl. *Scheer, Wirtschaftsinformatik 1978, S. 485 ff.*).

Benutzer	Objekte		
	Datei A	Datei B	Datei C
1	lesen	ändern	schreiben
2	schreiben	. . .	. . .
3			
.			
.			
.			

Abb. 2.B.I.09: Zugriffsberechtigungstabelle

Hochintegrierte Softwaresysteme sind empfindlich gegenüber Fehlern, da bei Ausfall einer zentralen Systemkomponente meist ganze Anwendungsgruppen beeinträchtigt werden. Diesen Nachteilen stehen aber die großen Vorteile durch Fortfall von Mehrfacharbeiten, Beschleunigung der Vorgangsbearbeitung und höhere Auskunftsbereitschaft und damit höherer Kundenservice sowie verbesserte Planungsqualität entgegen.

Die gezeigten Integrationstendenzen können klassische Berufsbilder nachhaltig verändern. Es ist zu erwarten, daß viele betriebswirtschaftliche Funktionen zeitlich näher an den Anfang von Vorgangsketten rücken. So können beispielsweise bei einer kundenwunschbezogenen Einzelfertigung bereits während des Konstruktionsvorgangs zeitkritische Materialien ermittelt werden. Der Konstrukteur legt dabei sofort Bestellsätze an (vgl. auch Kapitel 3, Punkt B.I.). Bei einer traditionellen Bearbeitung würden diese Bestellsätze erst nach Vorliegen der kompletten Stückliste und damit wesentlich später von der Materialwirtschaft erstellt. Auch die Konzepte zur Büroautomatisierung beruhen auf der Ausnutzung dieser Integrationskonzepte (vgl. Kapitel 3, Punkt C.V.).

Für die Betriebswirtschaftslehre stellt sich somit das Problem, geeignete ablauforganisatorische Konzepte für die Verschmelzung traditionell getrennter Funktionen zu entwickeln und damit die hohe funktionale Arbeitsteilung durch Reintegration wieder rückgängig zu machen.

B.I.2.3. Interaktiver Entscheidungsprozeß

Eine besonders intensive Dialogform mit vielen Dialogschritten zwischen Mensch und EDV-System ist die interaktive Lösung von Entscheidungsproblemen. Der Benutzer definiert Alternativen, die das EDV-System bewertet. Aufgrund der Ergebnisse kann der Benutzer neue Alternativen entwickeln und von dem System wiederum hinsichtlich ihrer Konsequenzen bewerten lassen. Der Prozeß endet, wenn der Benutzer eine befriedigende Lösung erzielt hat.

In diesem Dialog sollen sich die Fähigkeiten beider Partner - Fachwissen, Phantasie und Kreativität des Menschen sowie Speicherfähigkeit und Rechengeschwindigkeit des EDV-Systems - gegenseitig unterstützen.

Dieser Gedanke wird auch von dem Konzept des **"Decision Support Systems"** verfolgt. Ein Decision Support System (DSS) ist ein interaktives System, das einem Manager hilft, eine Entscheidung zu treffen (vgl. *Awad, Management Information Systems 1988, S. 37*). Sie werden bei sogenannten **halbstrukturierten Entscheidungsproblemen** eingesetzt. **Strukturierte Entscheidungsprobleme** lassen sich durch ein Modell eindeutig abbilden und sind programmierbar. Programmierbare Entscheidungsregeln sind z. B. Losgrößenformeln oder ein Modell der linearen Programmierung zur Produktionsplanung. **Nichtstrukturierte Entscheidungsprobleme** entziehen sich dagegen einer programmierbaren Entscheidungsregel, da z. B. die Zielsetzung nicht klar definiert ist, der Alternativenraum unbeschränkt ist oder kein Verfahren zur Verfügung steht, das bei begrenzten Rechenkapazitäten zu Lösungen führt. Bei diesen Problemen werden heuristische Techniken und auch das intuitive Urteilsvermögen des Menschen gefordert. Halbstrukturierte Entscheidungen besitzen nun Komponenten, die "programmierbar" sind, wobei gleichzeitig ein gewisser Betrag der menschlichen Urteilsfähigkeit überlassen bleibt.

Hier wird die Eignung für einen interaktiven Ansatz sofort sichtbar: Der Computer übernimmt die Bereitstellung von Informationen oder die Bewertung von Alternativen bei den
strukturierten Kategorien, während die unstrukturierten Teile, also die Hinzufügung
weiterer qualitativer Zielkriterien oder die Vorgabe neuer Alternativen den Menschen vor-
gehalten bleibt.

Auf den Arbeiten von Gorry und Morton aufbauend (vgl. *Gorry, Morton, A Framework for
MIS 1971*) ist von Awad eine Tabelle erarbeitet worden, in der den drei Entscheidungstypen Beispiele für unterschiedliche Managementebenen (**Abwicklung operationaler
Aufgaben, kurzfristige Planung (Steuerung), strategische Planung**) gegenübergestellt
werden.

Management-Ent-schei-dungstypen / aktivitä-ten	Abwicklung	Steuerungs-systeme	Strategische Planung	Benötigte Unterstützung
Strukturiert	Nachbestellung	Lineare Programmierung	Standortwahl	EDV oder be-triebswirtschaft-liche Modelle
Halbstrukturiert	Wertpapier-handel, Ferti-gungssteuerung	Festlegen des Marketingbudget für Konsum-güter	Kapitalbeschaf-fungsanalyse; Zusammen-schlüsse	DSS
Nichtstrukturiert	Auswahl einer Titelseite für LIFE	Einstellen von Managern	F u. E Portfolio	Intuition

Abb. 2.B.I.10: Entscheidungstypen bei Managementaktivitäten

(nach *Awad, Management Information Systems 1988, S. 270*).

Während bei strukturierten EDV-Anwendungen die ökonomische Ausnutzung der EDV-
Systeme bei der Anwendungsgestaltung im Vordergrund steht, richten sich Decision
Support Systeme an der Erzielung eines möglichst großen Nutzens für den Anwender
durch Service und schneller Bereitstellung von Informationen aus. Nicht der kostengünstige Einsatz der EDV steht im Vordergrund, sondern der möglichst hohe Nutzen für den
Entscheidungsträger. Aus diesem Grunde werden bei DSS z. B. aufwendige Grafik- und
Farbunterstützungen bei der Ausgabe eingesetzt. Ein Decision Support System besteht
aus einer **Datenbank**, einer **Programmiersprache** zur Formulierung von Anfragen und
einfachen Auswertungen an die Datenbank, Hilfsmittel zur Aufbereitung der Eingabe-
und Ausgabedaten (**Reportgenerator**) sowie **mathematisch statistischen Methoden**
der Regressionsanalyse, Risikoanalyse, Simulation und **Sprachen** zur Unterstützung des
Modellaufbaus.

Als Datenbanksysteme werden wegen ihrer hohen Flexibilität relationale Datenbank-systeme eingesetzt. Neben der Verwaltung der eigenen Daten muß das DSS auch Zugriff zu den generellen Unternehmensdaten besitzen. Dieses kann entweder durch eine ge-meinsame Datenbasis oder durch den Import von Daten in das DSS über eine Schnitt-stelle geschehen. Da DSS-Anwendungen in der Regel nicht extrem zeitkritisch sind, kann der Datenimport für viele Fälle ausreichend sein, zumal gleichzeitig eine Datenverdich-tung aus den operativen Datenbeständen vorgenommen werden kann.

Als Programmiersprachen sind nicht-prozedurale Sprachen wie z. B. SQL (Structured Query Language) geeignet. Mit den drei Schlüsselwörtern **SELECT**, **FROM** und **WHERE** können bereits umfangreiche Auswertungen, auch über Verknüpfungen mehrerer Datenbanken (Tabellen) durchgeführt werden. Für die relationale Datenbank in Kapitel 2, Punkt A.I. kann z. B. die Anfrage:

"Liste alle Kundennummern mit den entsprechenden Kundennamen und solchen Arti-kelnummern und Artikelbezeichnungen auf, für die die betreffenden Kunden Aufträge von mehr als 1.000,- DM gegeben haben"

durch den Ausdruck

SELECT	KNR, Name, ANR, Bezeichnung
FROM	KUNDEN, ARTIKEL, AUFTRAGSPOSITION
WHERE	Menge • Preis > 1000
	AND KUNDEN.KNR = AUFTRAGSPOSITION.KNR

formuliert werden. Das Ergebnis der Anfrage stellt wiederum eine Tabelle dar, die für weitere Auswertungen auch als Eingabe benutzt werden kann (vgl. die mit Beispielzeilen aufgefüllte Datenbank in Abbildung 2.B.I.11).

Für die Einbettung von Modellrechnungen in den Entscheidungsablauf werden spezielle Programmiersprachen bzw. Modell- und Methodenbanken (vgl. Kapitel 2, Punkt C.III.) angeboten.

Da viele Pläne die Struktur von Tabellen zeigen, eignen sich auch **Spreadsheet-Pro-gramme**, die insbesondere auf Mikrocomputersystemen zur Verfügung stehen, zur Ent-wicklung eines DSS-Modells.

Die Sichtweise eines Spreadsheets auf ein Verarbeitungsproblem ist die Form einer Tabelle. Jede Zeile kann Konstante (Zeichenketten, Zahlen) oder Formeln zur Codierung von Verarbeitungsfunktionen enthalten. Informationen werden in Zellen abgelegt (vgl. *Nastansky, Tabellenkalkulationsprogramme 1987, S. 329*). Abbildung 2.B.I.12 stellt das Beispiel einer Spreadsheet-Anwendung zur Kalkulation dar (vgl. *Haberstock, Kostenrech-nung 1987, S. 177*).

KUNDEN

KNR	Name	Wohnort	....
4711	Müller	Hamburg	
4853	Bauer	München	
4869	Fischer	Stuttgart	
5112	Weber	Frankfurt	
5247	Schulz	Hannover	
5328	Wagner	Mainz	
⋮	⋮	⋮	

ARTIKEL

ANR	Bezeichnung	....
223	Tischlampe X11	
274	Küchenleuchte M2	
389	Bürolampe 520	
541	Kristalleuchter 3115	
575	Deckenleuchte V12	
⋮	⋮	

AUFTRAGSPOSITION

KNR	Datum	ANR	Menge	Preis	....
4711	04.11.90	223	2	320,00	
4869	17.11.90	541	15	598,00	
5112	18.11.90	575	5	249,00	
5247	18.11.90	541	1	598,00	
5328	19.11.90	389	250	198,00	
⋮	⋮	⋮	⋮	⋮	

Ergebnistabelle

KNR	Name	ANR	Bezeichnung
4869	Fischer	541	Kristalleuchter 3115
5112	Weber	575	Deckenleuchte V12
5328	Wagner	389	Bürolampe 520

Abb. 2.B.I.11: Beispieldatenbank für SQL-Anfrage

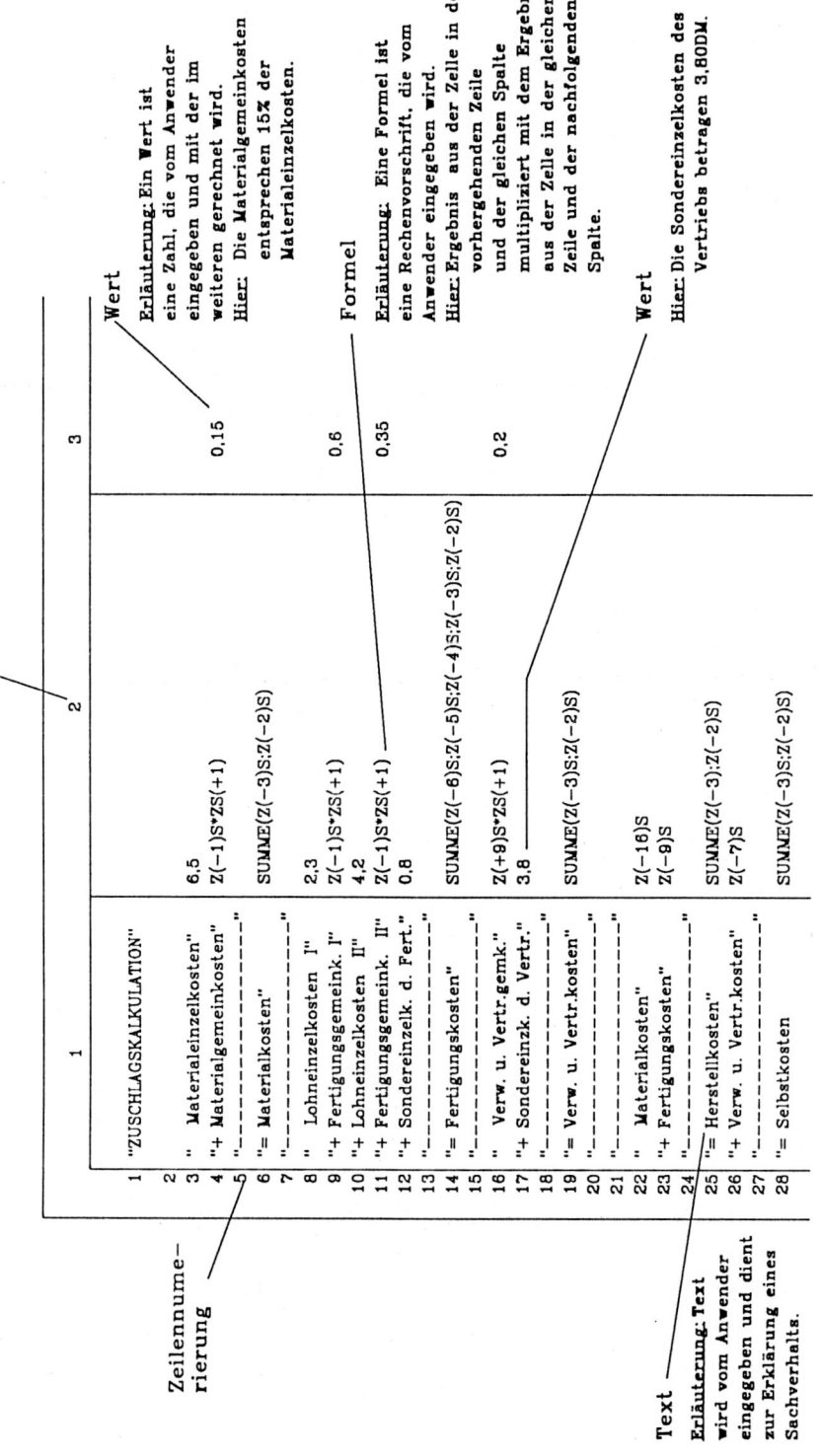

Spaltennumerierung

Zeilennumerierung	1	2	3
1	"ZUSCHLAGSKALKULATION"		
2	" Materialeinzelkosten"	6,5	
3	"+ Materialgemeinkosten"	$Z(-1)S*ZS(+1)$	0,15
4	"_____"		
5	"= Materialkosten"	$SUMME(Z(-3)S:Z(-2)S)$	
6	"_____"		
7	" Lohneinzelkosten I"	2,3	
8	"+ Fertigungsgemeink. I"	$Z(-1)S*ZS(+1)$	0,6
9	" Lohneinzelkosten II"	4,2	
10	"+ Fertigungsgemeink. II"	$Z(-1)S*ZS(+1)$	0,35
11	"+ Sondereinzelk. d. Fert."	0,8	
12	"_____"		
13	"= Fertigungskosten"	$SUMME(Z(-6)S:Z(-5)S:Z(-4)S:Z(-3)S:Z(-2)S)$	
14	"_____"		
15	" Verw. u. Vertr.gemk."	$Z(+9)S*ZS(+1)$	0,2
16	"+ Sondereinzk. d. Vertr."	3,8	
17	"_____"		
18	"= Verw. u. Vertr.kosten"	$SUMME(Z(-3)S:Z(-2)S)$	
19	"_____"		
20	" Materialkosten"	$Z(-16)S$	
21	"+ Fertigungskosten"	$Z(-9)S$	
22	"_____"		
23	"= Herstellkosten"	$SUMME(Z(-3):Z(-2)S)$	
24	"+ Verw. u. Vertr.kosten"	$Z(-7)S$	
25	"_____"		
26	"= Selbstkosten"	$SUMME(Z(-3)S:Z(-2)S)$	

Wert
Erläuterung: Ein Wert ist eine Zahl, die vom Anwender eingegeben und mit der im weiteren gerechnet wird.
Hier: Die Materialgemeinkosten entsprechen 15% der Materialeinzelkosten.

Formel
Erläuterung: Eine Formel ist eine Rechenvorschrift, die vom Anwender eingegeben wird.
Hier: Ergebnis aus der Zelle in der vorhergehenden Zeile und der gleichen Spalte multipliziert mit dem Ergebnis aus der Zelle in der gleichen Zeile und der nachfolgenden Spalte.

Wert
Hier: Die Sondereinzelkosten des Vertriebs betragen 3,80DM.

Text
Erläuterung: Text wird vom Anwender eingegeben und dient zur Erklärung eines Sachverhalts.

a) Eingaben

	1	2	3
1	ZUSCHLAGSKALKULATION		
2			
3	Materialeinzelkosten	6,50	
4	+ Materialgemeinkosten	0,98	15%
5	------------------		
6	= Materialkosten	7,48	
7	------------------		
8	Lohneinzelkosten I	2,30	
9	+ Fertigungsgemeink. I	1,38	60%
10	+ Lohneinzelkosten II	4,20	
11	+ Fertigungsgemeink. II	1,47	35%
12	+ Sondereinzelk. d. Fert.	0,80	
13	------------------		
14	= Fertigungskosten	10,15	
15	------------------		
16	Verw. u. Vertr.gemk.	3,53	20%
17	+ Sondereinzk. d. Vertr.	3,80	
18	------------------		
19	= Verw. u. Vertr.kosten	7,33	
20	------------------		
21	------------------		
22	Materialkosten	7,48	
23	+ Fertigungskosten	10,15	
24	------------------		
25	= Herstellkosten"	17,63	
26	+ Verw. u. Vertr.kosten	7,33	
27	------------------		
28	= Selbstkosten	24,95	

b) Ergebnis

Beträge in DM

Abb. 2.B.I.12: Beispiel einer Spreadsheet-Anwendung

Während Spreadsheets primär einen Rahmen für die Datenmanipulation in Tabellenform geben, gehen spezielle **Planungssprachen** stärker auf die Anforderungen typischer Modellformulierungen ein.

In Abbildung 2.B.I.13a ist in der Sprache FCS (Financial Control System) der Fa. EPS Consultants (vgl. EPS, FCS-EPS 1982) zunächst das Modell eines Ergebnisplans aufgestellt worden. Jede definierte Größe wird mit in Hochkommata eingeschlossenen Namen definiert und kann anschließend unter der betreffenden Zeilennummer identifiziert werden. So wird die Größe Erlös durch Multiplikation von Stückpreis mit Stückzahl erzeugt, gekennzeichnet durch die jeweiligen Zeilennummern 20 und 25.

SYSTEM > LOGIC

```
+20 'Stückpreis'
+25 'Stückzahl'
+30 'Erlös'=20*25
+35 'Rabatt %
35 'Rabatt %
        §
+35 'Rabatt %'
+40 'Rabatte'=30 at 35
+45 'Nettoerlös'=30-40
+50 'Stückkosten'
+55 'Var. Kosten'=25*50
+60 'Fixe Kosten'
+65 'Gewinn'=45-55-60
```

Abb. 2.B.I.13a: Modellformulierung in FCS

Das System weist den Benutzer sofort auf Eingabefehler hin, so in Zeile 35 auf die Aus-
lassung eines Apostrophs. Das Modell wird anschließend in Abbildung 2.B.I.13b in knap-
per Form mit Daten versorgt. Der dritte Schritt in Abbildung 2.B.I.13c bestimmt die Berechnung und die Ausgabe des Ergebnisses.

Die angeführten Kommandos sind weitgehend selbsterklärend. Besonders hervorzuheben
ist die Trennung zwischen Modelldefinition, Dateneingabe und Rechnung einschließlich
Output-Aufbereitung, da hierdurch diese drei Komponenten unabhängig voneinander geändert werden können.

```
SYSTEM > DATA

* 20 U 1.2 1.2 1.25 1.3 1.33
* 25 G 5000,6
* 35 U 3*5,*6
* 50 I 0.7,0.05
* 60 A 900,10
* END
```

Erläuterungen

U = Units
G = Geometrisches Wachstum
     von Basis 5000 mit Steigerungs-
     rate 6% (5000, 5300, 5618, ...)
I = konstantes Wachstum um jeweils
     0,05 Einheiten (Inkrement = 0,05),
     (0,7, 0,75, 0,8 0,85, ...)
A = arithmetisches Wachstum von Basis
     900 mit Steigerungsrate 10% (900,
     990, 1080, ...)

Abb. 2.B.I.13b: Dateneingabe in FCS

Die Trennung zwischen Modellaufstellung, Datenversorgung und Output-Aufbereitung
gibt der Sprache eine besondere Flexibilität, da z. B. ein einmal aufgestelltes Modell mit
unterschiedlichen Datensätzen und unterschiedlichen Output-Formen leicht generiert
werden kann.

```
SYSTEM > CALCULATE
SYSTEM > LIST
COLUMNS?  1- 3
ROWS?     20-65
```

Ergebnisplan

	1988	1989	1990
20 Stückpreis	1,20	1,20	1,25
25 Stückzahl	5000,00	5300,00	5618,00
30 Erlös	6000,00	6360,00	7022,50
35 Rabatt %	5,00	5,00	5,00
40 Rabatte	300,00	318,00	351,13
45 Nettoerlös	5700,00	6042,00	6671,37
50 Stückkosten	0,70	0,75	0,80
55 Var. Kosten	3500,00	3975,00	4494,40
60 Fixe Kosten	900,00	990,00	1080,00
65 Gewinn	1300,00	1077,00	1096,97

Abb. 2.B.I.13c: Berechnung und Ausgabe des Ergebnisses in FCS

Typische Analysen, die die Einbettung der programmierbaren Teile in den übergeordneten interaktiven Entscheidungsprozeß sichtbar machen, sind:

- "what-if"-Analysen
- "what to do to achieve"-Analysen
- Risikoanalysen.

In Abbildung 2.B.I.14 wird auf den Finanzplan eine **"what-if"**-Analyse angewendet, indem gefragt wird, wie sich der Plan ändert, wenn sich die Größe Stückzahl in Zeile 25 von dem Prozentsatz -5 % ausgehend in Schritten von 5 % bis zu einem Wert von +5 % ändert. Dabei werden lediglich die interessierenden Spalten 1 bis 3 und Zeilen 25, 30 und 65 des Finanzplans ausgegeben.

Bei "what-if"-Anfragen geht es darum, für eine gegebene Ausgangssituation die Wirkung von Datenänderungen schnell zu erkennen. Beispielsweise wird gefragt, wie sich bestimmte Größen eines Finanzplanes ändern, wenn der Wechselkurs eines wichtigen Exportmarktes um einen bestimmten Prozentsatz sinkt.
"What-if"-Fragestellungen können auch mit Spreadsheet-Programmen beantwortet werden. Durch die formelmäßige Verknüpfung von Datenfeldern wird mit einer gezielten Datenänderung sofort das gesamte Spreadsheet aktualisiert und somit auch die interessierenden Ergebnisgrößen auf den neuen Wert eingestellt.
Eine **"what to do to achieve"**-Fragestellung, häufig auch als "goal-seeking" bezeichnet, untersucht den umgekehrten Fall. Es wird gefragt, wie eine bestimmte Größe eingestellt werden muß, um ein vorgegebenes Ziel zu erreichen. Beispielsweise kann bei einem ge-

```
SYSTEM > STEP
ROW?, FROM%, TO%, STEPS%? 25,-5.5,5
COLUMNS TO LIST? 1-3
ROWS TO LIST? 25,30,65
```

-5,00 % SENSITIVITY ON STÜCKZAHL

	1988	1989	1990
25 Stückzahl	4750,00	5035,00	5337,10
30 Erlös	5700,00	6042,00	6671,37
65 Gewinn	1190,00	973,65	988,13

,00 % SENSITIVITY ON STÜCKZAHL

	1988	1989	1990
25 Stückzahl	5000,00	5300,00	5618,00
30 Erlös	6000,00	6360,00	7022,50
65 Gewinn	1300,00	1077,00	1096,97

5,00 % SENSITIVITY ON STÜCKZAHL

	1988	1989	1990
25 Stückzahl	5250,00	5565,00	5898,90
30 Erlös	6300,00	6678,00	7373,62
65 Gewinn	1410,00	1180,35	1205,82

Abb. 2.B.I.14: "What-if"-Analyse in FCS

gebenen Liquiditätsplan, der eine Unterdeckung zeigt, gefragt werden, wieviel Einheiten eines Endartikels mehr verkauft werden müssen, um diese Unterdeckung auszugleichen. Bei einer **Risikoanalyse** werden z. B. für ein Investitionsobjekt Wahrscheinlichkeitsverteilungen für bestimmte Parameter (Einzahlungen, Auszahlungen oder Zinsfüße) definiert. Mit Hilfe von Monte Carlo-Simulationen werden hieraus Wahrscheinlichkeitsverteilungen für die interessierenden Zielgrößen (Kapitalwert oder interner Zinsfuß) errechnet (vgl. hierzu das Beispiel in Kapitel 3, Punkt C.IV.).

Planungssprachen, die sich zum Aufbau von Decision Support Systemen eignen, werden sowohl auf Mikrocomputersystemen als auch auf HOST-Computern sowie in Verbindung beider Möglichkeiten angeboten. Typische Systeme sind das bereits genannte FCS (Financial Control System), IFPS (Interactive Financial Planning System) und MSA (Management Science America)-Expert. Spreadsheet-Systeme werden immer mehr zu integrierten Systemen mit Datenverwaltung, Data-Dictionary, Grafik und Dokumentation weiterentwickelt. Bei einer Kombination von Mikro- und HOST-Computern werden die Modellformulierung und die Ausgabeaufbereitung weitgehend am Mikrocomputer durchgeführt, insbesondere auch durch Einsatz der für Mikrocomputer typischen komfortablen Grafik. Die Verwaltung umfangreicher Datenmengen sowie der Zugriff zu operativen Datenbanken wird dann über die HOST-Schnittstelle abgewickelt.

Die Möglichkeiten der interaktiven Problemlösung führen dazu, daß Probleme, die bisher von EDV-Systemen mit programmierten Entscheidungsregeln nur unvollkommen gelöst werden konnten, neu gestaltet werden. Ein typisches Anwendungsbeispiel hierfür ist die Kapazitätsterminierung im Rahmen eines computergestützten Produktionsplanungs- und -steuerungssystems. Hier haben früher umfangreiche EDV-Systeme, wie z. B. CAPOSS (IBM), mit Hilfe von Prioritätsregeln Kapazitätsengpässe durch zeitliche Verschiebung von Aufträgen auszugleichen versucht. Die hohe Komplexität der Problemstellung durch eine Vielzahl vernetzter Aufträge sowie die Komplexität der zum Teil widersprüchlichen Zielsetzungen (hohe Kapazitätsauslastung, kurze Durchlaufzeiten, Termintreue, geringe Kapitalbindung) machen dieses Problem aber nicht programmierbar. Die Ansätze haben deshalb bei großen Problemen weitgehend versagt oder zu unakzeptablen Rechenzeiten geführt. Aus diesem Grunde sehen neuere EDV-Systeme vor, den Benutzern lediglich Kapazitätsengpässe in grafischer Form aufzuzeigen und die zugehörenden Produktionsaufträge zu nennen. Durch Simulationen kann der Benutzer die Aufträge dann so lange zeitlich verschieben oder auf Ausweichaggregate zuordnen, bis der Engpaß aufgelöst ist. Dabei können in die Simulation auch Optimierungsmodelle oder einfachere heuristische Entscheidungsregeln eingebunden werden, die die Zulässigkeit einer Lösung leichter gewährleisten oder eine Alternative leichter zu bewerten helfen. Die Kontrolle über den gesamten Ablauf wird aber durch den menschlichen Disponenten geführt.

Bei Decision Support Systemen steht die Informationsversorgung eines Entscheiders im Vordergrund. Der Entscheider soll nicht abgelöst, sondern nur unterstützt werden. Dieses grenzt sie von **Expert Support Systems (ESS)** ab, in denen Problemlösungsstrategien in Regelform gespeichert sind, die dem Anwender stärker den Entscheidungsprozeß abnehmen. So werden Alternativen generiert und vorgeschlagen (vgl. dazu das Kapitel 2, Punkt C.IV. über Expertensysteme).

Der von Little entwickelte Decision Calculus-Ansatz stellt eine besondere Form der interaktiven Problemlösung dar. Er beruht darauf, daß bei Entscheidungen häufig Annahmen über das Verhalten von Marktpartnern in der Form zu treffen sind, daß die Wirkung bestimmter Werbeausgaben auf das Käuferverhalten prognostiziert wird. Derartige lediglich intuitiv in den Köpfen der Entscheidenden vorhandene Verhaltenshypothesen werden innerhalb des Dialogs quantifiziert und zeigen ihre Konsequenzen dem Entscheidenden auf. Sind die Ergebnisse plausibel, so kann er die Hypothesen aufrechterhalten, andererseits wird der Benutzer angeregt, sie zu modifizieren (vgl. *Little, Decision Calculus 1977*).

B.I.3. Betriebswirtschaftliche Gestaltung von Dialoganwendungen

Als betriebswirtschaftlich wichtige Merkmale der Dialogverarbeitung wurden die Ereignisorientierung, Funktionsintegration und der interaktive Entscheidungsprozeß herausgearbeitet. Die Möglichkeit der Vermeidung von Arbeitsspitzen durch eine kontinuierliche Datenerfassung und die Erleichterung des Handlings durch die Verwendung von benutzerfreundlichen Bildschirmmasken und Hilfsroutinen ergänzen die Argumente.
In Abbildung 2.B.I.15 ist angegeben, wie diese Merkmale auf Zielsetzungen wie Zeiteinsparung, Personaleinsparung, Verbesserung der Informationsmöglichkeit und Vereinfachung organisatorischer Abläufe einwirken. Dabei werden die Ereignisorientierung als Aktualitätssteigerung von Daten und die Funktionsintegration durch Plausibilitätsprüfungen verdeutlicht. Beispielsweise führen in Erfassungsvorgänge integrierte Plausibilitätskontrollen zu Zeiteinsparungen bei der Fehlerbeseitigung und damit gleichzeitig zu Personaleinsparungsmöglichkeiten.

Merkmale / Ziele	Ereignisorientierung (Aktualität)	Funktionsintegration (Plausibilität)	Interaktive Entscheidung	Vermeidung Arbeitsspitzen	Handling Verbesserung	Qualitative Verbesserungen
Zeiteinsparung	x	x	x	x	x	
Personaleinsparung		x		x	x	
Informationsgewinnung	x		x			x
Arbeitszufriedenheit	x	x		x	x	x
Vereinfachung der organisatorischen Abläufe		x	x		x	

Abb. 2.B.I.15: Kriterien und Ziele der Dialogverarbeitung

Anhand der Dialoggründe können betriebswirtschaftliche Funktionen in Einzelschritte aufgelöst und hinsichtlich ihrer Dialogeignung überprüft werden. Abbildung 2.B.I.16 zeigt dieses für einen Ausschnitt eines Produktionsplanungs- und -steuerungssystems. Bei der Dialogisierung muß auch berücksichtigt werden, ob die Aufgabeneinheiten dialoggeeignet sind. Sowohl Mensch als auch Computer müssen in der Lage sein, innerhalb sinnvoller Antwortzeiten auf Ergebnisse des Partners zu reagieren.

Da sich der Begriff Aktualität nicht nur auf Datenänderungen, sondern auch auf die Einplanung und Bearbeitung von Vorgängen bezieht, sind die Aufgabenschritte hinsichtlich ihrer Eignung für eine fallbezogene Bearbeitung oder eine Batch-bezogene Auswertung zu

Aufgaben	Teilaufgaben	Dialogursache			
		Ereignisorientierung (Aktualität)	Funktionsintegration (Plausibilität)	Iterative Abwandlung	Interaktiver Entscheidungsprozeß
Grunddaten- verwaltung	Stücklistengenerierung			x	
	Stücklistenauflösung	(x)			
	Arbeitsplangenerierung			x	
Primärbedarfs- ermittlung	Prognose				x
	Programmplanung				x
Bedarfs- planung	Bedarfsauflösung	(x)			
	Losgrößenbestimmung				x
Kapazitäts- planung	Durchlaufterminierung	(x)			
	Kapazitätsübersicht	(x)			
	Kapazitätsabgleich				x
Fein- planung	Verfügbarkeitsprüfung		x		
	Reihenfolge				x
	Arbeitsfortschrittskontrolle	x			
Beschaffungs- planung	Disposition	(x)			
	Losgrößen				x
Auftrags- einplanung	Anfragen	x			
	Auftragsannahme		x	x	
	Reservierung (Zuteilung)				x
Einkauf	Bestellung				x
	Wareneingangsprüfung		x		
Lager	Zugang		x		
	Abgang		x		

x = zutreffend
(x) = bedingt zutreffend

Abb. 2.B.I.16: Dialoganwendung bei Produktionsplanungs- und -steuerungssystemen

analysieren. Gerade diese Untersuchung ist mit der Entwicklung neuer Planungskonzepte für betriebliche Funktionsbereiche verbunden.

Die Entwicklung interaktiver Entscheidungssysteme ist bereits weit fortgeschritten (vgl. *Meffert, EDV im Marketing 1980, S. 52 ff.; Dinkelbach, Entscheidungsmodelle 1982, S. 200 ff.*). Trotzdem bietet die Einbettung von rechenzeiteffizienten Algorithmen in eine Dialogumgebung für viele betriebswirtschaftliche Fragestellungen noch ein weites Arbeitsfeld.

Die Steuerung zwischen Batch- und Dialogumgebung und hierbei insbesondere auch zwischen unterschiedlich strengen Formen der Dialogverarbeitung wird von Triggerkonzepten übernommen (vgl. oben Abbildung 2.B.I.04). Diese sind zum Teil bereits in Datenbanksystemen implementiert. Die Festlegung der Parameterliste für die Schwellwertkontrolle erfordert betriebswirtschaftlichen Sachverstand. Beispielsweise kann es in einem Finanzbuchführungssystem sinnvoll sein, das Mehrwertsteuerkonto nur Tag-aktuell zu führen, dagegen aber die Offenen Posten der Debitorenbuchführung im Dialog zu verwalten, da diese im Rahmen von Bonitätsprüfungen laufend zur Entscheidungsfindung heranzuziehen sind.

Im Rahmen der Dialogverarbeitung ist der Begriff der **Transaktion** von hoher Bedeutung. Er bezeichnet die Folge von Arbeitsschritten, die (bei Dialogverarbeitung) zwischen der Überprüfung der Datenbank von einem konsistenten Zustand in einen anderen abgewickelt werden. Beispielsweise ist eine Datenbank nicht konsistent, wenn lediglich innerhalb eines Buchungsvorgangs die Sollbuchung durchgeführt wird, die Habenbuchung aber noch nicht. Die Transaktion ist somit die kleinste Einheit, die entweder vollständig oder überhaupt nicht ausgeführt werden darf, um elementare Konsistenzbedingungen einer Datenbank sicherzustellen. Die Definition von Transaktionen als in sich abgeschlossene Vorgänge kann somit nicht ohne betriebswirtschaftlichen Sachverstand durchgeführt werden.

Bei Entwurf eines Dialogsystems ist eine enge Zusammenarbeit zwischen Benutzern und Systementwicklern erforderlich. Dieses gilt sowohl für die Logik des Dialogablaufs als auch für die Gestaltung der Bildschirmmasken.
Die Zusammenarbeit zwischen betriebswirtschaftlicher Fachabteilung und Systementwickler erfordert eine einheitliche Beschreibungssprache. Insbesondere die Folge von Bildschirmmasken (Terminalzuständen) muß mit dem Benutzer abgesprochen werden. Dafür werden **Interaktionsdiagramme** vorgeschlagen, die sich durch ihre grafischen Darstellungsmittel, weitgehende Selbsterklärung und Einsetzbarkeit auf mehreren Stufen der Entwurfshierarchie auszeichnen (vgl. *Budde, Schnupp, Schwald, Software-Produktion 1980, S. 109 ff.*).

In Abbildung 2.B.I.17 ist zunächst der Dialogablauf einer Auftragsbearbeitung auf der obersten Hierarchieebene dargestellt. Start und Ende des Dialogs werden durch Dreiecke dargestellt. Ein Kreis stellt den Zustand dar, daß der EDV-Prozeß auf die Antwort eines Dialogpartners wartet. Dialogpartner können für den Prozeß neben dem Terminal (und damit dem Benutzer) auch eine Datenbank oder periphere Geräte wie Drucker sein. Komplexe Funktionen, in denen weitere Interaktionen auftreten, werden doppelt gestrichelt gezeichnet.

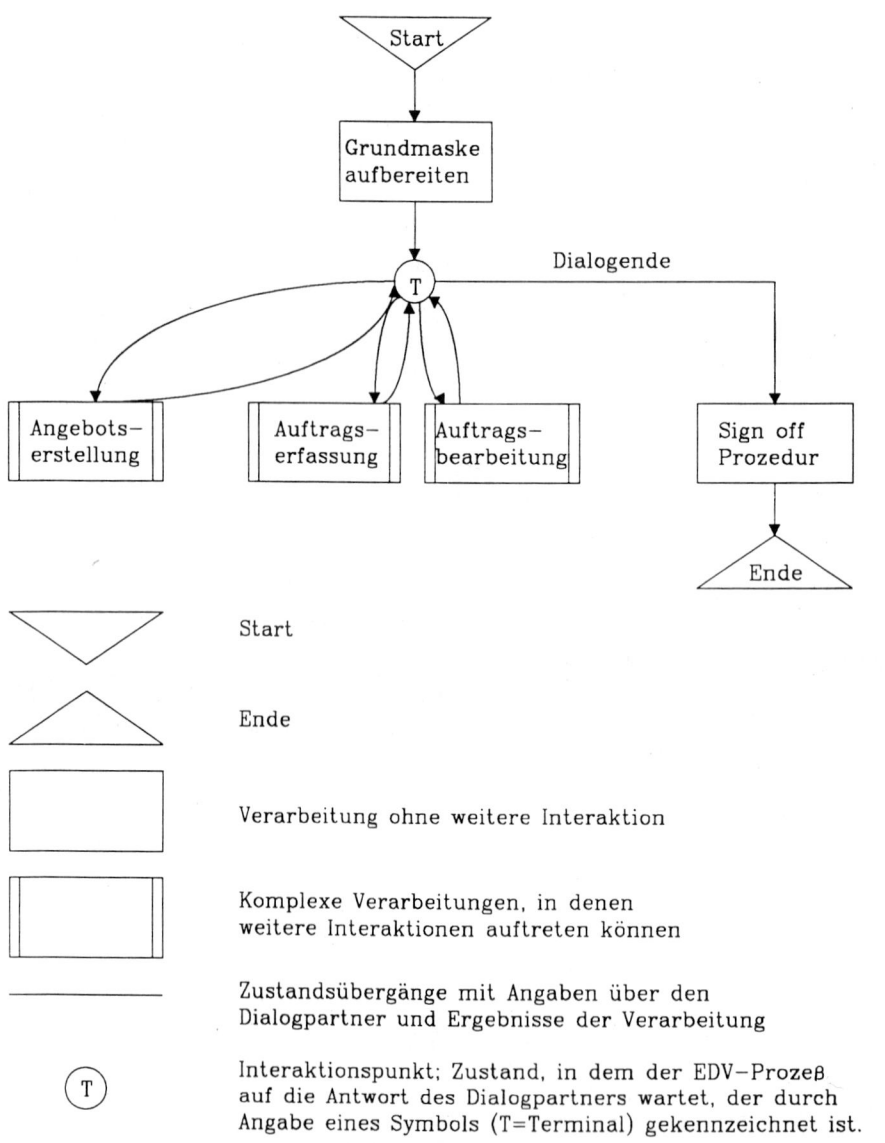

Abb. 2.B.I.17: Interaktionsdiagramm (grob) zur Auftragsbearbeitung und Symbolvorrat

In Abbildung 2.B.I.17 wird zunächst von dem EDV-Prozeß die Maske mit dem Grund-
menue aufbereitet und auf das Terminal ausgegeben. Anschließend wartet der Prozeß auf
die Antwort des Terminals, d. h. auf die Eingabe der Kennung der gewünschten Funktion. Nach Abschluß der Funktion wird zu der Grundmaske zurückgegangen, und bei
Eingabe der Ende-Kennung wird der Dialog abgeschlossen.

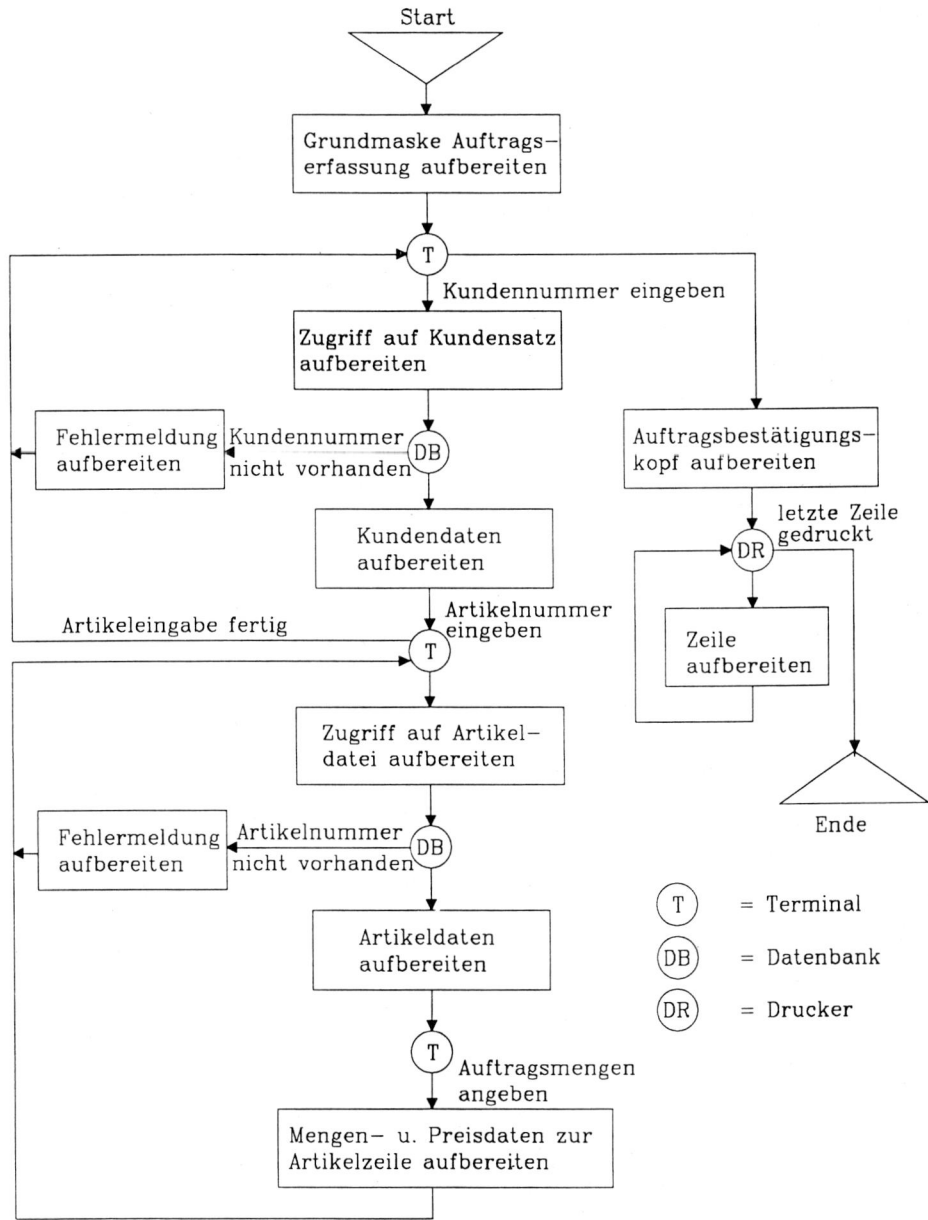

Abb. 2.B.I.18: Interaktionsdiagramm (Detail) zur Auftragsbearbeitung

In Abbildung 2.B.I.18 ist ein Dialogablauf zur Auftragserfassung detaillierter dargestellt. Dabei werden die Datenbank und Drucker als weitere Dialogpartner des EDV-Prozesses eingeführt. Die Kästchen stellen jeweils die Schritte des Anwendungsprogramms dar, das durch Warten auf Antworten von Terminal, Datenbank und Drucker unterbrochen wird. Wenn die Kundennummer eingegeben wird, bereitet das Programm den Datenbankzugriff auf den Kundensatz auf. Der Prozeß wartet dann auf Antwort der Datenbank, ausgedrückt durch den Kreis mit der Bezeichnung DB. Ist die Kundennummer nicht vorhanden, wird eine Fehlermeldung aufbereitet und zur Ausgangsmaske zurückgegangen. Andernfalls werden Kundendaten aus dem Kundensatz aufbereitet und am Terminal ausgegeben. Der Verarbeitungsprozeß wartet nun auf Eingabe der Artikelnummer. Anschließend greift der Prozeß auf die Artikeldatei zu, und bei erfolgreicher Suche werden die Artikeldaten am Terminal ausgegeben. Nach Eingabe der Auftragsmenge wird diese mit den Preisen zur Artikelzeile der Auftragsbestätigung aufbereitet. Wenn alle Artikelpositionen abgearbeitet sind, wird die Auftragsbestätigung gedruckt.

B.II. Örtliche Steuerung: Vernetzung von EDV-Systemen

B.II.1. Charakterisierung von Vernetzung

Werden Rechner miteinander gekoppelt, so daß zwischen ihnen Daten ausgetauscht werden können, wird dieses als **Rechnerverbund** oder **Rechnernetz** bezeichnet. Bei größeren räumlichen Entfernungen werden für die Übertragungen die öffentlichen Netzdienste der Deutschen Bundespost (z. B. HfD = Hauptanschluß für Direktruf, Datex-L, Datex-P) benutzt.

Da die Rechner digitale Daten verarbeiten, viele öffentliche Postnetze aber nur für die Übertragung analoger Signale geeignet sind, müssen die Signale durch **Modems** (Modulator/Demodulator) transformiert werden (vgl. Abbildung 2.B.II.01). Die Datenübertragung wird durch ein spezielles **Kommunikationssubsystem (KSS)** gesteuert. Die **Front-end-Prozessoren** dieses KSS regeln die Übertragung der Daten in und aus dem öffentlichen Netz, vergeben Prioritäten, entscheiden über unterschiedliche Wegmöglichkeiten und verschlüsseln bzw. entschlüsseln Nachrichten.

Abb. 2.B.II.01: Rechnerverbindungen

Rechner werden gekoppelt (vgl. *Schnupp, Rechnernetze 1982, S. 17*), um

- Kapazitätsspitzen auszugleichen (**Lastverbund**),

- Spezialhardware an mehreren Orten verfügbar zu machen, ohne daß sie an jedem Ort physisch vorhanden sein muß (**Betriebsmittelverbund**),

- an unterschiedlichen Orten gespeicherte Daten auch den anderen Orten zur Verfügung zu stellen (**Datenverbund**),

- mehrere Teilaufgaben, die einzelnen Rechnern zugeordnet sind, zu einer Gesamtaufgabe zusammenzufassen (**Intelligenzverbund**),

- postähnliche Dienste, die zur Kommunikation zwischen örtlich getrennten menschlichen Benutzern dienen (Electronic Mail, Electronic Conferencing), über Computersysteme abzuwickeln (**Kommunikationsverbund**).

Von diesen Verbundformen haben der Datenverbund, Intelligenzverbund (oft mit Betriebsmittelverbund gekoppelt) und Kommunikationsverbund betriebswirtschaftlich die größte Bedeutung, wobei in konkreten Anwendungen in der Regel mehrere Verbundformen vorkommen.

B.II.1.1. Netzarten

Netze können bezüglich

- Topologie,

- Übertragungsmedium und

- Übertragungsprotokoll (Zugangsregelung zum Netz)

unterschieden werden.

Bezüglich der **Topologie** von Rechnerverbundsystemen existieren vornehmlich vier Ausprägungen (vgl. Abbildung 2.B.II.02).

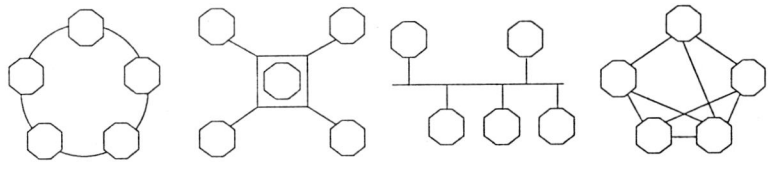

Ring–Netz   Stern–Netz   Bus–Struktur   Vermaschtes Netz

Abb. 2.B.II.02: Rechnernetztopologien

In einem **Ringnetz** sind alle Knoten gleichberechtigt, d. h. die Steuerung des Netzes kann bei Bedarf von jedem beliebigen Knoten durchgeführt werden. Jede Station ist "aktiv", da eine Nachricht auf ihrem Weg von jeder Station überprüft wird, ob sie ihr Adressat ist oder die Nachricht weiterleiten soll. Wenn eine Station ausgefallen ist, so fällt das gesamte Netz aus. Andererseits führt diese Topologie zu geringen Kabelkosten. Sie wird deshalb auch für PC-Netze eingesetzt.

In einem **Sternnetz** ergibt sich eine eindeutige Hierarchie, wobei die Netzkontrolle von dem zentralen Knoten ausgeht. Diese Topologie ist typisch für Terminalnetze, bei denen viele Terminals mit einem HOST-Computer verbunden sind. Der Ausfall eines Terminals hat keinen Einfluß auf die anderen Stationen, mit dem HOST-Computer fällt aber das gesamte Netz aus. Teilweise wird die Meinung vertreten, daß für eine Unternehmensorganisation ein Sternnetz besonders geeignet ist, da es die typische hierarchische Aufbauorganisation von Unternehmungen widerspiegelt. In der Organisationslehre wird aber auch auf die Unabhängigkeit von Informationssystem und Unternehmensstruktur hingewiesen (vgl. *Hedberg u. a., Organizational Power Structures 1975, S. 131 ff.; Millington, Systems Analysis 1981, S. 84*).

Bei einem **Bus** können große Datenmengen auf dem Buskabel transportiert werden. Die angeschlossenen Stationen haben dabei keine Steuerungsfunktion, sie sind "passiv". Der Ausfall einer Station beeinflußt also keine anderen Stationen.

Diese Topologie hat sich insbesondere für **Lokale Netzwerke** (LAN = Local Area Networks) durchgesetzt. LAN's sind Netze mit sehr hoher Durchsatzrate, an die meist unterschiedliche Hardware unterschiedlicher Hersteller mit unterschiedlichen Schnittstellen (Terminals, Drucker, Mikrocomputer, Plotter, Großrechner) anschließbar sind. Sie sind auf einen begrenzten Raum beschränkt, z. B. ein Gebäude. Sie besitzen den Vorteil, daß bei Netzen dieser Art die Monopolbedingungen der Bundespost bei der Netz- und Übertragungsgestaltung nicht beachtet werden müssen.

LAN-Netze sind insbesondere auch im Zusammenhang mit der Büroautomatisierung von Bedeutung, da innerhalb von örtlich konzentrierten Organisationen unterschiedliche Arten der Datenverarbeitung, wie z. B. Textverarbeitung und grafische Ausgaben miteinander verbunden werden können.

Bei einem **vermaschten Netz** kann es eine Zentrale geben, die Verbindungswege müssen nun aber nicht mehr ausschließlich über die Zentrale laufen.

Grund für die Installation eines vermaschten Netzes und damit redundante Datenwege ist auch die höhere Ausfallsicherheit. So besitzt ein Sternnetz zwischen zwei Punkten lediglich einen Weg, ein Ringnetz zwei Wege, ein vermaschtes Netz mehrere Wege, so daß bei Ausfall eines Weges unterschiedliche Ausweichmöglichkeiten bestehen.

Bezüglich der **Übertragungsmedien** wird bei Netzen zwischen Breitband- und Basis-bandkabeln unterschieden. Ein **Breitbandkabel** besitzt eine hohe Durchsatzkapazität. Der Frequenzumfang kann in verschiedene Bereiche (Kanäle) unterteilt werden, über die jeweils getrennte Verbindungen abgewickelt werden. Breitbandkabel eignen sich für hohe Übertragungsgeschwindigkeiten (48.000 baud; baud = bit pro Sekunde) und werden bei neuer Technologie mit Glasfasern realisiert.

Über **Basisbandkabel** werden heute vor allem Telefonverbindungen hergestellt. Sie besitzen eine Übertragungsrate von 4.800 oder 9.600 baud und sind deshalb für mittlere Datenübertragungsanforderungen geeignet.

Für den Zugang zu einem Netz sind (insbesondere für LAN) zwei Protokolle, CSMA/CD (Carrier Sense Multiple Access with Collision Detection) und Token Passing, von Bedeutung.

Bei **CSMA/CD** "horcht" eine Station in das Netz, ob es für eine Übertragung frei ist, also gerade keine andere Nachricht ausgetauscht wird. Bei freiem Netz sendet dann die Station. Hierbei kann es zu "Kollisionen" kommen, wenn im gleichen Moment auch eine andere Station senden will. Dann wird über einen Zufallsalgorithmus die Reihenfolge der Netzzuteilung bestimmt. Dieses Zugangsprinzip ist in dem von XEROX entwickelten Netzkonzept ETHERNET realisiert und auch von anderen Anbietern wie DEC (DECNET) übernommen.

Bei dem **Token Passing**-Prinzip wandert ein Bitmuster (Token) über das Netz. Eine Station, die senden will, wartet auf ein freies Token und verbindet dieses mit der zu senden-den Nachricht. Die empfangende Station entnimmt die Nachricht und das Token ist wieder frei. Da bei diesem Prinzip nur gesendet wird, wenn das Netz frei ist, besteht keine Kollisionsgefahr. Das Token Passing-Verfahren wird insbesondere auch für PC-Netze angeboten in Form des Token-Ringnetzes.

In einem modernen EDV-System können entsprechend den unterschiedlichen Anforderungen verschiedene Netztopologien eingesetzt werden, wie es in Abbildung 2.B.II.03 dargestellt ist.

Die Finanzbuchführung ist mit "dummen" Terminals für ein zentrales Buchführungsprogramm sternförmig an den HOST-Computer angeschlossen.

Die Konstruktion arbeitet mit ihren CAD-Anwendungen auf Workstations, die untereinander mit einer Ringleitung verbunden sind.

Die Betriebsrechner sind durch ein Sternnetz mit dem Unternehmungsrechner gekoppelt. Ein Busnetz stellt als Rückgrat des Informationsflusses den Datenverbund innerhalb des Betriebes her, da hier große Datenmengen anfallen.

Der PC im Qualitätswesen ist direkter Teilnehmer des Bus-Netzes.

90

Für einen Fertigungsbereich mit zeitkritischen Anwendungen ist ein Realtime-Netz in Ringstruktur eingerichtet, das eine besonders schnelle Datenübertragung gestattet. Die Personal Computer der Arbeitsvorbereitung sind durch ein PC-Netz mit relativ geringer Übertragungsrate ringförmig untereinander verbunden und an das Bus-Netz angeschlossen.

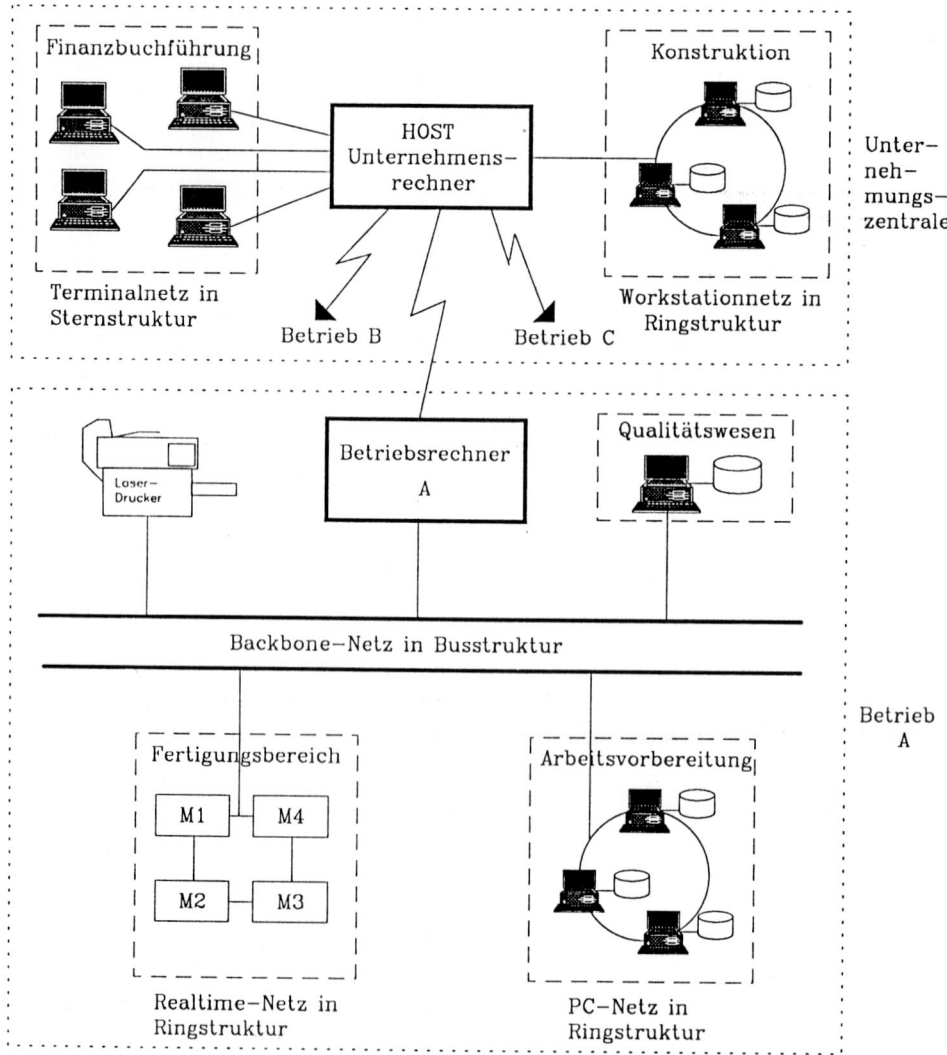

Abb. 2.B.II.03: Rechnernetz einer Unternehmung

Rechnernetze können heute weltumspannende Dimensionen besitzen und eine Unternehmung mit Außenstellen, Kunden und Lieferanten verbinden. Allerdings bestehen trotz vieler Standardisierungsbemühungen immer noch erhebliche Kompatibilitätsprobleme beim Verbund unterschiedlicher Hardware. Für weltweite Kommunikationsverbindungen gewinnen Satellitennetze zunehmende Bedeutung, die Dienste wie Teleconferencing und Videoconferencing (vgl. dazu Kapitel 3, Punkt C.V. Büroautomatisierung) unterstützen.

B.II.1.2. Verteilte Datenverarbeitung

Der Begriff Distributed Data Processing (**verteilte Datenverarbeitung**) bezeichnet die EDV-technische Möglichkeit, in einem Rechnernetz eine logisch einheitliche Aufgabe in Teilaufgaben zu zergliedern und diese auf mehrere Rechner zu verteilen. Distributed Database (**verteilte Datenbank**) bezeichnet entsprechend die Möglichkeit, eine einheitliche logische Datenbank auf mehrere Speicherorte zu verteilen. Beide Verarbeitungsformen sind eng miteinander verbunden. Obwohl sie seit mehreren Jahren zunächst euphorisch, dann nach Erkennen der großen technischen Schwierigkeiten vorsichtiger diskutiert werden, ist die umfassende Realisierung derartiger Systeme in der nächsten Zukunft zu erwarten. Eine exakte Zusammenstellung der Anforderungen an eine verteilte Datenbank gibt z. B. Date (vgl. *Date, Database Systems 1983*).

In Abbildung 2.B.II.04 ist das Prinzip einer verteilten Datenbank dargestellt. Die Teildatenbanken DB$_A$, DB$_B$ und DB$_C$ sind an den jeweiligen Rechnerstandorten gespeichert. Sie bilden aber eine logische Einheit, d. h. ein Benutzer, der an einem beliebigen Standort an einem Sichtgerät arbeitet, kann die Vereinigung der Datenmengen dieser drei Datenbanken benutzen, ohne zu wissen, an welchem Standort sich die Daten befinden. Gründe für die Zuordnung von Daten zu einem bestimmten Speicherungsort ergeben sich aus der Optimierung zwischen Speicherplatz- und Datenübertragungskosten sowie aus der Einhaltung von Nebenbedingungen bezüglich Antwortzeiten und der Netzsicherheit. Aus diesem Grund ist es manchmal auch sinnvoll, Daten in einem Rechnernetz redundant zu speichern.

In einem Industriebetrieb kann es zum Beispiel empfehlenswert sein, alle Kundendaten und Kundenaufträge in dem Rechner der Unternehmenszentrale zu speichern, gleichzeitig Ausschnitte der Kundenauftragsdaten zusätzlich dezentral in den Rechnen der einzelnen Fertigungswerke zu halten. Dabei soll es der Zentrale möglich sein, sich über den Fertigungsstand der Kundenaufträge durch Zugriff auf die aktuellen dezentralen Datenbestände zu informieren.

Die Möglichkeiten des Zugriffs von einem Rechner auf einen anderen hängen davon ab, ob auf den verbundenen Rechnern die gleichen Übertragungsprotokolle und das gleiche Betriebssystem gefahren werden oder ob heterogene Rechner, z. B. auch Rechner unterschiedlicher Hersteller, miteinander verbunden werden.

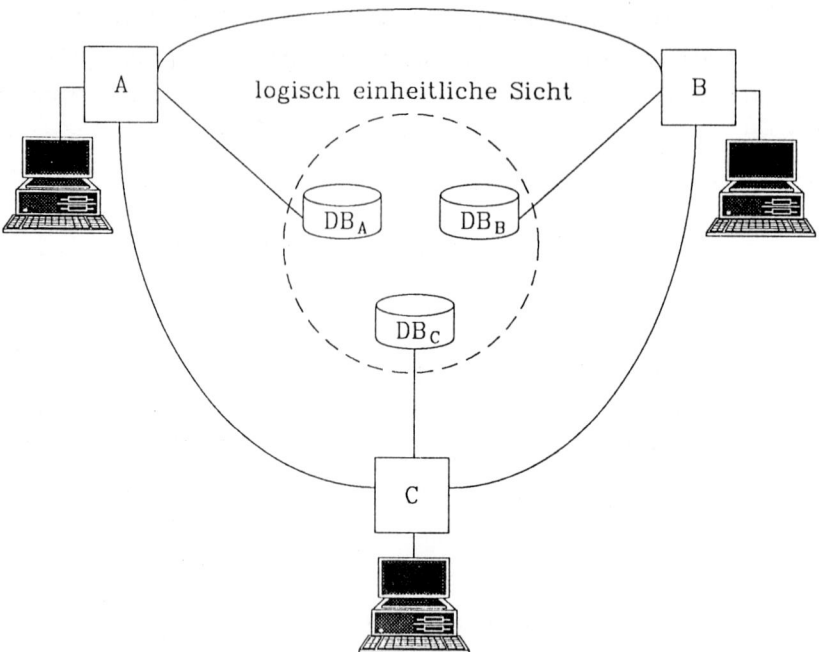

Abb. 2.B.II.04: Verteilte Datenbank

Eine bereits häufig realisierte Form des Rechnerverbunds ist der Dateitransfer. Hier ist es möglich, von einem Rechner ganze Dateien in einen anderen Rechner zu transferieren. Ein direkter Zugriff des Anwendungsprogramms in einem Rechner auf ein Anwendungsprogramm in dem anderen Rechner ist hierbei aber nicht möglich. Eine solche **Anwendung-zu-Anwendung-Verbindung** ist aber erforderlich, wenn in einem Programm das Anwendungsprogramm eines anderen Rechners gestartet werden muß, dessen Ergebnisse innerhalb der Anwendung des ersten Programms weiterverarbeitet werden sollen. Läuft z. B. die Auftragsbearbeitung auf dem Rechner A und soll der Auftrag eines Kunden behandelt werden, dessen Daten auf dem Rechnersystem B gespeichert sind, so könnte das entsprechende Programm die Bearbeitung des Kunden auf dem Rechner A unterbrechen und eine Nachricht an das System B schicken. Dieses initialisiert die Bonitätsprüfung für den betreffenden Kunden und gibt anschließend das Ergebnis an den Rechner A zurück, der die angehaltene Bearbeitung des betreffenden Kundenauftrags nun weiterführen kann. Alle diese Schritte sollten dabei auf der Transaktionsebene, also im Dialog erfolgen, ohne daß der Benutzer die dahinterliegenden Datenübertragungsprozesse bemerkt oder steuernd eingreifen muß.

Dieses Konzept kann auch bei dezentralen Lägern angewendet werden. Der Sachbearbeiter startet am Rechner A eine Transaktion, die im Rahmen einer Kundenanfrage nachprüfen soll, ob ein freier Lagerbestand für einen bestimmten Artikel vorhanden ist. Sind in der Datenbank des Rechners A genügend Bestände verfügbar, so erhält der Sachbearbeiter die entsprechende Meldung, und die Transaktion ist beendet. Andernfalls wird automatisch im Rechner A eine neue Transaktion generiert, die die ursprüngliche Anfrage an den Rechner B übergibt. Im dortigen Lagerinformationssystem kann wiederum der gleiche Vorgang wie im Rechner A stattfinden. Eine Anfrage durchläuft in einem solchen System der mehrstufigen Transaktionsverarbeitung maximal so viele Rechner, wie in dem Rechnernetz zusammengeschlossen sind.

In Abbildung 2.B.II.05 ist eine Anwendung-zu-Anwendung-Verbindung dargestellt. Der Benutzer des Terminals im Standort A kommuniziert nur mit seinem Verarbeitungsprogramm VP und seinen Befehlen des Datenbankmanagementsystems $DBMS_A$ und kann mit diesen auch auf den Rechner des Standorts B zugreifen, obwohl dessen Datenbank unter Umständen mit einem (anderen) Datenbankmanagementsystem $DBMS_B$ verwaltet wird. Alle erforderlichen Code- und Befehlsumsetzungen werden von dem Kommunikationssubsystem vorgenommen.

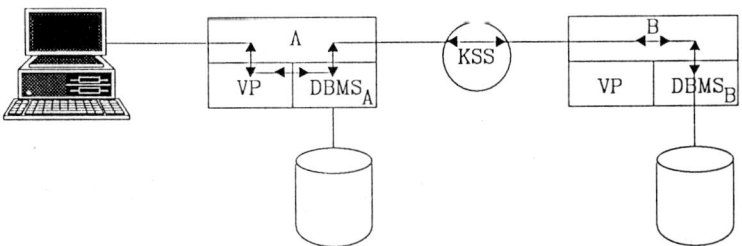

Abb. 2.B.II.05: Anwendung-zu-Anwendung-Verbindung zwischen Rechnern

B.II.1.3. Bildschirmtext als offenes Netz

Auch das Bildschirmtextsystem (Btx) der Deutschen Bundespost ist ein Rechnerverbundnetz (vgl. Abbildung 2.B.II.06).
Hier stehen nicht nur kommerziellen EDV-Benutzern, sondern auch privaten Haushalten EDV-Dienste zur Verfügung. Es stellte sich jedoch sehr schnell nach der Btx-Einführung 1984 heraus, daß sich Btx im privaten Nutzungsbereich aufgrund von Akzeptanzproblemen in den Haushalten kurzfristig nicht durchsetzen wird.
Btx ist aber wegen seines realisierten Standardisierungsgrades und der leichten Zugänglichkeit von hoher Bedeutung für betriebswirtschaftliche Anwendungen gewerblicher Nutzer und Anbieter.

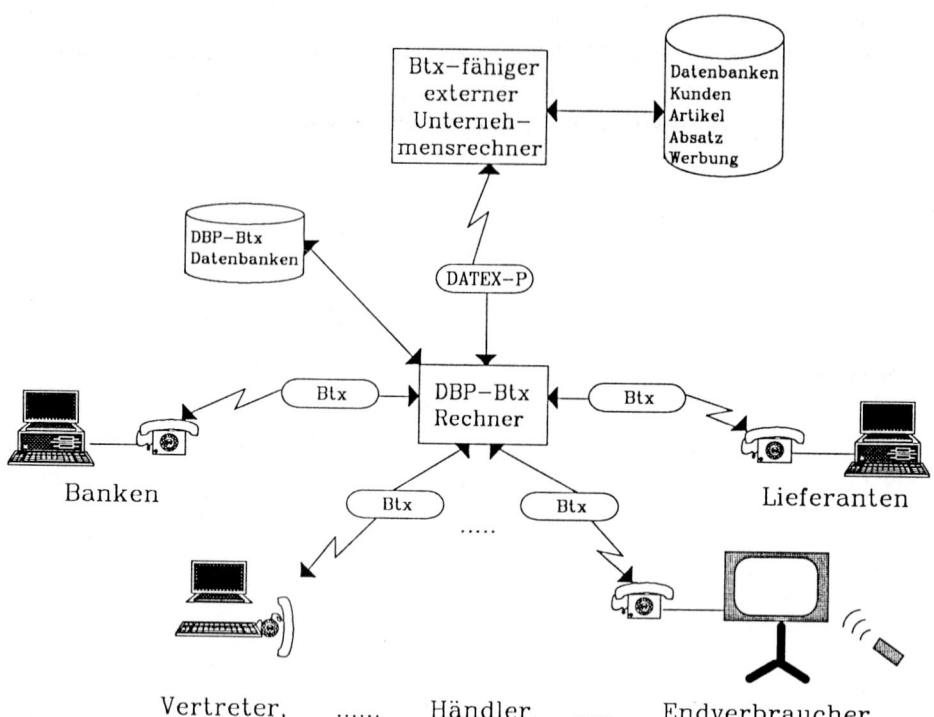

Abb. 2.B.II.06: Btx-Netz

Voraussetzung für die Teilnahme an Btx ist eine Btx-fähige Datenendeinrichtung mit Tastatur, Telefonanschluß sowie ein Modem. Aufgabe des **Modems** ist die Umwandlung der digitalen Signale aus der Datenendeinrichtung in analoge Signale für das Telefonnetz. Im Btx-Netz werden Btx-Teilnehmer- und Btx-Anbieter-Anschlüsse unterschieden. Bei Teilnehmern kann eine Btx-fähige Datenendeinrichtung im einfachsten Fall (private Haushalte) aus einem Fernsehgerät und einem integrierten Dekoder bestehen. Der **Dekoder** hat in jedem Btx-Endgerät die Aufgabe, die empfangenen Signale in das Btx-Format (in der Regel 24 Zeilen * 40 Zeichen/Zeile) umzuwandeln und am Bildschirm darzustellen.

Im professionellen Einsatz bestehen Teilnehmerstationen entweder aus **Btx-Terminals**, aus **Mikrocomputern** mit Hard- und Softwaredekodern oder aus **Bildschirmtelefonen**. Letztere bestehen aus Komfortfernsprechapparaten mit Btx-Komponenten wie Dekoder, Kleinbildschirm und Tastatur.

Btx-Anbieteranschlüsse verfügen zusätzlich über die Möglichkeit, Btx-Seiten zu erstellen (Editiereinrichtungen) und in das Btx-Postsystem einzuspielen. Die Btx-Seiten im Postsystem enthalten die Informationen, die allen Btx-Teilnehmern zugänglich sind. Eine Variante eines Anbieteranschlusses ist der Btx-Rechnerverbund.

Hier wird es Informationsanbietern ermöglicht, eine Btx-fähige EDV-Anlage (Externer Rechner) über Datex-P an das Btx-Netz anzuschließen. Dabei kommt vor allem der hohe Standardisierungsgrad des Btx-Netzes zum Tragen. Btx ist ein nach den Empfehlungen des CCITT (Commission Consultatif Internationale de Télégraphie et Télécommunication) genormtes **offenes Netz**, das den Zugang beliebiger Hardware unterschiedlicher Hersteller ermöglicht.

Besonders geeignete Anwendungen im Rechnerverbund sind Ersatzteilbestellsysteme in der Automobilindustrie, wie z. B. bei der BMW AG (vgl. *o. V., Vorteile im Wettbewerb 1987*) oder in der Elektronikbranche.

Neben Bestellsystemen in der Industrie sind auch Bestellsysteme im Handel weit verbreitet. Seit Jahren erfolgreich im Einsatz ist das Frischwarenbestellsystem der REWE-Handelsgruppe (vgl. *Seibt, Btx im geschäftlichen Bereich 1986*). Hierbei wird es an REWE angeschlossenen Einzelhändlern ermöglicht, tagesaktuell ihre Frischwaren aus dem Obst- und Gemüsebereich per Btx bei einer zentralen Stelle zu disponieren. Vor Ladenöffnungsbeginn erfolgt dann bereits die Auslieferung der Frischwaren. Vorteil des Btx-Einsatzes im Einzelhandel ist, daß Btx-Bestellungen außerhalb der Ladenöffnungszeiten erfolgen können und somit die Mitarbeiter während der Geschäftszeiten von administrativen Aufgaben entlastet sind.

Weitere stark verbreitete Anwendungen sind Transportdispositionssysteme oder Außendienststeuerungssysteme (Versicherungen). Beispielsweise kann ein Außendienstmitarbeiter vom Hotelzimmer aus, das über eine Btx-Einrichtung verfügt, über den Vermittlungsrechner der Deutschen Bundespost den Externen Rechner seiner Unternehmung anwählen, sich mit dem Auftragsbearbeitungsprogramm verbinden und die während des Tages abgeschlossenen Aufträge eingeben. Das Auftragsbearbeitungsprogramm überprüft die Daten auf Plausibilität und weist den Außendienstmitarbeiter auf fehlerhafte Eingaben, logische Unverträglichkeiten oder fehlende Verfügbarkeiten von gewünschten Waren hin. Bei diesem Programm kann es sich um das gleiche Programm handeln, das innerhab der Unternehmung für die Auftragsannahme benutzt wird, jedoch in seiner Benutzerschnittstelle etwas abgewandelt wurde. Nach Abschluß der Auftragseingabe erhält der Außendienstmitarbeiter Auskünfte über die am nächsten Tag von ihm zu besuchenden Kunden.

Grundsätzlich ist festzuhalten, daß Btx überall dort einen hohen Nutzen bringt, wo ein Bedarf an aktueller Raumüberbrückung besteht. Dies ist insbesondere in filialisierenden oder kooperierenden Unternehmen der Fall (vgl. *Leismann, WWS mit Btx 1990*).

Allerdings ist Btx nicht gut geeignet, Datenübertragungsfunktionen für größere Datenmengen zu übernehmen, da die Übertragungsgeschwindigkeit von 1200 bit/s zu langen Übertragungszeiten führt. Diese werden aber mit den schnellen Übertragungsleitungen im Zuge des ISDN-Einsatzes wesentlich verbessert.

Neben den bereits erwähnten Beispielen aus Industrie, Handel und Dienstleistungsge-
werbe hat Btx auch im Bankgewerbe zu neuen Anwendungen geführt. Hier sind neue
Dienste im Bereich des Zahlungsverkehrs im kommerziellen Nutzerkreis, das Home-
Banking für private Nutzergruppen und Cash-Managementsysteme zu nennen. Schließlich ist auch der Btx-gestützte Zugang zu Retrieval-Systeme ein wichtiger Nutzungs-
aspekt. Da das Btx-System über Gateways auch mit anderen internationalen Rechnernetzen (insbesondere anderen Videotex-Systemen im Ausland) verbunden werden kann,
stehen den Benutzern nahezu unbegrenzte Informationsmöglichkeiten aus vielfältigen
Datenbanken zur Verfügung.

B.II.2. Betriebswirtschaftliche Umsetzung von Vernetzung

Die Organisationstheorie erkannte frühzeitig die Bedeutung der Vernetzungsmöglichkeiten von EDV-Systemen für organisatorische Veränderungen.

Zunächst wurde diese Entwicklung bezüglich der Vorteilhaftigkeit des dezentralen oder
zentralen Einsatzes von EDV-Systemen selbst diskutiert (vgl. *Grochla, Zentralisationswirkungen 1969; Grochla, Organisationstheoretische Ansätze 1978; Grochla, Dezentralisierungs-Tendenzen 1976; Grochla, Konsequenzen 1982; Poensgen, Zentralisation und Dezentralisation 1967*). Ausgangspunkt ist dabei die Überlegung, daß für die Frage der Zentralisation einer Organisation nicht nur die Merkmale Verrichtung, Objekt, Raum, Zeit
und Personen maßgebend sind, sondern auch die Bildung von Aktionseinheiten nach
dem Sachmittelmerkmal, hier also dem EDV-System.

Allerdings wurde lediglich untersucht, wie das Informationssystem selbst unter Berücksichtigung der Technologieentwicklung, insbesondere Vernetzung und Aufkommen von
Mini- und Mikrocomputern, organisatorisch verteilt werden soll. Hierbei werden die
Datenverarbeitungsaufgaben in Datenerfassung, Datentransformation, Datenausgabe
und Datenspeicherung untergliedert. Ergebnis dieser Überlegungen ist, daß die ersten
drei Funktionen mehr in Richtung Dezentralisierung tendieren, während bezüglich der
Datenspeicherung weiterhin (wie bei den Großsystemen) eine Zentralisierungstendenz besteht (vgl. *Grochla, Dezentralisierungs-Tendenzen 1976, S. 516*). Die Möglichkeit, die gesamte Organisationsstruktur durch Einschluß der Informationstechniken zu ändern,
wird zwar genannt, jedoch nicht weiter verfolgt (vgl. *Grochla, Dezentralisierungs-Tendenzen 1976, S. 511; Grossenbacher, Verteilung der EDV 1985, S. 9 f.; Emery, Integrated Information Systems 1975, S. 95 ff.*).

Auch wird unter dem gelegentlich verwendeten Begriff der Integrationswirkung von
Kommunikationstechniken in der Regel die Integration verschiedener Informationstechniken zu einem Gesamtsystem (z. B. Verbund von Daten- und Textverarbeitung) verstanden, nicht aber Integrationswirkungen auf betriebliche Abläufe.

In der Organisationsliteratur wurde in den Anfängen der Einführung von EDV-Systemen ein Trend zur Zentralisierung daraus abgeleitet, daß alle Daten in einem zentralen EDV-System gespeichert und deshalb auch die Entscheidungen in der Nähe dieses Systems zu fällen sind (vgl. *Lucas, Information Systems 1981, S. 55 f.*). Bei verteilter Datenverarbeitung besteht aber die Möglichkeit, daß auch von dezentralen Stellen auf alle Unternehmensdaten zugegriffen werden kann, so daß diese generelle Tendenz nicht aufrechtzuerhalten ist.

Ein anderer Ansatz der Organisationslehre untersucht empirisch die Auswirkungen neuer Kommunikationstechniken auf menschliche Kommunikationsformen. In dem empirischen Projekt von Reichwald und Picot (vgl. *Picot, Reichwald, Kommunikationstechnologien 1978; Reichwald, Bürotechnik 1982; Schellhaas, Schönecker, Kommunikationstechnik 1983*) wurden lediglich die Instrumente Telefax und Teletex untersucht, neuere Instrumente - wie Bildschirmtext, Computernetzwerke usw. -, die eine größere Mächtigkeit der EDV-Nutzung ermöglichen, wurden noch nicht einbezogen. Ergebnis dieser Untersuchungen ist, daß die genannten Kommunikationsformen über Telefax und Teletex nur für einen Bruchteil der Kontaktmöglichkeiten zwischen Managern geeignet sind und deshalb für einen großen Anteil von Kontakten die face-to-face-Kommunikation notwendig bleibt.

Weiterhin wurde empirisch untersucht, inwieweit die Kommunikationsmöglichkeiten von Rechnerverbundsystemen auch neue Formen der Arbeitsorganisation ermöglichen. Dieses betrifft Möglichkeiten zur Heimarbeit, indem Sachbearbeitertätigkeit durch Nutzung eines vernetzten DV-Systems im eigenen Haus oder in Nachbarschaftsbüros durchgeführt werden kann (vgl. *Olson, Remote Office Work 1983*). Voraussetzungen für diese Nutzungsform entstehen aus Sicht der Mitarbeiter, der Unternehmung und der verfügbaren Arbeit. Die Mitarbeiter müssen über hohe Eigenmotivation und starke Selbstdisziplin verfügen. Für die Unternehmung ist die Kontrollierbarkeit der verrichteten Arbeiten anhand der Ergebnisse notwendig. Geeignete Aufgaben zeichnen sich durch niedrigen Kommunikationsbedarf, geringe Ressourcenanforderungen und gute Abgrenzbarkeit aus (vgl. auch *Heilmann, Heilmann, Telearbeitsplatz 1983; Korte, Robinson, Telearbeit 1988; Lenk, Telearbeit 1989*).

Den genannten Beiträgen der Organisationstheorie ist gemeinsam, daß sie sich mit Wirkungsfragen der Rechnernetze beschäftigen, die betriebswirtschaftlichen Abläufe und Entscheidungsprozesse aber weitgehend unverändert lassen. So werden keine Gestaltungsvorschläge für betriebswirtschaftliche Abläufe und Problembehandlungen erarbeitet, die auf die Möglichkeiten der Rechnervernetzung eingehen. Derartige Einflußmöglichkeiten herauszuarbeiten, ist aber Aufgabe einer EDV-orientierten Betriebswirtschaftslehre, wie sie hier verstanden wird. Deshalb werden im folgenden drei Änderungsmöglichkeiten betriebswirtschaftlicher Fragestellungen durch die Nutzung von Rechnerverbundsystemen betrachtet.

Diese sind

- Umverteilung von Entscheidungsbefugnissen,
- Vereinheitlichung betriebswirtschaftlicher Verfahren bei verbundenen Unternehmungen,
- überbetriebliche Umverteilung von Funktionen durch betriebsübergreifende Prozeßketten.

B.II.2.1. Umverteilung von Entscheidungsbefugnissen

Als ein Grund für die Dezentralisierung in Unternehmungen gilt in der Organisationsliteratur die begrenzte Fähigkeit der Unternehmensspitze, Informationen aufzunehmen und zu verarbeiten (vgl. *Poensgen, Zentralisation und Dezentralisation 1967, S. 377*).

Die Erweiterung der Informationsverarbeitungsfähigkeiten einer Zentrale durch Anschluß an ein Rechnernetz mildert diese Begrenzung. Damit lassen sich betriebswirtschaftliche Vorteile, die sich aus einer Zentralisierung ergeben, wieder stärker nutzen.

Andererseits ermöglicht die aktuelle Einsichtnahme einer Zentrale in die Datenbestände und Abläufe dezentraler Einheiten über ein Rechnernetz auch eine stärkere Delegation von Funktionen, da die Zentrale leichter koordinierend und kontrollierend eingreifen kann.

Damit erhöht die Einführung von Rechnernetzen die Freiheitsgrade der organisatorischen Gestaltung in beiden Richtungen und erfordert umso dringender eine differenzierte neue Zuordnung von Entscheidungskompetenzen innerhalb der Organisationsstruktur einer Unternehmung.

Im folgenden werden an einigen Beispielen Möglichkeiten der Neuverteilung von Entscheidungskompetenzen und ihre betriebswirtschaftlichen Konsequenzen erörtert.

Rechnerverbundsysteme ermöglichen es, Lagerbestände und Verkaufsdaten dezentraler Verkaufsniederlassungen aktuell der Zentrale einer Handelsorganisation zu übermitteln. Die Zentrale kann dann zentral für die Niederlassungen oder Filialen disponieren und einkaufen. Dieses bietet den Vorteil, daß größere Bestellmengen realisiert und betriebswirtschaftlich fortschrittlichere Verfahren zur Absatzprognose und zur Ermittlung von Bestellmengen angewendet werden können. Derartige Verfahren erfordern einen höheren betriebswirtschaftlichen Sachverstand, der in den dezentralen Filialen häufig nicht vorhanden ist.

Dieses bedeutet, daß betriebswirtschaftliche Modellansätze und Verfahren eine größere Verbreitung finden können als bisher. Gleichzeitig müssen sie aber so modifiziert werden, daß sie auf die Zuteilung auf unterschiedliche Standorte innerhalb eines derartigen Dispositionssystems Bezug nehmen. Diese Entwicklungen sind gerade im Zusammenhang mit Warenwirtschaftssystemen (WWS) von hoher Bedeutung (vgl. dazu Kapitel 3, Punkt B.II.).

Innerhalb eines hierarchischen Warenwirtschaftssystems lassen sich Artikel auch unterschiedlich disponieren, d. h. je nach Bedeutung oder Eigenschaften wie Verderblichkeit kann die Bedarfsermittlung von Waren dezentral oder aber zentral bearbeitet werden. In Abbildung 2.B.II.07 ist die Aufteilung von Dispositionsfunktionen innerhalb eines Warenwirtschaftssystems mit Filialen unterschiedlicher Größe angegeben. Kleine Filialen steuert weitgehend die Zentrale (Push-System). Die Filiale erfaßt lediglich Verkaufsdaten und übermittelt sie zur Auswertung an die Zentrale; die Lagerbestände usw. führt nur die Zentrale.

Bei mittelgroßen Filialen wird für Teile des Sortiments auch auf der Filialeebene disponiert.

Bei großen Filialen können die Dispositionsfunktionen der Filiale weiter ausgebaut werden.

Die Abgrenzungsprobleme erfordern adäquate betriebswirtschaftliche Lösungskonzepte. Ähnliche Überlegungen gelten auch im Bereich der körperlichen Lagerhaltung. Durch die Vernetzung können Bedarfe aktuell von untergeordneten Stellen an übergeordnete Unternehmensbereiche weitergegeben und damit auch die Versorgung von einem zentralen Lager aktuell ausgelöst werden. Dadurch ist es möglich, innerhalb eines solchen Systems dispositive Lagerbestände auf hierarchisch hohen Ebenen zu halten, da sich hier Zufälligkeiten der Bedarfsentwicklung stärker ausgleichen als auf unteren Ebenen. Dieses bedeutet konkret, daß in einem hierarchischen Lagersystem eine bestimmte Verfügbarkeit am kostengünstigsten mit einem Sicherheitslager auf der höchsten Hierarchiestufe realisiert werden kann (vgl. *Zacharias, Lagerverbundsysteme 1982, S. 17*). In der Praxis sind derartige Entwicklungen z. B. innerhalb der Automobilhändlerorganisationen zu beobachten. So wird die Ersatzteilversorgung der Automobilhändler für die Volkswagen AG weitgehend zentral durchgeführt (vgl. *Seitz, Warenbewirtschaftung 1982*).

Aber nicht nur für körperliche Waren besteht ein Trend zur Zentralisierung der Disposition, sondern auch für Kapitalbestände. So ermöglichte z. B. in einer größeren Unternehmung die Überspielung der laufenden Bankguthaben und Kassenbestände von Tochterunternehmungen zur Muttergesellschaft eine aktuelle Kapitaldisposition, deren Zinseinsparung die Kosten des gesamten Netzes deckten (vgl. *Schnupp, Rechnernetze 1982, S. 45*). Inzwischen bieten auch Banken ihren Kunden die Nutzung von Netzen zur Zusammenführung ihrer unterschiedlichen Konten an. Damit ist ein zentrales und aktuelles Cash-Management möglich.

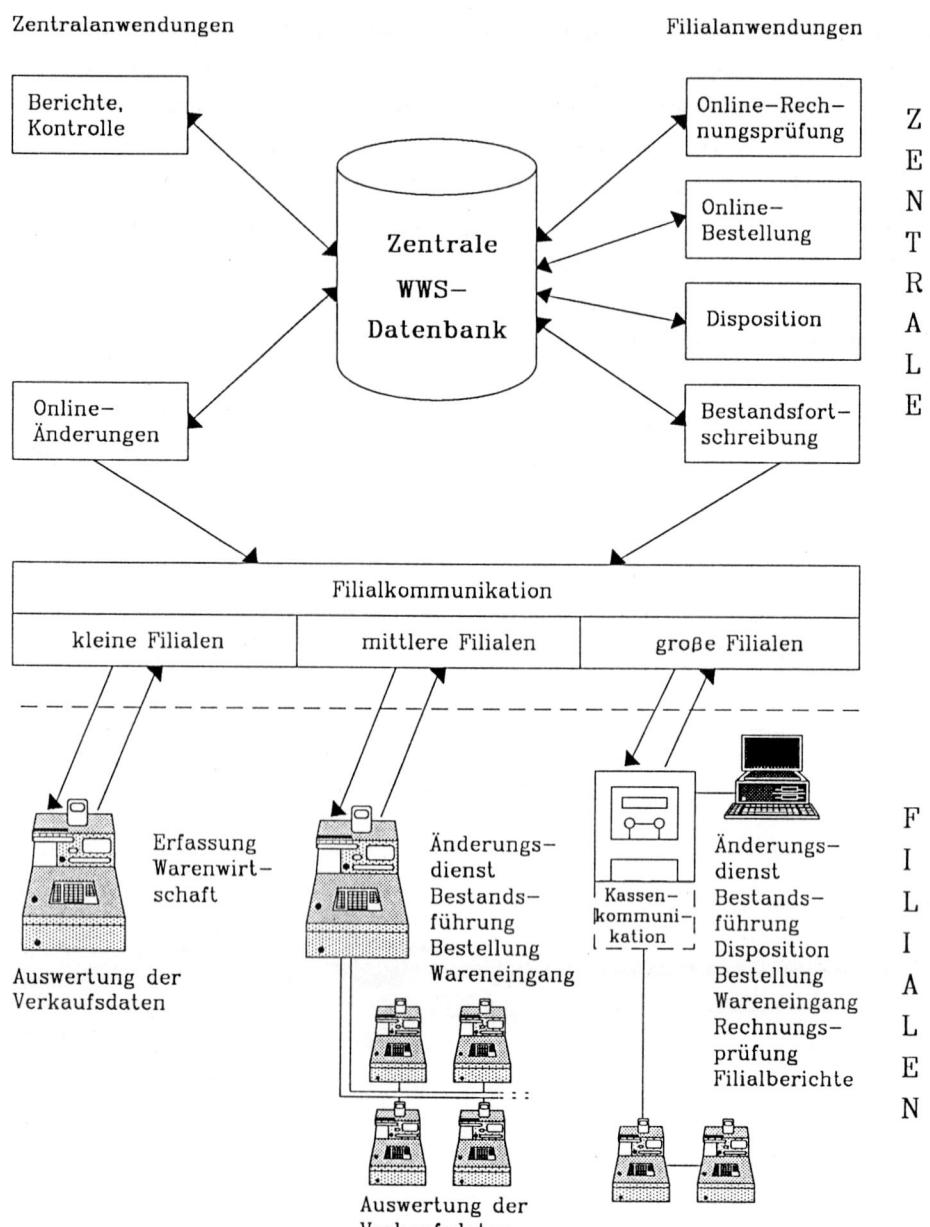

Abb. 2.B.II.07: Aufgabenzuordnung zwischen Zentrale und Filialen in einem Warenwirtschaftssystem (WWS)

Die Unterstützung der optimalen Festlegung der Dispositionsfunktionen innerhalb eines Netzes und ihre Integration in ein Entscheidungssystem erfordern die Entwicklung von hierarchischen betriebswirtschaftlichen Modellansätzen. Derartige Modelle sind bereits für einige Anwendungsgebiete, so für die Produktionsprogrammplanung, ansatzweise bekannt (vgl. *Hax, Golovin, Hierarchical Production Planning 1978*; *Kistner, Switalski, Hierarchical Production Planning 1987*), wenn sie auch die Problematik, die sich aus den Rechnerverbundsystemen ergeben, nicht ausdrücklich mit einbeziehen.

In einem Industrieunternehmen mit mehreren Produktionsbetrieben, die zum Teil die gleichen Produkte herstellen, müssen zunächst auf der zentralen Ebene das Absatzprogramm und die groben Produktionsprogramme der Werke festgelegt werden (vgl. Abbildung 2.B.II.08). Hierzu werden als wichtige und zum Planungszeitpunkt aktuelle Informationen die Absatzprognosen des Vertriebs sowie die Lagerbestände und Kapazitäten der Werke benötigt. Gegebenenfalls kann diese Planung auch mit

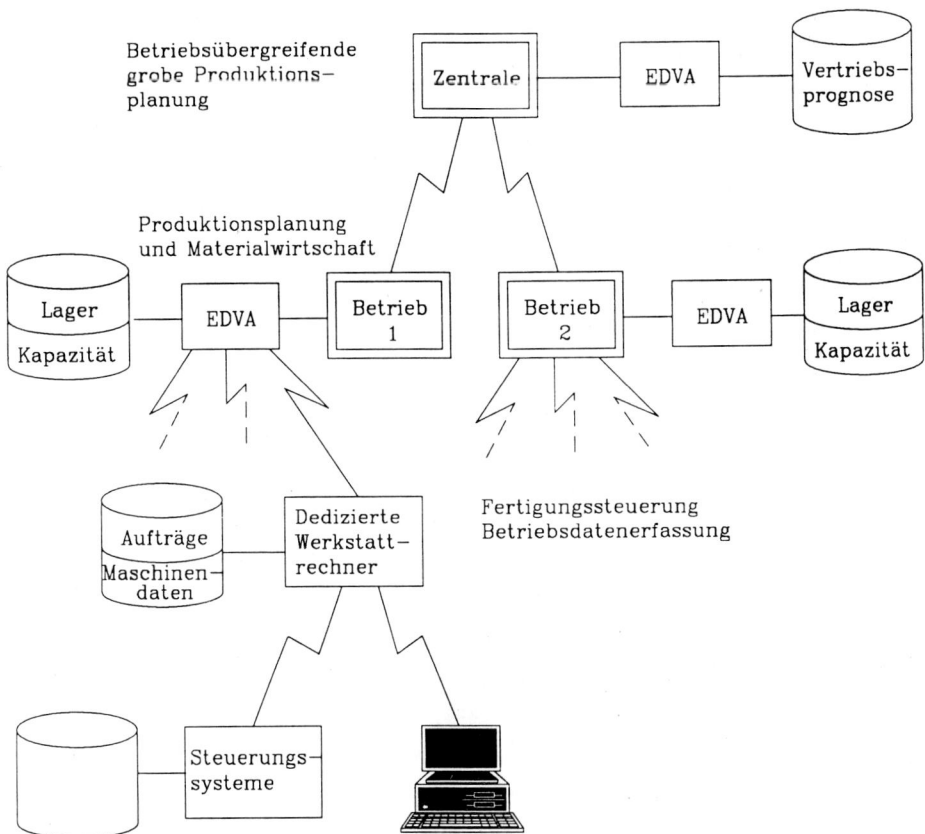

Abb. 2.B.II.08: Hierarchische Produktionsplanung und -steuerung

verdichteten Daten z. B. auf der Artikelgruppenebene (vgl. *Wittemann, Produktionsplanung 1984*) durchgeführt werden.

Die Ergebnisdaten des Produktionsprogramms bilden die Primärbedarfe der Werke, in denen nun die Produktionsplanung im herkömmlichen Sinne angestoßen wird, die das Produktionsprogramm der Endprodukte auf Baugruppen und Materialien herunterbricht und eine feinere Zeiteinteilung bei der Kapazitätsplanung berücksichtigt.

Diesen Planungsschritten schließt sich dann die Fertigungssteuerung und die Betriebsdatenerfassung auf Werkstattebene an. Hier können sich weitere Rechnerhierarchien und unterschiedliche Zuordnungen von Funktionen bilden.

Für die Funktionen Produktionsplanung und -steuerung kann ein Intelligenzverbund unterschiedlicher Rechner sinnvoll sein, da im Fertigungsbereich Spezialprobleme der aktuellen Datenerfassung auftreten, die besondere Hardware (Prozeßrechner, automatische Signalgeber) benötigen.

Die Art der Aufgabenzuordnung bestimmt damit den Umfang und die erforderliche Aktualität des Datenaustauschs. Die Herausarbeitung "natürlicher" Schnittstellen innerhalb eines Planungsablaufs, an dem sich eine hierarchische Gliederung der EDV-Bearbeitung orientieren kann, ist deshalb eine wichtige betriebswirtschaftliche Aufgabe (vgl. *Scheer, CIM 1990, S. 126 ff.*).

B.II.2.2. Vereinheitlichung betriebswirtschaftlicher Verfahren bei verbundenen Unternehmungen

Bei einer Vernetzung des EDV-Systems ist die direkte Überspielung von betriebswirtschaftlichen Daten zwischen Tochtergesellschaften und Muttergesellschaft innerhalb eines Konzerns möglich. Diese können dann sofort zur Liquiditätsdisposition, für Kostenvergleiche und Bilanzkonsolidierungen ausgewertet werden. Die direkte Auswertung aus mehreren Quellen zusammengeführter Daten erfordert aber eine gewisse Einheitlichkeit der entsprechenden EDV-Programme und Datenbasen. Selbst bei Konzernen, deren Tochtergesellschaften weitgehend unabhängige Profit Center bilden, ergibt sich deshalb bei übergreifenden Auswertungswünschen unter Ausnutzung der Vernetzung der Trend, einheitliche Abrechnungsverfahren und damit auch deren hardware- und softwaremäßige Realisierung zu fordern (vgl. *Prüsmann, Standardsoftware 1983*).

Nur so gelingt es, die Daten in einheitlicher Form in den einzelnen Tochterunternehmungen aktuell bereitzustellen und direkt zu verarbeiten. Auch ist es der Zentrale leichter möglich, direkt auf Datenbestände der Tochtergesellschaften zuzugreifen.

Bei Anwendung einheitlicher EDV-Systeme ergibt sich weiter der Vorteil niedriger Entwicklungskosten.

Da durch die Vernetzungsmöglichkeiten die EDV-Systeme der unterschiedlichen Betriebe auf der Informationsebene näher aneinanderrücken, werden plötzlich Nachteile völliger dezentraler Organisationsformen wie Doppelarbeiten, Mehrfachentwicklungen, unterschiedliches Niveau der Anwendungen, unterschiedliche Hardware- und Softwaresysteme deutlich. Die Vernetzung erzwingt deshalb eine einheitlichere Hardware- und Softwarekonzeption. Viele Konzerne entscheiden sich deshalb für einen generellen Einsatz bestimmter Standardsoftware.

Die abgeleitete Tendenz zur Dezentralisierung der Datenverarbeitung, um die Vorteile der Mikrocomputer auszunutzen, muß deshalb um die Forderung einer Zentralisierung von Entwicklung und Entwurf der EDV-Systeme ergänzt werden. Insbesondere die Netzgestaltung selbst erfordert ein zentrales Entwicklungskonzept.

Eine solche zentrale Zuständigkeit für die Informationsverarbeitung muß auch in der Aufbauorganisation einer Unternehmung verankert sein.

Abbildung 2.B.II.09 zeigt einen Vorschlag für die organisatorische Einbettung der Informationsverarbeitung in einem Konzern. Bei der Konzernholding sollte mindestens eine Stabsstelle zur Koordination grundsätzlicher Entscheidungen zu Hardware- und Netzgestaltung, Datenbankeinsatz und Bindung an Standardanwendungssoftware bestehen. Bei den Produktbereichen ist jeweils ein Geschäftsführungsressort für die Informationssysteme zuständig. Dieses Ressort ist für alle Betriebe und Niederlassungen des Produktbereiches zuständig und gliedert sich in die Abteilungen für "Anwendungen" und "Systeme". Die Abteilung "Systeme" trifft damit alle Entscheidungen zum Aufbau des Netzes zwischen den Betrieben und der Zentrale, der Hardware und der systemnahen Software. Damit wird der oben hergeleiteten Bedeutung dieses Bereichs Rechnung getragen und sichergestellt, daß für alle nachgeordneten Organisationseinheiten die für den Netzaufbau erforderlichen Vereinheitlichungen erfüllt werden.

Auch eine zentrale Anwendungsentwicklung wird unterstützt, wobei zur Spezialisierung für einzelne Sachgebiete Gruppen gebildet werden.

Die Programmierer sind in einem Pool zusammengefaßt und können unterschiedlichen Projekten nach Bedarf zugeordnet werden.

Die Organisationsabteilung unterstützt und überwacht die Realisierung von geplanten Rationalisierungswirkungen, insbesondere bei abteilungsüberschreitenden Anwendungen (Vorgangsketten).

Die Abteilung Benutzerberatung gewinnt durch die Zunahme der benutzerindividuellen Datenverarbeitung (Personal Computing) an Bedeutung und entscheidet auch, welche Aufgaben zentral oder dezentral in den Fachabteilungen entwickelt werden.

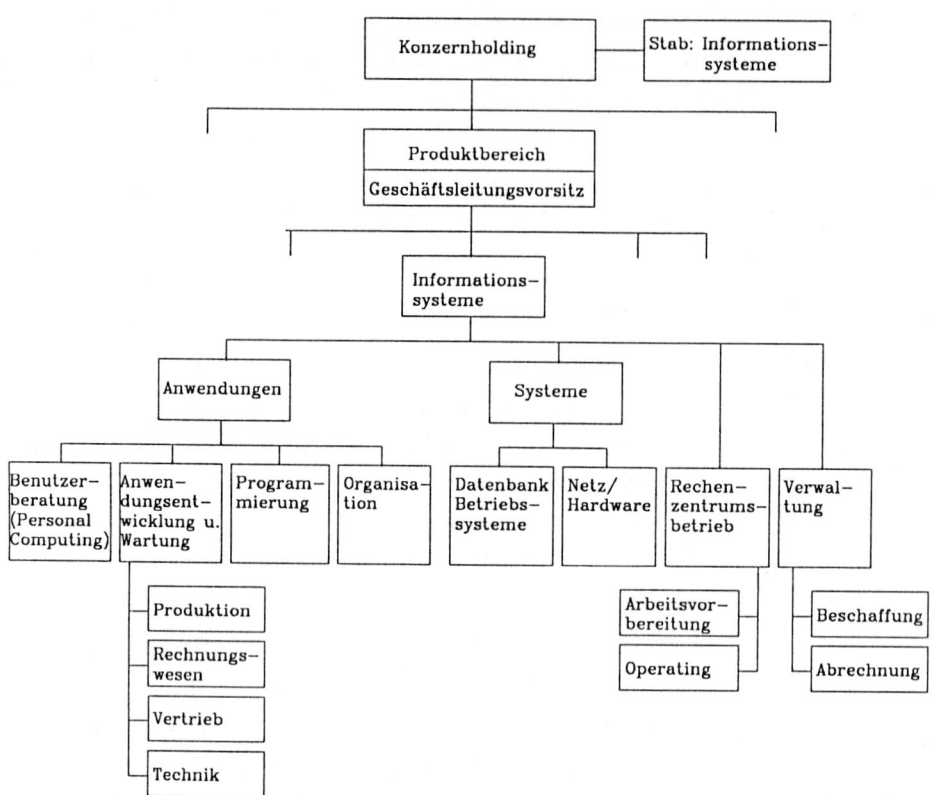

Abb. 2.B.II.09: Organisatorische Eingliederung der Informationsverarbeitung

Der Rechenzentrumsbetrieb ist hierarchisch eine Stufe tiefer als die Anwendungs- und Systemabteilung angesiedelt.

In dem Bereich Verwaltung werden (zentrale) Beschaffungen durchgeführt und die EDV-Kosten an die Benutzer nach der Inanspruchnahme der Leistungen verrechnet.

Die entwickelte Organisationsform betont die Zuständigkeit zentraler Anwendungs- und Systementwicklung. Dadurch wird die Vereinheitlichung betriebswirtschaftlicher Abläufe und des Berichtswesens unterstützt. Selbstverständlich können in örtlich weit entfernten Betrieben auch EDV-Abteilungen bestehen, diese sind aber fachlich dem Bereich Informationssysteme unterstellt.

Bezüglich der betriebswirtschaftlichen Abläufe bedeutet die Forderung nach Vereinheitlichung von Verfahren in Unternehmungen, daß die betriebswirtschaftlichen Problemlösungen für Kostenrechnung, Produktionsplanung und -steuerung, Auftragsabwicklung usw. dahingehend überprüft werden müssen, inwieweit sie auf die Betriebsgröße oder auf bestimmte Produktionsstrukturen und -branchen zugeschnitten sind. Die Forderung

nach Vereinheitlichung kann innerhalb eines Konzerns somit auch lediglich die Vereinheitlichung eines Nukleus betriebswirtschaftlicher Anwendungen bedeuten, um die
herum dann die Tochterunternehmungen zusätzliche, ihren individuellen Anforderungen
entsprechende, Ergänzungen gruppieren.

B.II.2.3. Überbetriebliche Umverteilung von Funktionen durch betriebsübergreifende Prozeßketten

Die überbetriebliche Vernetzung ermöglicht auch die Integration von Vorgangsketten
über die Betriebsgrenzen hinweg zu Kunden und Lieferanten.
Dabei ergeben sich Rationalisierungen im Ablauf und erhebliche Umverteilungen der
Funktionen zwischen den Partnern. Diese beruhen auf den gleichen Effekten, wie sie bei
den innerbetrieblichen Prozeßketten herausgearbeitet wurden:
- Die Datenintegration reduziert redundante Erfassungs- und Speichervorgänge und
  beschleunigt die Abläufe durch Verringerung von Übergangszeiten.
- Die Funktionsintegration faßt Teilfunktionen zu neuen Arbeitspaketen zusammen
  und ordnet sie neuen Stellen (hier Partnern) zu.

In Abbildung 2.B.II.10 sind die Schritte einer Logistikkette mit den Funktionsfolgen Beschaffung, Auftragsbearbeitung, Produktionsplanung und -steuerung, Versand, Wareneingang, Fakturierung und Zahlungsabwicklung dargestellt. Dabei wird ein dreistufiger
Prozeß zwischen Endverbraucher, Hersteller und Zulieferer betrachtet.
Ein Punkt charakterisiert jeweils, von welcher Instanz der Bearbeitungsvorgang primär
ausgeführt wird.
Es wird zunächst unterstellt, daß alle Informationsbeziehungen zwischen den Geschäftspartnern über Schriftstücke abgewickelt werden. Es zeigt sich, daß die Ablaufketten zwischen Endverbraucher und Hersteller parallel verlaufen, wenn auch die Überlegungen eines Endverbrauchers, ein Auto anzuschaffen (wie dies durch den Vorgang Beschaffungsdisposition gekennzeichnet ist), sicher von dem formaleren Vorgang innerhalb
eines Industrieunternehmens bei der Beschaffungsdisposition zu unterscheiden ist.
Obwohl der Informationsfluß nur sehr grob dargestellt wird, ergeben sich fünf Schriftstücke, die vom Kunden an den Lieferanten sowie fünf Schriftstücke, die vom Lieferanten
an den Kunden verschickt werden müssen.
Der physische Versand der Produkte ist ebenfalls angegeben.
Die Verbindung zwischen der Absatz- und Beschaffungslogistik wird beim Hersteller
durch die Bedarfsplanung hergestellt, in der die Bedarfe an eigen- und fremderstellten
Teilen erkannt werden, die anschließend von der Beschaffung weiterverarbeitet werden.
Durch den Einsatz der Informationstechnologie kann durch einen übergreifenden Datenfluß und die Verlagerung bzw. den Fortfall von Funktionen die Logistikkette wesentlich
gestrafft werden.

106

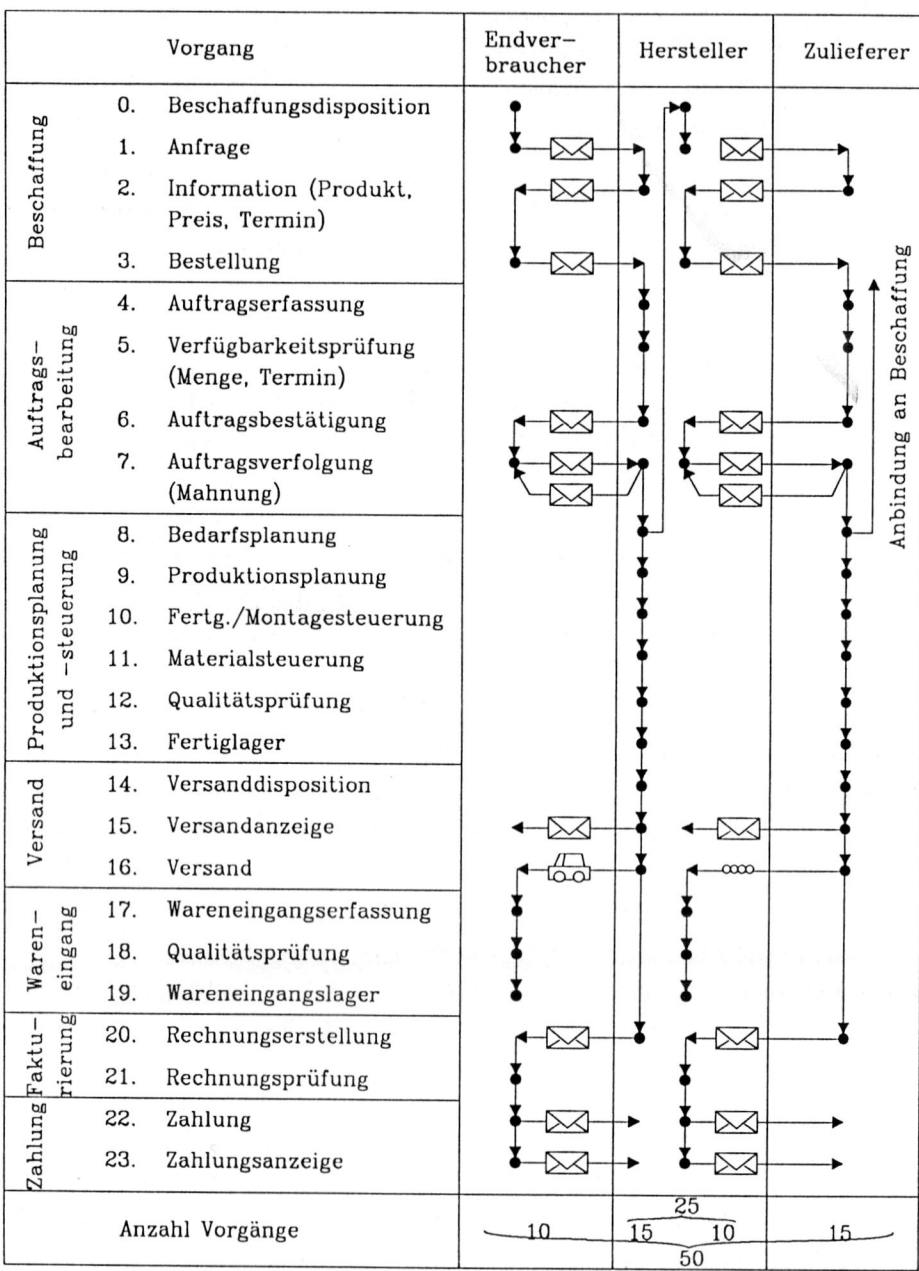

Vorgang		Endver-braucher	Hersteller	Zulieferer
Beschaffung	0. Beschaffungsdisposition			
	1. Anfrage			
	2. Information (Produkt, Preis, Termin)			
	3. Bestellung			
Auftrags-bearbeitung	4. Auftragserfassung			
	5. Verfügbarkeitsprüfung (Menge, Termin)			
	6. Auftragsbestätigung			
	7. Auftragsverfolgung (Mahnung)			
Produktionsplanung und -steuerung	8. Bedarfsplanung			
	9. Produktionsplanung			
	10. Fertg./Montagesteuerung			
	11. Materialsteuerung			
	12. Qualitätsprüfung			
	13. Fertiglager			
Versand	14. Versanddisposition			
	15. Versandanzeige			
	16. Versand			
Waren-eingang	17. Wareneingangserfassung			
	18. Qualitätsprüfung			
	19. Wareneingangslager			
Faktu-rierung	20. Rechnungserstellung			
	21. Rechnungsprüfung			
Zahlung	22. Zahlung			
	23. Zahlungsanzeige			
Anzahl Vorgänge		10	25 / 15 10 / 50	15

Abb. 2.B.II.10: Traditioneller Ablauf einer Logistikkette

Die neuen Vorgangsketten sind in Abbildung 2.B.II.11 dargestellt. Veränderungen werden durch Verlagerung oder Fortfall der Punkte, die jeweils eine Bearbeitung charakterisieren, deutlich. Durch die Möglichkeit des Endverbrauchers, zum Beispiel über Btx auf Datenbestände des Herstellers zuzugreifen, entfällt der Postverkehr zur Erteilung und Bearbeitung der Anfragen, da diese direkt vom Endverbraucher durchgeführt werden können. Auch die Bestellung kann über ein Mailbox-System abgewickelt werden. Damit übernimmt der Endverbraucher die Funktion der Auftragserfassung, da die Daten nach elektronischer Übermittlung direkt von dem System des Herstellers übernommen werden.

Zwischen Hersteller und Zulieferer wird ein System analog dem Fortschrittszahlenverfahren unterstellt. Dies bedeutet, daß Rahmenverträge zwischen Hersteller und Zulieferer bestehen, die in aktuellen Abrufen realisiert werden. Die Abrufe werden elektronisch übermittelt.

Bestellung und Auftragsbearbeitung werden weiter integriert, indem der Kunde (Endverbraucher gegenüber Hersteller beziehungsweise Hersteller gegenüber Zulieferer) die Verfügbarkeitsprüfung und damit die Mengen- und Termindisposition selbständig durchführen kann. Da der Besteller den Auftrag selbst in das System eingibt, kann er auch die Bestätigung nach seiner Einplanung generieren. Auch die Auftragsverfolgung bis hin zur Versandanzeige kann vom Käufer bei einem Zugriff auf die Produktions- und Versanddispositionsdaten durch Einholung von konkreten Anfragen durchgeführt werden.

Die Rechnung braucht nicht mehr an den Kunden versandt werden, sondern vielmehr kann dieser über elektronische Clearingstellen in Verbindung mit dem Bankenbereich die Zahlung durch ein Einzugsverfahren selbst bewirken.

Bei der Logistikkette zwischen Hersteller und Zulieferer wird ebenfalls die Verbindung zwischen Beschaffungs- und Auftragsbearbeitung enger. Auch hier kann der Hersteller durch Zugriff auf die Dispositionsprogramme des Zulieferers Verfügbarkeitsprüfungen und Auftragsverfolgungen selbständig durchführen.

Generell ergibt sich als Tendenz, daß bei der stärkeren informationstechnologischen Verflechtung Funktionen, die herkömmlich vom Verkäufer im Rahmen der Auftragsbearbeitung ausgeführt werden, von Kunden im Rahmen seiner Bestelldisposition übernommen werden. Dies gilt sowohl zwischen Endverbraucher und Hersteller als auch zwischen Hersteller und Zulieferer. Umgekehrt werden Funktionen im Bereich des Wareneingangs vom Verkäufer übernommen (Beispiel: Die Qualitätsprüfung beim Wareneingang entfällt beim Kunden; entsprechend strenger muß die Endabnahme vom Lieferanten durchgeführt werden).

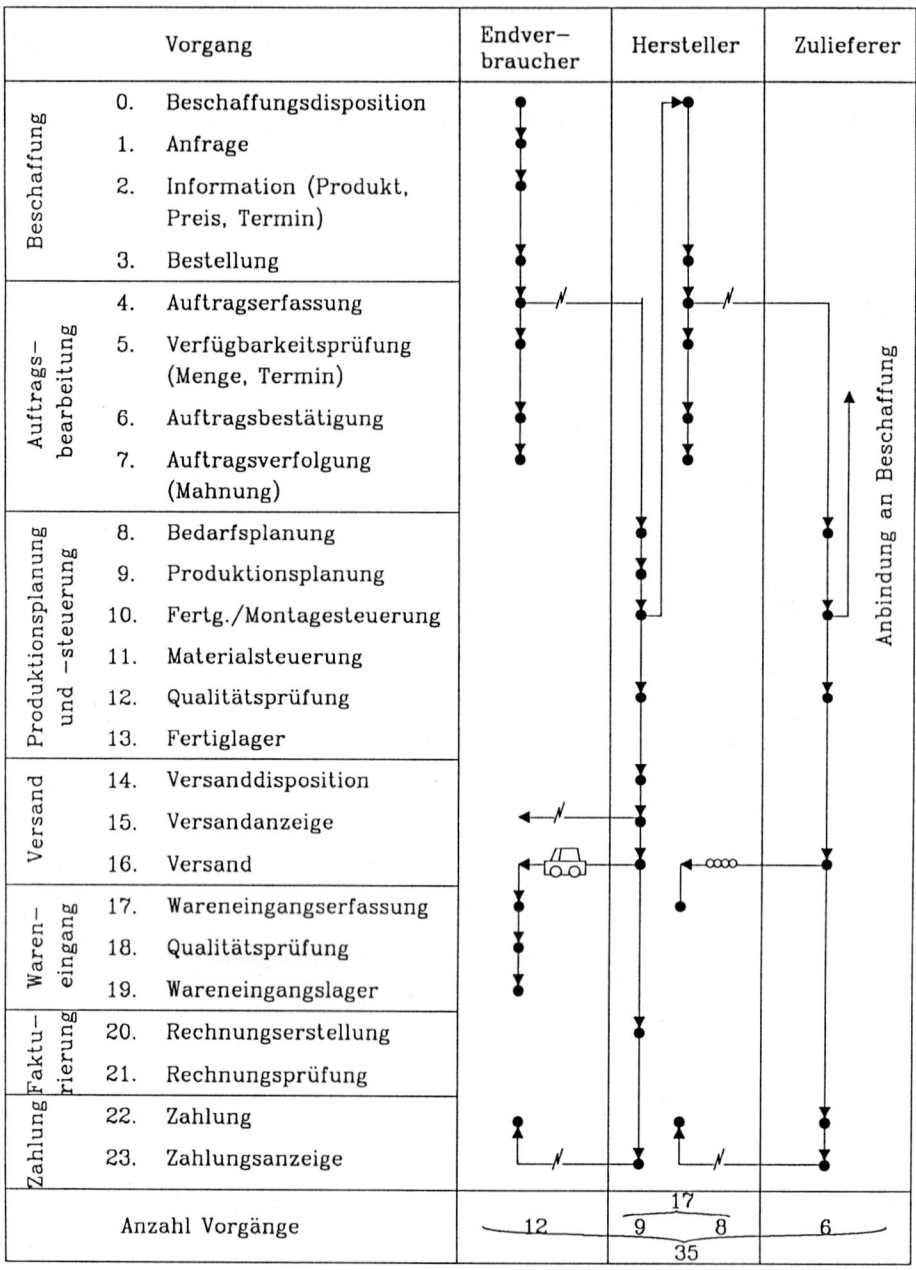

	Vorgang	Endver-braucher	Hersteller	Zulieferer
Beschaffung	0. Beschaffungsdisposition			
	1. Anfrage			
	2. Information (Produkt, Preis, Termin)			
	3. Bestellung			
Auftrags-bearbeitung	4. Auftragserfassung			
	5. Verfügbarkeitsprüfung (Menge, Termin)			
	6. Auftragsbestätigung			
	7. Auftragsverfolgung (Mahnung)			
Produktionsplanung und -steuerung	8. Bedarfsplanung			
	9. Produktionsplanung			
	10. Fertg./Montagesteuerung			
	11. Materialsteuerung			
	12. Qualitätsprüfung			
	13. Fertiglager			
Versand	14. Versanddisposition			
	15. Versandanzeige			
	16. Versand			
Waren-eingang	17. Wareneingangserfassung			
	18. Qualitätsprüfung			
	19. Wareneingangslager			
Faktu-rierung	20. Rechnungserstellung			
	21. Rechnungsprüfung			
Zahlung	22. Zahlung			
	23. Zahlungsanzeige			
	Anzahl Vorgänge	12	17 / 9 8 / 35	6

(rechts: Anbindung an Beschaffung)

Abb. 2.B.II.11: Reduktion des Datenaustauschs und Verlagerung von Funktionen zwischen Partnern

Zusammenfassend sind als generelle Wirkungen der stärkeren Verflechtung zu nennen:

- Informationsübertragungen in Papierform werden zwischen den Logistikpartnern drastisch reduziert.
- Durch die engere zeitliche Verknüpfung der operativen Funktionen Herstellung, Montage, Bestellung und Zulieferung entfallen Dispositionsfunktionen zwischen den Teilschritten.
- Aufgrund geringerer Dateneingaben entfallen Kontrollschritte.
- Funktionen werden zwischen den Partnern verlagert.

Diese Wirkungen werden in den Beispielen an der Zahl der bearbeitenden Vorgänge deutlich: Die Anzahl der Vorgänge reduzierte sich von 50 in Abbildung 2.B.II.10 auf 35 in Abbildung 2.B.II.11.

Konzepte ähnlicher Problemstruktur sind mittlerweile auch im Handel und im Dienstleistungssektor anzutreffen. Ein Beispiel für ein bereits in der Praxis implementiertes betriebsübergreifendes System ist das computergestützte Informations- und Vertriebssystem AMADEUS (vgl. o.V., *AMADEUS-Produktinformationen 1988; Ischebeck, Betriebsübergreifende Informationssysteme* 1989), das im folgenden kurz vorgestellt werden soll.

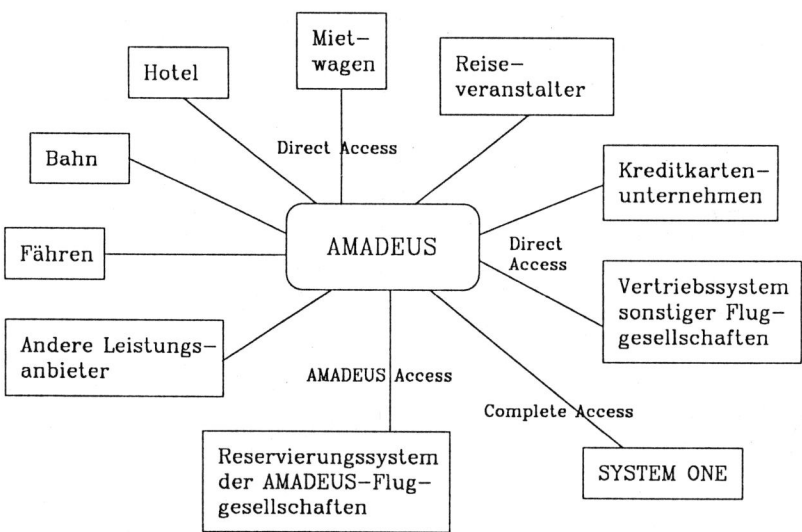

Abb. 2.B.II.12: AMADEUS-Zugriffsmöglichkeiten

Zielsetzung von AMADEUS ist es, den wachsenden Anforderungen der Reisenden, der Fluglinien und anderer Anbieter touristischer Leistungen gerecht zu werden, indem es neutrale Informationen anbietet. Wie in Abbildung 2.B.II.12 dargestellt, bietet die Direct-Access-Technik nicht nur Zugriff zu den wichtigsten Fluggesellschaften, sondern auch zu

Hotels, Autovermietern und Reiseveranstaltern. Dabei können aktuelle Verfügbarkeitsanzeigen und sonstige aktuelle Informationen direkt aus den Systemen der Anbieter abgefragt werden. Complete Access ist die Methode, mit der eine Computer-zu-Computer-Verbindung zwischen AMADEUS und dem amerikanischen Partner SYSTEM ONE hergestellt wird. AMADEUS Access bietet einen für den Anwender transparenten Zugriff auf die Systeme der AMADEUS-Fluggesellschaften. Dieser Zugriffsmechanismus ermöglicht eine Verfügbarkeitsanzeige, die die Anzahl der zur Verfügung stehenden Sitze für einen bestimmten Flug direkt aus dem Airline-Inventory-System anzeigt. Zur Unterstützung und Ergänzung der zentralen Leistungen von AMADEUS steht das dezentrale Informations- und Vertriebssystem TAMS (Travel Agency Management System) für das einzelne Reisebüro zur Verfügung. Sogenannte "Komfort-Funktionen" unterstützen sowohl die Online-Verfahren des Reservierungs- und Verkaufsvorgangs (Front-Office-System = FOS) als auch - mit individuell einsetzbarer, reisebürospezifischer Software - die Verwaltungsarbeiten des Reisebüros (Back-Office-System = BOS). Die FOS-Funktionen umfassen insbesondere Kundenprofile und Auftragsdatenerfassung mit benutzerfreundlichen Eingabeformaten. Unter BOS-Funktionen fallen das Rechnungswesen eines Reisebüros, Management- und Informationssysteme zur Erfassung und Überwachung von Budgets, die Durchführung von Mailing-Aktionen und das Erstellen von Finanz- und Marketing-Statistiken. Mit Hilfe des Travel Expense Management Systems (TEMS) kann schließlich jedes Reisebüro für seine Kunden Reisekosten-Abrechnungen, Vorschußkontrollen, Budgetkontrollen von Reisekosten sowie die Erfassung der Reisehaupt- und Reisenebenkosten durchführen.

Die Integration betriebsübergreifender Prozeßketten führt zu neuen Kooperationsformen. Werden die Funktionen stärker ineinander verschränkt, so setzt das eine enge Partnerschaft zwischen Kunden und Lieferanten voraus. Dieses führt dazu, daß Vertragsverhandlungen stärker auf die langfristige Gestaltung des Abwicklungssystems konzentriert sind als auf einzelne Geschäftsvorfälle, die vielmehr in Rahmenverträgen bereits weitgehend vordefiniert sind. Dieses kann wegen des erforderlichen Aufwands zu einer starken Konzentration auf wenige Geschäftspartner führen.

B.II.3. Betriebswirtschaftliche Gestaltung von vernetzten EDV-Systemen

B.II.3.1. Standardisierung betriebswirtschaftlicher Anwendungen zur Unterstützung des Datenaustausches

Der Datenaustausch zwischen unterschiedlichen Partnern setzt voraus, daß eine Absprache über die Syntax der übermittelten Daten besteht, so daß sie von den Partnern auch verstanden werden können.

Bereits für einen einfachen Geschäftsvorfall, wie er für Flugreservierungen vorgestellt wurde oder wie er in Abbildung 2.B.II.13 für die Abwicklung eines Handelsvorgangs dargestellt ist, sind unterschiedliche Partner wie Industrieunternehmungen, Handelsunternehmungen, Spediteure, öffentliche Verwaltung, Banken, Versicherungen, Transportunternehmen usw. beteiligt. Dieses bedeutet, daß eine Vielzahl unterschiedlicher Dokumente wie Angebote, Bestellungen, Lieferscheine, Frachtbriefe, Konnossemente, Zollerklärungen usw. ausgetauscht werden. Die Heterogenität wird noch dadurch gesteigert, daß unterschiedliche Partner auch unterschiedliche Ausführungen eine Dokuments verwenden können. Beispielsweise hat jede Unternehmung ein eigenes Rechnungs- oder Bestellformular.

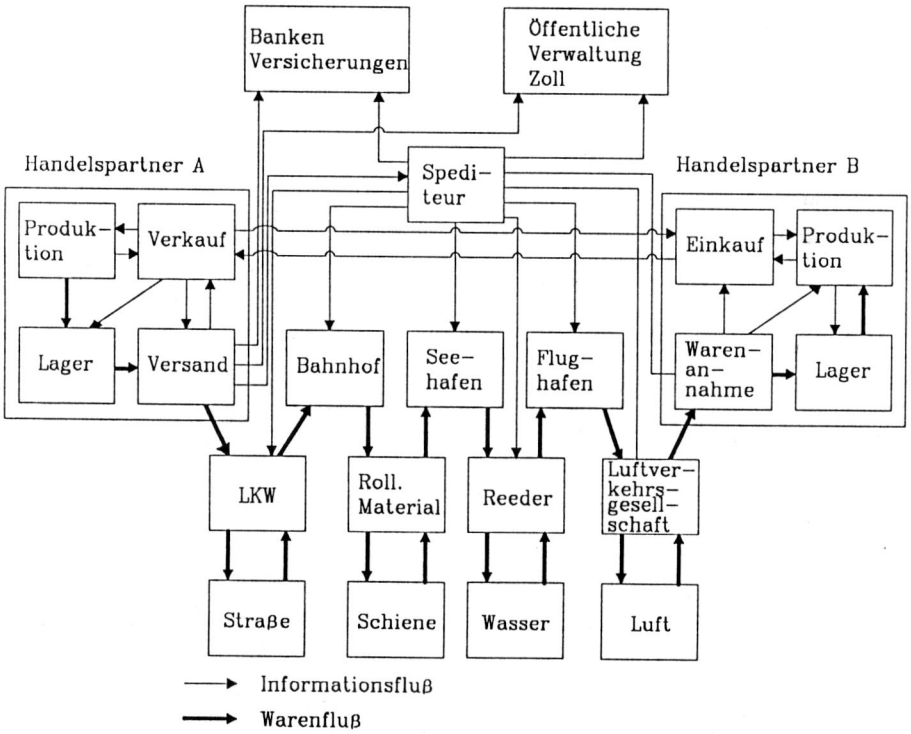

Abb. 2.B.II.13: Abwicklung eines Handelsvorganges

(aus *Buchmann, EDIFACT 1988, S. 2-20*)

Die Art der auszuführenden Geschäftsvorfälle ist vielfältig und hängt z. B. von der Branche ab. Bei dem Geschäftsverkehr zwischen Banken steht z. B. der Zahlungsverkehr im Vordergrund, während bei Handelsunternehmungen der Warenaustausch und bei Industrieunternehmungen sowohl die Abwicklung von Aufträgen als auch die Übermittlung von Produktinformationen (CAD-Daten) bearbeitet werden müssen.

Bei der Übertragung der Daten müssen die Protokolle unterschiedlicher Netze beachtet werden. Hier herrscht ebenfalls aufgrund der Heterogenität der Hardware verschiedener Hersteller sowie auch der von ihnen angebotenen Netzkonzeptionen eine hohe Vielfalt.
Da diese Heterogenität den Datenaustausch sehr stark hemmt, sind auf allen Ebenen Bestrebungen zu erkennen, durch Standardisierungen die Verständigung zu erleichtern. Die Betriebswirtschaftslehre ist dabei aufgerufen, ihre Aufgaben hinsichtlich der erforderlichen Datenanforderungen zu analysieren, um hierauf eine weitgehende Standardisierung zu gründen. Dieses ist für viele operative Abläufe und die damit verbundenen Dokumente möglich. Auch für typische wertorientierte betriebswirtschaftliche Aufgaben, z. B. der Finanzbuchführung, bestehen aufgrund gesetzlicher oder verfahrensmäßiger Regeln hohe Standardisierungsmöglichkeiten. So ist z. B. die Finanzbuchführung durch die Begriffe Konto und Buchungssatz sowie die Kontierungsregeln klar strukturiert. Es ist deshalb eher verwunderlich, daß trotzdem eine Vielzahl von EDV-Systemen mit jeweils unterschiedlichem Datenaufbau für diese an sich standardisierbare Funktion bestehen.
Aus Sicht der Datenübertragung besteht deshalb die Forderung, daß der Sender für eine Aufgabe lediglich den Bearbeitungsort, die Art der Aufgabe und die dafür benötigten betriebswirtschaftlichen Daten einzugeben hat, ohne daß er die EDV-Komponenten Hardware, Betriebssystem, Anwendungsprogramm, Datenbanksystem oder die Art des Übertragungsnetzes kennen muß. Dieses bedeutet dann für eine Buchung in einem Finanzbuchführungssystem, daß lediglich der Buchungsort und die für einen Buchungsvorgang betriebswirtschaftlich unabdingbaren Daten wie Konto, Gegenkonto, Betrag, Datum und Buchungstext angegeben werden müssen.
Die gegenwärtigen Standardisierungsbestrebungen betreffen einmal die mehr technischen Fragen der Datenübertragung, zum anderen aber auch bereits die Standardisierung inhaltlicher Dokumente. Hierbei ist ein Trend von zunächst branchenbezogenen und nationalen Standardisierungen zu branchenübergreifenden internationalen Vereinheitlichungen zu erkennen. Obwohl bei der Entwicklung von Standards für inhaltliche Dokumente typische betriebswirtschaftliche Abläufe wie Auftragsbearbeitung behandelt werden, ist der Einfluß der universitären Betriebswirtschaftslehre hier noch gering. Vielmehr werden sie von den internationalen Standardisierungsorganisationen unter starker Beteiligung der Praxis bearbeitet (vgl. *DIN, Schnittstellen 1989*).

Für die technische Datenübertragung bildet das **ISO/OSI-Referenzmodell** eine Basis für die Entwicklung sogenannter offener Netze, in denen unterschiedliche Hardware und Systemsoftware miteinander verbunden werden können. Dieses wird über ein System von Protokollen realisiert, dem sich die Hersteller von Hardware und Software anschließen sollen.

Das ISO/OSI-Referenzmodell (vgl. Abbildung 2.B.II.14) besteht aus **sieben Schichten**. Sowohl die Absender- als auch die Empfängerseite einer Verbindung benötigt diese sieben Schichten. Dabei kommunizieren jeweils gleiche Schichten auf Empfänger- und Senderseite miteinander. Die Daten werden von der Sendestation von oben nach unten durch die Schichten geführt und dabei mit Steuerinformationen angereichert und verlaufen auf der Empfängerseite von unten nach oben, um dort jeweils um die entsprechenden Steuerinformationen abgebaut zu werden. Die Kommunikation zwischen den Schichten wird durch **Protokolle** geregelt. Dabei betreffen die ersten drei unteren Schichten den reinen Datentransport, während die oberen vier Schichten auch anwendungsbezogene Aufgaben übernehmen. Insbesondere obliegt es der siebten Schicht, eine Kommunikation zwischen Anwendung und Anwendung herzustellen.

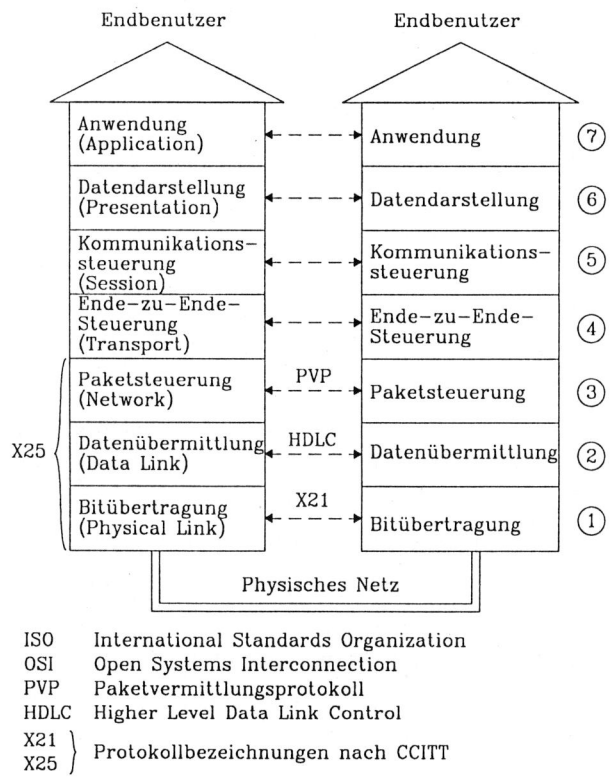

Abb. 2.B.II.14: Das ISO/OSI-Referenzmodell

Obwohl die EDV-Hersteller eigene Netzkonzepte besitzen (z. B. IBM mit SNA oder DEC mit DECNET) besteht eine Tendenz, die Architektur des ISO/OSI-Modells zu übernehmen oder mit dem eigenen Netzkonzept vereinbar zu machen.

Für jede einzelne Schicht des ISO/OSI-Modells müssen die Protokolle bestimmt werden. Hierbei werden von unterschiedlichen internationalen Organisationen Vorschläge gemacht (z. B. IEEE oder CCITT). Dadurch bestehen selbst bei Übernahme des ISO/OSI-Modells noch unterschiedliche Realisierungsausprägungen. Beispiele für die Konkretisierung des ISO/OSI-Modells ist das bereits angeführte Bildschirmtextsystem der Deutschen Bundespost, das für die Fertigungsindustrie entwickelte Protokoll **MAP** (Manufacturing Automation Protocol) oder das für Büroanwendungen entwickelte Konzept **TOP** (Technical Office Protocol). Die einzelnen Realisierungen erarbeiten dabei insbesondere Protokolle für die oberen Schichten, die aus ihren speziellen Anwendungsanforderungen abgeleitet werden. Für den Datentransport der unteren Schichten können dagegen in der Regel bereits vorliegende Protokolle übernommen werden.

Innerhalb von MAP ist z. B. auf der Anwendungsebene die Sprache MMS/RS 511 entwickelt worden, mit der Fertigungsanlagen gesteuert werden können. Die Sprache ist dabei anlagenunabhängig, d. h., sie stellt Befehle zur Verfügung, mit der z. B. Werkzeugmaschinen oder Roboter gleichermaßen angesprochen werden können.

Für Büroanwendungen ist der Standard X.400 zum Austausch von Dokumenten im Rahmen des Electronic Mails zu nennen.

Die auf der siebten Ebene des ISO/OSI-Modells zu definierenden Anwendungen sind aus betriebswirtschaftlicher Sicht aber noch immer als "EDV-technisch" zu bezeichnen. So wird beispielsweise generell der Dateitransfer durch einen Standard (FTAM) geregelt. Die für eine betriebswirtschaftliche Aufgabe benötigten Inhalte sind dagegen noch oberhalb des ISO/OSI-Modells angesiedelt.

Die Funktionsweise eines anwendungsnahen Standards wird deshalb an dem bereits weit fortgeschrittenen Datenformat **EDIFACT** (Electronic Data Interchange for Administration, Commerce and Transport = elektronischer Datenaustausch für Verwaltung, Wirtschaft und Transport) demonstriert. Der EDIFACT-Standard wurde 1987 von der ISO als internationale Norm verabschiedet. An ihrer Entwicklung waren internationale Organisationen, insbesondere die Wirtschaftskommission der Vereinten Nationen für Europa (UN/ECE) beteiligt. Die Normen sind in Deutschland vom Deutschen Institut für Normung e. V. (DIN) als Entwurf DIN 16556 übernommen.

Unter EDIFACT liegt zunächst die Syntax-Regelung für den Nachrichtentyp "Rechnung" vor, weitere Regelungen für Dokumente wie Bestellung, Versandanzeige usw. folgen.

Während EDIFACT die Darstellung der Daten regelt, wird von dem ISO/OSI-Modell die Übertragung dieser Daten festgelegt. EDIFACT strebt eine enge Verbindung zu den Diensten des ISO/OSI-Modells an, z. B. durch Nutzung der Funktionen File-Transfer

(FTAM) oder Electronic Mail (X.400), so daß in dieser Kombination ein offener Datenaustausch realisiert werden kann.

Um die Bedeutung von EDIFACT zu demonstrieren, wird zunächst die gegenwärtige Situation des Datenaustauschs in Abbildung 2.B.II.15a dargestellt. Gegenwärtig bestehen mehrere branchenbezogene Standards, so z. B. vom Verband der Deutschen Automobilindustrie (VDA), dem Standard des Groß- und Einzelhandels SEDAS oder individuelle Standards großer Industrieunternehmen wie Siemens mit BAV.

Eine Unternehmung, die von mehreren Lieferanten Rechnungen elektronisch übermittelt bekommt, muß dann in der Lage sein, die unterschiedlichen Formate in ihr Verarbeitungsprogramm (z. B. zur Rechnungsprüfung) zu konvertieren. Umgekehrt, wenn die Kunden von dem Unternehmen Rechnungen in unterschiedlichen Formaten verlangen, so müssen die Rechnungen ihres Rechnungserstellungsprogramms in mehrere Datenformate konvertiert werden.

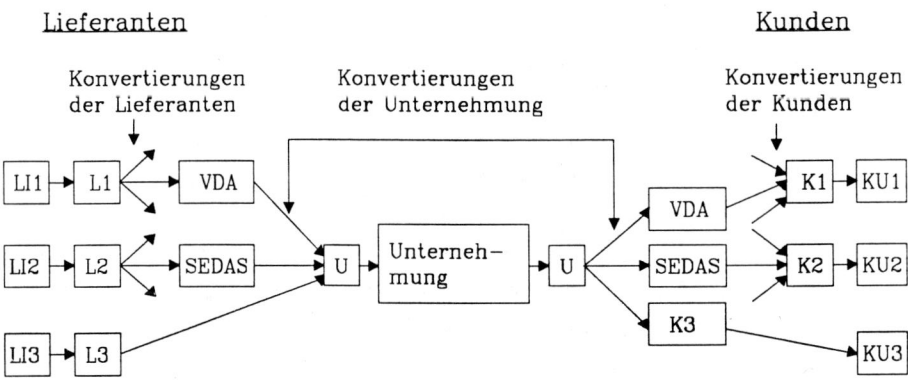

LI1,...   = Lieferanten
KU1,..   = Kunden
U   = Format des Verarbeitungsprogramms der Unternehmung
L1, L2, L3   = Formate der Programme der Lieferanten
K1, K2, K3   = Formate der Programme der Kunden

Abb. 2.B.II.15a: Konvertierungen bei mehreren Datenformaten

Bei Vorliegen eines gemeinsamen Standards EDIFACT übersetzt dagegen jeder Partner seine Ausgaben aus seinem individuellen Format in das Standardformat und seine Eingaben aus dem Standardformat in sein individuelles Format. Gegenüber dem ersten Fall, wo bei dem Unternehmen sowohl auf der Empfangs- als auf der Sendeseite jeweils drei (also insgesamt sechs) Konvertierungen erforderlich waren, reduziert sich dieser Aufwand nun auf lediglich zwei. Hierbei wird noch unterstellt, daß die Verarbeitungsprogramme nicht von vornherein auf den Standard ausgerichtet sind, sondern ihren individuellen Aufbau (zunächst) beibehalten. Der für die Unternehmung in Abbildung 2.B.II.15b gezeigte Effekt tritt selbstverständlich auch bei den angegebenen Kunden und Lieferanten auf, wenn sie mit mehreren Partnern zusammenarbeiten.

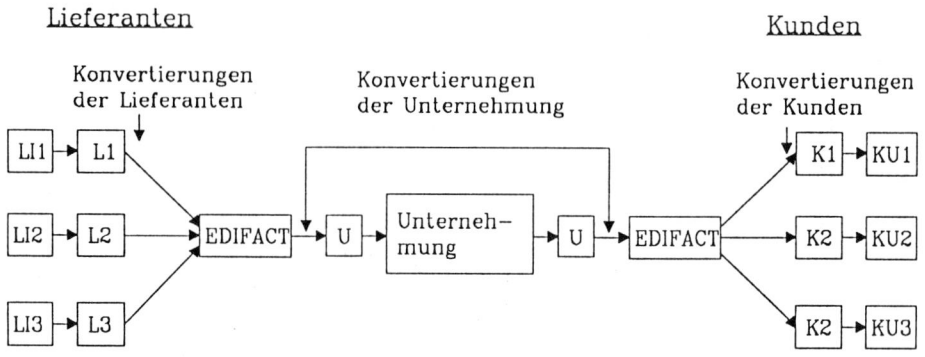

Abb. 2.B.II.15b: Konvertierungen bei einheitlicher Verwendung von EDIFACT

Im einzelnen werden von den EDIFACT-Regeln wie bei einer Sprache der **Zeichensatz**, **Wortschatz** und **Syntax** festgelegt. Abbildung 2.B.II.15b gibt die Struktur einer Übertragungsdatei an. In einen Verbindungsaufbau sind die einzelnen Datenübertragungsdateien eingebettet. Eine Übertragungsdatei besteht aus mehreren Nachrichtengruppen, diese wieder aus Nachrichten usw.

Das **Datenelement** beschreibt die einzelnen zu übertragenden Attribute wie Artikelnummer, Bestellnummer, Preis usw. Die Datenelemente stehen innerhalb eines Segments jeweils in einer festen Reihenfolge, so daß sie anhand ihrer Position identifiziert werden können. **Datenelementgruppen** sind inhaltlich zusammengehörende Informationen.

Die Datenelemente besitzen variable Länge, so daß eine sparsame Übertragung erfolgt. Ist ein Element nicht vorhanden, so braucht lediglich das Trennzeichen zwischen Elementen angegeben zu werden.

Das Anordnungsprinzip wiederholt sich bei den darüberliegenden Bündelungen. Logisch zusammenhängende Datenelemente oder Datenelementgruppen werden zu **Segmenten** gebündelt (z. B. Bankleitzahl, Kontonummer und Bankinstitut zu dem Segment Bankverbindung). Nicht vorhandene Segmente werden ebenfalls lediglich durch Angabe des Trennzeichens ersetzt.

Eine **Nachricht** ist eine Zusammenfassung aller Segmente, die zur Darstellung eines Geschäftsvorgangs wie Rechnung oder Bestellung erforderlich sind.

Die einzelnen Strukturelemente sind jeweils durch **Kopf- und Endesegmente** voneinander getrennt.

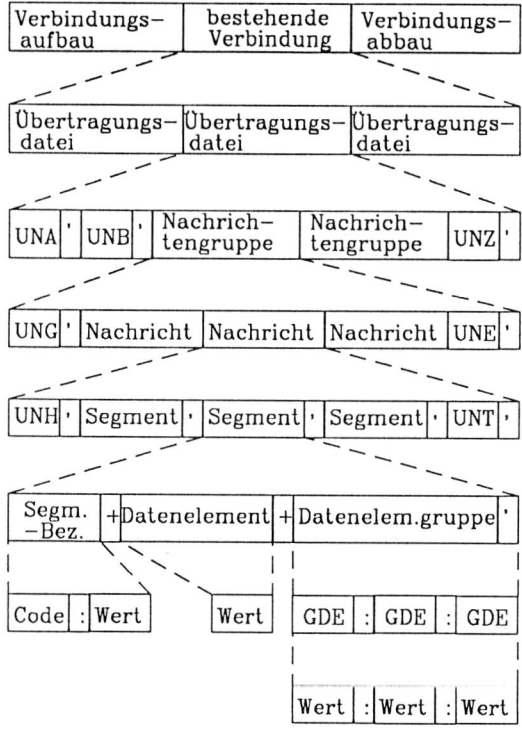

Verbindungs-aufbau	bestehende Verbindung	Verbindungs-abbau

Übertragungs-datei	Übertragungs-datei	Übertragungs-datei

UNA	'	UNB	'	Nachrich-tengruppe	Nachrich-tengruppe	UNZ	'

UNG	'	Nachricht	Nachricht	Nachricht	UNE	'

UNH	'	Segment	'	Segment	'	Segment	'	UNT	'

Segm.-Bez.	+Datenelement	+Datenelem.gruppe	'

| Code | : | Wert | | Wert | | GDE | : | GDE | : | GDE |

| Wert | : | Wert | : | Wert |

UNA : Trennzeichenvorgabe
UNB : Nutzdaten-Kopfsegment
UNZ : Nutzdaten-Endesegment

UNG : Nachrichtengruppe-Kopfsegment
UNE : Nachrichtengruppe-Endesegment

UNH : Nachrichten-Kopfsegment
UNT : Nachrichten-Endesegment

GDE : Gruppendatenelement

Abb. 2.B.II.16: Struktur einer Übertragungsdatei

(aus *Hermes, Syntax-Regeln für den Datenaustausch 1988, S. 9*)

Eine erweiterte Anwendung ergibt sich, wenn der Datenaustausch nicht direkt zwischen den Geschäftspartnern durchgeführt wird, sondern sogenannte **Clearing-Stellen** zwischengeschaltet werden. Diese können die Daten sammeln, um sie dann in einem geschlossenen Posten an die Empfänger weiterzugeben. Dadurch kann eine weitere Effizienzsteigerung im Ablauf erreicht werden.

Der EDIFACT-Standard wird auch von einer Reihe weiterer Organisationen als Richtlinie anerkannt, so z. B. von der Kommission Computer Integrated Manufacturing im DIN

(KCIM), in der Normen für den Datenaustausch innerhalb von Industriebetrieben entwickelt werden. Hier wird EDIFACT als Grundlage für die Auftragsabwicklung einbezogen.

Neben der Standardisierung von Datenformaten, die für den Datenaustausch von Bedeutung sind, kann auch die Standardisierung von Anwendungsfunktionen analysiert werden. Dieses ist gerade im Zusammenhang mit Funktionsverlagerungen zwischen Partnern wesentlich. Wird beispielsweise eine Plausibilitätsprüfung vom Kunden an den Lieferanten verlagert, so muß auch der Inhalt dieser Prüfung abgestimmt sein. Aus diesem Grunde ist die Standardisierung der Daten nur ein erster und einfacher Schritt für die Unterstützung betriebsübergreifender Prozeßketten. Die Betriebswirtschaftslehre, die sich bei der Definition von Datenstandards bisher nicht wesentlich beteiligt hat, könnte bei der Entwicklung von Standards in den Verarbeitungsfunktionen wesentliche Hilfestellungen leisten.

Auf der technischen Übertragungsebene wird der Standard **ISDN** eingeführt (ISDN = Integrated Services Digital Network). Er ermöglicht es, daß quasi aus einer "Steckdose" unterschiedliche Dienste wie Telefon, Telefax, Video, Fernsehen, Datenübertragung usw. auch unter einer einheitlichen Rufnummer abgewickelt werden. Diese technische Integration unterschiedlicher Dienste macht sie an einem Arbeitsplatz leicht verfügbar. Dieses ist insbesondere für Büroarbeitsplätze von Bedeutung. Die Integration der technischen Dienste unterstützt auch die Funktions- und Datenintegration, da die Vermischung unterschiedlicher Informationsquellen und der Zugriff auf unterschiedliche Anwendungsfunktionen erleichtert wird (vgl. *Bullinger, Fröschle, ISDN und Unternehmensorganisation 1989*).

B.II.3.2. Optimierungsansätze zur Gestaltung von vernetzten EDV-Systemen

Zur betriebswirtschaftlichen Gestaltung eines vernetzten EDV-Systems für eine Unternehmung gehören die Festlegung von Zentralisierungs-/Dezentralisierungsgrad der Anwendungen, Zuordnung von Funktionen zu hierarchischen Ebenen der Unternehmung, Festlegung des Datenaustausches mit Geschäftspartnern einschließlich Funktionsverlagerungen. Zur Optimierung dieses Systems kann die Betriebswirtschaftslehre Modellansätze entwickeln. Ansatzpunkte bilden z. B. Modellformulierungen aus der Transporttheorie, Produktionsplanung, Standortplanung oder Investitionsplanung.

Bei vorhandenen Ansätzen zur kostenoptimalen Gestaltung von Rechnernetzen stehen lediglich die EDV-Kosten und -Auswirkungen im Vordergrund. Die Auswirkungen auf die betriebswirtschaftlichen Faktoren sind aber nicht geringer (vgl. *Helber, Gestaltung optimaler EDV-Systeme 1981*).

Ein Modell zur optimalen Gestaltung eines verteilten DV-Systems durch Auslegung von Leitungskapazitäten und Datenzuordnungen an Knoten ist von Mahmoud und Riordan bereits 1976 entwickelt worden. Es kann Basis auch für erweiterte betriebswirtschaftliche Optimierungsansätze sein.

Im **Modell von Mahmoud und Riordan** wird von einer gegebenen Netztopologie ausgegangen, wobei mehrere Kopien einer Datei zulässig sind, die dann in verschiedenen Knoten auf Sekundärspeichern untergebracht werden (vgl. *Mahmoud, Riordan, Distributed Information Networks 1976*). Da der eintretende Datenfluß zwischen den Knoten von der Dateizuordnung abhängig ist, wird in diesem Ansatz gleichzeitig über die Kapazität der gegebenen Verbindungen entschieden. Es wird ein kostenoptimales System angestrebt. Nebenbedingungen sind eine maximal zulässige Verzögerung bei der Ausführung der Benutzerwünsche sowie eine Mindestverfügbarkeit (Zuverlässigkeit) der benötigten Dateien. Die **Verzögerungszeit** setzt sich aus Wartezeiten in den Knoten und Übertragungszeiten in den Leitungen zusammen. Der **Datenverkehr** zwischen den Knoten setzt sich zusammen aus Anfragen an Dateien und die dadurch hervorgerufenen Antworten sowie dem Datenverkehr zum Updaten der Dateien bzw. der hierauf erfolgenden Antworten.

Zwei Extremlösungen sind bei der Dateizuordnung denkbar. Wird jede Datei genau einmal im Rechnernetz gespeichert, so sind die Speicherkosten minimal. Bei dieser Konstellation ist aber der anfragenabhängige Datenverkehr am größten, da die Wahrscheinlichkeit, daß in dem Knoten, in dem die Anfrage generiert wird, auch die benötigte Datei gespeichert ist, gering ist. Das andere Extrem zeichnet sich dadurch aus, daß in jedem Netzknoten eine Kopie jeder Datei gespeichert wird. Diese Lösung weist maximale Speicherkosten auf. Der durch Anfragen hervorgerufene Datenverkehr ist dagegen minimal, der durch das Updaten hervorgerufene Datenverkehr wiederum hoch.

Zur Formulierung des Modells werden die folgenden Bezeichnungen verwendet (weitere Bezeichnungen werden während der Beschreibung eingeführt):

Indizes:

i	Verbindung (nur Datentransport in einer Richtung)
j	Kapazitätsstufe einer Verbindung
k	Ort (= Knoten)
l	Datei

Variablen und Daten:

K	=	Gesamtkosten des Systems (GE/ZE)
K_S	=	Gesamtspeicherkosten (GE/ZE)
K_T	=	Gesamtdatentransportkosten (GE/ZE)
T_{av}	=	durchschnittliche Verzögerung (ZE)
$\bar{T}$	=	vorgegebene durchschnittliche Maximalverzögerung (ZE)
Z_1	=	durchschnittliche Verfügbarkeit (Zuverlässigkeit) der Datei 1
$\bar{Z}_1$	=	vorgegebene durchschnittliche Mindestverfügbarkeit der Datei 1

Das Problem kann (ohne Ganzzahligkeits- und Nichtnegativitätsbedingungen) in verkürzter Schreibweise definiert werden zu:

<1> $\quad$ K $\qquad$ = $\qquad$ K_S $\qquad$ + $\qquad$ K_T $\qquad\qquad$ → min

$\qquad$ Gesamtkosten $\quad$ Gesamtspeicherkosten $\qquad$ Gesamtdatentransportkosten

<2> $\quad$ T_{av} $\qquad\qquad\qquad\qquad$ ≤ $\qquad\qquad$ $\bar{T}$

$\qquad$ durchschnittliche Verzögerung $\qquad\qquad$ maximale Verzögerung

<3> $\quad$ Z_1 $\qquad\qquad\qquad\qquad$ ≥ $\qquad\qquad$ $\bar{Z}_1$ $\qquad\qquad$ $\forall 1$

$\qquad$ durchschnittliche Verfügbarkeit $\qquad\qquad$ minimale Verfügbarkeit

Im weiteren wird untersucht, wie sich die einzelnen Terme zusammensetzen und beeinflussen.

Die **Gesamtdatentransportkosten** K_T errechnen sich zu

<4> $\qquad$ $K_T = \sum\limits_{ij} d_{ij} \cdot y_{ij}$

Hierin sind

d_{ij} $\quad$ = $\quad$ Kosten (GE/ZE) für die Verbindung i mit der Kapazitätsstufe j

y_{ij} $\quad$ = $\quad$ $\begin{cases} 1, \text{ wenn die Verbindung i die Kapazitätsstufe j besitzt} \\ 0, \text{ sonst} \end{cases}$

Es wird also die Summe der Leitungskosten für einen vorgegebenen Zeitraum errechnet. (Auf eine explizite Angabe der Summationsgrenzen wird verzichtet).

Die Nebenbedingung

<5> $\qquad$ $\sum\limits_{j} y_{ij} = 1$ $\qquad$ $\forall i$

stellt sicher, daß jeder Verbindung genau eine Kapazität zugeordnet wird.

Die **Gesamtspeicherkosten** K_S ergeben sich zu

<6> $$K_S = \sum_{kl} b_{kl} \cdot x_{kl}$$

wobei gilt:

b_{kl} = Kosten der Speicherung von Datei l in Knoten k

x_{kl} = $\begin{cases} 1, \text{ wenn die Datei l im Knoten k gespeichert wird} \\ 0, \text{ sonst} \end{cases}$

Als nächstes wird die Verzögerungszeitbedingung näher analysiert.

Die **Verzögerung** einer Nachricht ist abhängig von der Nachrichtenlänge, der Kapazität der Verbindung und dem zeitlichen Anfall der Daten. Der **Datenanfall** (in Nachrichten/sec) in einem Knoten k, der mit einer Datei l in einem anderen Knoten k' in Verbindung steht, besteht aus den vier Komponenten:

u_{kl} = Anfrageverkehr von Knoten k an Datei l

v_{kl} = Updateverkehr von Knoten k an Datei l

$\bar{u}_{kl}$ = Antwortverkehr, der durch den Anfrageverkehr u_{kl} initiiert wird

$\bar{v}_{kl}$ = Updateantwortverkehr, der durch den Updateverkehr v_{kl} initiiert wird

Bei den beiden ersten Größen handelt es sich um von dem Knoten k ausgehende Nachrichten, bei den beiden letzten um in den Knoten k eingehende Nachrichten.

Es wird die Anzahl von Kopien einer Datei l im System

$$q_l = \sum_k x_{kl}$$

bezeichnet und angenommen, daß der Datenverkehr von einem Knoten k an eine Kopie der Datei l gleichmäßig über alle Kopien verteilt ist.

Der gesamte Datenverkehr $\gamma_{kk'}$ von einem Knoten k an einen Knoten k' beträgt dann:

<7> $$\gamma_{kk'} = \sum_l \{ [u_{kl}/q_l] \, [1-x_{kl}] \cdot x_{k'l}$$

$\overline{\qquad\qquad}$

Anfrage von Knoten k an Knoten k'
[an eine von q_l Dateien]
$1-x_{kl} = 0$, falls Datei l in Knoten k

$+ \, v_{kl} \cdot x_{k'l}$

$\overline{\qquad}$

Update von Knoten k an Knoten k'
[an alle q_l Dateien]

$+ \, [\bar{u}_{k'l}/q_l] \, [1-x_{k'l}] \cdot x_{kl}$

$\overline{\qquad\qquad}$

Antworten von Knoten k an Knoten k' auf
Anfragen von Knoten k' an Knoten k
[von einer von q_l Dateien]

$+ \, \bar{v}_{k'l} \cdot x_{kl} \}$

$\overline{\qquad}$

Antworten von Knoten k an Knoten k' auf
Update von Knoten k' and Knoten k
[von allen von q_l Dateien]

Hieraus ergibt sich der gesamte Datenverkehr γ in dem Netzwerk

<8>
$$\gamma = \sum_k \sum_{k'} \gamma_{kk'}$$

$$= \sum_k \sum_l [(u_{kl} + \bar{u}_{kl})\,(1-x_{kl})$$

anfragebezogener Datenverkehr

$$+ (v_{kl} + \bar{v}_{kl})\,(q_l - x_{kl})]$$

updatebezogener Datenverkehr

Mit S_i wird die Menge der Senderknoten bezeichnet, deren Daten über eine Verbindung i zu einem Knoten einer Nichtschnittmenge $S_{i'}$ geleitet werden. Wird ein deterministischer Routing-Algorithmus unterstellt, d. h. ist der Weg, den eine Nachricht von einem Sender- zu einem Empfangsknoten einschlägt bekannt, so ergibt sich der Datenverkehr auf der Verbindung i zu

<9>
$$\lambda_i = \sum_{\substack{k \in S_i \\ k' \in S_{i'}}} \gamma_{kk'}$$

Mit diesen Werten kann mit Hilfe von Ergebnissen der analytischen Warteschlangentheorie (vgl. *Mahmoud, Riordan, Distributed Information Networks 1976*) die durchschnittliche Verzögerung einer Nachricht bestimmt werden nach (vgl. *Kleinrock, Queueing Systems 1976*):

<10>
$$T_{av} = \frac{1}{\gamma} \cdot \sum_i \frac{\lambda_i}{\mu(c_i - \lambda_i/\mu)} = \frac{1}{\gamma} \cdot \sum_i \frac{\lambda_i}{\mu c_i - \lambda_i}$$

Hierin bedeuten

$1/\mu$ = durchschnittliche Nachrichtenlänge in Bit

c_i = Übertragungskapazität der Verbindung.

Damit sind alle Größen der Nebenbedingungen <2> bekannt.

Die **Verfügbarkeit** (Zuverlässigkeit) einer Datei wird ausgedrückt durch die Wahrscheinlichkeit, daß auf die Datei zugegriffen werden kann, wenn ein Benutzer dies wünscht. Die Verfügbarkeit einer Datei in einem Rechnernetz wird durch die Ausfallwahrscheinlichkeiten der Verbindungen i und der Knoten k auf dem Weg vom Sender bis zum Empfänger bestimmt. Da von einer Datei mehrere Kopien bestehen und die Verbindungen zu ihnen nicht voneinander unabhängig sind (Teile eines Weges können identisch sein), ist eine analytische Ermittlung der Wahrscheinlichkeiten schwierig oder nur in Sonderfällen möglich, z. B. in einem Sternnetz.

Von Mahmoud und Riordan wird deshalb zur Vereinfachung unterstellt, daß diese Ausfallwahrscheinlichkeiten der Wege voneinander unabhängig sind. Die Wahrscheinlichkeit,
daß auf eine Datei l vom Knoten k aus zugegriffen wird, d. h. daß mindestens eine Kopie
auf einem intakten Weg erreicht werden kann, ist gleich

<11> $z_{kl} = 1 - \prod\limits_{k'} (1 - r_{kk'} \cdot x_{k'l})$

$r_{kk'}$ =   gegebene Zuverlässigkeit des Weges von k nach k'

Wird mit W_{kl} der gesamte Datenverkehr zwischen Knoten k und einer Datei l bezeichnet,
wobei gilt

<12> $W_{kl} = u_{kl} + \bar{u}_{kl} + v_{kl} + \bar{v}_{kl}$

So kann die mit dem Datenverkehr gewichtete Zuverlässigkeit Z_l einer Datei l durch

<13> $$Z_l = \frac{\sum\limits_{k} z_{kl} W_{kl}}{\sum\limits_{k} W_{kl}}$$

bestimmt werden. Damit wird die Zuverlässigkeitsnebenbedingung einer Datei l durch

<14> $Z_l \geq \bar{Z}_l$

gebildet.

Bei diesem Optimierungsmodell handelt es sich um ein ganzzahliges nichtlineares
Modell.

Seine Lösbarkeit bereitet erhebliche Schwierigkeiten, so daß für größere Probleme
heuristische Verfahren eingesetzt werden müssen. Das Modell zeigt aber, daß es grundsätzlich möglich ist, Gestaltungsprobleme von vernetzten EDV-Systemen unter
Kostengesichtspunkten optimal zu lösen.

C. Anwendungssoftware

Betriebswirtschaftliche Abläufe und Problemlösungen werden zunehmend von den in
Anwendungssoftware enthaltenen Konzeptionen geprägt. Deshalb muß die Betriebswirtschaftslehre versuchen, ihre Theorieergebnisse in die Anwendungssoftware einzubringen,
wenn sie die Gestaltung der Realität als eine ihrer Hauptaufgaben ansieht. Die unterschiedlichen "Techniken" zur Erstellung von Anwendungssoftware sowie ihre Ausprägungen sind deshalb von besonderer Bedeutung. Dieses gilt insbesondere für Standardsoftware, da sie immer mehr verbreitet wird und auch Vorlage vieler Eigenentwicklungen ist.
Neben dem Software-Engineering wird deshalb ausführlich auf Standardsoftware eingegangen.

Viele betriebswirtschaftliche Methoden benötigen für ihre numerische Lösung den Einsatz der Elektronischen Datenverarbeitung. Dieses betrifft z. B. daten- oder rechenintensive Optimierungsansätze, die innerhalb des Operations Research aufgestellt werden. Hier ermöglicht es die EDV, theoretisch aufgestellte Lösungsansätze anzuwenden und dadurch auch neue Impulse für Weiterentwicklungen zu erhalten. Methodenbanken stellen Software für entsprechende Anwendungen zur Verfügung und bilden deshalb den dritten Schwerpunkt der Anwendungssoftware.

Mit Expertensystemen wird eine neue Form von Anwendungssoftware entwickelt, die nicht nur eine Änderung der Architektur von Anwendungssoftware bedeutet, sondern auch des Verständnisses von betriebswirtschaftlicher Problemlösung.

C.I.   Computer Aided Software Engineering (CASE)

Im Vergleich zu den anderen behandelten Techniken stellt das Software-Engineering quasi eine "Meta-Technik" dar, da sie die Vorgehensweise zum sinnvollen Zusammenfügen von EDV-Techniken zu einer Problemlösung beschreibt. Obwohl in dem Begriff CASE die Software angesprochen ist, umfaßt der Entwurfsprozeß das gesamte Informationssystem, bestehend aus Benutzerschnittstelle, Datenbasis, Anwendungsphilosophie und Ablaufsteuerung. Da die Kosten für Softwareentwicklung und Softwarewartung gegenüber den Hardwarekosten aber immer mehr zunehmen, sind die Methoden vor allen Dingen auf diesen Bereich konzentriert.

Ziel des Computer Aided Software Engineering ist es, Softwaresysteme industriell zu erzeugen (vgl. *Balzert, Software-Systeme 1982, S. 3 ff.*). Dieses bedeutet, daß Softwaresysteme nicht mehr in "handwerklicher Einzelfertigung", sondern in rationeller arbeitenden Fertigungsformen wie Serienfertigung produziert werden (vgl. *Bauer, Software Engineering 1977, S. 530*).

Ein Hindernis besteht allerdings darin, daß ein Softwaresystem seiner Natur nach immer ein einmaliges Produkt ist. Selbst bei Standardsoftwaresystemen, die in vielen Exemplaren eingesetzt werden, liegt das Schwergewicht auf der Entwicklung des ersten Systems. Die anschließende Vervielfältigung durch Duplizierung ist dagegen eher trivial.

Wenn der Gegenstand von Anwendungssoftware betriebswirtschaftliche Fragestellungen sind, so besitzen auch Techniken zur Definition der Fragestellungen und Umsetzung in einen Systementwurf eine besonders enge Beziehung zur betriebswirtschaftlichen Stoffbehandlung.

C.I.1. Charakterisierung von Software-Engineering

C.I.1.1. Prinzipien, Methoden, Werkzeuge

Da das Software-Engineering theoretisch und praktisch sehr stark bearbeitet wird (vgl. z. B. die Literaturangaben bei *Stetter, Softwaretechnologie 1983; Hering, Software-Engineering 1989; Balzert, Software-Systeme 1982; Österle, Informationssysteme 1981*), ist eine Vielzahl von Methoden, die sich zum Teil nur unwesentlich voneinander unterscheiden, entwickelt worden. Trotzdem lassen sich einige Standards und Entwicklungstrends erkennen.

Generelle Zielsetzung aller Entwicklungsverfahren ist die Reduktion der Komplexität der Softwareentwicklung. Mit **Komplexität** wird dabei der Aufwand bezeichnet, mit dem ein Softwaresystem vom Menschen verstanden wird (vgl. *Österle, Informationssysteme 1981, S. 58*). Zur Entwurfsunterstützung werden **Prinzipien**, **Methoden** und **Werkzeuge** unterschieden (vgl. *Balzert, Software-Systeme 1982, S. 22 ff.*). **Prinzipien** sind allgemeine Grundsätze, die bei der Softwareentwicklung beachtet werden sollen. Hierzu gehört z. B. das Prinzip der Hierarchisierung, d. h. die Zerlegung eines Problems in Unterprobleme oder das Prinzip der Lokalität, d. h. die Konzentration von zusammengehörenden Informationen an einem Ort.

Eine **Methode** konkretisiert ein Prinzip in einer begründeten Vorgehensweise. Das Prinzip der Hierarchisierung wird z. B. durch eine Vorschrift, wie ein Problem so in Teilprobleme zerlegt wird, daß eine Baumstruktur entsteht, in einer Methode konkretisiert. **Werkzeuge** sind dann die konkreten EDV-gestützten Hilfsmittel des Methodeneinsatzes.

C.I.1.2. Phasenkonzepte

Zur Strukturierung des Softwareentwicklungsprozesses dient der **System Development Life Cycle (SDLC)**. Eine typische Gliederung der Entwicklungsphasen ist (vgl. *Balzert, Software-Systeme 1982, S. 17*):

1. Planung,
2. Definition,
3. Entwurf,
4. Implementierung,
5. Abnahme und Einführung,
6. Wartung und Pflege.

In der **Planungsphase** werden die grundsätzlichen Ziele und Notwendigkeiten für ein neues System ermittelt. Diese müssen insbesondere mit der generellen strategischen Planung der Unternehmung abgestimmt sein.

In der **Definitionsphase** werden die Anforderungen an das System aus den Benutzerwünschen definiert, eine Soll-Konzeption entwickelt und über den Vergleich mit der Ist-Situation eine Wirtschaftlichkeitsanalyse durchgeführt.

Das Ergebnis der Definitionsphase ist eine Systemspezifikation, die Ausgang für die **Entwurfsphase** ist. Hier werden Lösungen, die zur Erreichung der in der Definitionsphase festgelegten Anforderungen eingesetzt werden sollen, im einzelnen festgelegt. Insbesondere werden die Moduln des Systems definiert und die Datenstrukturen beschrieben.

Die **Implementierung** umfaßt die Programmierung und den Systemtest.

Im Rahmen der **Abnahme und Einführung** werden die Benutzer mit dem System geschult.

Die **Wartung und Pflege** des Systems umfaßt funktionale Erweiterungen sowie die Integration mit benachbarten neu hinzugekommenen oder geänderten Systemen. Gleichzeitig muß das System ständig an neue technische Änderungen des Umfeldes (z. B. Betriebssystemwechsel, Netzanschluß) angepaßt werden.

Es ist heute bekannt, daß der größere Teil der Kosten eines Softwaresystems erst nach seiner Fertigstellung, also im Bereich Wartung und Pflege entsteht. Weitere Erkenntnis ist, daß Fehler bei der Entwicklung eines Softwaresystems umso schwerer wiegen, je früher sie gemacht und je später sie entdeckt werden. Aus diesem Grunde konzentriert sich die Unterstützung der Softwareentwicklung nach anfänglichen Schwerpunkten im Bereich der Implementierung zunehmend auf die vorderen Phasen, insbesondere auf die Definitions- und Entwurfsschritte.

Das Phasenschema stellt zunächst einen sequentiellen Ablauf dar, der durch eine zunehmende Detaillierung gekennzeichnet ist. In der Praxis kann dieser Ablauf in der Regel nicht idealtypisch beibehalten werden, sondern durch Änderungen von Benutzeranforderungen oder durch ihre unklare Definition ergeben sich Rückkopplungen. Um auch zu vermeiden, daß die Zeitspanne zwischen der Definition der Benutzeranforderungen und deren Erfüllung durch ein lauffähiges System zu lang wird und damit beim Benutzer in der Zwischenzeit ein Gefühl der Untätigkeit aufkommt, wird das sogenannte Prototyping vorgeschlagen.

Beim **Prototyping** wird möglichst schnell aus den ersten Benutzeranforderungen ein lauffähiges Computerprogramm entwickelt, das den Benutzern vorgeführt wird und somit den Anforderungen gegenübergestellt werden kann.

Der Benutzer ist hierdurch eher in der Lage, die Konsequenzen von Benutzeranforderungen zu sehen und sie zu modifizieren oder zu präzisieren. Prototyping kann einmal in der Phase der Systemdefinition eingesetzt werden und dient damit als Methode zur Ermittlung von Benutzeranforderungen, die quasi die Benutzerbefragung oder Datenanalyse ergänzt. Daneben kann sie aber auch als konkurrierende Vorgehensweise zum Phasenkonzept betrachtet werden, wenn der Prototyp Ausgangspunkt des endgültigen Systems ist und ständig durch Rückkopplungen mit den zukünftigen Benutzern weiterentwickelt wird. Diese letztere Vorgehensweise wird insbesondere für die Entwicklung von Expertensystemen, also für die Lösung unstrukturierter oder schlecht strukturierter Probleme vorgeschlagen (vgl. *Kurbel, Pietsch, Expertensystem-Projekte 1989*).

C.I.1.3. Analyse- und Entwurfsmethoden

Zielsetzung von CASE ist es, durch die Zusammenstellung von Methoden den gesamten Lebenszyklus von Anwendungssystemen zu begleiten. Dadurch soll die Durchgängigkeit der einmal definierten Anforderungen bezüglich Funktionen und Daten über alle Phasen hinweg sichergestellt werden. Die einzusetzenden Werkzeuge werden dazu zu Softwareproduktionsumgebungen (SPU) zusammengestellt.

Die im Rahmen von CASE entwickelten Methoden können in unterschiedlichen Phasen eingesetzt werden. Im folgenden werden einige Methoden kurz vorgestellt, die insbesondere in den betriebswirtschaftlich wichtigen Phasen der Systemdefinition und des Systementwurfs verwendet werden können.

Es wurde herausgearbeitet, daß für die Entwicklung moderner Informationssysteme
1.   die Unterstützung von Prozeßketten (Vorgangsketten) und
2.   die Strukturierung der Unternehmensressource Daten
im Vordergrund stehen.
Auch bei den CASE-Methoden kann danach unterschieden werden, ob sie stärker die Funktions- oder Datensicht betonen. Mit Funktionen wird hier die ablauforganisatorische Sicht von Prozeßketten gemeint.

Daten- und **funktionsorientierte Verfahren** sind allerdings eng miteinander verbunden. Daten werden beschrieben, indem gezeigt wird, aus welchen Funktionen sie resultieren und für welche Funktionen sie benötigt werden (vgl. *Österle, Informationssysteme 1981, S. 84*); Funktionen werden beschrieben, indem die Transformation von Eingabedaten zu Ausgabedaten dargestellt wird. Beide Sichtweisen ergänzen und benötigen sich somit. Trotzdem können die Methoden nach dem Schwergewicht ihrer Ausrichtung unterschieden werden.

Bei einer **datenorientierten** Betrachtung wird die statische logische Datenstruktur, d. h. Entitytypen, Beziehungstypen und Attributtypen, festgelegt und der Datenfluß zwischen den Funktionen dargestellt (also alle in eine Funktion eingehenden und ausgehenden Daten). Bei dem Systementwurf und der Implementierung werden die Daten bis auf die Ebene des physischen Satzaufbaus definiert.

Bei einer **funktionsorientierten** Beschreibung wird die Transformation der Eingabe in eine Ausgabe inhaltlich beschrieben, die Funktion in Teilfunktionen einer Hierarchie zerlegt und die Funktionsfolge in einer Ablauflogik festgelegt (vgl. *Richter, ADVIS-Methodenpackage 1981, S. 01.08.0 ff.*).

Datenorientierte Beschreibung

Der logische Entwurf von Datenstrukturen wurde bereits ausgiebig behandelt (vgl. Kapitel 2, Punkt A.I.). Es sei aber angemerkt, daß viele Software-Engineering-Werkzeuge bisher den Entwurf von Datenstrukturen noch nicht in ausreichendem Maße berücksichtigen.

Die Darstellung des Datenflusses bringt eine sinnvolle Ergänzung zur statischen Betrachtungsweise der Datenstruktur. Hierfür werden das **Datenflußdiagramm** und die **Blasendiagrammtechnik** als klare und einfache Darstellungsmethoden aufgeführt, wobei die Blasendiagrammtechnik die wirksamere Methode ist. Sie stellen gleichsam eine Verbindung zwischen Datenstrukturen und Funktionen (Prozeßketten) her. Die Prozeßbeschreibung (z. B. in Form eines Vorgangskettendiagramms) liefert die einzelnen Teilfunktionen und das Datenmodell die Dateibezeichnungen.

Datenflußdiagramme stellen die von bestimmten Funktionen benötigten Daten und die bei der Verarbeitung entstehenden Datenbestände dar. Dadurch wird die Reihenfolge der Aufgabenbearbeitung deutlich und die Verflechtung zwischen Daten und Programmfunktionen einer Prozeßkette dargestellt. Für die unterschiedlichen Datenträger und Bearbeitungsformen sind die Symbole normiert (vgl. Abbildung 2.C.I.01).

Abb. 2.C.I.01: Symbole für Datenflußdiagramme (in Anlehnung an DIN 66001)

Der Datenfluß der Prozeßkette Auftragsbearbeitung im Batchbetrieb ist in grober Form in Abbildung 2.C.I.02 dargestellt.

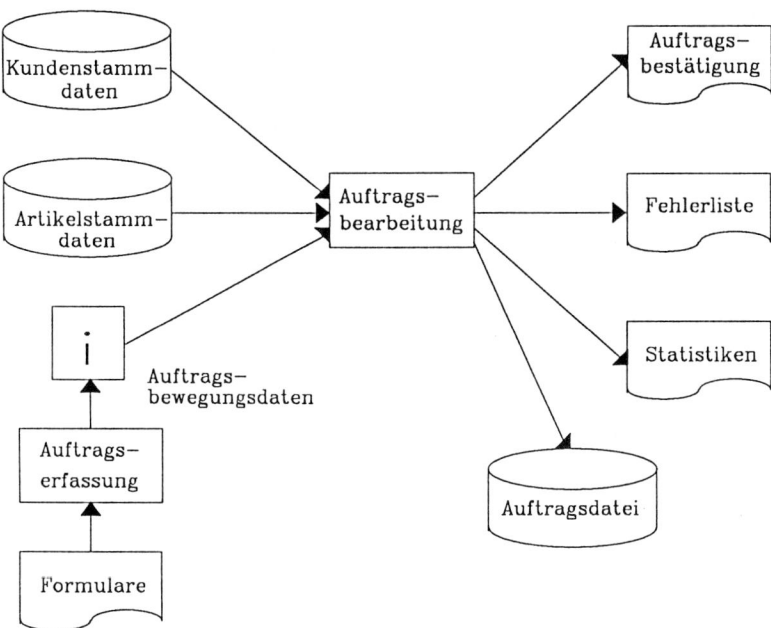

Abb. 2.C.I.02: Datenflußplan: Auftragsbearbeitung im Batchbetrieb

Die Auftragsdaten werden an Datenerfassungsplätzen auf Disketten geschrieben und anschließend der Auftragsbearbeitung übergeben. Die Verarbeitung benötigt weiter die Stammdaten für Kunden und Artikel. In der Plausibilitätsprüfung werden zunächst die Gültigkeit der Artikel- und Kundennummern festgestellt und die Auftragsmengen vom Lagerbestand reserviert. Anschließend druckt man Auftragsbestätigungen und Fehlerprotokolle sowie Statistiken über den Auftragseingang. Die akzeptierten Auftragsdaten, um Zusatzinformationen aus den Stammdaten und einem akzeptierten Liefertermin ergänzt, werden in der Auftragsdatei gespeichert.

Der Einsatz von Datenflußplänen ist weit verbreitet und in vielen einführenden Büchern zur EDV beschrieben.

Mit Hilfe von **Blasendiagrammen** (vgl. *De Marco, Structured Analysis 1979*) können die Datenschnittstellen zwischen einzelnen Programmfunktionen detaillierter und variabler dargestellt werden (vgl. *Richter, ADVIS-Methodenpackage 1981, S. 03.040*). Dagegen werden keine Angaben über die Art der Speichermedien (Platte, Diskette usw.) gemacht.

Die wichtigsten Symbole der Blasendiagrammtechnik sind in Abbildung 2.C.I.03 angegeben:

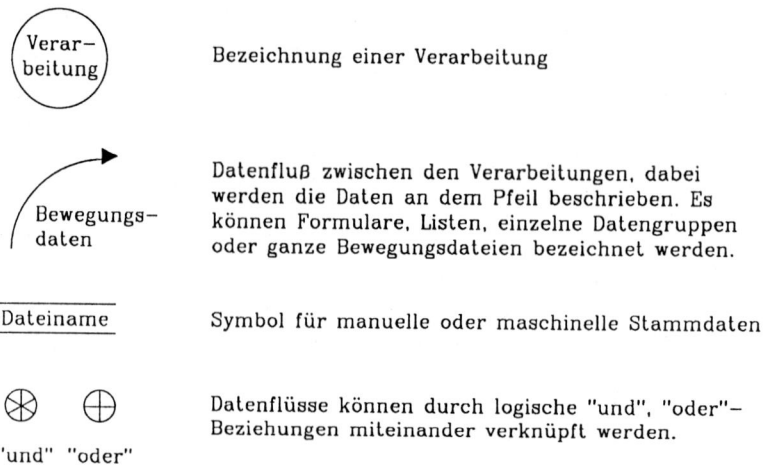

Abb. 2.C.I.03: Symbole der Blasendiagrammtechnik

Das sich selbst erklärende Beispiel der Auftragsbearbeitung in Abbildung 2.C.I.04 macht die gegenüber einem Datenflußdiagramm vielfältigeren Darstellungsmöglichkeiten deutlich.

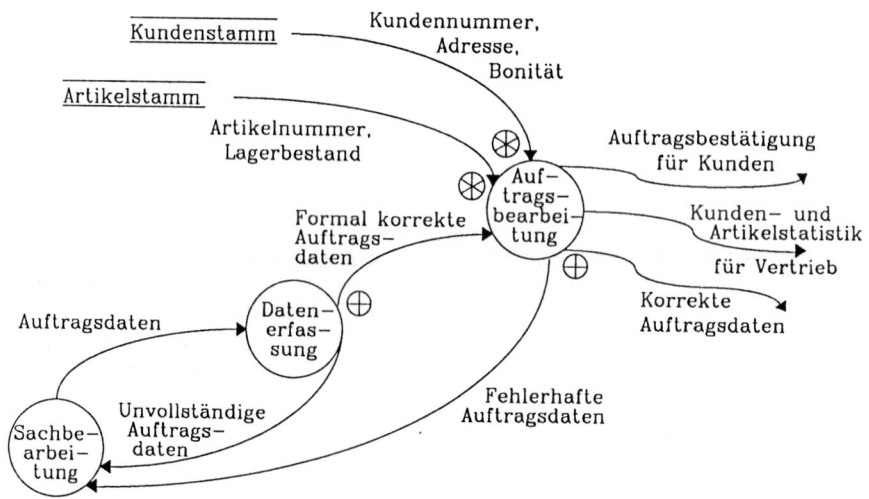

Abb. 2.C.I.04: Blasendiagramm: Auftragsbearbeitung

Die Blasendiagrammtechnik kann sowohl auf einer Grobplanungsebene als auch für den Feinentwurf eingesetzt werden und unterstützt damit die Durchgängigkeit im Phasenkonzept.

Da die Blasendiagramme weitgehend formatfrei sind und nahezu ohne Erläuterungen interpretiert werden können, sind sie ein gut geeignetes Mittel zur Kommunikation zwischen Betriebswirtschaftslehre und EDV.

Die Verbindung zur statischen Beschreibung der Datenstrukturen wird über die Dateinamen und die Attributnamen hergestellt. Diese Begriffe werden bei der Konstruktion der Datenstrukturen eingeführt und dann für die Datenflußpläne übernommen.

Die als Blasen dargestellten Verarbeitungen sind Teilvorgänge/Arbeitsschritte einer Prozeßbeschreibung, z. B. gemäß der Vorgangskettendiagramme (vgl. Abbildung 2.A.III.01). Die Blasendiagramme verbinden somit die statischen Daten- und Vorgangsbeschreibungen zu einem Verlaufsmodell (vgl. Abbildung 2.C.I.05).

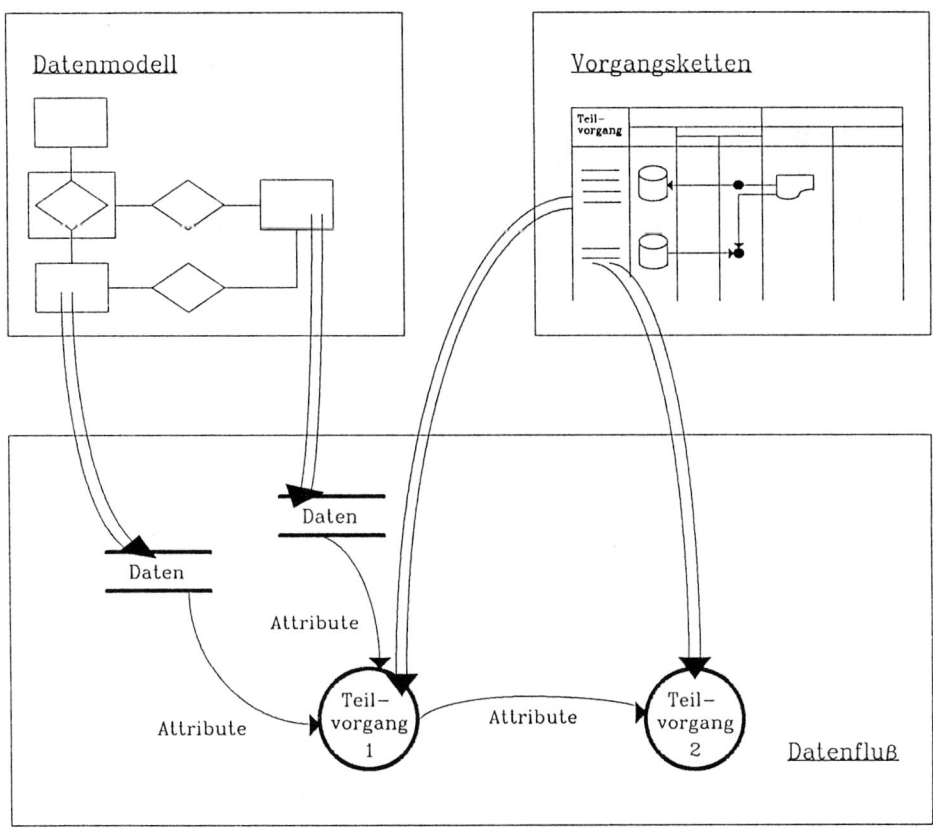

Abb. 2.C.I.05: Verbindung von Daten- und Vorgangsmodell

Funktionsorientierte Beschreibung

Zur Darstellung von Funktionen wird zunächst das Prinzip der **Hierarchisierung** zur Reduktion der Komplextität von Prozeßketten genannt. Zur Darstellung eignen sich HIPO-Hierarchiediagramme (HIPO = Hierarchy plus Input-Process-Output). **Hierarchiediagramme** sind auch in vielen anderen Software-Entwicklungsmethoden eingesetzt. Zur Beschreibung der Funktionen selbst, d. h. der Transformationsregeln von Eingaben zu Ausgaben, eignen sich Funktionsdiagramme nach HIPO oder nach Nassi/Shneiderman (vgl. *Nassi, Shneiderman, Flowchart Techniques 1973, S. 12 ff.*).

Hierarchiediagramme sind selbsterklärend, wie Abbildung 2.C.I.06 für das Beispiel der Auftragsabwicklung zeigt. Sie lassen sich auf unterschiedlichen Hierarchieebenen anfertigen, wie es in der Abbildung für die Teilfunktion Reservierung angegeben ist.

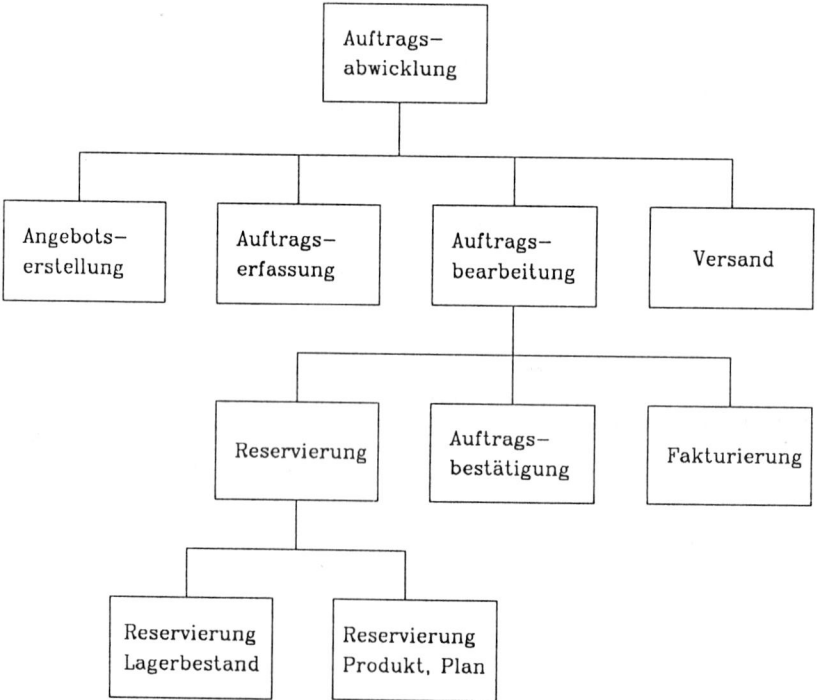

Abb. 2.C.I.06: HIPO-Diagramm: Auftragsbearbeitung

Zur Beschreibung einer Funktion und der zeitlichen Folge der Funktionsausführung wurden früher häufig **Programmablaufpläne** eingesetzt. Diese besitzen aber den Nachteil, daß sie für kompliziertere Strukturen mit vielen Verzweigungen unübersichtlich werden und Grundsätze der Strukturierten Programmierung nicht unterstützen. Insbesondere sind Wiederholungen von Programmteilen schwer erkennbar.

Das Funktionsdiagramm von HIPO zeigt den Fluß zwischen Eingabe, Verarbeitung und Ausgabe. Die **Strukturierte Programmierung** verwendet lediglich die drei **Kontrollstrukturen** Reihung, Verzweigung und Wiederholung. Dadurch werden Sprünge, die zu unübersichtlichen und damit fehlerträchtigen Progammen führen, vermieden. Die Strukturierte Programmierung zerlegt gleichzeitig die Funktionen in Moduln (Strukturblöcke). Ein **Modul** ist eine Funktionseinheit mit definiertem Ein- und Ausgang.
In Abbildung 2.C.I.07 sind die Symbole für die Kontrollstrukturen dargestellt, und in Abbildung 2.C.I.08 ist ein Ausschnitt der Auftragsabwicklung mit diesen Darstellungsmitteln beschrieben.

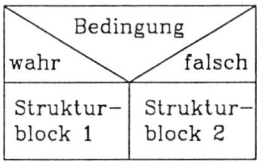

Reihung:
    Mehrere Anweisungen werden
    innerhalb des Strukturblocks
    nacheinander ausgeführt.

Verzweigung:
    Ist die Bedingung wahr, so wird
    Strukturblock 1 ausgeführt,
    sonst Strukturblock 2.

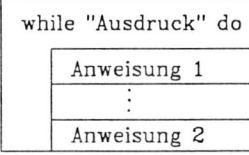

Wiederholung (Schleife):
    Die Anweisungen in dem Struk-
    turblock werden so lange
    wiederholt, wie der "Ausdruck"
    wahr ist.

Abb. 2.C.I.07: Kontrollstrukturen der Strukturierten Programmierung

Struktogramme eignen sich sowohl zur Beschreibung globaler Zusammenhänge als auch detaillierter Abläufe bis zu Programmvorhaben. Dadurch sind sie auch zur differenzierten Darstellung betriebswirtschaftlicher Entscheidungsregeln gut geeignet.
Für die Beschreibung der Mensch-Computer-Interaktion in Dialogabläufen wurde in Kapitel 2, Punkt B.I.3. mit **Interaktionsdiagrammen** eine weitere Beschreibungssprache eingeführt. Ergänzend dazu wird auf **Structure Charts** zur Modulbildung und Transaktionsdefinition hingewiesen (vgl. *Awad, Management Information Systems 1988, S.* 460 f.).

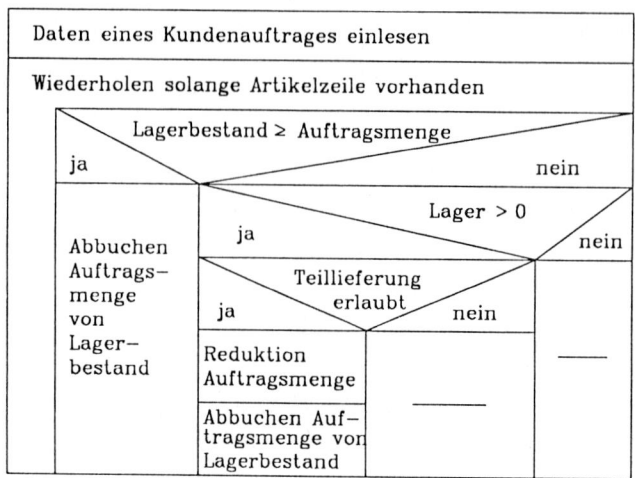

Abb. 2.C.I.08: Struktogramm: Auftragsbearbeitung

Die genannten Methoden werden von **Softwareproduktionsumgebungen** EDV-mäßig unterstützt. Beispiele hierfür sind PREDICT CASE, IEW, PROMOD, STRATOS und Excelerator. Mit Hilfe des Systems Excelerator können Grafiken zur Systementwicklung gestaltet und verwaltet, Daten beschrieben (Data Dictionary), Dokumentationen und Analysen unterstützt werden. Beispielsweise werden die angeführten Blasendiagramme sowie auch das Entity-Relationship-Datenmodell grafisch unterstützt (vgl. *Index Technology, Excelerator 1988*).

Der Übergang von dem konzeptionellen Entwurf und Umsetzung durch ein CASE-Tool ist in den Abbildungen 2.C.I.09a bis 2.C.I.09c dargestellt. In Abbildung 2.C.I.09a wird gezeigt, wie aus dem Entity-Relationship-Modell der Abbildung 2.A.I.08 computermäßig die Grafik mit Hilfe des Systems IEW gestaltet werden kann.

Entitytypen werden wie in Abbildung 2.A.I.08 als Kästchen gezeichnet. Beziehungstypen können auch selbst Attribute besitzen und werden dann nicht allein durch Pfeile, sondern durch von einem Kästchen umschlossene Rauten dargestellt. Diese Beziehungstypen können selbst wieder in Beziehungen eingehen und sind damit von vornherein uminterpretiert.

Die zwei Symbole an den Pfeilenden kennzeichnen die Anzahl der jeweiligen Beziehungsausprägungen. Dabei bezeichnet das dem Objekt am nächsten stehende Symbol die maximale Anzahl der Beziehungsausprägungen, das folgende die minimale Anzahl. Der Dreifuß bedeutet "viele" Ausprägungen, ein Strich "eine" und der Kreis "keine" Ausprägung.

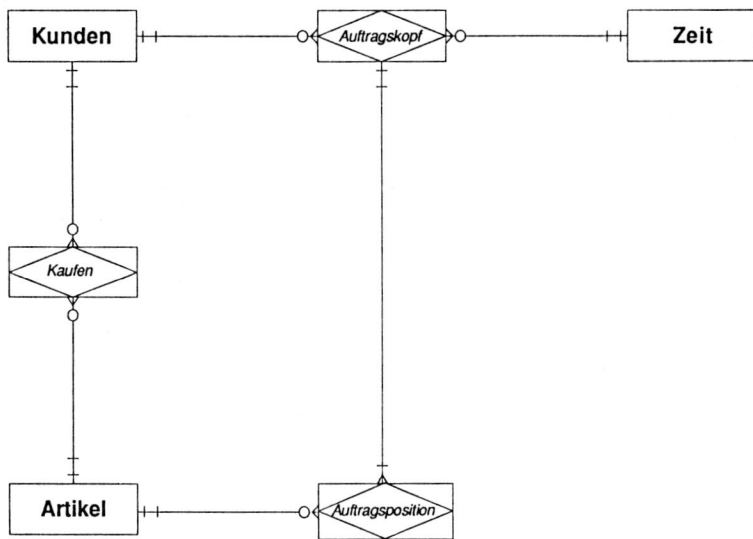

Abb. 2.C.I.09a: Gestaltung eines ERM durch das CASE-Tool IEW

Ein Artikel geht also in mindestens "keine" und in höchstens "viele" Auftragspositionen ein. Eine Auftragsposition wiederum umfaßt mindestens "einen" und höchstens "einen" Artikel, also "genau" einen.

Die Angabe der Mindestgrenzen ist wegen der Integritätsbedingungen interessant.

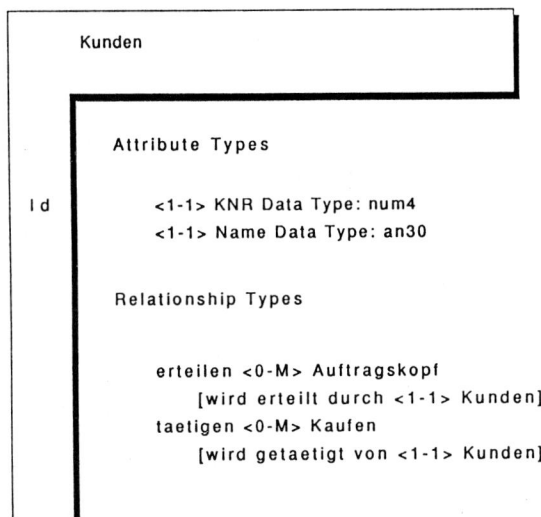

Abb. 2.C.I.09b: Definition einer Relation durch das CASE-Tool IEW

136

```
CREATE TABLE Kunden
   (KNR                    INTEGER              NOT NULL,
    Name                   CHAR(30)             NOT NULL);

CREATE UNIQUE INDEX ?index_name
   ON Kunden
      (KNR);

CREATE TABLE Zeit
   (Datum                  DATE                 NOT NULL);

CREATE UNIQUE INDEX ?index_name
   ON Zeit
      (Datum);

CREATE TABLE Auftragskopf
   (KNR                    INTEGER              NOT NULL,
    Datum                  DATE                 NOT NULL,
    Bearbeiter             CHAR(30)             NOT NULL);

CREATE UNIQUE INDEX ?index_name
   ON Auftragskopf
      (KNR,
       Datum);

CREATE TABLE Artikel
   (ANR                    INTEGER              NOT NULL,
    Bezeichnung            CHAR(30)             NOT NULL);

CREATE UNIQUE INDEX ?index_name
   ON Artikel
      (ANR);

CREATE TABLE Kaufen
   (KNR                    INTEGER              NOT NULL,
    ANR                    INTEGER              NOT NULL,
    Menge                  INTEGER              NOT NULL);

CREATE UNIQUE INDEX ?index_name
   ON Kaufen
      (KNR,
       ANR);

CREATE TABLE Auftragsposition
   (ANR                    INTEGER              NOT NULL,
    KNR                    INTEGER              NOT NULL,
    Datum                  DATE                 NOT NULL,
    Menge                  INTEGER              NOT NULL,
    Preis                  INTEGER              NOT NULL);

CREATE UNIQUE INDEX ?index_name
   ON Auftragsposition
      (ANR,
       KNR,
       Datum);
```

Abb. 2.C.I.09c: Datenbeschreibung für das Datenbanksystem DB/2

In einem nächsten Schritt werden für jeden Entity- und Beziehungstyp die Attribute in Form einer Tabelle angelegt sowie die Formate der Attribute vereinbart. Ebenso können hier die maximalen und minimalen Häufigkeiten des Auftretens von Attributen in einer Tabelle angegeben werden. Dies ist exemplarisch für den Entitytyp KUNDEN in Abbildung 2.C.I.09b dargestellt.

Aus den Beschreibungen wird das relationale Datenmodell erzeugt. Hier können zusätzliche Manipulationen an Primär- und Sekundärschlüsseln vorgenommen sowie weitere Indizes vereinbart werden. Aus Platzgründen werden diese Tabellen nicht aufgeführt. Im nächsten Schritt wird dann aus dem relationalen Datenmodell das Datenbankschema eines konkreten Datenbanksystems automatisch erzeugt. Dies ist für das Beispiel in Abbildung 2.C.I.09c angegeben.

Im jetzigen Entwicklungsstadium des Tools kann es jedoch ratsam sein, den erzeugten Code einer nochmaligen Bearbeitung zu unterziehen. Weiterentwicklungen sollen jedoch vorhandene Schwächen bei der Code-Generierung beseitigen.

C.I.2. Betriebswirtschaftliche Umsetzung von Software-Engineering

Der enge Bezug zur betriebswirtschaftlichen Umsetzung ist bereits bei der Beschreibung der Methoden deutlich geworden. Hier bietet sich für die Betriebswirtschaftslehre eine wirksame Möglichkeit, ihre Lösungsansätze in einer EDV-gerechten Form darzustellen. Hierdurch wird nicht nur eine größere EDV-Nähe erreicht, sondern die strukturierte Vorgehensweise erweitert auch die betriebswirtschaftliche Sicht.

Bei der entscheidungsorientierten Betriebswirtschaftslehre wurde häufig die Vorgehensweise

1.   Zielsetzung,

2.   Modellbildung,

3.   Entscheidung

vorgeschlagen. Dabei wurde die Zielsetzung in der Regel als gegeben angenommen und die Stufe der Entscheidung lediglich mit der Lösung des Modells gleichgesetzt.

Eine Einbettung des Entscheidungsproblems in einen größeren Zusammenhang der Datenversorgung, organisatorischen Eingliederung in benachbarte Anwendungen usw. wurde dagegen nicht betrachtet.

Der Softwareentwicklungsprozeß umfaßt deshalb ein breiteres Problemfeld. Das Einbringen von Entscheidungsmodellen würde im Rahmen des Softwareentwurfs stattfinden. Gerade die Einfachheit und Transparenz der vorgestellten grafisch orientierten Verfahren ermöglicht es der Betriebswirtschaftslehre, ohne hohen zusätzlichen Lernaufwand eine EDV-gerechte Darstellung ihrer Problemlösungen anzubieten. Dadurch kann die Sprachbarriere zwischen betriebswirtschaftlichen Fachvertretern und den EDV-Spezialisten wesentlich verringert werden. Unabhängig von ihrem EDV-Bezug sind die Beschreibungsmethoden eine effiziente und klare Ergänzung der in der Betriebswirtschaftslehre üblichen verbalen oder mathematischen Beschreibung von Problemlösungen.

C.I.3. Betriebswirtschaftliche Gestaltung von Software-Engineering

Die Betriebswirtschaftslehre kann in drei Feldern gestalterisch auf das Software-Engineering einwirken:

1. Bereitstellung von betriebswirtschaftlichen Methoden zur Projektsteuerung,
2. Weiterentwicklung der Konzeptionen des Software-Engineerings,
3. Unterstützung einzelner Phasen durch betriebswirtschaftliche Methoden.

Softwareentwicklungsvorhaben erfüllen die Definition von **Projekten**: Sie sind ein zeitverbrauchendes Geschehen mit definiertem Anfang und Ende und bestehen aus einer Reihe miteinander verbundener Teilvorgänge. Aus diesem Grunde kann das betriebswirtschaftliche Instrumentarium zur Projektplanung und -steuerung auch wirkungsvoll bei Softwareentwicklungsprojekten eingesetzt werden. Dieses gilt z. B. bezüglich der Zeitplanung für den Einsatz der Netzplantechnik sowie der damit verbundenen Verfahren der Kosten- und Kapazitätsplanung (vgl. *Hansel, Lomnitz, Projektleiter-Praxis 1987; Kuba, Projektorganisation 1987*).

Aufgrund der Nähe der ersten drei Phasen des Softwareentwicklungszyklus zu der betriebswirtschaftlichen Problemstellung selbst kann die Konzeption des Entwicklungsprozesses unter betriebswirtschaftlichen Aspekten diskutiert werden. Beispielsweise kann das lineare Phasenkonzept mit dem Konzept ineinander verschachtelten Regelkreisen des Prototypings gegeneinander abgewogen werden.

Auch innerhalb einzelner Teilschritte ergeben sich enge Verbindungen zu betriebswirtschaftlichen Fragestellungen. Zur Phase 2, der Systemdefinition oder Feasibility Study, gehört ebenfalls die Ermittlung der Wirtschaftlichkeit des geplanten Projektes. Hierbei sind auch Alternativen zur Zielrealisierung zu generieren und zu bewerten. Verfahren zur Wirtschaftlichkeitsrechnung für EDV-Projekte werden seit längerer Zeit von der Betriebswirtschaftslehre bearbeitet. Allerdings ergeben sich gegenüber materiellen Investitionsprojekten erhebliche Unterschiede: Neben monetären Größen sind in großem Umfang qualitative Kosten- und Nutzenfaktoren in die Rechnung einzubeziehen. Die beschriebenen Integrationseffekte durch Bildung von Vorgangsketten und Datenintegration erschweren die Zurechenbarkeit der Kosten- und Nutzenfaktoren zu einzelnen Projekten. Aus diesem Grunde können Integrationsansätze, wie sie auch in der betriebswirtschaftlichen Investitionsplanung entwickelt wurden, in erweiterter Form neue Ansätze zur wirtschaftlichen Gestaltung von Informationssystemen liefern.

C.II. Standardanwendungssoftware

C.II.1. Charakterisierung von Standardsoftware

Standardanwendungssoftware sind von Softwarehäusern und Hardwareherstellern für einen anonymen Markt entwickelte Programmsysteme zur Lösung von Anwendungsproblemen. In Abbildung 2.C.II.01 ist die Stellung der Standardanwendungssoftware mit ihren Ausprägungen innerhalb der Software dargestellt.

Nachdem in den ersten Jahren des EDV-Einsatzes die Anwendungssoftware von den Anwendern selbst erstellt wurde, tritt in den letzten Jahren immer mehr der Einsatz von Standardsoftware in den Vordergrund.

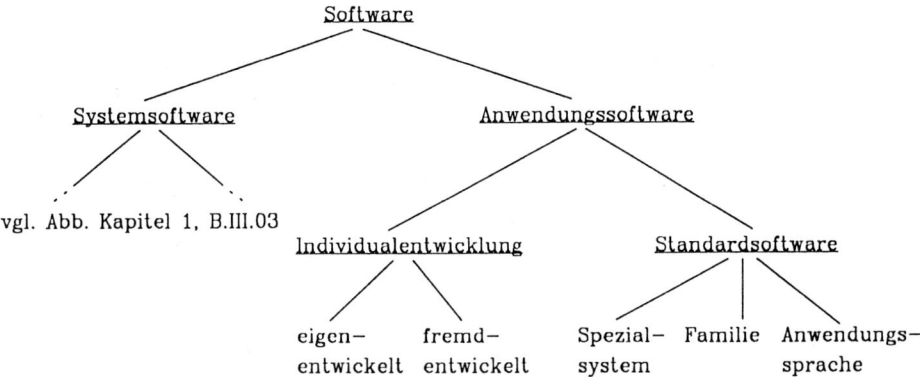

Abb. 2.C.II.01: Klassifikation von Software

Im ISIS-Report (vgl. *Nomina, ISIS-Software Report 1989*) stellen halbjährlich Anbieter von Standardsoftware ihre Produkte mit den Implementierungszahlen vor. Allerdings weisen im ISIS-Bericht die relativ geringen Implementierungszahlen vieler Produkte darauf hin, daß hier keine Standardsoftware im oben genannten Sinne vorliegt. Viele Systeme sind für einzelne Anwender individuell entwickelt worden, werden dann aber zur Amortisation der Entwicklungskosten auch anderen Anwendern angeboten.

Gründe für den vermehrten Einsatz von Standardsoftware sind ihre gestiegene betriebswirtschaftliche und EDV-technische Qualität, Kostenvorteile und Zeitersparnisse gegenüber der Eigenentwicklung. Abbildung 2.C.II.02 veranschaulicht die aus mehreren empirischen Untersuchungen (vgl. *Österle, Informationssysteme 1981, S. 20 ff.*) zusammenge-
stellten Kostenanteile eines selbstentwickelten Anwendungssystems während seines
Lebenszyklus. Es zeigt sich, daß lediglich ein Viertel der Kosten während der Entwicklung
anfällt, wogegen drei Viertel nach der Installation, d. h. während der Wartungsphase,
verursacht werden.

Untersucht man die einzelnen Entwicklungsphasen danach, ob der Einsatz von Standardsoftware Kostenvorteile bringt, so ergibt sich jeweils ein unterschiedliches Bild.

Durch den Einsatz von Standardsoftware können innerhalb der **Entwicklungsphase** der
Implementierungsaufwand (einschließlich der Programmierung) und der Testaufwand reduziert werden, da das Standardsystem bereits programmiert und ausgetestet vorliegt.
Dieser Vorteil verringert sich allerdings, wenn zur Anpassung an individuelle Wünsche
des Anwenders umfangreiche Programmänderungen erforderlich sind.

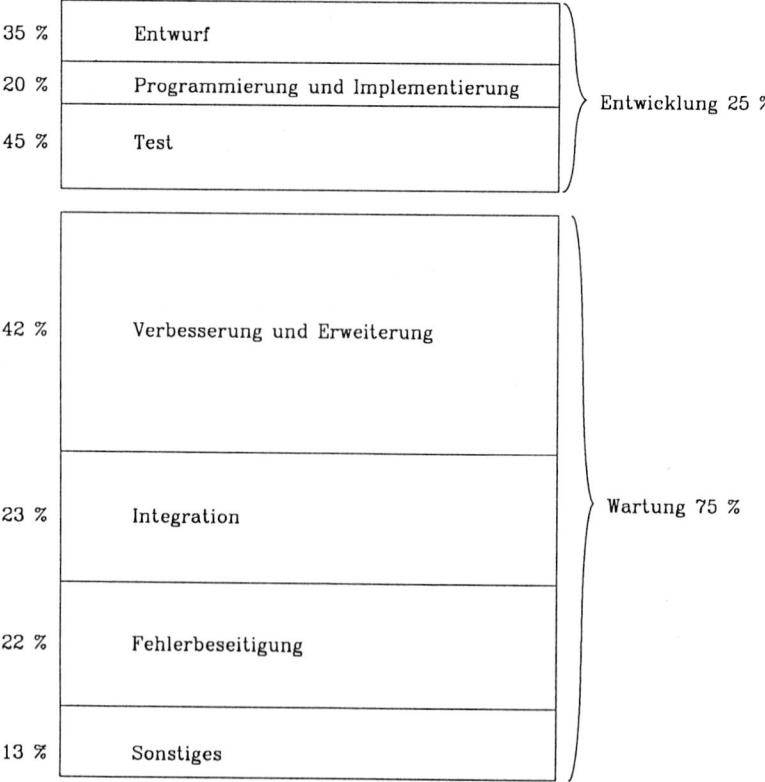

Abb. 2.C.II.02: Software-Kosten-Relationen bei Eigenentwicklung

Bei der Entwicklung des **Sollkonzeptes** wird dagegen kaum eine Kostenreduktion eintreten, da gerade für den Einsatz von Standardsoftware ein ausführliches Sollkonzept entwickelt werden muß. Aus diesem wird ein Pflichtenheft für die Auswahl des geeigneten Pakets abgeleitet. Andererseits sollte man auch bei einer Eigenentwicklung Unterlagen von Softwareanbietern während der Erarbeitung eines Sollkonzeptes heranziehen, da hier häufig interessante und betriebswirtschaftlich fortschrittliche Lösungen erarbeitet worden sind.

Im Bereich der **Wartung** lassen sich durch Standardsoftware Kosten gegenüber der Eigenentwicklung bei der Fehlerbeseitigung sowie der Erweiterung und der Integration reduzieren. Da Standardsoftware von vielen Anwendern eingesetzt wird, ist sie in der Regel beim Einsatz relativ fehlerfrei, es sei denn, der Anwender ist ein sogenannter Pilotanwender. Standardsoftware wird von dem Hersteller ständig dem EDV-technischen Niveau angepaßt, um weiter marktfähig zu sein. Gleichzeitig berücksichtigt man Wünsche der Anwender zur Erweiterung und Verbesserung, so daß jeder Anwender auch in den Genuß von Vorschlägen anderer Nutzer kommt. Gerade in der Verlagerung der Verantwortung für die Programmwartung auf den Hersteller liegt ein wesentlicher Vorteil beim Einsatz von Standardsoftware.

Da die Entwicklungskosten für Standardsoftware auf viele Nutzer verteilt werden können, ist der Anschaffungspreis für den einzelnen Anwender entsprechend niedriger. Als grobe Richtschnur kann gesagt werden, daß der Preis eines Standardsoftwarepaketes lediglich 5 % bis 20 % der Kosten der Eigenentwicklung ausmacht. Hierbei ist allerdings zu berücksichtigen, daß Anpassungen oder Erweiterungen des Standardsystems erforderlich sein können, deren Kosten zum Anschaffungspreis hinzugerechnet werden müssen. Trotzdem bleibt in der Regel ein erheblicher Kostenvorteil bestehen.

Da die in Abbildung 2.C.II.02 angesetzten Kosten sich weitgehend mit Personalkosten gleichsetzen lassen, zeigt sie auch die hohe Kapazitätsbindung innerhalb der EDV-Abteilungen für Wartungsaufgaben. Sie hat dazu geführt, daß in vielen EDV-Bereichen kaum noch Entwicklungskapazität besteht; man spricht in diesem Zusammenhang auch von der Krise der Anwendungssoftware und dem Anwendungsrückstau. Um diese zu beheben, werden im Rahmen des Software-Engineering Verfahren zur rationelleren Erstellung von Softwaresystemen entwickelt. Diese sind aber bezüglich der Zeiteinsparung noch sehr vorsichtig zu beurteilen. Deshalb ist der Einsatz von Standardsoftware zur Zeit das wichtigste Instrument zur schnelleren Einführung neuer Anwendungssysteme.

Bei Standardsoftware kann zwischen sprachenorientierten Systemen, Spezialprogrammen und Software-Familien unterschieden werden (vgl. Abbildung 2.C.II.01). Bei **sprachenorientierten Systemen** wird ein "Baukasten" von Funktionen eines bestimmten Anwendungsgebietes bereitgestellt, aus dem sich der Anwender sein speziell benötigtes System selbst zusammenstellen kann. Beispiele für derartige Systeme sind das System MIMS (Mitrol Industrial Management System) von General Electric Informations Services (vgl. *General Electric, MIMS 1981*) für den Bereich der Produktionsplanung und -steuerung, PROKOS von mbp für Kostenrechnung oder INFPLAN von Siemens AG für Kostenrechnung und Planung. In neuerer Zeit ist auch das Application Enabler-Konzept der IBM zur Entwicklung von CIM-Systemen zu nennen. Ihr Vorteil liegt in der hohen Flexibilität, ihr Nachteil aber darin, daß der Anwender das betriebswirtschaftliche Lösungskonzept weitgehend selbst erarbeiten muß.

Spezialprogramme werden für eng abgegrenzte Aufgaben eingesetzt, so z. B. für die Anlagenbuchhaltung, Versandsteuerung oder Instandhaltungsplanung. Ihre Vorteile können in dem hohen betriebswirtschaftlichen und EDV-technischem Niveau bestehen, ihr Nachteil liegt in der Schwierigkeit, sie mit angrenzenden Systemen zu verknüpfen.

Anwendungssoftware-Familien sind integrierte Systeme für ein größeres betriebswirtschaftliches Anwendungsgebiet (ganze betriebliche Bereiche oder sogar bereichsübergreifend).

Unter Integration wird in diesem Zusammenhang verstanden, daß die Programme aufeinander aufbauen. Daten werden von einem Programm selbständig an ein anderes übergeben (z. B. auch unter Nutzung eines gemeinsamen Datenbanksystems), und es existiert ein einheitliches Konzept für die Benutzersicht (z. B. Terminalmasken, Dialogsteuerung) und die Datensicherung.

Die Familie R. des Softwarehauses SAP bildet für die Bereiche Auftragsbearbeitung, Finanzbuchführung, Kostenrechnung, Materialwirtschaft und Produktionsplanung ein integriertes Konzept. Die Familie M110 der Plaut Software AG ist ein integriertes System des betrieblichen Rechnungswesens. Das Softwarehaus ADV/ORGA bietet für die Bereiche Lohn, Kostenrechnung und Finanzbuchhaltung eine Software-Familie an. Auch die Integrierte Software (IS) der Siemens AG folgt diesem Gedanken. Generell zeichnet sich ein Trend zur Entwicklung und zum Einsatz von Programmfamilien ab. Der betriebswirtschaftliche Funktionsumfang einiger bekannter Standardsoftware-Familien ist in Abbildung 2.C.II.03 eingetragen.

Der Vorteil beim Einsatz einer Programmfamilie liegt in ihrer bereits vom Hersteller vollzogenen Integration. Der komplette Einsatz einer Programmfamilie wird allerdings erschwert, wenn Anwender bereits für Teilfunktionen eigenentwickelte oder vorher fremdbezogene Softwaresysteme installiert haben. Nur in den Fällen, in denen ein Anwender

- einen großen Nachholbedarf besitzt,
- die vorhandenen Systeme EDV-technisch oder betriebswirtschaftlich überaltert sind und ohnehin sehr stark überarbeitet werden müssen,

kann sofort eine gesamte Software-Familie installiert werden. Der damit verbundene Implementierungsaufwand ist allerdings nicht zu unterschätzen.

Anbieter / Betriebswirtschaftlicher Funktionsumfang	ADV/ORGA (I..S)	COMMAND (FRIDA)	IBM (COPICS)	IBM MAPICS II	NIXDORF (COMET)	PANSOPHIC (PR/MS)	PLAUT (M120)	SAP (R.)	SIEMENS (Siine-IS)	STEEB (S...)
Vertrieb										
– Auftragsbearbeitung	x		x	x	x	x	x	x	x	x
– Versand	x	x	x	–	x	x	x	x	x	x
– Statistiken	–	x	x	x	x	x	x	x	x	x
Finanzbuchführung										
– Debitoren	x	x	–	x	x	x	x	x	x	x
– Kreditoren	x	x	–	x	x	x	x	x	x	x
– Anlagen	x	x	–	x	x	–	x	x	x	x
– Sachkonten	x	x	–	x	x	x	x	x	x	x
– Material (Wert)	x	x	–	x	x	x	x	x	x	x
Personal										
– Lohn u. Gehalt	x	x	–	x	x	–	–	x	x	x
– Personalinformationen	x	x	–	–	x	–	–	x	x	x
Kostenrechnung										
– Kostenarten	x	x	x	–	x	x	x	x	x	x
– Kostenstellen	x	x	x	–	x	x	x	x	x	x
– Kostenträgerzeit	x	–	–	x	x	–	x	x	x	x
– Kostenträgerstück	x	–	–	x	x	–	x	x	x	x
Produktionsplanung und –steuerung										
– Grunddaten	x	x	x	x	x	x	x	x	x	x
– Bedarfsauflösung	x	x	x	x	x	x	x	x	x	x
– Kapazitätsterminierung	–	x	x	x	x	x	x	x	–	–
– Werkstattsteuerung	x	x	x	x	x	x	x	x	x	–
– Betriebsdatenerfassung	–	x	x	x	x	–	–	x	x	–
Materialwirtschaft										
– Bestandsführung	x	x	x	x	x	x	x	x	x	x
– Lagerwirtschaft	x	x	x	x	x	x	x	x	x	x
– Einkauf	x	x	x	x	x	x	x	x	x	x

Stand: Dezember 1989

Abb. 2.C.II.03: Funktionsumfang von Standardsoftware-Familien

C.II.2. Betriebswirtschaftliche Umsetzung von Standardsoftware

Die Frage, welche betriebswirtschaftlichen Funktionen so standardisierbar oder verein-
heitlichbar sind, daß hierfür entwickelte Software von einem breiten Benutzerkreis eingesetzt werden kann, führt zur Frage nach den Einflußfaktoren der Standardisierung.
In Abbildung 2.C.II.04 sind einige Faktoren dargestellt, die die Standardisierung betriebswirtschaftlicher Lösungskonzepte unterstützen oder ihr entgegenwirken.

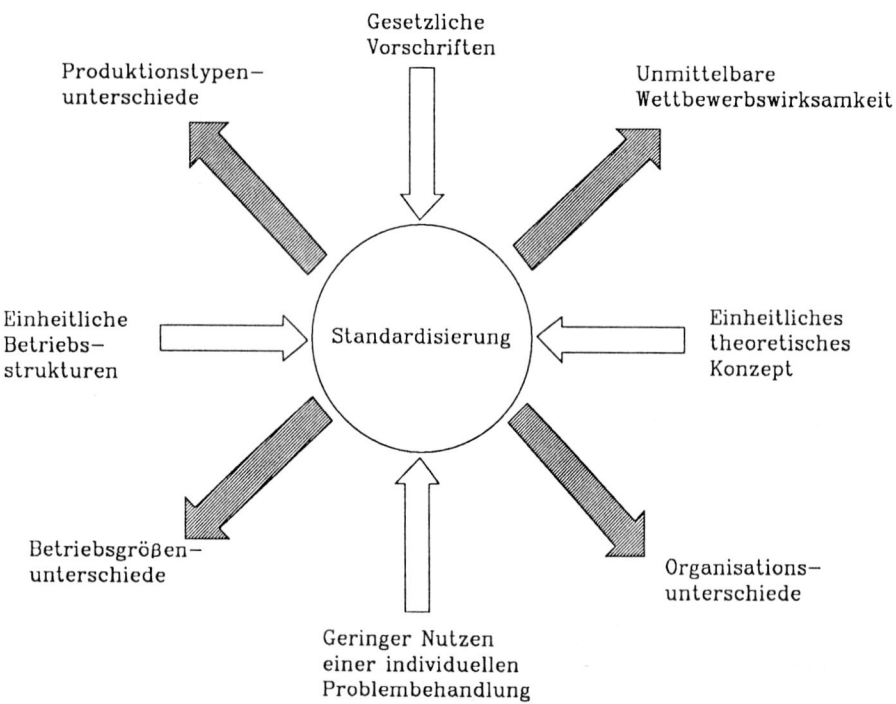

Abb. 2.C.II.04: Einflußfaktoren für und gegen die Standardisierung betriebswirtschaftlicher Lösungskonzepte

Vorschriften des Gesetzgebers über die Form einer betriebswirtschaftlichen Lösung sind
ein wesentliches Motiv für eine einheitliche Problembehandlung. Dieses liegt z. B. bei der
Finanzbuchführung durch Vorschriften des Handelsrechts, Grundsätze ordnungsmäßiger
Buchführung und der Abgabenordnung vor. Das gleiche gilt auch für die Berechnung des
Nettolohns aus den Bruttosummen; hier kommen die Vorschriften der Steuergesetzgebung und der Sozialversicherung zum Tragen. Aus diesem Grund sind Standardsoftwaresysteme für diese Gebiete auch besonders verbreitet.
Besteht für ein Anwendungsgebiet ein festes betriebswirtschaftliches Konzept, so wirkt
dieses auch standardisierend. Dieses gilt z. B. für das Konzept zur Produktionsplanung

und -steuerung bei Serienfertigung, das sich breit durchgesetzt hat. Für die Kostenrechnung besteht dagegen eine Vielzahl unterschiedlicher Vorschläge, so z. B. Vollkostenrechnung oder Teilkostenrechnung, Standardkostenrechnung oder flexible bzw. starre Plankostenrechnung. Dieses mag mit ein Grund dafür sein, daß das Angebot von Standardsoftware zur Kostenrechnung erst in letzter Zeit spürbar gewachsen ist, nachdem leistungsfähige Programmsysteme mit einem breiten Vorrat unterschiedlicher Verfahren, die modular einsetzbar sind, angeboten werden.

Für die Unternehmensplanung steht ebenfalls noch kein durchstrukturiertes betriebswirtschaftliches System zur Verfügung, so daß die hier angebotene Standardsoftware in Form von Planungssprachen lediglich Werkzeuge für individuelle Lösungen bereitstellt.

Auch wenn betriebsindividuelle Lösungen nur einen geringen Nutzen gegenüber der Anpassung an eine Standardlösung besitzen, ist dieses ein Einflußfaktor für die Standardisierung.

Bestehen einheitliche Betriebsstrukturen nach Größe, Organisationsform und Produktionstyp der Fertigung, so lassen sich hierfür einheitliche Lösungskonzepte auf breiter Basis entwickeln.

Gegen eine Standardisierung sprechen die gegenläufigen Ausprägungen der genannten Einflußfaktoren.

Lösungen, mit denen ein Vorsprung vor der Konkurrenz erzielt werden kann, begründen in besonderer Weise eine individuelle Entwicklung. Dieses betrifft z. B. Software zur besonders servicefreundlichen und kundennahen Auftragsabwicklung.

Im Produktionsbereich wirken sich Unterschiede der Organisationsform und der Produktionstypen vor allem bei der Zeitwirtschaft aus, während die Grunddatenverwaltung und die Materialwirtschaft weitgehend standardisierbar ist. Die Betriebsgröße beeinflußt einmal den Komplexitätsgrad der Lösungen, aber auch die Bereitschaft, Standardlösungen zu akzeptieren. Kleinere Unternehmungen besitzen häufig weder das fachliche Können, noch die Kapazität und die finanziellen Mittel, um eigenständige Lösungen zu realisieren und sind daher eher bereit als Großunternehmungen, sich an bestehende Standardlösungen anzupassen.

Ein Kompromiß zwischen Individualsoftware und Vereinheitlichung ist die Ausrichtung von Standardsoftware auf einzelne Cluster von Betriebstypen.

Die Analyse des Angebotes von Standardsoftware zeigt, daß hier die gleichen Kriterien zur Bildung von Anwendungsclustern angewendet werden, wie sie auch bei der Strukturierung des Faches Betriebswirtschaftslehre gebräuchlich sind. Eine global alle Bereiche abdeckende Software kann es nicht geben, da sie als "Allgemeine Betriebswirtschaftslehre" nur auf einem sehr abstrakten Niveau vorstellbar ist. So gibt es einmal an **be-**

triebswirtschaftlichen Funktionsbereichen orientierte Standardsoftware für Fertigung, Beschaffung, Absatz, Personal und Rechnungswesen, die zunächst auf keine spezielle Branche bezogen ist. Es zeigt sich aber, daß diese Systeme in der Regel bereits auf bestimmte dominierende Betriebstypen ausgerichtet sind, häufig auf die Anwendung in größeren Industriebetrieben. Die gleiche Beobachtung trifft aber auch für die funktional ausgerichteten speziellen Betriebswirtschaftslehren zu, die sich ebenfalls häufig an dem Industriebetrieb als dem umfassendsten und komplexesten Betriebstyp orientieren.

Neben der funktional ausgerichteten Software gibt es Software für unterschiedliche **Branchen**. Diese macht bereits über ein Drittel der gesamten betriebswirtschaftlichen Anwendungssoftware aus.

Branchenabhängige Unterschiede wirken sich vor allem im Bereich der Leistungserstellung und der Auftragsabwicklung aus. So wird Standardsoftware einmal für die globalen Bereiche Industrie, Handel, Verkehr, Banken und Versicherungen angeboten, aber auch innerhalb dieser Branchen nach weiteren Kriterien wie speziellen Industriezweigen oder bestimmten Organisationsformen. Beispielsweise existieren Programme für Speditionen, das Baugewerbe, die grafische Industrie, den KFZ-Handel usw.

Eine systematische betriebswirtschaftliche Analyse zur Einsetzbarkeit von Standardsoftware aufgrund betriebstypischer oder funktioneller Möglichkeiten zur Vereinheitlichung fehlt bisher, wenn auch ihre Bedeutung durch Veröffentlichungen zum Markt für Standardsoftware unterstrichen wird (vgl. *Horvath, Petsch, Weihe, Standard-Anwendungssoftware 1986; Hansen, Amsüss, Frömmer, Standardsoftware 1983; Pressmar, Hansmann, Standardsoftwaresysteme 1978*).

Auch große Hersteller gehen bei der Erstellung von Standardsoftware nicht systematisch vor. Häufig entsteht der Eindruck, daß Standardsoftware eher zufällig entsteht. Dieses zeigt z. B. die Tatsache, daß für gleichartige Anwendungen mehrere unterschiedliche Lösungen existieren oder aber wichtige Anwendungsgebiete in einer Programmfamilie nicht abgedeckt sind.

Da aber die Softwareentwicklung immer teurer und gleichzeitig für den generellen Markterfolg immer wichtiger wird, zeichnet sich eine Strategieänderung zu einer stärkeren Systematik ab. Dieses bedeutet, daß intensive Marktstudien über die Einsatzmöglichkeiten und damit die vorliegenden Betriebsstrukturen angefertigt werden. Hierbei bietet sich für die Betriebswirtschaftslehre die Gelegenheit, ihre Erkenntnisse über die Betriebstypologie einzubringen.

In der gegenwärtigen Industriebetriebslehre wird weitgehend lediglich der Betriebstyp des Maschinenbaubetriebes behandelt, während Fragen der Chemischen Industrie mit Chargenfertigung oder der Konsumgüterindustrie nur untergeordnet behandelt werden (vgl. auch die Kritik an der Einseitigkeit der Ausrichtung der Industriebetriebslehre bei

Schäfer, Industriebetrieb 1978, S. 10 f.). Der gleiche Effekt zeigt sich auch bei dem Angebot von Standardsoftware. So wurde bereits bei der Diskussion von EDV-Systemen zur Produktionsplanung und -steuerung festgestellt, daß in ihnen die Serienfertigung mit der Organisationsform der Werkstattfertigung dominiert. Für Fließfertigung oder Chargenfertigung sind die Systeme dagegen kaum geeignet. Hier müssen die Unternehmungen eigenentwickelte Systeme oder aber Systeme von kleineren Softwarehäusern einsetzen, die sich auf Lücken im Angebot der Großhersteller von Standardsoftware spezialisiert haben.

Je spezieller Standardsoftware auf die Eigenarten von bestimmten Betriebstypen ausgerichtet ist, desto kleiner ist naturgemäß ihr Einsatzmarkt. Durch verschiedene Möglichkeiten wird deshalb versucht, ein Standardsoftwaresystem möglichst variabel auf verschiedene Einsatzfälle auszurichten. Hierzu gehört einmal die **Modularisierung**, d. h. die Unterteilung eines Softwaresystems in in sich abgeschlossene Teillösungen, die über genau definierte Schnittstellen miteinander verbunden werden können. Bei einer hohen Modularisierung kann der Anwender die Teilbereiche auswählen, die für seine Problemstellung ausreichen.

Durch die Definition von sogenannten **User Exits** können in Standardprogramme individuelle Lösungsalgorithmen eingebracht werden. Ein User Exit ist ein genau definierter Programm- bzw. Dateizustand, so daß der Anwender z. B. eine eigene Bestellmengenformel in ein Einkaufspaket programmieren kann.

Eine besonders flexible Form der Anpassung ist die Verwendung von Programmgeneratoren. Hier kann der Anwender in Form einer Checkliste die von ihm gewünschten Funktionen ankreuzen. In Abbildung 2.C.II.05 ist dazu das Beispiel aus dem Bereich der Finanzbuchführung für das System COMET von Nixdorf dargestellt (vgl. *Nixdorf, COMET 1978*).

Die Angaben werden anschließend per EDV auf ihre betriebswirtschaftliche Logik geprüft, und es wird festgestellt, ob für eine gewünschte Funktion alle benötigten vorgelagerten Funktionen ebenfalls angekreuzt wurden. Aus den Angaben wird dann von einem besonderen Programm (dem Customizer) ein Programm generiert, das nur diese Funktionen enthält.

Die genannten Anpassungsmöglichkeiten von Standardsoftware an individuelle Benutzerwünsche werden unter dem Begriff **CUSTOMIZING** zusammengefaßt (vgl. *Stahlknecht, Customizen 1983*).

148

Checkliste generell 010000
2 . 6

00275 Soll mit Fremdwährung gearbeitet werden?

:**

    Ja = automatische Umrechnung in Landeswährung möglich
    Nein = keine Fremdwährung gewünscht
://
:nein
:‗ ‗

00276 Erster möglicher Fremdwährungscode bei Debitoren?

:**

    Es ist der erste Fremdwährungscode einzugeben, von dem ab die
    einzelnen Forderungskonten den verschiedenen Währungen zuge-
    ordnet sind.
    Ist Fremdwährung im System wird je Währung 1 Forderungskonto
    benötigt (max. 19).
    Ist keine Fremdwährung im System können max. 20 Forderungs-
    konten (Landeswährung) eingerichtet werden.
://
:10
:‗ ‗

00278 Werden pro Personenkonto unterschiedliche Fremdwährungen
    benötigt?

    Ja = Der Fremdwährungscode 20 erlaubt die Eingabe unter-
      schiedlicher Fremdwährungen
    Nein = Ein Personenkonto kann nur die fest zugeordnete Fremd-
      währung haben
://
:nein
:‗ ‗

Abb. 2.C.II.05: Checkliste für COMET

In Abbildung 2.C.II.06 sind hoch, mittel und gering standardisierbare Anwendungsgebiete eingeordnet und die dafür möglichen Unterstützungen durch vorgefertigte Software
angegeben.

Standardisierbarkeit	Anwendungen	Unterstützungsformen durch "vorgefertigte" Anwendungssoftware
hoch	Nettolohnberechnung Finanzbuchführung Grunddatenverwaltung PPS Materialwirtschaft	Branchenunabhängige Standard—Anwendungssoftware
mittel	Kostenarten-, Kostenstellen-rechnung Betriebsdatenerfassung Einkauf	Modularprogramme Parametergesteuerte Programme Programmgeneratoren
gering	Auftragsbearbeitung Kapazitätsplanung Bruttolohnberechnung Kalkulation	Branchenbezogene oder sonstige "Spezial"—Standardsoftware Anwendungssprachen Eigenentwicklung
nicht	Unternehmensplanung Marktforschung	Planungssprachen Reportgeneratoren Eigenentwicklung

Abb. 2.C.II.06: Standardisierbarkeit von betriebswirtschaftlichen Anwendungen und
möglliche EDV-Unterstützungsformen

Neben dem Einsatz von fester Standardsoftware oder freien Auswertungssystemen kann auch eine Kombination von strukturierter Anwendungssoftware und ergänzenden freien Auswertungen eingesetzt werden. Dazu kann jedes betriebswirtschaftliche Gebiet in weitgehend allgemeingültige Kernfunktionen und individuelle Funktionen aufgeteilt werden (vgl. Abbildung 2.C.II.07).

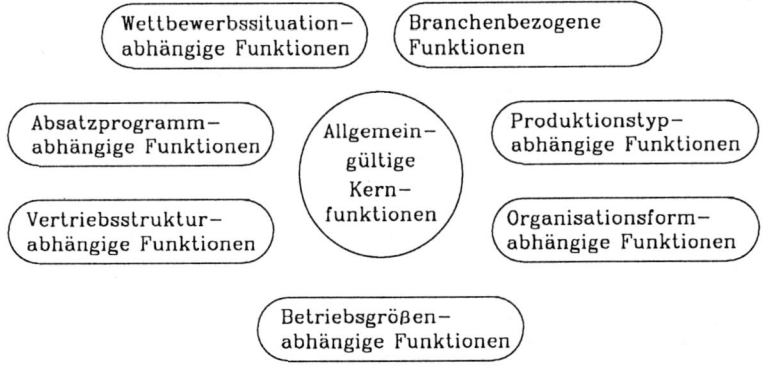

Abb. 2.C.II.07: Aufteilung in Kernfunktionen und individuelle Funktionen

Derartige Funktionen mit ihren Abhängigkeiten herauszuarbeiten und neben ihren qualitativen Änderungen auch ihr quantitatives Ausmaß festzustellen, ist eine wichtige Voraussetzung zur Entwicklung betriebswirtschaftlich hochwertiger Standardsoftware. Auch hier bieten vorhandene typologische Ansätze der Betriebswirtschaftslehre eine erste Grundlage.

Die Abgrenzung zwischen Standard- und ad-hoc-Auswertungen innerhalb eines betriebswirtschaftlichen Abrechnungsgebietes betrifft einmal die Frage nach dem notwendigen organisatorischen Rahmen eines computergestützten Informationssystems und andererseits nach der erforderlichen Flexibilität.

Bei **integrierten Informationssystemen** bauen die einbezogenen Bereiche aufeinander auf. Dieses erfordert eine hohe Disziplin bei der regelmäßigen Entwicklung von solchen Funktionen, die Daten für andere Bereiche erzeugen. Sie müssen deshalb auch in ein klares organisatorisches Konzept eingegliedert werden. Dieses setzt auch ein festes und durchgängiges betriebswirtschaftliches Konzept voraus.

Beispielsweise liegt für das innerbetriebliche Rechnungswesen mit den Abrechnungsstufen Kostenartenrechnung, Kostenstellenrechnung, Kalkulation und Deckungsbeitragsrechnung eine solche geschlossene Konzeption vor, die in einem umfassenden Programmsystem realisiert werden kann. Diese Konzeption besitzt den Vorteil, daß sie in sich logisch abgeschlossen ist. Andererseits besitzt sie den Nachteil, für fallbezogene Fragestellungen häufig nicht flexibel genug zu sein. Auch werden die Ergebnisse häufig in Listen ausgegeben, deren Aufbau als Kompromiß unterschiedlicher Anwenderwünsche entstanden ist. Entsprechend gering ist dann deren Akzeptanz durch jeden **einzelnen** Benutzer. Aus diesem Grund liegt es nahe, nur solche Auswertungsfunktionen in einem geschlossenen Konzept anzubieten, die für den Ablauf unbedingt erforderlich sind oder von allen Benutzern regelmäßig verlangt werden.

Diese Grundfunktionen werden dann durch ein flexibles Auswertungssystem ergänzt. Dazu können benutzerorientierte Anfragesprachen von Datenbanksystemen, Reportgeneratoren, Planungssprachen oder die Spreadsheet-Programme der Mikrocomputer eingesetzt werden. Voraussetzung dafür ist, daß diese Instrumente auf die von den Abrechnungsprogrammen erzeugten Daten zugreifen können.

Die Basis-Programmsysteme haben deshalb die Aufgabe, durch ihr konzeptionell feststehendes Schema die Durchgängigkeit des Datenflusses zwischen den Teilfunktionen eines integrierten Systems sicherzustellen und eine Datenbasis für flexible und individuelle Auswertungen bereitzustellen. In Abbildung 2.C.II.08 ist diese Konzeption eines benutzerorientierten Informationssystems dargestellt.

Der Einsatz von Mikrocomputern (Personal Computern) in Großunternehmungen hat deshalb auch zur Voraussetzung, daß diese mit dem zentralen EDV-System vernetzt sind.

Die Fachabteilungen können dann für individuelle Auswertungen Ausschnitte der zentralen Datenbasis in ihren Mikrocomputer übertragen und dezentral mit den benutzerfreundlichen Spreadsheet-Programmen auswerten. Das zentrale EDV-System verwaltet aber die Datenbestände. Dadurch können die Datensicherungsfunktionen zentral übernommen werden, so daß sich die Fachabteilungen vollständig auf ihre Auswertungen konzentrieren können.

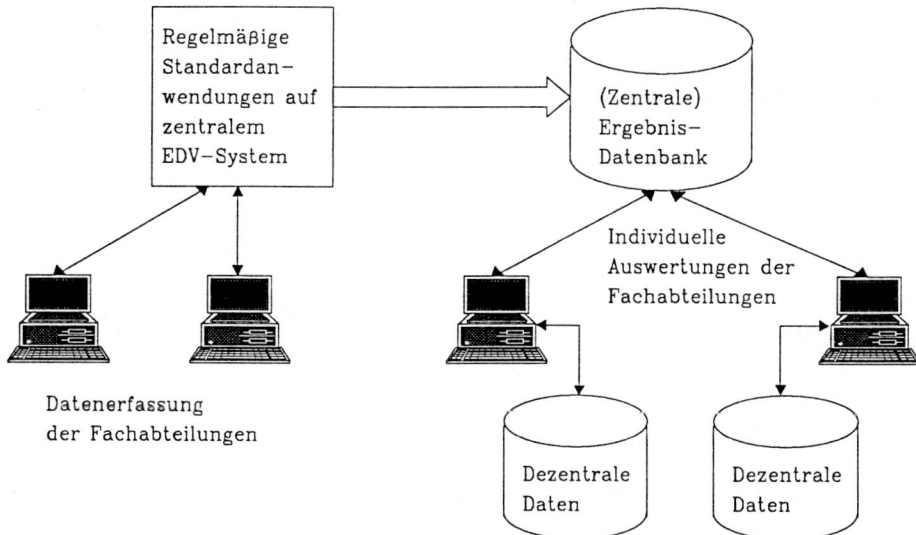

Abb. 2.C.II.08: Konzeption eines benutzerorientierten Informationssystems

Bei dieser Konzeption gilt es zu beachten, daß der Einsatz der Auswertungswerkzeuge die zentralen Programmsysteme um solche betriebswirtschaftliche Funktionen reduziert, die nun der Sachbearbeiter selbständig ausführt. Dieses bedeutet, daß die Klarheit und Durchgängigkeit des betriebswirtschaftlichen Konzeptes, wie sie durchgängige Softwaresysteme anbieten, beeinträchtigt werden können. Dann würde durch den Einsatz flexibler Software-Tools zwar ein Fortschritt bezüglich der Softwaretechnik erzielt, aber ein Rückschritt bezüglich des realisierten betriebswirtschaftlichen Niveaus.

Deshalb ist es für die Betriebswirtschaftslehre wichtig, klare Konzeptionen zur Trennung von Standardfunktionen und ad hoc-Funktionen im Rahmen des Personal Computing zu definieren.

Ein für die Betriebswirtschaftslehre ebenfalls wichtiges Gebiet ist auch die Entwicklung von Expertensystemen (vgl. Kapitel 2, Punkt C.IV.). Hier bietet sich die Möglichkeit, in der Praxis bestehendes Erfahrungswissen in ein formales Entscheidungsunterstützungssystem einzubringen.

Der fortschreitende Einsatz der EDV wirkt sich auch auf die Prüfungsform von betriebswirtschaftlichen Abrechnungssystemen aus. Im Rahmen der externen und internen Revi-
sion wurde "um den Computer herum" geprüft. Dazu wurden lediglich Eingabedaten bereitgestellt und mit den daraus per EDV produzierten Ergebnissen verglichen. Diese
Prüfungsform reicht für komplexer werdende Informationssysteme nicht mehr aus.

Aus diesem Grunde wird die Datenprüfung durch sachlogische Programmprüfungen ergänzt werden müssen. Dazu müssen dem Prüfer geeignete Hilfsmittel bei der Feststellung
der Prüfungsgerechtheit als auch bei der Durchführung einer Prüfung an die Hand gegeben werden. Im Rahmen des Projektes EPSOS (vgl. *Ahlers u. a., Prüfungsgerechtheit
1982*) wurden Kriterien zur Prüfungsgerechtheit entwickelt, und es können mit dem
Dialogsystem EPSOS-D konkrete COBOL-Programme hinsichtlich dieser Kriterien bewertet werden, um somit Aufschluß über die Prüfbarkeit und den erforderlichen Prü-
fungsaufwand zu erhalten. Darüber hinaus unterstützt das System die risikoorientierte
Prüfung von Softwaresystemen.

Die Aufnahme der Problematik zur Prüfung von Softwaresystemen in ihr Lehr- und For-
schungsgebiet ist eine wichtige Forderung an eine EDV-orientierte betriebswirtschaftliche
Prüfungslehre.

C.II.3. Betriebswirtschaftliche Gestaltung von Standardsoftware

Die wesentliche Bedeutung der Standardsoftware für die Betriebswirtschaftslehre liegt in
ihrer Gestaltungskraft der Realität. Dieses verdeutlicht sich bereits daran, daß alle
großen Hersteller von EDV-Anlagen von ihren Kunden gedrängt werden, Standardsoftware anzubieten. Sie sind inzwischen zu den wichtigsten Anbietern geworden, obwohl
dieses nicht in ihrer Absicht lag. Es ist jedoch daraus zu erklären, daß die Kunden oft
"Lösungen aus einer Hand" bevorzugen, und zudem die parallele Weiterentwicklung der
Standardsoftware zu den Entwicklungen der Betriebssystemsoftware beim Hersteller am
gesichersten erscheint.

Wenn die Betriebswirtschaftslehre daran interessiert ist, ihre Ergebnisse schnell und
breit in die Praxis zu übertragen, ist ihre Einbringung in Standardsoftwaresysteme sehr
wirksam.

Dabei stellen sich für die Betriebswirtschaftslehre zwei Fragenkomplexe, um die Entwicklung von Standardsoftware zu beeinflussen:

1. Wie ist das betriebswirtschaftliche Niveau der gegenwärtig angebotenen Stan-
    dardsoftware zu beurteilen, und wie läßt es sich verbessern?

2. Wie kann rechtzeitig auf die erkennbaren Entwicklungstrends der Standardsoftware reagiert und die Entwicklung neuer betriebswirtschaftlicher Konzepte mit ihnen abgestimmt werden?

Die Qualität der betriebswirtschaftlichen Lösungsansätze in Standardsoftware ist unterschiedlich. Sie reicht vom einfachen "Abprogrammieren" manueller Lösungen bis hin zu originellen, alle Möglichkeiten der EDV ausnutzenden Konzepten, z. B. bei Warenwirtschaftssystemen.

Viele Lösungskonzepte von Standardsoftware dokumentieren bezüglich ihrer Differenziertheit auch den Stand der betriebswirtschaftlichen Forschung, so ist z. B. Software für Teile des betrieblichen Rechnungswesens bereits sehr weit entwickelt.

Prinzipiell kann aber festgestellt werden, daß heute noch betriebswirtschaftlich einfache Abrechnungsfunktionen in der Standardsoftware dominieren und Planungs- und Entscheidungsmodelle, abgesehen von einfachen Losgrößenformeln oder Prognosetechniken, kaum existieren.

Ein wesentlicher betriebswirtschaftlicher Gehalt der Standardsoftware liegt gegenwärtig in den Integrationskonzepten von Software-Familien. Hierzu Stellung zu nehmen, ist deshalb eine wesentliche Aufgabe der Betriebswirtschaftslehre.

Die Qualität der Standardsoftware wird nicht nur von dem enthaltenen betriebswirtschaftlichen Niveau, sondern auch von der Ausnutzung der EDV-Möglichkeiten bestimmt. So sind die Möglichkeiten einer konsequenten Dialogisierung noch nicht durchgängig verwirklicht; vielmehr wurden vielfach vorhandene Stapelverarbeitungsprogramme durch Anfügen von Dialogteilen zur Stammdatenverwaltung "dialogisiert".

Auch der Einsatz von Datenbanksystemen wird noch nicht durchgängig genutzt. Zwar bieten Hardwarehersteller ihre Standardsysteme verstärkt mit den von Ihnen vertretenen Datenbanksystemen an, um hier auch eine Verbundwirkung beim Vertrieb zu erzielen. Das gilt aber nicht für Softwarehäuser. Bei ihnen bedeutet der Anschluß eines Standardsoftwaresystems an ein bestimmtes Datenbanksystem, daß der Markt im wesentlichen auf die Anwender dieses Datenbanksystems beschränkt wird. Die Standardisierung von Datenbankschnittstellen, wie sie sich mit SQL für relationale Datenbanksysteme zeigt, wird hier aber Hilfestellung geben.

Andere Softwarehäuser versuchen den Einsatz von Datenbanksystemen soweit wie möglich hinauszuzögern und realisieren auch komplexe Datenverwaltungsfunktionen mit traditionellen Dateiverarbeitungsformen. Es ist aber absehbar, daß durch den Wunsch der Anwender nach Einsatz flexibler Datenbanksprachen und Ausnutzung der Sicherheitskonzepte von Datenbanksystemen dieser Weg nicht auf Dauer erfolgreich sein wird. Eine nicht unproblematische Lösung für den Anwender ist auch die Möglichkeit, in jedem

Anwendungssystem ein abgemagertes Datenbanksystem als "Black Box" einzusetzen, da der Anwender auf diese Weise mehrere Datenbanksysteme und damit einen entsprechenden Systemoverhead nebeneinander einsetzt.

C.III. Methodenbanken

C.III.1. Charakterisierung von Methodenbanken

Standardanwendungssoftware besitzt einen hohen Multiplikatoreffekt für die Verbreitung der in ihr enthaltenen betriebswirtschaftlichen Konzeptionen. In gleicher Weise unterstützt Standardsoftware für mathematische Optimierungsverfahren in Form von Methodenbanken die Verbreitung des Einsatzes dieser Planungstechniken. Hier ist der Zusammenhang sogar so eng, daß der Einsatz komplexer Optimierungstechniken auf die Nutzung der Rechen- und Speichermöglichkeiten von EDV-Anlagen für realistische Problemstellungen angewiesen ist.

Ebenso wie bei Standardanwendungssoftware hat die EDV die Weiterentwicklung EDV-gerechter Lösungsverfahren beeinflußt. So enthalten EDV-Programme zur Lösung von großen Linear-Programming-Modellen spezielle Verfahren und Algorithmen zur effizienten Ausnutzung der Speicher und zur Vermeidung von Rundungsfehlern. Diese Entscheidung hat dazu geführt, daß bekannte Programmsysteme wie MPSX von IBM, APEX III von CDC, MPSI von Siemens, MACSYMA von Symbolics oder das IBM Anwendungssystem (AS) in der Lage sind, LP-Modelle mit mehreren tausend Variablen oder Nebenbedingungen in wenigen Minuten zu lösen. Bei Vorgabe einer guten Ausgangslösung werden sogar nur Rechenzeiten von wenigen Sekunden benötigt, so daß auch die Lösung größerer LP-Modelle dialogfähig wird.

Der Einsatz von Programmsystemen zur Lösung von LP-Problemen hat zu einer Standardisierung der Eingabedaten im sogenannten **MPS (Mathematical Programming System)-Format** geführt. Die Koeffizienten der LP-Matrix können damit unabhängig von dem konkret eingesetzten Programmsystem erstellt werden. Dieses ist eine wesentliche Hilfe für den Einsatz der noch zu behandelnden Matrix-Generatoren.

Das MPS-Format wird an einem kleinen Beispiel erläutert. Dazu wird zunächst ein LP-Modell zur Produktionsplanung in üblicher Schreibform dargestellt (vgl. Abbildung 2.C.III.01).

Der erste Index (vor dem Namen x der Produktionsvariablen) bezeichnet die Periode, der zweite Index (nach dem Variablennamen) bezeichnet das Produkt. Es bestehen zwei Kapazitätsarten (Fertigungsstufen) A und B, die von beiden Produkten durchlaufen werden müssen.

$$\text{Ziel} = 5 \cdot {}_1x_1 + 3 \cdot {}_1x_2 + 2 \cdot {}_2x_1 + 6 \cdot {}_2x_2 \;\Rightarrow\; \text{Max !}$$

Nebenbedingungen für Kapazitäten:

${}_2x_1 + 3_1x_2 \leq 120$	Kapazitätsart A	⎫	1. Periode	(Januar)
${}_1x_1 + 4_1x_2 \leq 140$	Kapazitätsart B	⎭		
${}_2x_1 + 3_2x_2 \leq 130$	Kapazitätsart A	⎫	2. Periode	(Februar)
${}_2x_1 + 4_2x_2 \leq 150$	Kapazitätsart B	⎭		

$${}_1x_1 > 0, \quad {}_1x_2 > 0, \quad {}_2x_1 > 0, \quad {}_2x_2 > 0$$

Abb. 2.C.III.01: Optimierungsproblem

Im MPS-Format wird folgender Aufbau bei der Dateneingabe eingehalten (vgl. *Schmitz, Schönlein, Optimierungsmodelle 1978, S. 58*):

1. Name des Problems,
2. Vergabe von Namen für Zielfunktion und die Nebenbedingungen (ROWS-Section),
3. Eingabe der Koeffizientenmatrix (COLUMNS-Section), die Matrix wird spaltenweise eingelesen, und jeder Koeffizient durch Eingabe von Spaltenname, Zeilenname, Wert beschrieben; wenn mehrere Koeffizienten in einer Zeile aufgeführt werden, wird der (gleiche) Spaltenname nicht wiederholt;
4. die Werte der rechten Seite werden in der RHS-Section eingelesen durch Angabe von RS, Zeilenname, Wert, wobei RS der Name der rechten Seite ist.

	JANX1	JANX2	FEBX1	FEBX2	Typ	RS
ZIEL	5	3	2	6	Max	
JANKAPA	2	3			$\leq$ (L)	120
JANKAPB	1	4			$\leq$ (L)	140
FEBKAPA			2	3	$\leq$ (L)	130
FEBKAPB			1	4	$\leq$ (L)	150

Abb. 2.C.III.02: MPS-Darstellung des Problems als Tableau

Zum Übergang auf das MPS-Format ist die Darstellung des Problems als Tableau hilfreich. Dabei werden die Periodenindizes durch abgekürzte Monatsnamen ersetzt und die Indizes auf der gleichen Höhe wie der dazugehörende Buchstabe geschrieben.

Die Unterstützung von Planungstechniken durch die EDV wird auch bei der Simulationstechnik, insbesondere beim Monte Carlo-Verfahren, deutlich. Dieses Verfahren beruht auf der numerischen Lösung gleichartiger Fälle und ist damit besonders EDV-geeignet. Es ist kaum vorstellbar, daß dieses Verfahren die gegenwärtige Bedeutung erlangt hätte, wenn nicht leistungsfähige Rechner zur Verfügung ständen. Mit Hilfe spezieller Programmiersprachen (Simulationssprachen) wie GPSS (General Purpose System Simulator), SIMULA und SIMSCRIPT können unter Anwendung von Makrobefehlen die wesentlichen Elemente von Simulationssystemen wie Erzeugen von Zufallszahlen, Verwalten von Warteschlangen, Abarbeitung von Prioritätsregeln und Ausgaberoutinen auch von EDV-ungeübten Anwendern programmiert werden.

Das Beispiel lautet dann in der MPS-Notation:

```
NAME            PLANUNG           (wahlweise vergebener Name)
ROWS                              N = Nonrestricted
    N   ZIEL                      L = LESS (Kleiner–Gleich–Bedingung)
    L   JANKAPA
    L   JANKAPB
    L   FEBKAPA
    L   FEBKAPB
COLUMNS
        JANX1     ZIEL          5
        JANX1     JANKAPA       2
        JANX1     JANKAPB       1
        JANX2     ZIEL          3
        JANX2     JANKAPA       3
        JANX2     JANKAPB       4
        FEBX1     ZIEL          2
        FEBX1     FEBKAPA       2
        FEBX1     FEBKAPB       1
        FEBX2     ZIEL          6
        FRBX2     FEBKAPA       3
        FEBX2     FEBKAPB       4
RHS
        RS        JANKAPA     120
        RS        JANKAPB     140
        RS        FEBKAPA     130
        RS        FEBKAPB     150
ENDATA
```

Abb. 2.C.III.03: MPS-Notation

Generell wird angestrebt, daß der Anwender von mathematischen Planungs- und Optimierungstechniken hauptsächlich Träger von Fachwissen ist. Das Wissen über die angewandten mathematischen Methoden und das EDV-Handling ist dagegen von untergeordneter Bedeutung, wie es das Benutzerprofil in Abbildung 2.C.III.04 zeigt.

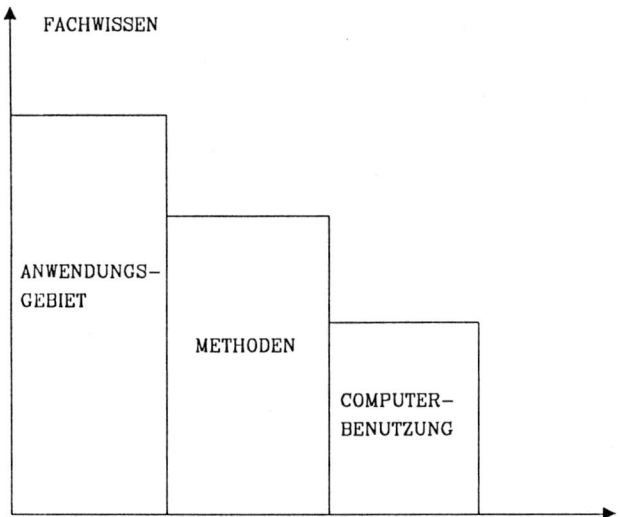

Abb. 2.C.III.04: Profil eines Methodenbankbenutzers
(nach *Bodendorf, SAMBA 1981*)

Dieses wird von Methoden- und Modellbankkonzepten unterstützt, indem ein Anwender unter der einheitlichen Benutzeroberfläche eines Steuerungssystems mit Daten aus einer Datenbank, Methoden aus einer Methodenbank und Modellen aus einer Modellbank kommunizieren kann (vgl. Abbildung 2.C.III.05). Unter einer einheitlichen Benutzeroberfläche wird verstanden, daß der Benutzer mit allen Komponenten unter den gleichen Kommandos, Bildschirmmasken und Eingabeformaten kommunizieren kann.

Die **Datenbank** enthält alle für die Anwendung benötigten Daten sowie ihre Verknüpfungen.

Die Begriffe **Methoden-** und **Modellbank** werden nicht einheitlich benutzt. Unter einer Methode wird ein Verfahren zur Lösung von Problemen einer Klasse und unter Modell die Abbildung eines realen Systems verstanden (vgl. *Alpar, Methodenauswahl 1980, S. 40*). Wird dieser Definition gefolgt, so sind in einer Methodenbank z. B. statistische oder mathematische Algorithmen zur Lösung wohlstrukturierter Probleme gespeichert, während in einer Modellbank die Strukturen realer Probleme erfaßt sind. Bezüglich eines ökonomischen Modell bedeutet dies z. B. daß die Art der einbezogenen Zeitreihen, ihre

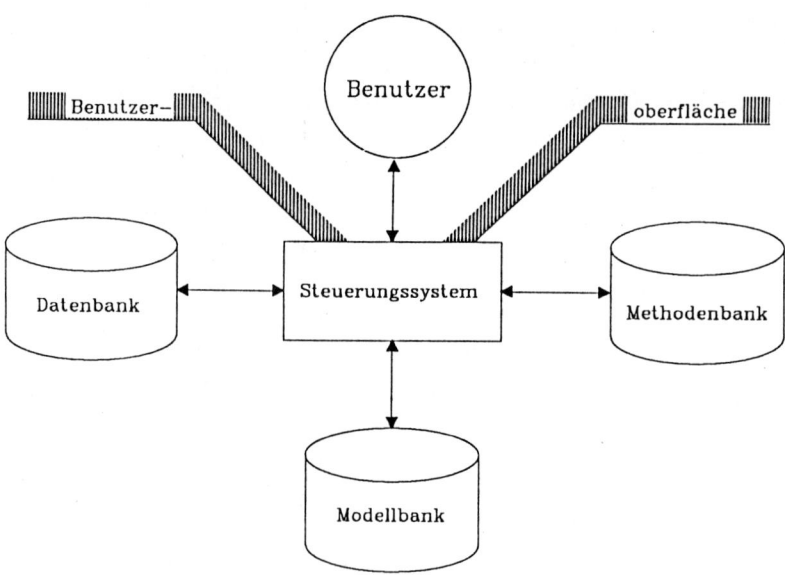

Abb. 2.C.III.05: Einordnung der Methodenbank in ein Informationssystem

Verknüpfung und die einzelnen Gleichungsansätze als Modell in der Modellbank gespeichert sind, während das zur Lösung dieses Modells eingesetzte Verfahren der Regressionsanalyse in der Methodenbank gespeichert ist.

Da moderne Methodenbanken aber nicht nur eine Sammlung von programmierten Methoden sind, sondern darüber hinaus auch Unterstützungen zur Datenversorgung und zur Parameterbestimmung der Methoden enthalten, übernehmen sie zunehmend Funktionen, die definitionsgemäß eigentlich Modellbanken zugeschrieben werden. Aus diesem Grund ist die in Abbildung 2.C.III.05 dargestellte Trennung zwar für eine gedankliche Unterscheidung sinnvoll, wird aber von realen Systemen nicht mehr streng eingehalten.

Das **Steuerungssystem** stellt dem Benutzer eine komfortable Benutzerführung, effiziente Eingabeformate und Help-Funktionen zur Verfügung.

Die Einheitlichkeit der Benutzeroberfläche zeigt sich auch darin, daß die Form der Antworten des Systems auf bestimmte Anfragen vorhersehbar ist. Dies gilt z. B. auch für die Form der Fehlermeldungen.

Bei der Benutzerführung wird für wenig geübte Anwender ein **Laienmodus** zur Verfügung gestellt, während ein geübter Benutzer in einem **Expertenmodus** mit nur wenigen Dialogschritten die von ihm gewünschten Informationen erhält.

Mit Hilfe von **Help-Funktionen** kann ein Benutzer während der Lösung eines Problems auf Teile der Dokumentation sowie auf Fehlerbehandlungsmöglichkeiten hingewiesen werden.

C.III.2. Betriebswirtschaftliche Umsetzung von Methodenbanken

Der praktischen Anwendungsmöglichkeit von Optimierungsmodellen wird häufig die Schwierigkeit der Datenversorgung entgegengehalten. Hier bietet die direkte Verknüpfung von Datenbanken mit den Methodenprogrammen der linearen Optimierung über Matrixgeneratoren wirksame Unterstützungen. Dabei sind zwei Schritte zu verfolgen: Im ersten Schritt werden aus den vielfältigen Dateien der operativen EDV-Anwendungen über Schnittstellenprogramme Daten extrahiert und in eine Übergabedatei eingestellt. Aus dieser Datei kann dann mit standardmäßig vorgegebenen Matrixgeneratoren die LP-Matrix gefüllt werden. Dabei stellen Matrixgeneratoren nicht nur Hilfsmittel zur Übernahme der Koeffizienten bereit, sondern unterstützen gleichzeitig die Aufstellung des Modells, d. h. die Definition von Zeilen und Spalten der LP-Matrix.

Der Einsatz von Datenübernahmeprogrammen aus den operativen Anwendungen wird durch eine zunehmende Standardisierung der Datenstrukturen unterstützt. So werden von EDV-Systemen zur Produktionsplanung und -steuerung die Datenbanken für Stücklisten, Arbeitspläne und Betriebsmittel weitgehend ähnlich strukturiert (vgl. dazu oben die Datenbankstruktur in Abbildung 3.B.I.05). Diesen Effekt nutzt das System PROMOS (vgl. *Kneip, Scheer, Wittemann, PROMOS 1981*) aus (vgl. Abbildung 2.C.III.06).

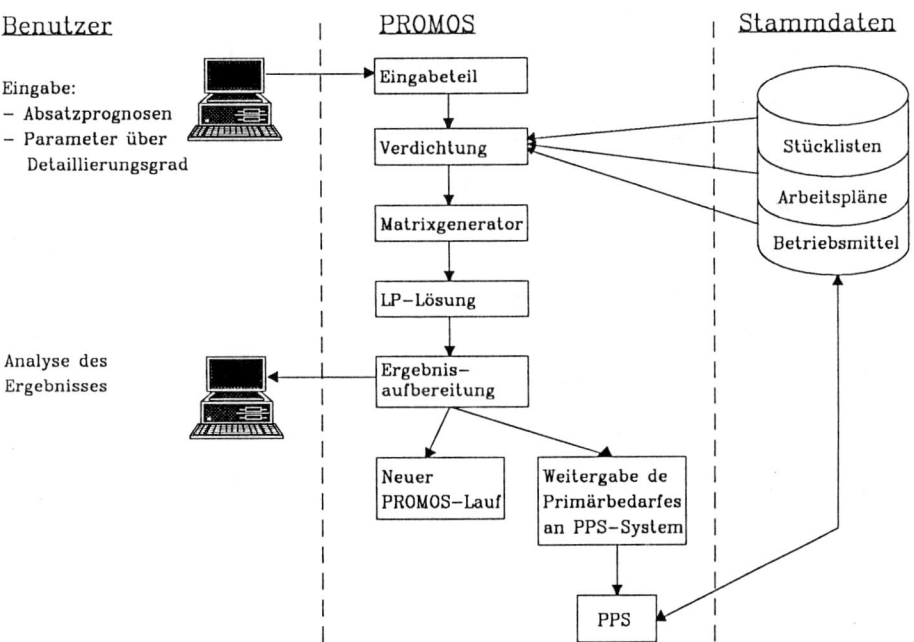

Abb. 2.C.III.06: Das System PROMOS

Das System PROMOS generiert aus einer Datenbank des Produktionsbereichs ein LP-Modell zur Produktions- und Absatzplanung auf Basis von Enderzeugnissen bzw. Enderzeugnisgruppen. Aus der Datenbank werden die Nebenbedingungen für Absatz, Beschaffung, Lager und Kapazität automatisch generiert. Die Auflösung der Stücklistenbeziehungen der Endprodukte ergibt die Variablen für die einzubeziehenden Baugruppen und zu beschaffenden Fremdteile. Durch die Beziehung der Arbeitspläne zu Betriebsmittelgruppen werden die von den eigenerzeugten Teilen benötigten Kapazitäten ermittelt und dafür automatisch Kapazitätsnebenbedingungen eingefügt.

Das Ergebnis der Optimierung ist ein kapazitätsmäßig und mit der Beschaffungspolitik abgestimmter Produktionsplan, der anschließend als Primärbedarf einem klassischen Produktionsplanungs- und -steuerungssystem vorgegeben wird.

Der Benutzer kann im Dialog Absatzprognosen für die einzubeziehenden Endprodukte und Produktgruppen vorgeben sowie den Detaillierungsgrad für die Zusammenfassung von Produkten zu Produktgruppen bestimmen. Gleichzeitig kann er Parameter über die Periodenlänge und die Anzahl der zu behandelnden Perioden eingeben. Ein Programm zur Datenverdichtung erstellt aus diesen Eingabedaten sowie den Stammdaten der Stücklisten, Arbeitspläne und Betriebsmittel eine Übergabedatei. Diese wird von dem Matrixgenerator für die Übergabe an das LP-Lösungsprogramm aufbereitet. Die Ergebnisaufbereitung kann wieder im Dialog gesteuert werden. Sobald das Ergebnis für den Anwender akzeptabel ist, kann er es an das Produktionsplanungs- und -steuerungssystem als Primärbedarf weitergeben.

PROMOS ist ein Matrixgenerator mit eingearbeiteter Modellstruktur. Zur leichten Erstellung von Matrixgeneratoren existieren besondere Sprachen (Matrixgeneratorsprachen), mit deren Hilfe ein Modell "programmiert" wird. Das so erstellte Matrixgeneratorprogramm wird dann ausgeführt und erstellt die LP-Matrix im MPS-Format.

Eine weitverbreitete Matrixgeneratorsprache ist z. B. das System OMNI (vgl. *Haverly Systems, OMNI 1981*). Die Funktionsweise wird an dem eingeführten LP-Modell zur Produktionsplanung angedeutet (vgl. Abbildung 2.C.III.01).

Als Übergabedateien sind drei Tabellen für Kapazitätsbedarfe, rechte Seite und Zielfunktionskoeffizienten gegeben, aus denen die MPS-Notation erzeugt wird.

Da die Koeffizienten für den Kapazitätsbedarf von der Periode unabhängig sind, wird die Tabelle KAP in der LP-Matrix pro Periode vervielfacht (vgl. dazu das Tableau in Abbildung 2.C.III.02). Bei der automatischen Vervielfachung dieser Basisdaten kommen die Fähigkeiten des Matrixgenerators zum Tragen.

Table KAP			
Spalte Zeile	1	2	3
1		A	B
2	x_1	2	1
3	x_2	3	4

Table RHS			
Spalte Zeile	1	2	3
1		JAN	FEB
2	A	120	130
3	B	140	150

Table Ziel T			
Spalte Zeile	1	2	3
1		JAN	FEB
2	x_1	5	2
3	x_2	3	6

Abb. 2.C.III.07: Tabellen als Übergabedateien

Die ROW-Section, also die Definition der Zeilennamen, wird dann durch folgende Anweisung erzeugt:

```
FORM     ROW
     ZIEL = OBJ   (Der Zielfunktion wird der Name Ziel gegeben)

     (PER) KAP (K) = MAX FOR PER = TABLE RHS (1, )
                         FOR K   = TABLE KAP (1, )
```

Abb. 2.C.III.08: Erzeugung der Row-Section

Der Ausdruck MAX bezeichnet den Typ der Nebenbedingung, also hier eine "Kleiner-Gleich"-Gleichung (L).

Die eingeklammerten Teile des Ausdrucks (PER) KAP (K) bezeichnen variable Teile, die mit Hilfe der anschließenden Laufanweisungen aus den Tabellen generiert werden. Die am weitesten rechts stehende Beziehung variiert am schnellsten. In der Klammer hinter den Tabellennamen stehen (Zeilennummer, Spaltennummer). Wird kein Wert angegeben, so werden alle definierten Indexwerte durchlaufen. RHS (1,) bzw. KAP (1,) bedeuten deshalb, daß jeweils alle Werte der ersten Zeile durchlaufen werden. Ergebnis ist dann:

```
N  ZIEL
L  JANKAPA
L  JANKAPB
L  FEBKAPA
L  FEBKAPB
```

Abb. 2.C.III.09: Ergebnis zu Abbildung 2.C.III.08

Die COLUMNS-Section wird durch den analog zu interpretierenden Ausdruck erzeugt:

```
FORM   VECTOR (PER) (VAR)    FOR PER = TABLE RHS (1, )
                             FOR VAR = TABLE KAP (1, )

   ZIEL = TABLE ZIEL T ((VAR), (PER))

   (PER) KAP (K) = TABLE KAP ((VAR), (K)) FOR K = TABLE KAP (1, )
                       WHEN (TABLE KAP ((VAR), (K)) .GT.0)
```

Abb. 2.C.III.10: Erzeugung der COLUMNS-Section

Die Bedingung in der letzten Zeile stellt sicher, daß nur dann ein Wertetripel angelegt wird, wenn in der Kapazitätsmatrix das betreffende Element größer (.GT.) als 0 ist.

Die Ausgabe des Ergebnisses ist in Abbildung 2.C.III.11 angegeben. Es wurde mit dem Programm LP5000 von Siemens erzeugt. Es besteht aus den Ergebnisdaten für die Nebenbedingungen (Section 1) und die Variablen (Section 2). Die Activity-Spalte in Section 1 gibt die in Anspruch genommene Kapazität an, die Slack Activity-Spalte zeigt den nicht ausgeschöpften Anteil der Gesamtkapazität. Die Spalte Dual Activity enthält die Werte der Dualvariablen. Zum Beispiel bedeutet ein Wert von 2.5 in der Kapazitäts-bedingung JANKAPA, daß die Erhöhung der Kapazität A um eine Einheit unter sonst gleichen Bedingungen einen zusätzlichen Deckungsbeitrag von 2.5 Einheiten bringen würde.

Die Activity-Spalte in Section 2 gibt die Ergebniswerte der Variablen an. Input Cost ent-hält die Zielfunktionskoeffizienten der Ausgangsmatrix. Der Wert 4.5 in der Spalte Reduced Costs besagt, daß eine Erhöhung des Variablenwerts von JANX2 (zunächst gleich Null) um eine Einheit den Zielfunktionswert um 4.5 verringert. Dies hat seine Ur-sache in Substitutionswirkungen, da eine deckungsbeitragsschwache Variable anstatt einer deckungsbeitragsstarken Variablen in die Lösung gerät.

IDENTIFIER SECTION
        PROBLEM... NAME..   PLANUNG
                    MODE..   LP
                    CLASS.   LP
                    STATUS   OPTIMAL*
        FUNCTIONAL NAME..   ZIEL
                    OBJECT   MAXIMIZE
                    VALUE.   532.00000
        RESTRAINT. NAME..   RS
        ITERATION. COUNT.   3

SECTION 1 – ROWS   PRIMAL–DUAL OUTPUT

NUMBER	..LABEL.	AT	... ACTIVITY...	SLACK ACTIVITY	..LOWER LIMIT.	..UPPER LIMIT.	. DUAL ACTIVITY
1	ZIEL	FR	532.00000	−532.00000	NONE	NONE	−1.00000
2	JANKAPA	UL	120.00000	.	NONE	120.00000	2.50000
3	JANKAPB	BS	60.00000	80.00000	NONE	140.00000	.
4	FEBKAPA	UL	130.00000	·	NONE	130.00000	0.40000
5	FEBKAPB	UL	150.00000	·	NONE	150.00000	1.20000

SECTION 2 – COLUMNS   PRIMAL–DUAL OUTPUT

NUMBER	..LABEL.	AT	... ACTIVITY...	..INPUT COST..	..LOWER LIMIT.	..UPPER LIMIT.	.REDUCED COST.
6	JANX1	BS	60.00000	5.00000	.	NONE	.
7	JANX2	LL	.	3.00000	.	NONE	4.50000
8	FEBX1	BS	14.00000	2.00000	.	NONE	·
9	FEBX2	BS	34.00000	6.00000	.	NONE	·

Abb. 2.C.III.11: Ausgabe des LP-Ergebnisses

Matrixgeneratorsprachen für Linear-Programming-Modelle werden standardmäßig von Hardwareherstellern und Softwarehäusern angeboten. Sie werden hauptsächlich zur Lösung von großen Optimierungsmodellen eingesetzt.

Der Einsatz von LP-Modellen ist schwerpunktmäßig auf die Mineralöl- und Chemische Industrie konzentriert. Durch eine konsequente Nutzung der Einsatzmöglichkeiten von Matrixgeneratoren und den Hinweis auf Anschlußmöglichkeiten an standardisierte Datenstrukturen bei der Modellformulierung kann im Rahmen einer EDV-orientierten Betriebswirtschaftslehre die Anwendung von linearen Planungsmodellen wirksam unterstützt werden.

C.III.3. Betriebswirtschaftliche Gestaltung von Methodenbanken

Methodenbanksysteme verwalten statistische und mathematische Methodensammlungen zur Lösung wohlstrukturierter Probleme. Für ihre Benutzerfreundlichkeit sind in den letzten Jahren vielfältige Kriterien erarbeitet worden. Neben softwaretechnologischen

Kriterien (vgl. *Rickert, Konzeption von Methodenbanken 1982, S. 169 ff.*) sollen hier vor allen Dingen benutzerorientierte Kriterien (vgl. *Mertens, Bodendorf, Methodenbanken 1979, S. 533 ff.*) genannt werden.
Dieses sind:

-    Reichtum der Methodensammlung,
-    Methodendokumentation,
-    Datensicherung und -schutz,
-    Auswahlhilfen,
-    Interpretationshilfen.

Der **Reichtum** einer Methodensammlung wird durch die Anzahl der enthaltenen Methoden zur beschreibenden Statistik, Zeitreihenanalyse, Korrelationsrechnung, linearen und nichtlinearen Optimierung, Simulationsverfahren usw. ausgedrückt.
Umfangreiche statistische Methodensammlungen bieten z. B. die bekannten Systeme SPSS, BMD und METHAPLAN. Neben der Bereitstellung von Programmen für die algorithmische Lösung gehören auch Programme zur grafischen Aufbereitung von Ergebnissen zum Standardinhalt komfortabler Methodenbanken.

Da die Bezeichnung einer Methode nicht automatisch selbsterklärend ist für ihren gesamten Inhalt, ist eine genaue **Methodendokumentation** des Verfahrensablaufs erforderlich. Diese sollte dem Benutzer im Dialog zur Verfügung stehen. Die Dokumentation des METHAPLAN-Systems (Siemens) z. B. enthält Dokumentationen auf drei verschiedenen Ebenen: ein Gesamtverzeichnis, ein Methodenklassenverzeichnis und die Dokumentation der einzelnen Methodenbausteine. Bei der Dokumentation der Methodenbausteine wird eine Beschreibung der Theorie gegeben, der EDV-Anwendungsteil dargestellt sowie in einem Beispiel die Funktionsweise der Methode erläutert.

Ähnlich wie in Datenbanksystemen müssen auch Methodenbanksysteme Vorkehrungen gegen unbeabsichtigtes Zerstören von Programmen und Daten treffen. Darüber hinaus kann es auch erforderlich sein, bestimmte Methoden nur einem eng umgrenzten Personenkreis zur Verfügung zu stellen. Dieses ist dann wichtig, wenn durch eine geschickte Kombination von Methoden die Anonymität von personenbezogenen Datenbeständen aufgehoben werden kann.

Ein häufig beobachtetes Hemmnis für **Akzeptanz** von Methodensammlungen ist, daß sie eine Vielzahl unterschiedlicher Methoden anbieten, die dem Benutzer weitgehend unbekannt sind. Dieses führt zu einer Verunsicherung des Anwenders. Er müßte sich bei einer sorgfältigen Anwendung erst mit einer Vielzahl von Methodenbeschreibungen vertraut machen, bis er auf das für seine Anwendungen geeignete Verfahren stößt. Um diesen Auswahlprozeß zu erleichtern, sind Systeme zur **Benutzerführung** entwickelt worden. Da eine weitschweifige Führung des Benutzers zu einer Auswertungsmethode andererseits aber auch hinderlich sein kann, können Experten diese Unterstützungsfunktionen auch umgehen.

In dem System METHAPLAN wird lediglich mit Hilfe eines Menues eine hierarchische Steuerung durch den Methodenwald angeboten. Die einzelnen Verfahren sind in dreizehn Klassen eingeordnet. Eine weitere problembezogene Auswahlunterstützung wird dem Benutzer nicht gegeben (vgl. *Rickert, Konzeption von Methodenbanken 1982, S. 175*). Bei dem System MADAS (vgl. *Mertens, Bodendorf, Methodenbanken 1979*) wird dagegen eine datenorientierte Auswahlhilfe angeboten. Jedes Datum ist durch sein Skalenniveau beschrieben. In Abhängigkeit von dem zu lösenden Problem, der Anzahl der einzubeziehenden Datenelemente sowie deren statistischen Eigenschaften wird der Benutzer über Entscheidungstabellen auf geeignete statistische Verfahren aus der Methodenbank hingewiesen. In Abbildung 2.C.III.12 (vgl. *Mertens, Bodendorf, Methodenbanken 1979, S. 536*) ist die **Entscheidungstabelle** für das Problem der bivariaten Strukturanalyse von zwei Zeitreihen angegeben.

Im Bedingungteil der Entscheidungstabelle stehen Fragen zu den zwei Eingangsgrößen bezüglich ihres Skalenniveaus. In Abhängigkeit dieser Eingabewerte werden über die vierzehn dargestellten Regeln des Bedingungsanzeigeteils die statistischen Verfahren im Aktionsanzeigeteil zugewiesen. Beispielsweise für den Fall, daß beide Eingangsgrößen auf einer Nominalskala gemessen werden, wird die Berechnung des Kontingenzkoeffizienten vorgeschlagen. Wenn die Angaben zu dem Skalenniveau der Daten bereits in den Stammsätzen gespeichert sind, kann der Benutzer von dem Programmsystem durch Ausnutzung der gespeicherten Entscheidungstabellen automatisch nach Angabe seiner zu vergleichenden Eingabegrößen auf geeignete Methoden hingewiesen werden.

Für das bekannte Methodenbanksystem SIBYL/RUNNER (vgl. *Makridakis, Wheelwright, Forecasting 1978*) zur Prognosetechnik werden ebenfalls Hilfen bei der Methodenauswahl angeboten. Hier werden neben der Datenqualität auch Problemeigenschaften abgefragt. Dieses sind der Planungszeitraum, das Datenmuster, der Modelltyp, die zulässigen Kosten der Prognose, die gewünschte Genauigkeit, die zulässige Komplexität des Verfahrens und die Verfügbarkeit zurückliegender Daten (vgl. *Makridakis, Wheelwright, Forecasting 1978, S. 4*). Diese Hinweise sind allerdings nur locker mit dem Dialograhmen des Systems SIBYL/RUNNER verknüpft. Insbesondere wird nicht ausgeschlossen, daß ein Anwender ein für sein Problem ungeeignetes Verfahren selbständig wählt. Ein gutes Methodenbanksystem soll aber neben Auswahlmechanismen auch Verbotsmechanismen gegen die Anwendung ungeeigneter Methoden enthalten.

Methodenauswahl zur bivariaten Strukturanalyse	Regeln													
	1	2	3	4	5	6	7	8	9	10	11	12	13	14
1 Dichotom	1	1	0	0	0	1	1	0	1	0	0	0	0	0
1 Normalverteilt	–	–	–	–	1	–	–	0	–	1	0	–	–	1
1 Nominal	–	–	1	1	0	–	–	0	–	0	1	0	0	0
1 Ordinal	–	–	0	0	1	–	–	–	–	0	0	–	–	0
1 Metrisch	–	–	0	0	0	–	–	–	–	1	0	–	–	1
2 Dichotom	1	0	1	0	1	0	0	1	0	1	0	0	0	0
2 Normalverteilt	–	–	–	–	–	1	0	–	1	–	–	0	–	1
2 Nominal	–	1	–	1	–	0	0	–	0	–	0	1	0	0
2 Ordinal	–	0	–	0	–	1	–	–	0	–	–	0	–	0
2 Metrisch	–	0	–	0	–	0	–	–	1	–	–	0	–	1
Phi	x													
Kontingenz		x	x	x										
Spearman/Tie					x	x								
Kendall/Tie							x	x						
Punkt–Biseral									x	x				
Wilcox/Freeman											x	x		
Kendall/Tab													x	
Produkt–Moment														x

Abb. 2.C.III.12: Entscheidungstabelle für die Methodenauswahl zur bivariaten Strukturanalyse

In dem System DEMI wird für Prognoseprobleme ein Dialograhmen angeboten, der in seiner Logik einem Entscheidungsbaum folgt (vgl. *Brombacher, Marketing-Informations-system 1981; Scheer, Absatzprognosen 1983, S. 46 f.*).

In Abbildung 2.C.III.13 ist ein Ausschnitt aus dem Dialogbaum angegeben und in Abbildung 2.C.III.14 der dazugehörige Ausschnitt aus dem Computer-Dialog. Er zeigt, wie ein Benutzer aufgrund seiner Prognoseaufgabe und der verfügbaren Datenbasis auf das Winters-Modell als das für ihn geeignete Prognoseverfahren hingewiesen wird.

Nach neueren Vorschlägen soll ein Benutzer seine Problemstellung lediglich verbal beschreiben. Die Eingabe wird von einem Textanalyse-System bearbeitet und an Hand der identifizierten Deskriptoren die geeignete Methode ausgewählt.

Ebenso wichtig wie die Unterstützung des Auswahlprozesses von Methoden ist auch die Unterstützung bei der Interpretation von Ergebnissen. Hierbei muß der Benutzer vor unzulässigen Interpretationen gewarnt werden, so z. B. vor dem Verwenden von Scheinkorrelationen. Dazu ist es hilfreich, dem Benutzer Signifikanzgrenzen für sein konkretes Ergebnis zu nennen oder ihn mit den Folgerungen, wie sie aus statistischen Lehrbüchern für bestimmte Signifikanzniveaus entnommen werden können, durch Angabe eines Textes vertraut zu machen (vgl. *Bodendorf, SAMBA 1981*).

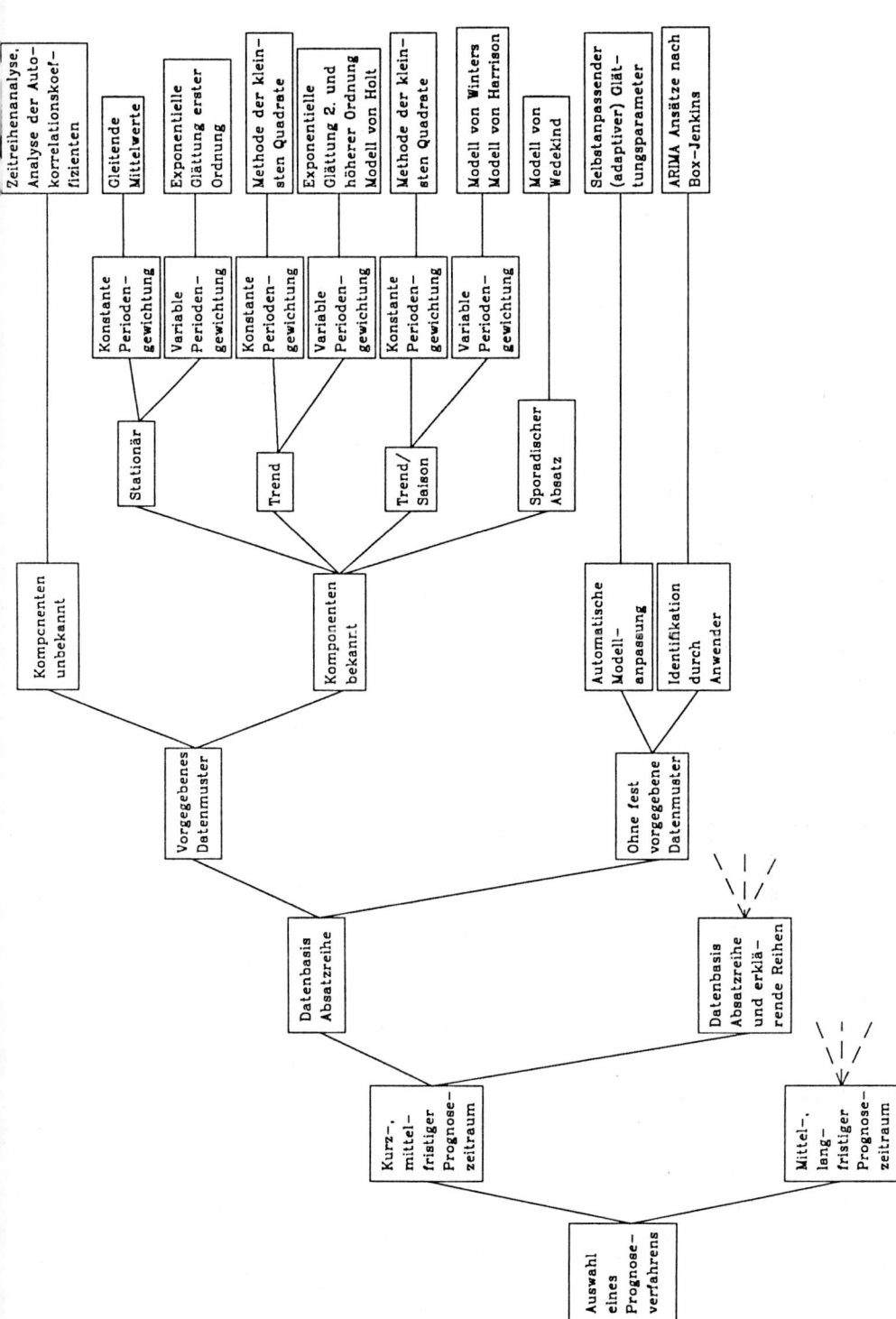

Abb. 2.C.III.13: Entscheidungsbaum zur Auswahl geeigneter Prognoseverfahren

DAS PROGRAMM "PROGNOSE-DIALOG" FÜHRT SIE ZUM FÜR IHR
PROBLEM ADÄQUATEN PROGNOSEVERFAHREN UND UNTERSTÜTZT
SIE BEI DER MODELLAUSWAHL.

SIND DIE ZUR PROGNOSEERSTELLUNG BENÖTIGTEN DATEN
BEREITS AUF DISKETTE GESPEICHERT?
WENN JA BITTE J, WENN NEIN BITTE N EINGEBEN.
J

FÜR WELCHEN PROGNOSEZEITRAUM SOLL DIE PROGNOSE ERSTELLT
WERDEN?
A) KURZ-MITTELFRISTIG (D.H. ZEITRAUM BIS ZU EINEM JAHR)
B) MITTEL-LANGFRISTIG (D.H. ZEITRAUM GRÖSSER ALS EIN JAHR)
GEBEN SIE BITTE A ODER B EIN.
A

WELCHE DATEN SOLLEN ZUR ERSTELLUNG DER PROGNOSE VER-
WENDET WERDEN?
A) NUR VERGANGENHEITSWERTE DER ZU PROGNOSTIZIERENDEN
   ZEITREIHE
B) ODER WEITERE ERKLÄRENDE EINFLUSSGRÖSSEN?
GEBEN SIE BITTE A ODER B EIN
A

IST DAS DATENMUSTER DER ZEITREIHE BEKANNT?
WENN JA BITTE J, WENN NEIN BITTE N EINGEBEN.
J

SOLL DAS PROGNOSEVERFAHREN
A) AUFGRUND DES BEKANNTEN DATENMUSTERS ODER
B) SOLL EIN SICH SELBSTANPASSENDES VERFAHREN AUSGEWÄHLT
   WERDEN?
GEBEN SIE BITTE A ODER B EIN
A

ENTHÄLT DIE ZEITREIHE EINEN TREND?
WENN JA BITTE J, WENN NEIN BITTE N EINGEBEN.
J

ENTHÄLT DIE ZEITREIHE REGELMÄSSIGE SAISONSCHWANKUNGEN?
WENN JA BITTE J, WENN NEIN BITTE N EINGEBEN.
J

WIE GROSS IST DIE ANZAHL DER VERFÜGBAREN VERGANGENHEITS-
DATEN? (BITTE ZAHL EINGEBEN.)
36

GEEIGNETE(S) PROGNOSEVERFAHREN:

WINTERS-MODELL

A) AUSFÜHRUNG DES AUSGEWÄHLTEN VERFAHRENS ODER
B) ERNEUTER DURCHLAUF DES DIALOGES ODER
C) BEENDEN DES DIALOGES?
GEBEN SIE BITTE A, B ODER C EIN.

A

> PROGNOSEERSTELLUNG
>
> DURCH AUSFÜHRUNG DES WINTERS-MODELL

Abb. 2.C.III.14: Computerdialog zur Auswahl geeigneter Prognoseverfahren

C.IV. Expertensysteme

C.IV.1. Charakterisierung von Expertensystemen

C.IV.1.1. Bedeutung von Expertensystemen

Während bei Entscheidungsunterstützungssystemen die Betonung auf "Unterstützung" liegt und die Entscheidung vom Menschen getroffen wird, sollen Expertensysteme stärker in die Lösung von Problemen eingebunden sein, d. h. Entscheidungen quasi selbständig treffen. Nach einer Definition von Feigenbaum (vgl. *Harmon, King, Expertensysteme 1989, S. 3*) ist ein Expertensystem ein intelligentes Computerprogramm, das Wissen und Inferenzverfahren benutzt, um Probleme zu lösen, die immerhin so schwierig sind, daß ihre Lösung ein beträchtliches menschliches Fachwissen (Expertenwissen) erfordert. Um allzu überzogene Erwartungen an Expertensysteme zu reduzieren, wird zunehmend auch der weniger anspruchsvolle Begriff **wissensbasierte Systeme** verwendet.

Expertensysteme gelten als ein Teilbereich der **künstlichen Intelligenz**. Es wird deshalb versucht, das Problemlösungsverhalten eines menschlichen Experten abzubilden. Menschliche Experten besitzen große Wissensmengen über ein Spezialgebiet und wenden neben nachvollziehbar schlüssigen Vorgehensweisen auch Faustregeln (Heuristiken) und Intuition zur Lösung von Ausnahmefällen an.

In klassischen Programmen werden alle möglichen Fälle eines Problems "ausprogrammiert". Dieses gilt aber nur für gut strukturierte Probleme (vgl. Abbildung 2.C.IV.01). Die einfach klingende Aufgabe "wir gehen heute Abend ins Kino" ist dagegen schlecht strukturiert und durch ein klassisches Programm mit einem gut strukturierten Modell nicht abbildbar (vgl. Fall (b) in Abbildung 2.C.IV.01). Die Aufgabe ist schlecht strukturiert, weil das Ziel nicht explizit angegeben ist (welches Kino und welcher Film gemeint sind), die Mittel zur Erreichung des Kinos nicht eindeutig festliegen (z. B. Auto, Fußgang, Taxi, Bus ...) und der Problemraum unbegrenzt ist (keine Eingrenzung des Kinos auf einen bestimmten Stadtteil, Ort usw.) (vgl. *Harmon, King, Expertensysteme 1989, S. 34*).

Expertensysteme versuchen derartige Probleme durch eine Beschreibung des Wissens über den Sachverhalt und ein Verfahren zur zielgerechten Verknüpfung des Wissens **(Inferenzmechanismus)** zu lösen. Ein Mensch löst beispielsweise das oben genannte Problem des Kinobesuchs, indem er über Wissen verfügt, das ihm nähere Auskunft über das Kinoangebot gibt (z. B. Zeitungsanzeigen, Programmansagedienst). Über die Nutzung von Busfahrplänen und Stadtplänen steht weiteres Wissen zur Verfügung. Durch die

170

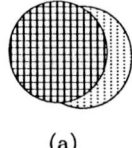 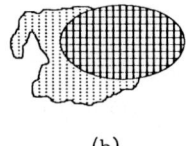 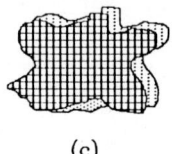

(a)	(b)	(c)

Datenverarbeitung: schlecht strukturiertes Expertensysteme:
reales Problem und Problem, wohlstruktu- Approximation des
Repräsentation riertes Modell schlecht struktu-
überdecken sich rierten Problems
weitgehend

⬚ reales Problem

▦ Repräsentation des Problems im Modell

Abb. 2.C.IV.01: Strukturiertheit von Problem und Modell

(nach Kurbel, Pietsch, Expertensystem-Projekte 1989, S. 134)

Verknüpfungen zwischen Entfernung und Geschwindigkeit können zeitliche Restriktionen aufgebaut werden, die die Anzahl der in Frage kommenden Alternativen einschränken. Die Verknüpfung des allgemeinen Wissens (Fahrpläne, Kinoangebot) mit Zeitrestriktionen der aktuellen Situation reduziert die Komplexität des Problems und ermöglicht schließlich seine Lösung.

Expertensysteme versuchen somit, auch schlecht strukturierte Probleme möglichst gut zu approximieren (Fall (c) in Abbildung 2.C.IV.01).

Expertensysteme stehen auch im Mittelpunkt der Entwicklung von "Computersystemen der fünften Generation".

Der Begriff "Computer der fünften Generation" wird von einem 1981 vorgestellten japanischen Programm zur Entwicklung einer neuen Generation von Computersystemen geprägt. An diesem Programm arbeiten Wissenschaftler und Techniker von acht japanischen Firmen und zwei nationalen Forschungslaboratorien auf Veranlassung des Ministeriums für Internationalen Handel und Industrie (MITI). Ziel dieses Programmes ist es, Computer zu entwickeln, die lernen, assoziieren, Entscheidungen treffen und sich in vielen Formen so verhalten, wie es bisher der menschlichen Vernunft vorbehalten schien. Im Zentrum werden wissensbasierte Informationssysteme stehen (Knowledge Information Processing Systems = KIPS). Die Computer sollen klein, robust und billig werden. In Abbildung 2.C.IV.02 ist der schematische Aufbau eines Rechners der fünften Generation mit seinen Schnittstellen dargestellt.

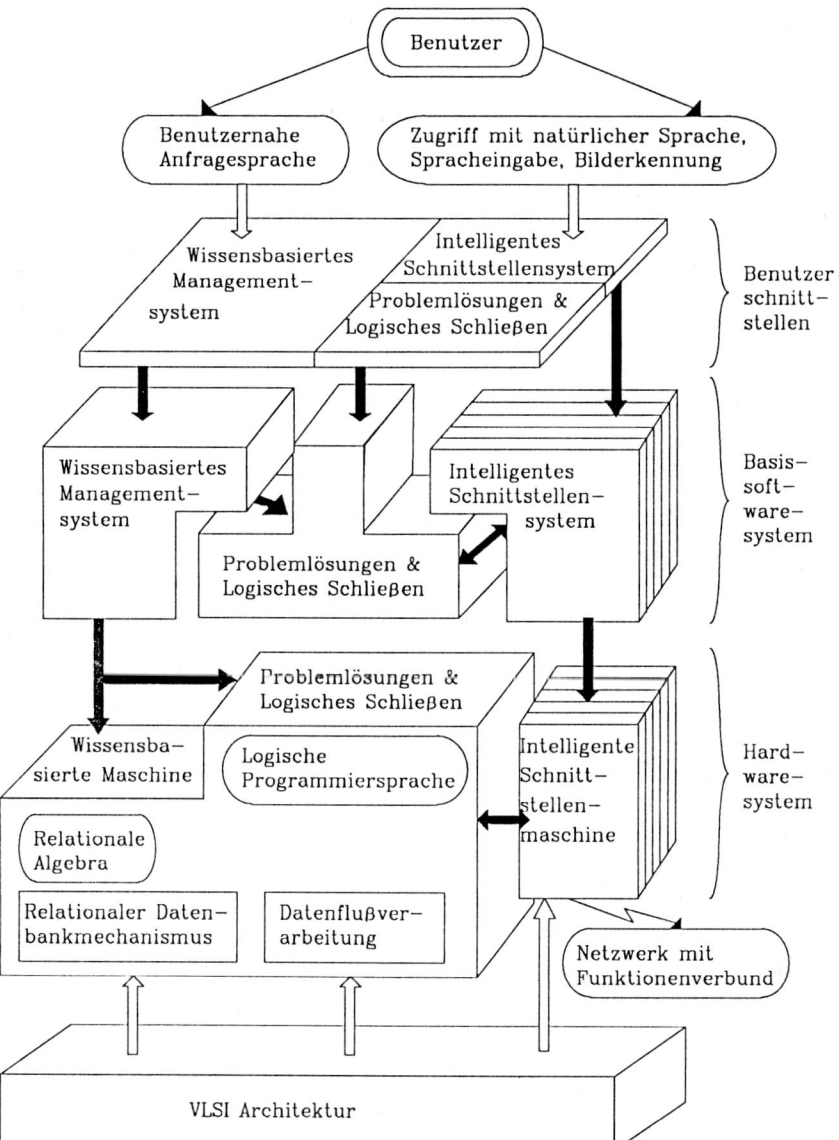

Abb. 2.C.IV.02: Computersystem der fünften Generation

Das gesamte Programm ist in drei Stufen gegliedert. In dem ersten Dreijahresplan wird ein Prototyp einer Expertenmaschine, die auf der Sprache PROLOG basiert, entwickelt. Sie soll in der Lage sein, mehrere tausend Regeln zu behandeln.

In dem folgenden Vierjahresplan wird dieses System weiterentwickelt, und in dem letzten Dreijahresplan soll ein Supercomputer fertiggestellt werden, der zehntausende von Wissensregeln bearbeiten kann.

Die Maschine kann gesprochene und geschriebene Worte sowie grafischen Input verstehen. Auch die Verbindung zwischen Worteingabe und Schriftausgabe über Textverarbeitungssysteme soll realisiert werden. Spätere Teile des Forschungsprojekts sollen bereits mit Ergebnissen entwickelt werden, die in vorhergehenden Teilabschnitten erzielt worden sind, so z. B. die technische Weiterentwicklung mit Hilfe von in den ersten Abschnitten entwickelten CAD/CAM-Systemen.

Eine wesentliche Wirkung des 200 Millionen Dollar-Programms besteht in seiner publizistischen Bedeutung, die die gesamte EDV-Fachwelt in den letzten Jahren aufgeschreckt hat, und in dem hohen Anspruch an Integration, um die vielfältigen Hardware-, Systemsoftware- und Anwendungsentwicklungen zu vereinen.

An der zeitlichen und inhaltlichen Realisierung des Programms werden zwar Zweifel geäußert, jedoch ist schon jetzt die Wirkung auf die zukünftige Informatikforschung unverkennbar.

Insbesondere die Forderung nach billigen Rechnern mit hoher Fähigkeit zur Benutzerunterstützung führt zu Vermutungen, daß Computer dieser Art eine ähnliche Stellung innerhalb des menschlichen Lebens wie das geschriebene Wort einnehmen werden (vgl. *McCorduck, Fifth Generation 1983*). Das Konzept hat inzwischen auch Nachfolgeaktivitäten hervorgerufen, so in Europa das von der EG forcierte Programm ESPRIT (European Strategic Program for Research in Information Technology) mit den Forschungsschwerpunkten

- fortgeschrittene Mikroelektronik,
- Software-Technologie,
- fortgeschrittene Informationsverarbeitung,
- Büro-Systeme,
- computerintegrierte Fertigung,
- Infrastrukturaktionen.

Zur EDV-technischen Realisierung von Expertensystemen stehen einmal spezielle Programmiersprachen wie PROLOG, LISP oder C++ zur Verfügung. In ihnen können in flexibler Form allerdings mit recht hohem Aufwand Expertensysteme entwickelt werden. Um den Erstellungsaufwand abzukürzen, wurden sogenannte Shells entwickelt. **Shells** sind Expertensysteme ohne Wissensbasis. So wurde das Expertensystem für medizinische Anwendungen "MYCIN" ohne die medizinische Wissensbasis auch für andere Anwendungsfälle als Shell zur Verfügung gestellt. Weitere bekannte Shells, die auf Workstations oder Mikrocomputern eingesetzt werden können, sind: KEE, NEXPERT, S1 oder PERSONAL CONSULTANT. Großrechnerbasierte Systeme, die vor allen Dingen für kommerzielle Anwendungen zur Verfügung stehen, sind ESE (IBM), TWAICE (Nixdorf) und BABYLON (GMD).

C.IV.1.2. Aufbau von Expertensystemen

Der grundsätzliche Aufbau eines Expertensystems ist in Abbildung 2.C.IV.03 dargestellt.
Das in einem Expertensystem enthaltene Wissen über Fakten und Regeln ist in der Wissensbasis gespeichert. Das Wissen wird über die **Problemlösungskomponente** (Inferenzmechanismus) für ein zielgerichtetes Vorgehen verknüpft. Die **Erklärungskomponente** gibt dem Benutzer Erläuterungen zum Lösungsablauf. Mit Hilfe der **Wissenserwerbskomponente** wird das Erfahrungswissen menschlicher Experten in die Wissensbasis eingebracht.

Die **Dialogkomponente** soll über eine möglichst benutzerfreundliche Schnittstelle (z. B. durch Einsatz natürlicher Sprache) die Verbindung zu den Benutzern herstellen.

Die Komponenten Wissensbasis, Problemlösung, Erklärung und Wissenserwerb werden im folgenden kurz weiter vorgestellt.

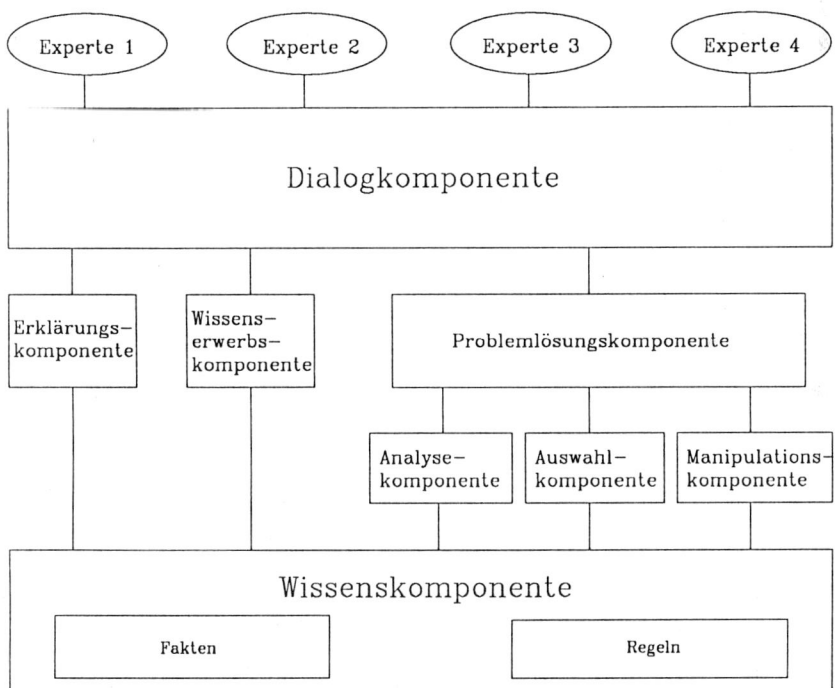

Abb. 2.C.IV.03: Aufbau eines Expertensystems

C.IV.1.2.1. Wissensbasis

Die Wissensbasis steht im Zentrum eines Expertensystems. Auch bei einem menschlichen Experten ist der Umfang seines Wissens von zentraler Bedeutung. Menschliche Gedächtnisnetze werden durch sogenannte **Chunks** beschrieben. Sie bestehen aus einem Symbol (vgl. Abbildung 2.C.IV.04) und assoziativ damit verknüpfter verwandter Symbole, die aktiviert werden, wenn an das Objekt (in Abbildung 2.C.IV.04 "Hund") gedacht wird.

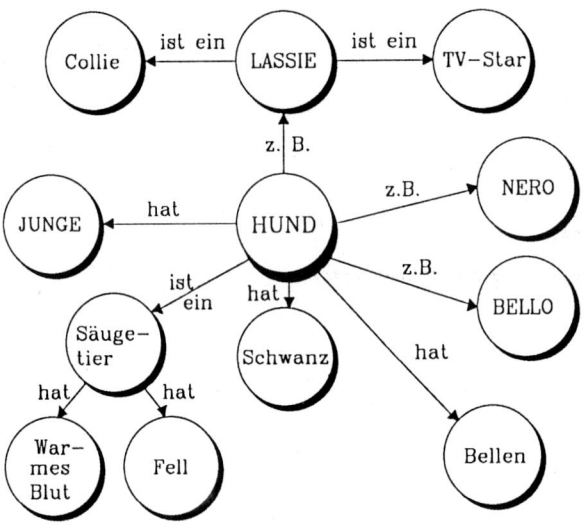

Abb. 2.C.IV.04: Chunk

(aus *Harmon, King, Expertensysteme 1989, S. 28*)

Ein mehr betriebswirtschaftliches Beispiel geben Hausknecht und Zündorf für den Begriff "Jahresabschluß" (vgl. Abbildung 2.C.IV.05).

Menschliche Experten verfügen über eine große Anzahl derartiger Chunks (50.000 - 100.000), die über einen langwierigen Lernprozeß gespeichert werden, dann aber für sehr schnelle Abrufe im Gehirn zur Verfügung stehen.

Expertensysteme bedienen sich ähnlicher Formen der Wissensrepräsentation. Zur Beschreibung von Objekten und der zwischen ihnen bestehenden Relationen (Faktenwissen) werden **semantische Netze** ähnlich den Chunks gebildet.

Den Sachverhalt eines instruktiven und viel zitierten Beispiels einer Szene von Sherlock Holmes gibt Abbildung 2.C.IV.06 in Form eines semantischen Netzes wieder.

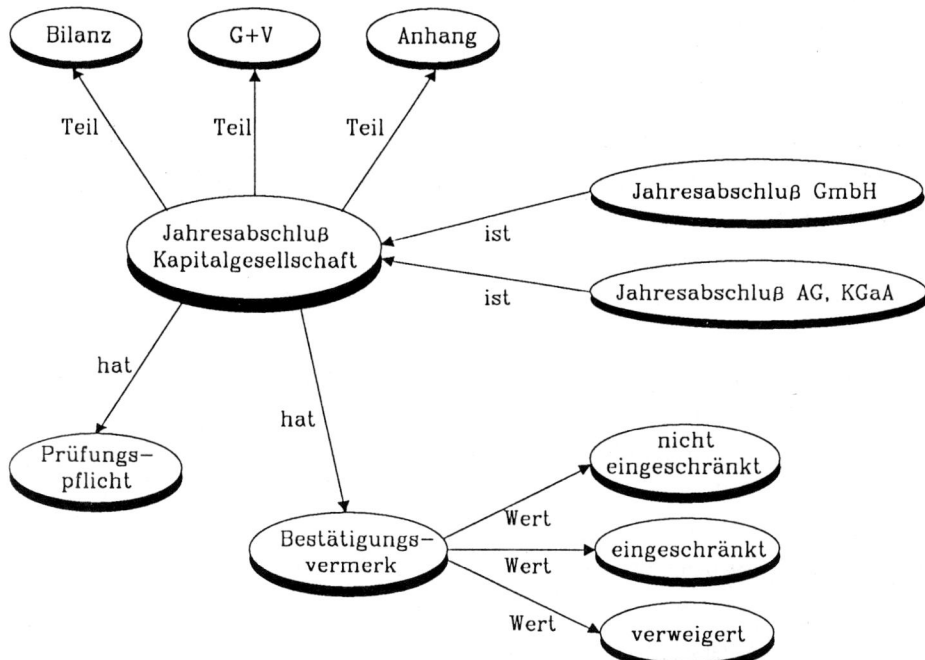

Abb. 2.C.IV.05: Semantisches Netz für den Jahresabschluß einer Kapitalgesellschaft

(aus *Hausknecht, Zündorf, Finanz- und Rechnungswesen 1989, S. 22*)

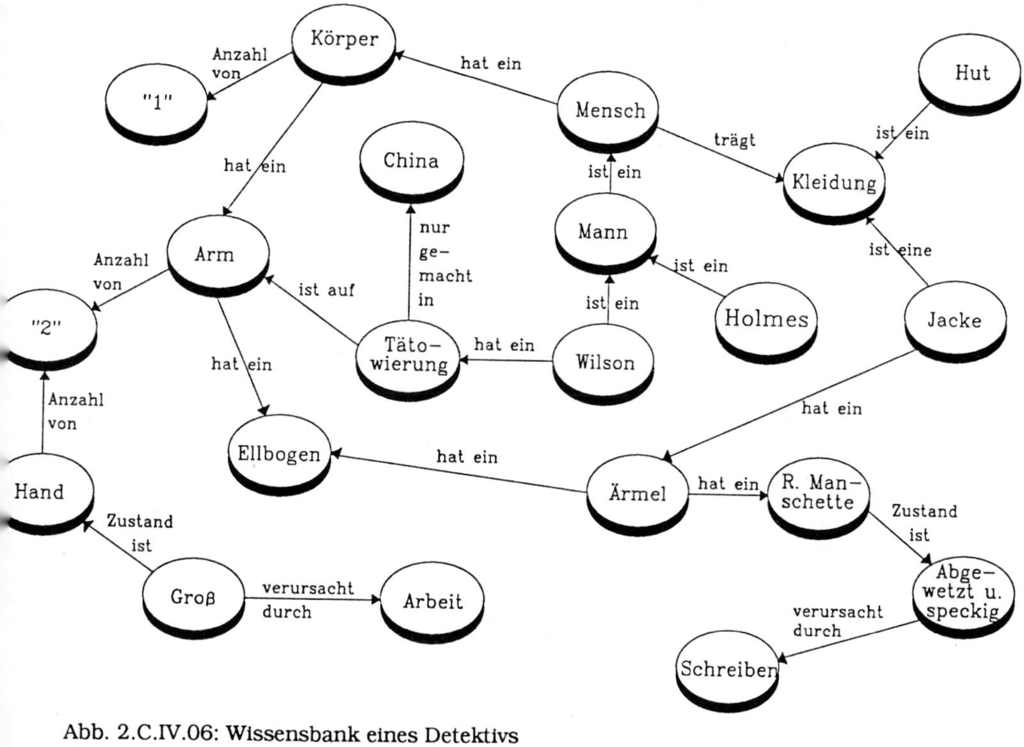

Abb. 2.C.IV.06: Wissensbank eines Detektivs

(aus *Harmon, King, Expertensysteme 1989, S. 42*)

Semantische Netze bestehen aus **Objekten** (Knoten) und **Kanten**, die Verbindungen zwischen den Knoten herstellen. Objekte können Gegenstände oder auch gedankliche Gebilde sein, die durch Verbindungen der Art "ist ein", "hat ein" oder "besteht aus" verbunden werden. Mit steigender Anzahl der Verbindungen wird die Abbildung allerdings immer unübersichtlicher. Aus diesem Grunde werden Operatoren wie Generalisierung und Individualisierung sowie Aggregierung zur Vereinfachung der Darstellung eingesetzt (vgl. *Trost, Wissensrepräsentation 1984, S. 55*).

Eine andere Form der Wissensrepräsentation ist die **"Objekt-Attribut-Wert"**-Angabe. Der Ausschnitt "Wilson ist ein Mann" aus Abbildung 2.C.IV.06 kann z. B. durch das Tripel: Objekt = Mann, Attribut = Name und Wert = Wilson ausgedrückt werden.

In sogenannten **Frames** wird ein Objekt mit allen assoziierten Informationen beschrieben. Jedes Attribut eines Objektes wird dabei durch einen "Slot" repräsentiert, der den aktuellen Wert dieses Attributs enthält. Den Slots können auch Prozeduren zugeordnet werden. Insofern stellen Frames eine Verbindung von deklarativem und prozeduralem Wissen dar. Unter **prozeduralem** Wissen werden Verfahren, Methoden, Heuristiken oder Techniken zur Anwendung von **deklarativem** Wissen, also Wissen über Objekte eines Fachgebietes und der zwischen ihnen bestehenden Relationen, zusammengefaßt. Prozedurales Wissen wird häufig durch Regeln repräsentiert.

Eine **Regel** besteht aus einer oder mehreren Prämissen und einer Konklusion. Das in dem semantischen Netz der Abbildung 2.C.IV.06 dargestellte Wissen über den Ursprung der Tätowierung sowie über den Zusammenhang von Handgröße und körperlicher Arbeit kann z. B. in den Regeln ausgedrückt werden (vgl. *Harmon, King, Expertensysteme 1989, S. 49*):

Prämisse:	Wenn	die Tätowierung ein Fisch ist und
		die Farbe des Fischschuppen rosa ist,
Konklusion:	dann	ist der Ursprung der Tätowierung China.

Prämisse:	Wenn	die rechte Hand eines Menschen größer
		ist als die linke,
Konklusion:	dann	ist seine Tätigkeit manuelle Arbeit (0,6).

Da die Schlußfolgerungen häufig nicht kausal begründet sind, sondern sich auf menschliche Erfahrung stützen, können sie mit Unsicherheiten behaftet sein. Dieses wird durch die Vergabe sogenannter **Konfidenzfaktoren** zum Ausdruck gebracht, die z. B. für das Intervall (0,1) definiert sind. Ist der Schluß über die Handgröße und die körperliche Arbeit des Menschen lediglich eine solche Vermutung, so kann ihr z. B. der Faktor 0,6 zugeordnet werden.

Semantische Netze sind nicht nur für deklaratives Wissen geeignet, da sie auch die prozeduralen Teile der Regeln mitenthalten.

Die Darstellungsarten über semantische Netze, Objekt, Wert, Attribut, Beziehungen, Regeln und Frames sind zum Teil lediglich unterschiedliche Sichten des gleichen Sachverhaltes. So können die angeführten Regeln auch in Form von "Objekt-Attribut-Wert"-Darstellungen ausgedrückt werden (vgl. Abbildung 2.C.IV.07):

	Objekt	Attribut	Wert
wenn	Tätowierung	Motiv	Fisch
	Fischschuppen	Farbe	rosa
dann	Tätowierung	Ursprung	China

Abb. 2.C.IV.07: Weitere Darstellungsmöglichkeit von Regeln

Bei der Wissensbasis kann zwischen statischem und dynamischem Wissen unterschieden werden. Das **statische** Wissen stellt die allgemeinen Fakten und Regeln eines Wissensgebietes zu Beginn des Problemlösungsprozesses dar. Das **dynamische** Wissen ist dagegen auf die aktuelle Problemstellung bezogen und wird während des Dialogprozesses vom Benutzer in das System eingegeben. Durch Aufnahme dieses Wissens kann damit die Wissensbasis erweitert werden.

C.IV.1.2.2. Problemlösungskomponente

Die Problemlösungskomponente (Inferenzkomponente) hat zur Aufgabe, den Problemlösungsprozeß bei der Anwendung des gespeicherten Wissens (Fakten und Regeln) zu steuern und zu überwachen. Dazu werden Operatoren und eine Ablaufsteuerung benötigt. Wichtigster **Operator** ist eine Schlußregel, die aus dem gespeicherten Wissen neues Wissen ableitet. Die einfachste Schlußregel ist der "**Modus Ponenz**". Sie bedeutet "wenn a als wahr bekannt ist" und die Regel gilt "wenn a, dann b", dann wird daraus geschlossen, daß auch b wahr ist.

Wenn also bekannt ist, daß die rechte Hand der Person Wilson größer ist als seine linke, so kann dieses aktuelle Wissen mit der vorher eingeführten Regel über den generellen Zusammenhang zwischen Handgröße und manueller Arbeit zu der Schlußfolgerung zusammengeführt werden: Wenn die rechte Hand von Wilson größer ist als seine linke Hand, dann ist seine Tätigkeit manuelle Arbeit. Dieses spezielle Wissen über Wilson kann nun neu in die Wissensbasis eingestellt werden.

178

Bezüglich der **Ablaufsteuerung** kann unterschieden werden nach:

- dem Umfang der Lösungssuche,
- der Richtung der Lösungssuche,
- der Art der Konfliktlösung.

Die Möglichkeiten können anschaulich an der Abbildung 2.C.IV.08 dargestellt werden.

Bei dem **Umfang** der Lösungssuche wird zwischen Tiefen- und Breitensuche unterschieden. Bei der **Tiefensuche** wird eine Lösungsalternative möglichst vollständig auf ihre Eignung untersucht, ohne dabei jeweils alle parallel möglichen Alternativen voll auszuschöpfen. Bei der **Breitensuche** werden dagegen jeweils auf einer Stufe des Lösungsprozesses alle in Frage kommenden Alternativen analysiert, bevor zur nächsten Stufe weitergeschritten wird.

Bei der **Richtung** der Lösungssuche wird zwischen Rückwärts- und Vorwärtsverkettung unterschieden. Bei der **Rückwärtsverkettung** wird von einem anzustrebenden Ziel ausgegangen, von dem rückwärts die Voraussetzungen für seine Gültigkeit analysiert werden. Bei der **Vorwärtsverkettung** werden dagegen die vorliegenden Daten des Falles

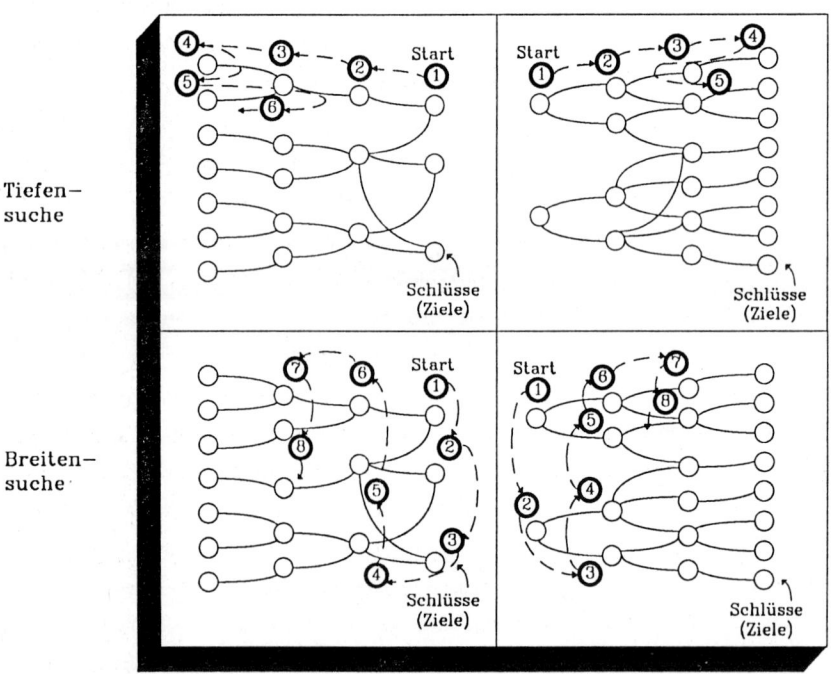

Abb. 2.C.IV.08: Die wichtigsten Suchstrategien, die von Inferenzmaschinen angewandt werden

(aus *Harmon, King, Expertensysteme 1989, S. 64*)

auf mögliche Schlußfolgerungen analysiert und von da aus weitergehend eine Lösung angestrebt. Im ersten Fall der Rückwärtsverkettung werden also Ausführungsteile mit Übereinstimmung des untersuchten Zieles überprüft und danach ihre Eignung auf Analysierung der Voraussetzungen bestimmt. Bei der Vorwärtsverkettung werden dagegen die vorliegenden Daten mit Bedingungsteilen verglichen, um von daher auf geeignete weiter zu verfolgende Regeln zu stoßen.

Abbildung 2.C.IV.09 zeigt eine Tabelle mit Regeln für den bereits angesprochenen Kinobesuch.

Bei einer Rückwärtsverkettung kann daraus folgender Ablauf resultieren: Das Ziel der Problemlösung ist jeweils die Festlegung von Aktionen. In den Regeln 4, 5 und 6 werden über Aktionen geschlußfolgert; sie sind deshalb Ausgang der Verkettung. In Regel 4 wird die Aktion "Taxi nehmen" festgelegt. Dazu müssen aber die Prämissen "Fahren" und "Innenstadt" wahr sein. In Regel 1 wird das Mittel "Fahren" geliefert. Dieses hängt von dem numerischen Wert Entfernung ab. Die Entfernung kann durch eine Frage ermittelt werden. Lautet die Antwort des Benutzers "2 km", so trifft die Regel 1 nicht zu. Auch Regel 2 bestimmt das Mittel "Fahren". Sie wird als nächstes ausprobiert. Neben der Entfernung wird auch die noch zur Verfügung stehende Zeit als Voraussetzung gefragt. Lautet die Antwort z. B. 10 Minuten, so sind durch die Angaben von 2 km und 10 Minuten die Prämissen der Regel 2 erfüllt. Bei der breiten Suche wird nun noch die Regel 3 analysiert (die aber aufgrund der Eingaben nicht zutrifft), während bei der Tiefensuche sofort zur Regel 4 zurückgekehrt wird. Bei der Regel 4 ist der erste Teil erfüllt und die Lage des Kinos muß nun analysiert werden. Zur Vereinfachung wird unterstellt, daß die erfragte Antwort "Innenstadt" lautet, so daß die Regel 4 erfüllt ist. Die weiteren Regeln 5 - 7 werden nun ebenfalls analysiert, sie treffen aber hier nicht weiter zu.

Regel	WENN: (Prämisse)		DANN: (Schluß)
1	Entfernung > 5 km	$\longrightarrow$	Mittel ist "Fahren"
2	Entfernung > 1 km und Zeit < 15 min.	$\longrightarrow$	Mittel ist "Fahren"
3	Entfernung > 1 km und Zeit > 15 min.	$\longrightarrow$	Mittel ist "Gehen"
4	Mittel ist "Fahren" und Lage ist "Innenstadt"	$\longrightarrow$	Aktion ist "Taxi nehmen"
5	Mittel ist "Fahren" und Lage ist nicht "Innenstadt"	$\longrightarrow$	Aktion ist "Auto nehmen"
6	Mittel ist "Gehen" und Wetter ist "schlecht"	$\longrightarrow$	Aktion ist "Mantel nehmen und gehen"
7	Mittel ist "Gehen" und Wetter ist "gut"	$\longrightarrow$	Aktion ist "Gehen"

Abb. 2.C.IV.09: Regeln über den Weg ins Kino

(aus *Harmon, King, Expertensysteme 1989, S. 61*)

Die Rückwärtsverkettung hat sich in vielen realisierten Expertensystemen als effizient erwiesen. Gute Expertensysteme verfügen aber über beide Vorgehensweisen.

Konfliktlösungsmechanismen entscheiden darüber, welche Regelung angewendet wird, wenn mehrere Regeln zur Auswahl stehen. Beispielsweise können Regeln erfahrener Experten mit höherer Priorität angewendet werden als Regeln, die von weniger erfahrenen Experten in die Wissensbasis eingestellt wurden.

C.IV.1.2.3. Erklärungskomponente

Der Benutzer eines Expertensystems soll die Vorgehensweise und Schlußfolgerungen des Systems stets nachvollziehen können. Dazu soll die Erklärungskomponente Hilfestellung geben, die durch "**was**"-, "**wie**"- und "**warum**"-Fragen aufgerufen werden können (vgl. *Bendig, R. u. a., Betriebswirtschaftliche Problemstellungen 1987, S. 57*).

Beispiele für derartige Fragen im Zusammenhang mit dem eingeführten Kinobesuch wären: Was ist ein Transportmittel? Antwort: "fahren", "gehen".

Bei einer warum-Frage wird ein Teil der Inferenzkette dargestellt und dem Benutzer erklärt. Nach Ausgabe der Aktion "Taxi nehmen" könnte der Benutzer fragen: "Warum soll ich ein Taxi nehmen?" und dann die Erklärung über den Entfernungs- und Zeitzusammenhang erhalten. Bei "wie"-Fragen können Hilfestellungen für den Benutzer angesprochen werden. Beispiele sind "wie kann ich erreichen, daß ich noch rechtzeitig ein Kinostück ansehen kann?"

Obwohl die Erklärungskomponente als ein besonderes Charakteristikum von Expertensystemen herausgestellt wird, ist sie in den meisten realisierten Systemen nur spärlich ausgebildet. Häufig beschränken sie sich darauf, lediglich die Schlußfolgerungskette der analysierten Regeln zu protokollieren. Dieses wird zudem (insbesondere bei Shell-basierten Systemen) noch in einer für den Benutzer häufig wenig verständlichen Form präsentiert.

Aus diesem Grunde wird gegenwärtig viel Aufwand zur Erforschung dieser Systemkomponente getrieben.

C.IV.1.2.4. Wissenserwerbskomponente

Der Erwerb des Wissens für die Wissensbasis ist ebenfalls eine häufig geforderte und herausgestellte Eigenschaft von Expertensystemen, die aber wegen ihrer Kompliziertheit noch hinter den anderen Komponenten zurücksteht. Als Wissensquellen für die Wissensbasis stehen neben dem dokumentierten Wissen aus Fachbüchern, Datenbanken etc. gerade das Wissen menschlicher Experten im Vordergrund. Die Übertragung des Wissens in einem Expertensystem erfordert die Anpassung an deren Repräsentationsmöglichkeit. Bei der Übernahme menschlichen Wissens wird dabei der **Wissensingenieur (Knowledge Engineer)** als Mittler zwischen Experte und Expertensystem eingeschaltet. Der Wissensingenieur muß durch Diskussion mit den Experten das Fachwissen identifizieren und es in geeigneter Form aufbereiten. Langfristig wird angestrebt, daß Experten selbst über intelligente Schnittstellen oder über entsprechende Ausbildung ihr Wissen in die Wissensbasis einbringen.

Eine Wissenserwerbskomponente dient aber nicht nur zur Akquisition des Wissens, sondern überprüft das eingebrachte Wissen auf Vollständigkeit oder Widerspruchsfreiheit zu bereits vorhandenem Wissen.

C.IV.2. Betriebswirtschaftliche Umsetzung von Expertensystemen

Betriebswirtschaftliche Problemstellungen bieten ein breites Anwendungsfeld für den Einsatz von Expertensystemen. Dieses wurde bereits frühzeitig im Rahmen der Informatik-orientierten Entwicklung erkannt, da sich einige der ersten Expertensystem-Prototypen mit betriebswirtschaftlichen oder zumindest der Betriebswirtschaft nahestehenden Fragestellungen, wie Auftragskonfiguration und Anlageberatung, beschäftigten. Auch liegen seit einigen Jahren erste Einsatzerfahrungen aus wirtschaftlichen Anwendungsgebieten vor. Um so verwunderlicher ist es, daß die betriebswirtschaftliche Forschung und Lehre erst relativ spät Möglichkeiten und Auswirkungen von Expertensystemen für die Betriebswirtschaftslehre entdeckt haben. Die ersten Vorträge auf wissenschaftlichen Fachkongressen und die ersten wissenschaftlichen Veröffentlichungen wurden dabei von Vertretern der Wirtschaftsinformatik durchgeführt. Die Vertreter der betriebswirtschaftlichen Fachdisziplinen sowie die dem Gebiet der Expertensysteme besonders nahestehende Disziplin des Operations Research haben erst auf diese Anregungen hin reagiert.

C.IV.2.1. Konkurrierende Problemlösungen

Mit der Entwicklung von Expertensystemen dringt die Kerninformatik, die sich zumindest in Deutschland primär theoretisch und grundlagen-orientiert in Forschung und Lehre ausrichtet, mit einer eigenständigen Problemlösungsmethode in Anwendungsdisziplinen ein.

In der Betriebswirtschaftslehre hat bisher die Entwicklung von Modellen für gut strukturierte Probleme vorgeherrscht. Dieses wird insbesondere durch das Gebiet Operations Research deutlich, dessen Einfluß die Betriebswirtschaftslehre in Deutschland in den 60er Jahren stark bestimmt hat. Der relativ geringe Anwendungsstand derartiger Modelle ist aber ein Indiz dafür, daß viele Ansätze nicht mit der durch das Modell abzubildenden Realität übereinstimmen, sondern vielmehr den Fall (b) aus Abbildung 2.C.IV.01 beschreiben, daß eine schlecht strukturierte Entscheidungssituation durch ein gut strukturiertes Modell abgebildet und somit lediglich einen Teil der Realität erfaßt wird. Neuere Entwicklungen des Operations Research, insbesondere im Zusammenhang mit der Diskussion mehrfacher Zielsetzung oder der Fuzzy Set Theory haben bereits die naive Vorstellung der gut strukturierten Entscheidungsprobleme verlassen. Mit der Entwicklung von Expertensystemen können noch weichere Formen der Problemlösung, wie sie die Realität beherrschen, in wissenschaftlichen Arbeiten behandelt werden. Dieses gilt z. B. für den Einsatz sogenannter Daumenregeln, die Nutzung von Erfahrungswissen und der Umgang mit nur teilweise wahren Informationen.

Durch die ausgeprägte Dialogkomponente von Expertensystemen wird gleichzeitig eine starke fallbezogene Problemlösung gegenüber der in vielen klassischen betriebswirtschaftlichen Modellen vorherrschenden zeitraumbezogene Sicht betont.

Dabei wird nicht nur die Behandlung derartiger heuristischer Entscheidungsfindung ermöglicht, sondern auch ihre Dokumentation. Dieses bedeutet für die Realität, daß das Erfahrungswissen nicht mehr verlorengeht, sondern durch Expertensysteme auf andere Entscheidungsträger übertragen wird bzw. diesen zur Auswertung zur Verfügung steht.

Die mit jeder neuen Entwicklung verbundene Euphorie soll aber nicht darüber hinwegtäuschen, daß auch Expertensysteme Schwachstellen besitzen.

Bisherige Anwendungen sind auf relativ kleine Problemlösungsfelder bezogen, wie sie auch ausdrücklich für den Einsatz von Expertensystemen definiert sind. Der erschreckend kleine Anteil von Expertensystemen im sogenannten "Running"-Stadium zeigt auf vielfältige Hindernisse bei Entwicklung, Implementierung und Anwendung hin (vgl. *Mertens, Expertensysteme in Funktionsbereichen 1988*).

Für gut strukturierte Entscheidungsprobleme wie Transportprobleme oder Mischungsprobleme in der Mineralölindustrie, für die bereits mathematische Modellansätze mit recht gutem Erfolg und viel Erfahrung entwickelt worden sind, bieten Expertensysteme sicher keine bessere Alternative. Ihre relativ einfache Struktur (Wissensbasis und einfache Inferenzstrategien) werden aber für Entscheidungen in komplexen Organisationen als nicht ausreichend empfunden (vgl. *Jarke, Wissensbasierte Unterstützung verteilter Entscheidungen 1989*). Auch bei Expertensystemen bleibt die naive Vorstellung, daß die gesamte Entscheidungssituation durch ein Modell (eben das Expertensystem) abgebildet

werden kann. Die möglichen Dialogabläufe sind quasi auch hier in dem Modell vorge-
dacht. Der Anwender wird primär als Datenlieferant verstanden.

Das vielfältige Allgemeinwissen, über das menschliche Problemlöser verfügen und das
ebenfalls, möglicherweise in nicht kausaler Form, bei der Lösung von Ausnahmefällen
eingesetzt werden kann, steht Expertensystemen nicht zur Verfügung.

Trotz dieser Einwände öffnen Expertensysteme für Forschung und Anwendung neue
Möglichkeiten innerhalb der Betriebswirtschaftslehre. Bisher vernachlässigte Gebiete mit
hoher Praxisrelevanz können eröffnet werden. Dieses zeigt sich auch bereits an den vorliegenden Entwicklungen (vgl. *dazu die Berichte über Expertensystem-Entwicklungen in
Scheer, Betriebliche Expertensysteme I 1988 und II 1989)*. Mit der Entwicklung eines
Expertensystems zur konstruktionsbegleitenden Kalkulation wird z. B. ein Gebiet der
Kostenrechnung eröffnet, das bisher trotz hoher praktischer Relevanz von betriebswirtschaftlichen Verfahren nicht behandelt wurde. Betriebswirtschaftliche Kalkulationsan-
sätze setzen in der Regel das Vorhandensein der Daten über Stücklisten, Arbeitspläne
und Kostenstellensätze voraus. In frühen Stadien der Produktentwicklung sind diese
Daten aber nur bruchstückhaft bekannt. Es müssen deshalb neuartige Ansätze wie
Daumenregeln über den Zusammenhang zwischen den bereits bekannten geometrischen
oder Gewichtseigenschaften des Produktes zu den erwarteten Kosten einbezogen werden.

C.IV.2.2. Anwendungsgebiete

Es liegen bereits aus einem breiten betriebswirtschaftlichen Spektrum Anwendungen für
Expertensysteme vor, so in Marketing, Beschaffung, Qualitätswesen, Produktionsplanung und Finanzierung (vgl. dazu z. B. die ausführliche Zusammenstellung von *Mertens,
Borkowski, Geis, Expertensystem-Anwendungen 1988*). Einen Eindruck von Möglichkeiten und Gruppen von Expertensystemen gibt die nachfolgende Übersicht (vgl. *Scheer,
Steinmann, Themenbereich Expertensysteme 1988, S. 15 ff.; Mertens, Allgeyer, Däs, Betriebliche Expertensysteme 1986, S. 6 ff.*):

-   Analyse- und Diagnosesysteme
    Auswertung der PPS-Datenbasis,
    Ursachen von Betriebsmittelstörungen,
    Analyse der Betriebsmittelnutzung (MDE),
    Diagnose der Ursachen von Terminüberschreitungen,
    --   kundenauftragsbezogen,
    --   fertigungsauftragsbezogen,
    Analyse der Durchlaufzeiten und Diagnose der Mängel,
    --   maschinenbezogen,
    --   auftragsbezogen,
    Analyse von Qualitätsdaten,
    Kostenanalyse,
    --   relative Verteilung der Produktkosten,
    --   Vergleich der Kosten zwischen Produkten,
    --   Berechnung von Alternativen (z. B. Fertigungstechnologie).

- Selektionssysteme
Datenverwaltungs- und -suchsysteme,
-- Stücklisten,
-- Arbeitspläne,
-- Lieferantendaten usw.,
Datenauswertungs- und Verdichtungssysteme.

- Intelligente Checklisten
Termineinhaltung von Kundenaufträgen,
Instandhaltung und vorbeugende Wartung,
Unterstützung der Auftragsabwicklung,
-- zeitliche Abwicklung,
-- inhaltliche, sachliche Abwicklung.

- Beratungssysteme
Entscheidung über Kundenauftragsannahme,
Zuordnung von Fertigungsaufträgen zu Betriebsmitteln,
Fertigungsauftragsfreigabe nach Betriebsmittelauslastung,
Kapazitätsanpassung (mittel- und langfristig),
Verlagerungsmöglichkeiten.

- Konfigurierungssysteme
Anordnung der Betriebsmittel,
Zusammensetzung eines Produktes aus Komponenten (Varianten),
Arbeitsplanerstellung aus Standardarbeitsplänen,
Layout von Produktionsanlagen (FFS, Inseln, ...).

- Planungssysteme
Primärbedarfsplanung,
Materialbedarfsplanung,
Kapazitätsbedarfsplanung,
Materialflußplanung.

- Zugangssysteme
Auswahl von Methoden,
-- Primärbedarfsplanung,
-- Materialbedarfsplanung,
-- Kapazitätsbedarfsplanung,
Intelligentes Data-Dictionary,
Zuständigkeitsregelung.

- Hilfesysteme
Sinnvolle Nutzung des PPS-Systems,
-- EDV-Technik,
-- PPS-Funktionen,
-- PPS-Abläufe,
Auswirkungen und Ursachen von Fehlern, Erkennen von Fehlerursachen.

- Lehr- und Unterrichtssysteme
Schulung,
-- PPS-Abläufe,
-- Hardware/Software.

- Entscheidungssysteme
Fremdbeschaffung oder Eigenfertigung,
Materialbedarfsrechnung.

- <u>Überwachungssysteme</u>
  Termineinhaltung,
  --   Kundenaufträge,
  --   Fertigungsaufträge,
  --   Materialverfügbarkeit,
  Qualitätsauswertungen,
  Maschinennutzung.

Die oben angeführten Punkte, die aus dem PPS-Bereich stammen, stellen natürlich nur Schlagworte dar, die einen meist sehr komplexen Entscheidungsraum umfassen. Die Zusammenfassung mehrerer dieser Punkte ergeben nach Überprüfung des ablauflogischen Zusammenhangs und der Voraussetzungen den Einsatzbereich für ein Expertensystem.

C.IV.3. Betriebswirtschaftliche Gestaltung von Expertensystemen

Die betriebswirtschaftliche Aufgabe zur Entwicklung von Expertensystemen besteht darin:

1.   Herausfinden geeigneter Problemfelder,
2.   Aufbereitung des in der Betriebswirtschaftslehre vorhandenen Wissens in Repräsentationsformen für Expertensysteme,
3.   Bereitstellung von menschlichen Experten zur Akquisition des Erfahrungswissens,
4.   Entwicklungen von Vorgehensweisen für die Erstellung von Expertensystemen.

Die Auswahl geeigneter Problemfelder ist bisher eher zufällig erfolgt und mehr von den Interessen einzelner Forscher bestimmt als von der Wichtigkeit oder Eignung der Anwendungsgebiete. Mit einer breiteren Durchdringung des Wissens um Expertensysteme ist zu erwarten, daß hier ein Trend zur sachbezogeneren Auswahl einsetzt.

Bei der Übernahme betriebswirtschaftlichen Wissens in die Wissensbasis von Expertensysteme hat sich häufig herausgestellt, daß das in Lehrbüchern erfaßte Wissen nicht vollständig ist. Insofern wird ein Zwang zur vollständigeren und exakteren Erfassung betriebswirtschaftlicher Tatbestände ausgeübt.

Ähnlich dem Gedanken von **Entscheidungsunterstützungssystemen**, die exakte Verfahren für wohlstrukturierte Ausschnitte eines Entscheidungsproblems mit der Problemlösungsfähigkeit des Menschen kombinieren, kann dieses auch für Expertensysteme (Expert Support Systems = ESS) gelten. In Expertensystemen werden dann sowohl exakte Modellansätze als auch heuristische Lösungsstrategien miteinander kombiniert. Damit kann Forschern ein gleitender Übergang aus ihren bisherigen "exakten" Arbeitsgebieten geschaffen werden.

Für reale Probleme ist die Entwicklung von Expertensystemen auf die Zusammenarbeit mit menschlichen Experten bei der Übernahme deren Erfahrungswissens angewiesen. Bei diesen speziellen Problemen kann also die Betriebswirtschaftslehre als Wissenschaft nur einen geringen Beitrag liefern.

Allerdings können Verfahren zur Akquisition des betriebswirtschaftlichen Wissens erarbeitet werden.

Da die Erstellung von Expertensystemen ähnlich wie bei großen Softwareprodukten mit erheblichem zeitlichen und finanziellem Aufwand verbunden ist, gilt es Vorgehensweisen zu ihrem Aufbau und der Steuerung des Ablaufes zu entwickeln. Hier bieten sich deshalb Forschungsfelder über den Vorteil oder Nachteil phasenorientierter bzw. prototyphafter Entwicklung von Systemen sowie die Bereitstellung geeigneter Mittel zur Projektsteuerung an (vgl. *Kurbel, Pietsch, Expertensystem-Projekte 1989*).

Die Entwicklung von Computern der "fünften Generation" bedeutet für die Betriebswirtschaftslehre, daß nunmehr die Nutzung von EDV-Leistung in Unternehmungen zur Selbstverständlichkeit wie Telefonieren gehören wird. Dabei werden EDV-Systeme nicht nur für vorformulierte und strukturierte Aufgaben eingesetzt werden oder auf ad-hoc-Anfragen des Sachbearbeiters Antwort geben, sondern durch die Anwendungen der künstlichen Intelligenz in gewissen Grenzen schöpferische Arbeit leisten können.

Kapitel 3: EDV-orientierte betriebswirtschaftliche Lösungen

In Kapitel 2 wurde, den Komponenten eines Informationssystems folgend, die betriebswirtschaftliche Bedeutung einzelner EDV-Techniken diskutiert. Dabei wurde bereits deutlich, daß die Informationstechniken ineinandergreifen und sich gegenseitig beeinflussen. Aus diesem Grund werden im folgenden Kapitel EDV-Anwendungen vorgestellt, in denen die Instrumente zu computergestützten betriebswirtschaftlichen Konzepten integriert sind. Sie weichen dabei teilweise erheblich von klassischen betriebswirtschaftlichen Ansätzen ab. Durch die Gegenüberstellung wird der Charakter des EDV-Einflusses auf betriebswirtschaftliche Tatbestände unmittelbar sichtbar.

Der konsequente Einsatz von EDV-Anwendungen verändert zunehmend die Wettbewerbsstellung von Unternehmungen. Deshalb werden im Teil A zunächst Ansätze zur Begründung der strategischen Bedeutung von EDV-Anwendungen behandelt und Verfahren zur Erarbeitung einer Informationsstrategie gezeigt.

Im Teil B werden branchenspezifische EDV-Anwendungen für Industrie, Handel sowie Banken und Versicherungen erörtert und im Teil C branchenübergreifende Anwendungen in Rechnungswesen, Marketing, Personalwirtschaft, Unternehmensplanung und Verwaltung (Büroautomatisierung).

A. Strategische Bedeutung EDV-orientierter Lösungen

Der Einsatz der Informationstechnologie besitzt auf zweierlei Weise strategische Bedeutung. Die hohe Bindungsdauer von Entscheidungen über den Einsatz spezieller Technologien wie Datenbanksysteme oder Netzkonzeptionen legen eine Unternehmung auf lange Zeit fest und bestimmen die Möglichkeiten der Informationsverarbeitung. Andererseits kann durch geschickten Einsatz der Informationstechnologie die strategische Ausrichtung der Unternehmung beeinflußt werden.

Unter **strategischer Planung** wird ein Vorgang verstanden, der die langfristigen Ziele der Unternehmung festlegt einschließlich der grundsätzlichen Wege, diese Ziele zu erreichen.

Durch Adaption bestehender Ansätze zur generellen strategischen Planung sind Konzepte zur Sichtbarmachung der strategischen Wirkung der Informationstechnologie entwickelt worden. Bevor diese kurz dargestellt werden, wird an einem Beispiel die konkrete wettbewerbspolitische Wirkung des Einsatzes der Informationstechnologie gezeigt. Anschließend werden im dritten Abschnitt Vorgehensweisen zur Erarbeitung einer Informationsstrategie skizziert.

A.I. Beispiel

Ein viel zitiertes praktisches Beispiel zur Verdeutlichung der Wettbewerbswirkung konsequent eingesetzter Informationstechnologien ist das Platzbuchungssystem der amerikanischen Fluggesellschaft American Airlines (AA). In dem System SABRE (Semi Automative Business Research) sind die wichtigsten internationalen Flugpläne gespeichert. Das System wurde von American Airlines an über 12.000 Reisebüros verkauft und machte damit die Fluggesellschaft gleichzeitig zu einem wichtigen Anbieter von Anwendungssoftware. Die Informationstechnologie hat somit dem Unternehmen ein neues Produktfeld eröffnet. Gleichzeitig hat dieses System auch die Wettbewerbsposition der Gesellschaft auf ihrem eigentlichen Markt beeinflußt. Das System ist so gestaltet, daß es Flugangebote von American Airlines gegenüber anderen Fluggesellschaften bevorzugt, indem bei mehreren möglichen Anbietern für eine gewünschte Flugverbindung das Angebot von American Airlines jeweils als erstes auf dem Bildschirm erscheint.

Die Bedeutung des Systems wird bereits dadurch sichtbar, daß nicht nur die "Verzerrung" bei der Angebotsdarstellung inzwischen auf Druck von amerikanischen Wettbewerbsbehörden beseitigt werden mußte, sondern daß von anderen Fluggesellschaften ähnliche Systeme entwickelt worden sind, um den Vorsprung von American Airlines zumindest einzudämmen.

Es wird bei diesem Beispiel auch deutlich, daß die Wettbewerbswirkung nicht statisch zu sehen ist: Der erste Anbieter, der die Verbindung zu den Kunden enger knüpft, besitzt dadurch zunächst einen Vorteil. Mit erweiterten Informationsmöglichkeiten der Kunden durch ähnliche Systeme wächst dagegen die Marktstellung der Kunden, da eine höhere Markttransparenz auch zu anderen Anbietern besteht (vgl. *Mertens, Plautfaut, Informationstechnik 1986, S. 10 ff.*).

A.II. Ansätze zur Verdeutlichung der strategischen Wirkung

Die strategische Bedeutung der Informationstechnik wird vor allen Dingen durch die Veränderung der Marktposition des Unternehmens sichtbar. Im einzelnen werden dazu in der Literatur diskutiert:

- Veränderung der Wettbewerbsfaktoren (vgl. *Eidenmüller, Wettbewerbsfaktor 1989*),
- Beeinflussung von Wertschöpfungsketten (vgl. *Porter, Millar, Wettbewerbsvorteile 1986*),
- Konzept kritischer Erfolgsfaktoren (vgl. *Rockart, Critical Success Factors 1982*),
- Portfolio-Analyse (Boston Consulting Group).

Die **Wettbewerbssituation** in einer Branche wird von fünf Einflußfaktoren bestimmt (vgl. Abbildung 3.A.II.01):

- die Marktmacht der Nachfrager (Käufer),
- die Höhe der Markteintrittsschranke (für neue Wettbewerber),
- der Grad der Substituierbarkeit von Produkten durch neue Produkte,
- die Marktmacht der Anbieter (Lieferanten),
- die Wettbewerbsintensität zwischen den bestehenden Konkurrenten.

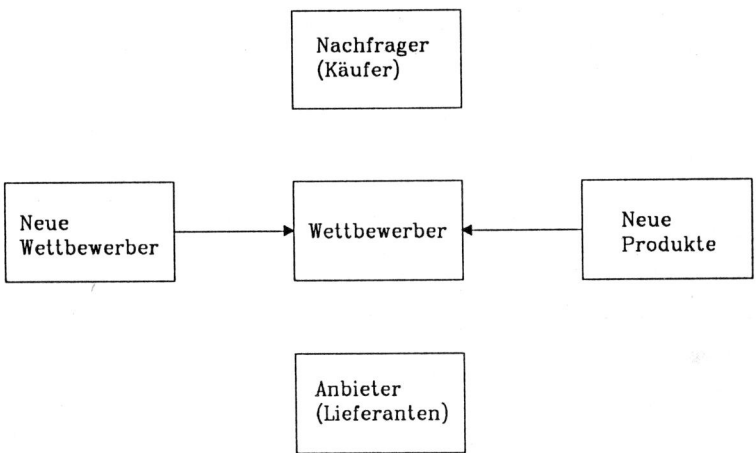

Abb. 3.A.II.01: Wettbewerbskräfte eines Marktes

EDV-orientierte Anwendungskonzepte können jeden dieser einzelnen Faktoren beeinflussen. Durch die stärkere Nutzung der Informationstechnologie können Nachfrager leichter aktuelle Konditionen über einen größeren Kreis von Lieferanten erfahren. Damit wächst die **Marktstellung der Nachfrager**. Dieses gilt auch durch den Einsatz der überbetrieblichen Informationsvernetzung. Im ersten Schritt kann zwar ein Anbieter einen Wettbewerbsvorteil erzielen, wenn er seinen Kunden eine größere Informationsmöglichkeit über seine Produkte, z. B. durch Anschluß an sein EDV-System, gestattet; im nächsten Schritt, wenn auch andere Anbieter dieses tun, kann aber der Nachfrager zwischen den verschiedenen Quellen auswählen und damit seine Position stärken. Dieser Fall wird auch an dem geschilderten Beispiel von American Airlines deutlich.

Die **Markteintrittsschranken** erhöhen sich bei intensivem Einsatz der Informationstechnologie, da der Aufbau umfangreicher Infrastruktur (Vernetzung, Datenbanksysteme oder Entwicklung komplexer Expertensysteme) einen hohen Investitionsaufwand erfordern. Andererseits kann durch geschickte Nutzung der Informationstechnologie auch der Markteintritt erleichtert werden, indem z. B. auf einem Markt lediglich EDV-gestützte Dienstleistungsfunktionen angeboten werden und die kapitalintensive Produktion den bestehenden Unternehmungen überlassen wird. Dieses zeigt beispielsweise der Einsatz von CAD-Systemen im Bereich der Elektronikfertigung (es wird lediglich der Entwurf durchgeführt) oder durch Übernahme von Engineerings- und Projektsteuerungsfunktionen im Bereich des Anlagenbaus.

Die **Substituierbarkeit** von Produkten kann durch den Einsatz von CAD in Verbindung mit flexibler Fertigungstechnik gesteigert werden, da aus einem Grundprodukt leicht Varianten mit neuen Leistungsmerkmalen erstellt werden können.

Die **Marktmacht von Anbietern** wird erhöht, wenn diese computerunterstützte Serviceleistungen anbieten, z. B. eine "rund um die Uhr"-Bestellmöglichkeit durch Einsatz von Btx.

Die **Wettbewerbsintensität** zwischen den bestehenden Konkurrenten wird generell gesteigert, da durch Einsatz der Informationstechnologie Differenzierungen bei der Produktgestaltung, der Preispolitik und der Produktionskosten erzielt werden können.

Nach Porter kann ein Unternehmen durch Wahl von drei grundsätzlichen Strategien seine **Wettbewerbsposition** beeinflussen (vgl. *Porter, Wettbewerbsstrategie 1988, S. 62 ff.*):

1. Anstreben der **Kostenführerschaft**:
   Hier wird vor allen Dingen die Informationstechnologie zur Unterstützung operativer Systeme eingesetzt.

2. **Produktdifferenzierung**:
   Die Informationstechnologie kann hier die Individualität des Produktes durch Einsatz von CAD, CAE oder Expertensystemen zur kundenorientierten Konfiguration erhöhen.

3. Ausrichtung auf **Marktnischen** (Marktspezialisierung):
   Hier wird eine Kombination der oberen beiden Strategien verfolgt.

Jedes Unternehmen ist in die **Wertschöpfungskette** zwischen Lieferanten und Käufern eingebettet (vgl. Abbildung 3.A.II.02).

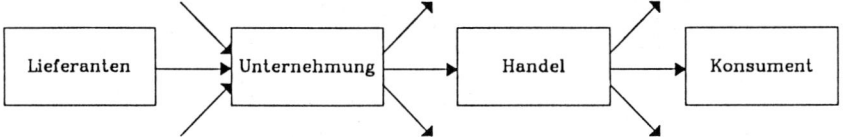

Abb. 3.A.II.02: Gesamtwertschöpfung (Wertekette)

Das Unternehmen kann durch Einsatz der Informationstechnologie erreichen, den Beitrag, den die Kunden für den Wertzuwachs des Produktes zu zahlen bereit sind, zu erhöhen oder die Kosten, die er für die Erzielung seiner Wertschöpfung einsetzen muß, zu verringern. Porter und Millar unterscheiden hierbei sogenannte **Primäraktivitäten** auf der operativen Ebene (vgl. Abbildung 3.A.II.03), *(Porter, Millar, Wettbewerbsvorteile 1986, S. 27)*:

- Interne Logistik,

- Produktion,

- Externe Logistik,

- Marketing und Absatz,

- Kundendienst,

die durch **sekundäre Unterstützungsaktivitäten** wie

- Infrastruktur der Firma,

- Personal,

- Technische Entwicklung,

- Beschaffung

begleitet werden. Da in all diesen Komponenten der EDV-Einsatz zunehmend intensiviert wird, wie die in Abbildung 3.A.II.03 eingefügten Systeme zeigen, wird in beide Richtungen, also der Ausweitung der Wertschöpfung und der Reduktion des Kosteneinsatzes, die Informationstechnologie wirksam.

Kritische Erfolgsfaktoren (CSF = Critical Success Factors) sind nach Rockart solche Faktoren, die hauptsächlich für den Erfolg des Unternehmens verantwortlich sind und deshalb besonders beachtet werden müssen. Rockart geht davon aus, daß die Anzahl dieser Erfolgsfaktoren für ein Unternehmen begrenzt ist (durchschnittlich zwischen 4 und 6), wobei deren befriedigende Ergebnisse bereits den Unternehmenserfolg sicherstellen (vgl. *Rockart, Critical Success Factors 1982*). Obwohl die Erfolgsfaktoren nach Unternehmungssituation und Branche differieren, können als besonders typisch gelten: die Qualität für die Automobilindustrie oder der Cash Flow für ein Unternehmen, das sich in finanziellen Schwierigkeiten befindet.

Sekundäre
Aktivitäten

Infrastruktur	Büroautomatisierung				
Personal	Personalinformationssysteme				
Technische Entwicklung	CAD, CAE				
Beschaffung	Dispositions- und Bestellsysteme				
	Fahrerlose Transport- systeme	PPS, CAM	Versand- steuerung	Marketing- informa- tionssysteme	Ersatz- teildis- position
	Interne Logistik	Produk- tion	Externe Logistik	Absatz/ Marketing	Kunden- dienst

Wertschöpfung

Primäre Aktivitäten

Abb. 3.A.II.03: Unternehmenswertschöpfung

Die Analyse und Herausarbeitung kritischer Erfolgsfaktoren kann als Grundlage zur Ausrichtung der Informationsverarbeitung herangezogen werden. Anwendungssysteme, die in besonderer Weise die kritischen Erfolgsfaktoren eines Unternehmens positiv beeinflussen, bekommen dann z. B. eine hohe Entwicklungspriorität.

Die Informationstechnologie unterstützt nicht nur die Art und Weise der Leistungserstellung und -verwertung, sondern dringt mehr und mehr auch in die Produkte selbst ein. Dieses wird in Abbildung 3.A.II.04 verdeutlicht, in der der Informationsgehalt von

INFORMATIONS- INTENSITÄT DER WERTSCHÖPFUNGS- KETTE	HOCH	ÖLRAFFINERIEN MASCHINENBAU	BANKEN VERSICHERUNGEN FLUGGESELLSCHAFTEN
			——▷ Trend
	NIEDRIG	ZEMENTINDUSTRIE BERGBAU	↑ T DRUCKEREI r e n d
		NIEDRIG	HOCH
		INFORMATIONSGEHALT DER PRODUKTE	

Abb. 3.A.II.04: Informationsintensität der Prozesse und Produkte

Produkten der Bedeutung der Informationstechnik für die Wertschöpfung in einer **Port-folio**-Darstellung gegenüberstehen.

Das eingangs geschilderte Beispiel von American Airlines verdeutlicht die Position von Luftfahrtgesellschaften, bei denen das Produkt (Dienstleistung, Transport) immer mehr um Informationsdienste (Reservierungen, Auskünfte, Buchungen) ergänzt wird. Generell bestehen Trends zu immer größerer Bedeutung der Informationstechnik für Wertschöpfung und Produktgestaltung.

A.III. Vorgehensweise zur Erarbeitung einer Informationsstrategie

Die diskutierten Ansätze zur Verdeutlichung des strategischen Gehalts umfassender EDV-Anwendungssysteme können Ansatzpunkte zur Entwicklung einer Informationsstrategie bieten. Damit ist ein enger Zusammenhang zwischen der Planung der Informationsverarbeitung und der strategischen Unternehmensplanung hergestellt. Die Planung einer **Informationsstrategie** kann in vier Stufen erfolgen (vgl. *Awad, Management Information Systems 1988, S. 399*):

1. Ausgangspunkt ist der strategische Unternehmensplan,

    falls in dem Unternehmen noch keiner existiert, müssen die strategischen Ziele und grundsätzlichen Vorgehensweisen des Top-Managements erhoben werden,

2. Übertragung der strategischen Unternehmensziele in Ziele der Informationsverarbeitung,

3. Entwicklung von alternativen Informationssystemvorschlägen,

4. Diskussion der Alternativen mit dem Management.

Mit der Methode **BSP (Business Systems Planning)** der IBM ist bereits frühzeitig ein strukturiertes Verfahren zur strategischen Planung der Informationsverarbeitung vorgestellt worden. Es richtet sich an einem vierstufigen Prozeß aus (vgl. *IBM, Business Systems Planning 1984*):

1. Definition der Unternehmensziele.

2. Definition der wichtigsten Geschäftsprozesse des Unternehmens.

3. Definition der Datenstrukturen des Unternehmens.

4. Definition der Architektur des Informationssystems.

Mit dieser Vorgehensweise werden in den Punkten 2 und 3 die hier herausgearbeitete Bedeutung einer Vorgangskettenbetrachtung (Prozeßketten) und die Bedeutung der Unternehmensressource Daten betont. Die BSP-Methode soll bereits von über 1.000 amerikanischen Unternehmungen als Einstieg in die Planung ihrer Informationsverarbeitung angewendet worden sein. Sie besteht aus einer Reihe von strukturierten Arbeitsschritten, die mit dem Management eines Unternehmens in einer Top-down-Vorgehensweise durchgeführt werden.

Eine andere Vorgehensweise zur Ermittlung einer Konzeption der integrierten Datenverarbeitung in Industrieunternehmungen ist vom Verfasser entwickelt und inzwischen an zahlreichen Unternehmungen erprobt worden. Im Mittelpunkt steht ebenfalls die Ermittlung unternehmungsspezifischer Prozeßketten, ihre Unterstützung durch Datenstrukturen und die Einbettung der Informationsstrategie in die generelle Unternehmensstrategie. Die **Y-CIM-Strategie** wird in acht Stufen erarbeitet (vgl. Scheer, CIM 1990, S. 68 ff.):

1. Festlegung von Zielen des Unternehmens mit Bezug zum Einsatz der Informationstechnik

2. Vorgangskettenanalyse

   Von einem Projektteam werden die wichtigsten Vorgangsketten durch Interviews in den Fachabteilungen erhoben.

3. Kritische Erfolgsfaktoren

   Um der Unternehmensleitung die Möglichkeit zu geben, Informationssysteme hinsichtlich der anzustrebenden Ziele zu überprüfen, werden kritische Erfolgsfaktoren definiert. Beispielsweise kann die angestrebte Erhöhung der Fertigungsflexibilität durch Reduktion von Rüstzeiten und Auftragsdurchlaufzeiten konkret ausgedrückt und meßbar gemacht werden.

4. Bildung von Funktionsebenen

   Die einzelnen Glieder der untersuchten Ablaufketten werden Funktionsebenen des Unternehmens zugeordnet, um die Verbindung zur Aufbauorganisation herzustellen.

5. Datenstrukturen

   Dem Entwurf von Datenstrukturen wird besondere Aufmerksamkeit gewidmet, da sie Voraussetzung für die Integration der Abläufe ist.

6. Anwendungssoftware

   Für die erarbeiteten Vorgangsketten werden Anforderungsprofile für die einzusetzende Anwendungssoftware entwickelt.

7. EDV-technisches Konzept

   Das EDV-technische Konzept wird aus den zu verfolgenden Zielen, den daraus abgeleiteten Schwerpunkten der ablauforganisatorischen Gestaltung von Wertschöpfungsketten, der Zuordnung von Funktionen zu Funktionsebenen, den benötigten Datenstrukturen und der einzusetzenden Anwendungssoftware entwickelt.

8. Einführungsstrategie

Zur Realisierung wird das Gesamtkonzept aufgrund seiner Komplexität in Teilprojekte gegliedert und mit Hilfe einer Projektorganisation umgesetzt.

B. Branchenspezifische EDV-Systeme

B.I. Industrie

Die EDV-Anwendungen im Industriebetrieb werden besonders herausgestellt, da sie die längste Tradition besitzen und für andere Branchen Schrittmacherdienste geleistet haben.

Industriebetriebe werden durch zwei große computerunterstützte Informationssysteme bestimmt: das primär den Auftragsfluß begleitende Produktionsplanungs- und -steuerungssystem, wie es der linke Schenkel des Y-CIM-Modells der Abbildung 3.B.I.01 ausdrückt, und das Informationssystem des rechten Schenkels des Y-CIM-Modells, das die mehr technisch bezogenen EDV-Systeme zur Produktbeschreibung und Steuerung der Fertigungsanlagen umfaßt.

Die vom Auftragsfluß bestimmten Produktionsplanungs- und -steuerungssysteme (PPS) bearbeiten Fragestellungen, die auch zentrale Bedeutung im Rahmen der betriebswirtschaftlichen Industriebetriebslehre besitzen (vgl. *Hackstein, Produktionsplanung und -steuerung 1989*). Die aus der Sicht der EDV entwickelten PPS-Systeme haben aber gegenüber den betriebswirtschaftlichen Ansätzen eine andere Planungsphilosophie und andere Schwerpunkte.

Die auf der rechten Seite des Y aufgeführten Systeme werden zwar als technische Systeme bezeichnet, besitzen aber trotzdem hohe betriebswirtschaftliche Bedeutung. Durch das Integrationskonzept **Computer Integrated Manufacturing (CIM)** wird eine gesamtheitliche Betrachtung aller Funktionen eines Industriebetriebes angestrebt. Hierzu wird ein durchgängiges Informationssystem für betriebswirtschaftliche und technisch orientierte Aufgaben bereitgestellt. CIM berührt auch grundlegende betriebswirtschaftliche Fragestellungen und wird die Abläufe in Industrieunternehmungen stark verändern. Es bildet damit eine Herausforderung an die Betriebswirtschaftslehre, bei diesem Gestaltungsprozeß mitzuwirken.

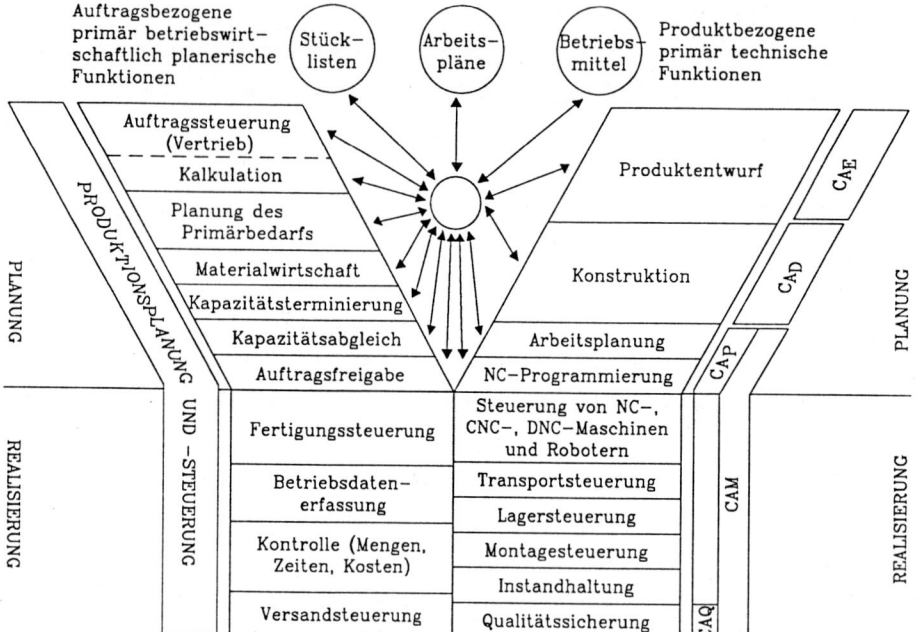

Abb. 3.B.I.01: Y-CIM-Modell der Informationssysteme in einem Industriebetrieb

B.I.1. Produktionsplanung und -steuerung (PPS)

B.I.1.1. Charakterisierung von PPS

Sowohl für Standardsoftware als auch für viele Eigenentwicklungen in Industriebetrieben hat sich für die computergestützte Produktionsplanung und -steuerung eine Planungskonzeption entwickelt, die insbesondere durch Einsatz der EDV-Techniken Datenbanksystemen, hoher Dialogisierungsgrad und Vernetzung unterschiedlicher Hardware gekennzeichnet ist.

Weit verbreitete Standardsoftwaresysteme zur Produktionsplanung und -steuerung sind z. B.

- CAS von CAS (Computer Anwendungs-Systeme),
- MAPICS II von IBM,
- COPICS von IBM,
- CIMOS von ISG,
- ISI von Siemens,
- RM-PPS von SAP AG,
- PM/3000, MM 3000 von Hewlett Packard,
- PSsystem von SCS Systemtechnik,
- FORMAT von Markwart Polzer,
- PIUSS-O von PSI.

PPS-Systeme zeichnen sich dadurch aus, daß sie neben den Planungsfunktionen auch die Verwaltung der benötigten Grunddaten Stücklisten, Arbeitspläne (Arbeitsgänge) und Betriebsmittel unterstützen. Die **Datenverwaltung** ist wegen des hohen Mengenumfangs und der Komplexität der Datenstrukturen besonders wichtig.

In **Stücklisten** (oder in Rezepturen bei chemischen Prozessen) wird der strukturelle und mengenmäßige Aufbau von Endprodukten aus Zwischenprodukten und Rohstoffen erfaßt (vgl. in Abbildung 3.B.I.02a die Produktbäume für zwei Enderzeugnisse P1 und P2). An den Kanten sind die **Produktionskoeffizienten** eingetragen. Sie geben an, wieviel Mengeneinheiten eines untergeordneten Teils in eine Mengeneinheit des übergeordneten Teils eingehen. Gehen Materialien oder Baugruppen in mehrere übergeordnete Teile ein - dieses ist in der Fertigungsindustrie sehr häufig der Fall - so würde eine Speicherung der kompletten Erzeugnisbäume aus Abbildung 3.B.I.02a zu hohen Datenredundanzen führen. Im einzelnen müßten elf Teileinformationen und neun Strukturinformationen (Produktionskoeffizienten) gespeichert werden. Aus diesem Grunde werden die Erzeugnisbäume zu Netzstrukturen entsprechend Abbildung 3.B.I.02b zusammengefaßt. Diese Darstellung entspricht dem in der Betriebswirtschaftslehre bekannten Gozintographen.

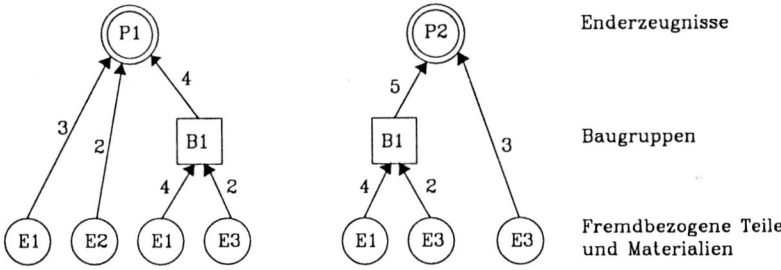

Abb. 3.B.I.02a: Erzeugnisbäume für zwei Enderzeugnisse

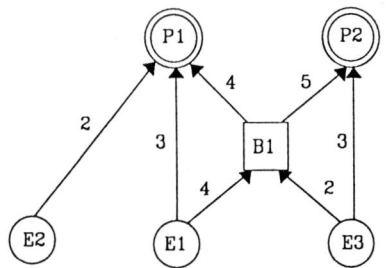

Abb. 3.B.I.02b: Gozintograph zu Abb. 3.B.I.02a

Ein **Gozintograph** führt jedes Teil und jede Strukturbeziehung nur einmal auf, so daß lediglich sechs Teileinformationen und sieben Strukturinformationen auftreten. Da ein Teil in mehrere übergeordnete Teile eingehen kann und ein Teil sich aus mehreren untergeordneten zusammensetzen kann, bildet die Datenstruktur eine m:n-Beziehung innerhalb des Entitytyps TEILE. Sie findet sich in Abbildung 3.B.I.03 als ERM wieder. Der Entitytyp TEILE wird durch das Rechteck dargestellt, die Beziehung STRUKTUR durch eine Raute, wobei die Beziehung vom Typ "m:n" ist.

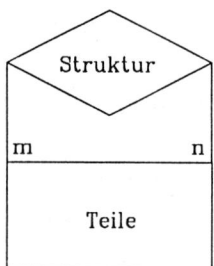

Abb. 3.B.I.03: ERM zur Darstellung der Erzeugnisstruktur

Die gesamte Teilestruktur der Abbildung 3.B.I.02b ist in Abbildung 3.B.I.04 tabellarisch dargestellt. Sowohl der Entitytyp TEILE als auch der Beziehungstyp STRUKTUR werden als Tabelle verdeutlicht. Die Schlüssel, die eine Zeile eindeutig identifizieren, sind jeweils unterstrichen. Diese Darstellung folgt dem Relationenmodell und ist aus sich heraus verständlich.

Teile

Teile=nummer	Bezeichnung	Lagerbestand	...
P1	Endprodukt 1	5	
P2	Endprodukt 2	10	
B1	Baugruppe 1	100	
E1	Material 1	50	
E2	Material 2	40	
E3	Material 3	8	

Struktur

Oberteil=nummer	Unterteil=nummer	Produktions=koeffizient	...
P1	E2	2	
P1	E1	3	
P1	B1	4	
B1	E1	4	
B1	E3	2	
P2	B1	5	
P2	E3	3	

Abb. 3.B.I.04: Tabellarische Darstellung der Teilestruktur aus Abb. 3.B.I.02b

Bei einer EDV-technischen Realisierung der Struktur durch ein Datenbanksystem muß sichergestellt sein, daß ein Teil in seine enthaltenen Komponenten aufgelöst werden kann (Stückliste) und für ein Teil angegeben werden kann, in welche übergeordneten Teile es eingeht (Teileverwendung).

Die Datenstruktur einer Stückliste läßt sich mit einfachen Datei-orientierten Speicherungsformen nicht redundanzfrei speichern. Aus diesem Grunde wurden für die Speicherung von Stücklisten frühzeitig spezielle Datenverwaltungssysteme entwickelt, aus denen später die generellen Datenbanksysteme hervorgegangen sind. Eines der ersten Systeme dieser Art war das System BOMP (Bill of Material Processor) der Fa. IBM.

Abbildung 3.B.I.05 zeigt die Struktur der Grunddaten zur Produktionsplanung und -steuerung als ERM. Neben den Stücklisten- sind auch die Arbeitsplaninformationen angegeben. Ein Teil kann mehrere **Arbeitspläne** besitzen, wenn alternative Fertigungsmöglichkeiten (in unterschiedlichen Betrieben oder mit unterschiedlichen technologischen Verfahren) bestehen. Fertigungstechnisch ähnliche Teile können umgekehrt auch nach dem gleichen Standard-Arbeitsplan gefertigt werden (n:m-Beziehung).

Ein Arbeitsplan umfaßt in der Regel fünf bis sieben Arbeitsgänge, die die einzelnen zu durchlaufenden Arbeitsfolgen einer Werkstückbearbeitung beschreiben. Ein **Arbeitsgang** kann als Standard-Arbeitsgang verschiedenen Arbeitsplänen zugeordnet werden (n:m-Beziehung).

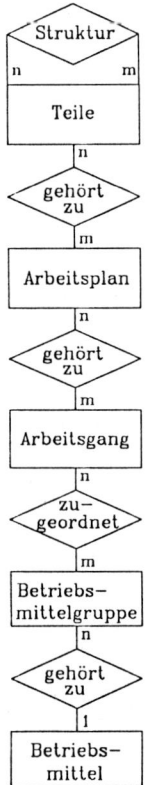

Abb. 3.B.I.05: ERM zur PPS-Grunddatenverwaltung

Eine **Betriebsmittelgruppe** umfaßt mehrere planerisch als gleich zu behandelnde Betriebsmittel.

Kann ein Arbeitsgang auf mehreren unterschiedlichen Betriebsmittelgruppen durchgeführt werden und auf einer Betriebsmittelgruppe mehrere Arbeitsgänge, so liegt zwischen den Entitytypen ARBEITSGANG und BETRIEBSMITTELGRUPPE eine n:m-Beziehung vor. Die Beziehung beschreibt solche Eigenschaften, die sich sowohl auf einen bestimmten Arbeitsgang als auch auf eine bestimmte Betriebsmittelgruppe beziehen, also z. B. Rüstzeiten, Vorgabezeiten, Ausschußprozentsatz.

Die Datenstruktur der Abbildung 3.B.I.05 zeigt die komplexen Zusammenhänge der Grunddaten des Fertigungsbereichs auf. Mit ihr ist eine hohe Flexibilität für Auswertungen sichergestellt. So ist es z. B. bei Ausfall eines Betriebsmittels möglich festzustellen, welche Arbeitsgänge und schließlich welche Eigenfertigungsteile davon betroffen werden.

Für einen Fertigungsbetrieb mittlerer Größe sind folgende Größenordnungen für die Anzahl der Entities realistisch (vgl. *Scheer, Produktionsplanung 1976, S. 19*):
- 40.000 Teile-Entities (davon 100 Endprodukte und 10.000 Eigenfertigungsteile),
- 280.000 Struktur-Entities,
- 20.000 Arbeitsplan-Entities (bei 2 Arbeitsplänen pro Eigenfertigungsteil),
- 100.000 Arbeitsgang-Entities (bei 5 Arbeitsgängen pro Arbeitsplan),
- 200.000 Betriebsmittelzuordnungen (bei 2 Zuordnungsmöglichkeiten pro Arbeitsgang),
- 150 Betriebsmittelgruppen,
- 750 Betriebsmittelsätze (bei 5 Betriebsmitteln pro Gruppe).

Bei Großbetrieben kann die Verwaltung mehrerer hunderttausend Teilesätze, Millionen Struktursätze und Arbeitsgangsätze erforderlich sein.

Das hohe Mengenvolumen bestimmt nicht nur die Komplexität der Grunddatenverwaltung, sondern wirkt sich auch auf die Planungsphilosophie aus.

Die Planungsstufen des EDV-orientierten Sukzessivplanungskonzeptes sind:
1. Planung des Primärbedarfs,
2. Bedarfsauflösung,
3. Durchlaufterminierung,
4. Kapazitätsabgleich,
5. Werkstattsteuerung,
6. Betriebsdatenerfassung.

Im Rahmen der **Primärbedarfsplanung** wird das für den Planungszeitraum (z. B. 6 Monate oder 1 Jahr) zu erstellende Produktionsprogramm nach Art und Menge bestimmt. Dieser Planungsschritt wird von der EDV durch Bereitstellung von Absatzprognoseverfahren und Übernahme von Daten der Kundenauftragsverwaltung unterstützt. Viele PPS-Systeme gehen aber auch von einem von der Vertriebsabteilung vorgegebenen Primärbedarf aus.

Im Rahmen der **Bedarfsauflösung** werden aus dem Produktionsprogramm über die Auflösung der Stücklisten, die Bedarfe an Zwischenprodukten bis hin zu den Materialien errechnet. Durch die Brutto-/Netto-Rechnung werden Lagerbestände von den Bruttobedarfen abgezogen, so daß als Ergebnisse die zu produzierenden bzw. zu beschaffenden Nettobedarfe an Zwischenprodukten und Materialien verbleiben. Diese Nettobedarfe werden unter Beachtung von Losgrößen zu Fertigungs- und Beschaffungsaufträgen zusammengefaßt. Die Aufträge werden gleichzeitig unter fortlaufender Beachtung der Durchlaufzeiten grob terminiert.

Bei der Losbildung werden heuristische Verfahren, wie die Part Period Method, Gleitende wirtschaftliche Losgröße, eingesetzt, die auch zeitlich variierende Bedarfe berücksichtigen (vgl. *Scheer, Produktionsplanung 1976, S. 104 ff.*).

Da für die Bedarfsauflösung lediglich die Stücklisten sowie eine Lagerbuchführung erforderlich sind, werden diese Planungsstufen häufig auch als erstes implementiert.

Für die anschließende Zeitwirtschaft ist es erforderlich, daß auch die Arbeitsplan-, Arbeitsgang- und Betriebsmittelinformationen einer computerunterstützten Verwaltung unterliegen.

Im Rahmen der **Durchlaufterminierung** werden unter Verwendung der Arbeitsgang- und Betriebsmittelinformationen die teilebezogenen Aufträge des Fertigungsprogramms in Arbeitsgänge aufgelöst und differenzierter terminiert. Über die Zuordnung der Arbeitsgänge zu Betriebsmittelgruppen lassen sich die Kapazitätsbelastungen der Gruppen in den einzelnen Perioden aufsummieren. Die Ergebnisse werden pro Betriebsmittelgruppe grafisch anschaulich dargestellt (auch in Farbe) und zeigen Kapazitätsüber- bzw. -unterdeckungen auf. Bei der Übersicht in Abbildung 3.B.I.06 wurde zwischen Kapazitätsbelastungen aus bereits in Produktion befindlichen, zur Fertigung freigegebenen und lediglich geplanten Aufträgen unterschieden (vgl. auch *IBM, COPICS (SL & R) 1983, S. 19*).

Um ein kapazitätsmäßig zulässiges und ausgeglichenes Produktionsprogramm zu erhalten, werden im Rahmen des **Kapazitätsabgleichs** die Kapazitätsüber- und -unterdeckungen ausbalanciert. Die von Standardsoftware eingesetzten Verfahren berücksichtigen dazu zunächst den Einsatz von Überstunden, Ausweichaggregaten und die Erhöhung von Produktionsintensitäten. Diese Maßnahmen lassen den zeitlichen Ablauf der Arbeitsgänge im wesentlichen unverändert. Falls dieses nicht ausreicht, kann versucht werden, Arbeitsgänge eines Engpaßaggregats in Perioden niedriger Kapazitätsauslastung zu verschieben. Um den zeitlichen Fluß der Arbeitsgänge eines Auftrags nicht zu stören, werden jeweils alle Arbeitsgänge (also auch diejenigen, die Betriebsmitteln mit freier Kapazität zugeordnet sind) zeitlich verschoben. Dazu setzen einige hochentwickelte Verfahren Prioritätsregeln zur Auswahl der zu verschiebenden Aufträge ein wie z. B. CAPOSS-E im Rahmen des COPICS-Systems von IBM (vgl. *IBM, CAPOSS-E 1983*).

Belastungsübersicht: Kapazitätsstelle (Betriebsmittelgruppe) Bohrwerk NC 5/28

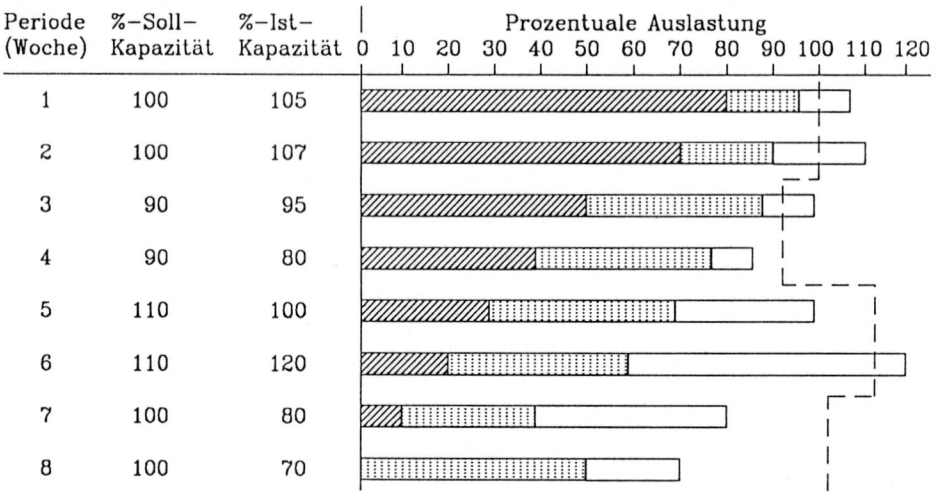

Periode (Woche)	%–Soll– Kapazität	%–Ist– Kapazität
1	100	105
2	100	107
3	90	95
4	90	80
5	110	100
6	110	120
7	100	80
8	100	70

▨ Belastung aus in Arbeit befindlichen Aufträgen
▥ Belastung aus freigegebenen Aufträgen
▢ Belastung aus geplanten Aufträgen
– – – Sollkapazität

Abb. 3.B.I.06: Kapazitätsbelastungsübersicht für eine Betriebsmittelgruppe

Die **Werkstattsteuerung** überführt die Ergebnisse der bisher behandelten Planungsstufen in die Realisierung. Entsprechend kürzer ist auch der betrachtete Planungszeitraum. Im ersten Schritt werden die Fertigungsaufträge mit geplanten Anfangsterminen innerhalb des anstehenden Planungszeitraums (z. B. 2 Wochen) daraufhin überprüft, ob die benötigten Komponenten und Werkzeuge verfügbar sind. Ist dieses der Fall, werden die Aufträge für die Fertigung freigegeben.

Dieser Auftragsfreigabe kommt für die Realisierung die gleiche Bedeutung zu wie der

Primärbedarfsvorgabe für die Bedarfs- und Kapazitätsplanung (vgl. Abbildung 3.B.I.08).
Die freigegebenen Aufträge werden vor den Betriebsmittelgruppen in Warteschlangen eingestellt und unter Beachtung von Kapazitätsrestriktionen und des Fertigungsflusses terminiert. Diese Feinterminierung wird ebenfalls anhand von komplexen Prioritätsregeln
gesteuert. Für den Auftragsbestand liegen dann als Ergebnis die Fertigungsreihenfolgen
und arbeitsgangbezogenen Start- und Endtermine fest. Die mit hohem Rechenaufwand
erzeugten Ergebnisdaten sind sehr änderungsempfindlich. Eine häufige verwendete Darstellung diese Tatbestandes gibt Abbildung 3.B.I.07 an. Sie soll anschaulich machen, daß
ein am Wochenende errechneter Plan für die folgende Woche durch Ereignisse wie Aus-
fälle von Betriebsmitteln, Annahme von Eilaufträgen, Ausfall von Mitarbeitern, Ver-
zögerungen usw. so stark beeinflußt wird, daß am Freitag lediglich 10 % bis 20 % der für
den Tag relevanten Planwerte noch gültig sind.

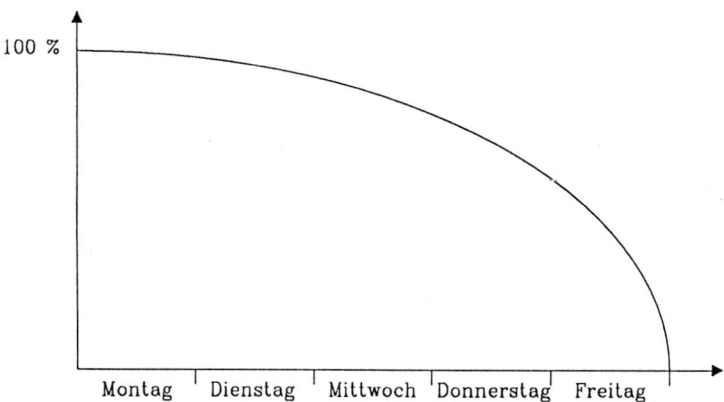

Abb. 3.B.I.07: Gültigkeit der relevanten Planwerte im Zeitablauf

Im Rahmen der **Betriebsdatenerfassung** (BDE) werden die realisierten Mengen- und
Zeitwerte der Aufträge und Mitarbeiter, Stillstands- und Ausfallzeiten von Betriebsmitteln
sowie der Einsatz von Materialien und Werkzeugen in den Planungs- und Steuerungs-
prozeß zurückgemeldet. Insbesondere eine zeitnahe Werkstattsteuerung setzt auch die
laufende Information über den Ist-Zustand des Produktionsprozesses voraus.
Für die Betriebsdatenerfassung werden spezielle Hardwaresysteme wie störungsunanfäl-
lige Terminals oder automatische Signalgeber an Produktionsanlagen eingesetzt, die zum
Teil auch einen Prozeßrechner erfordern. Aus diesem Grunde führen BDE-Systeme in der
Regel zu einer Vernetzung von mehreren Rechnersystemen.

Die einzelnen Planungsstufen des PPS-Systems besitzen unterschiedliche Planungszeiträume, die sich von oben nach unten verkürzen. Während die Primärbedarfsplanung
einen Zeitraum von sechs Monaten oder länger umfassen kann, kann für die Werkstattsteuerung ein Planungszeitraum von einer Woche oder einem Tag sinnvoll sein.

B.I.1.1.2. Betriebswirtschaftliche Wertung von PPS

Die wesentlichen Eingriffspunkte sind die Ermittlung des Primärbedarfs und die Auftragsfreigabe (vgl. Abbildung 3.B.I.08), da diese Planungsschritte die nachfolgenden
Stufen stark vorbestimmen.

Betriebswirtschaftliche Mängel bestehen in dem Planungskonzept vor allem in einer zu
geringen Unterstützung der Festlegung des Primärbedarfs. Die Eingabe des Absatz-
programms basiert deshalb vielfach auf groben Schätzwerten. Für die geringe Betonung
des ersten Planungsschrittes mag von Bedeutung sein, daß in diesem Schritt eine enge
Abstimmung zwischen Produktion und Vertrieb erforderlich wird. Diese ist häufig organisatorisch mit größeren Reibungsverlusten verbunden.

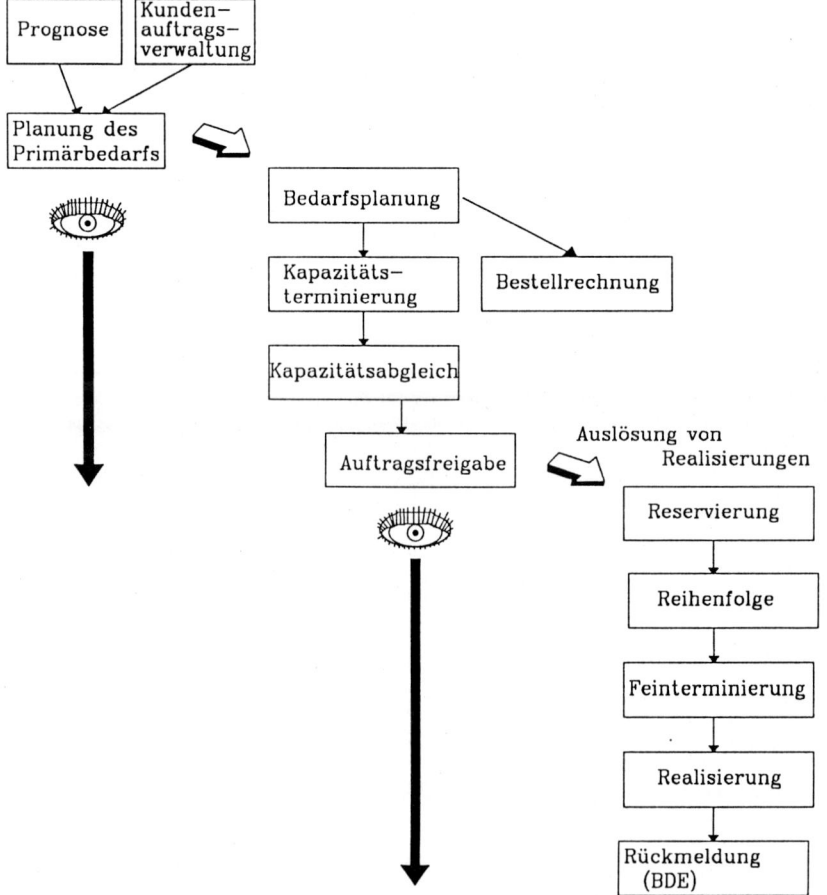

Abb. 3.B.I.08: Vorausschauendes Stufenkonzept zur Auftragsbearbeitung

Da die Input-Werte aber die anderen Planungsstufen bestimmen, kommt ihrer Qualität eine hohe Bedeutung zu, die auch die Aussagen der folgenden Planungsergebnisse festlegt. Grobplanungsansätze sollten deshalb eine bessere Abstimmung von Vertrieb und Produktionsbereich bei der Festlegung des Produktionsprogramms ermöglichen. Allerdings sind dabei die genannten Mengenangaben der zu bewältigenden Planungselemente zu beachten. Hier können auch verdichtete Simultanansätze, die auf Endprodukten oder Endproduktgruppen basieren, sinnvoll sein (vgl. *Wittemann, Produktionsplanung mit verdichteten Daten 1985*).

Die in den PPS-Systemen eingesetzten Planungstechniken zur Losbildung, zum Kapazitätsabgleich und zur Reihenfolgebestimmung sind heuristisch und zum Teil in ihrer Wirkung für den Benutzer nur wenig durchsichtig. Diese Verfahren hat die traditionelle betriebswirtschaftliche Literatur lange Zeit nicht beachtet. Hier bieten sich für betriebswirtschaftliche Forschungen, die auf die realistischen Mengenbedingungen und die Einbettung in einen adäquaten EDV-Rahmen Rücksicht nehmen, wirksame Arbeitsmöglichkeiten. Der Wagner Whitin-Algorithmus ist hier bereits eine sinnvolle Verbesserung (vgl. *Wagner, Whitin, Economic Lot Size Model 1958*). Im Rahmen der Kapazitätsplanung werden von den PPS-Systemen Prioritätsregel-basierte Verfahren eingesetzt. Wegen der zeitlichen Verflechtung der Arbeitsgänge eines Auftrags und Aufträge untereinander liegt hier aber eine Planungssituation vor, die einen Simultanansatz erfordert. Die Planungskomplexität wird durch den hohen Mengenumfang der einzuplanenden Aktivitäten weiter erhöht. Aus diesem Grunde führen die Ausgleichsverfahren häufig zu unkontrolliert hohen Rechenzeiten.

Aufgrund der relativ unbefriedigenden Erfahrungen mit batchorientierten heuristischen Ansätzen zum Kapazitätsabgleich und zur Reihenfolgeplanung ist der Einsatz von Mensch-Computer-Dialogen erfolgversprechender. Der Bildschirm meldet dem Disponenten die Kapazitätssituation der Betriebsmittelgruppen. Gleichzeitig werden die Aufträge vor einer Betriebsmittelgruppe mit Hinweisen über Pufferzeiten usw. gezeigt (vgl. Abbildung 3.B.I.09a/b). Der Disponent kann nun einzelne Arbeitsgänge im Dialog zeitlich umdisponieren und mehrere Alternativen in ihren Wirkungen so lange simulieren, bis ein befriedigendes Ergebnis erzielt wird.

Der interaktive Entscheidungsprozeß kann aber durch Vorgabe sinnvoller Entscheidungsvorschläge des EDV-Systems noch effizienter gemacht werden, da auch der Mensch alleine von der Komplexität der Planungssituation überfordert ist. Hier sind auch Ansätze für Expertensysteme gegeben (vgl. *Steinmann, Wissensbasierte Anwendungen 1989*).

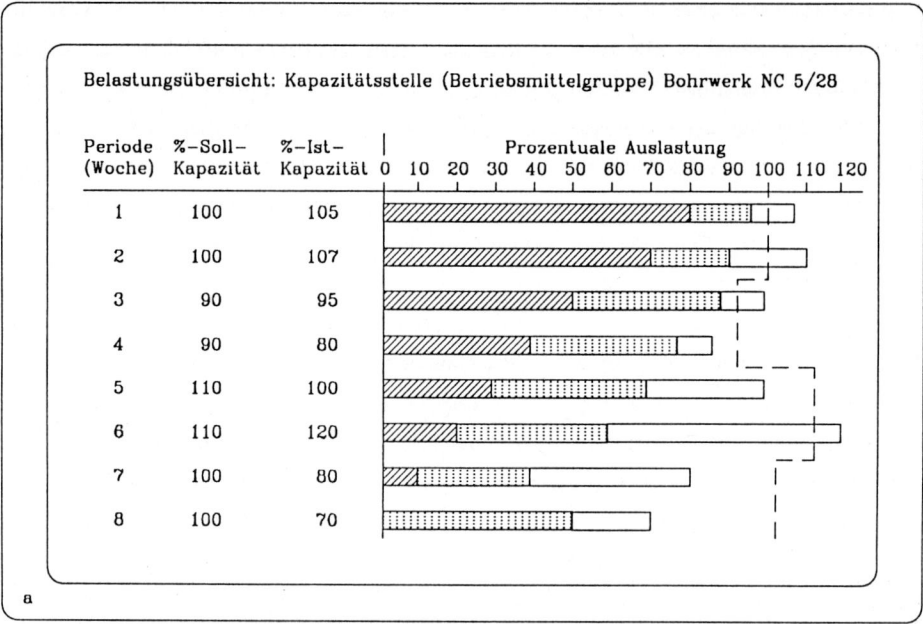

Abb. 3.B.I.09a: Kapazitätsbelastungsübersicht (Grafik)

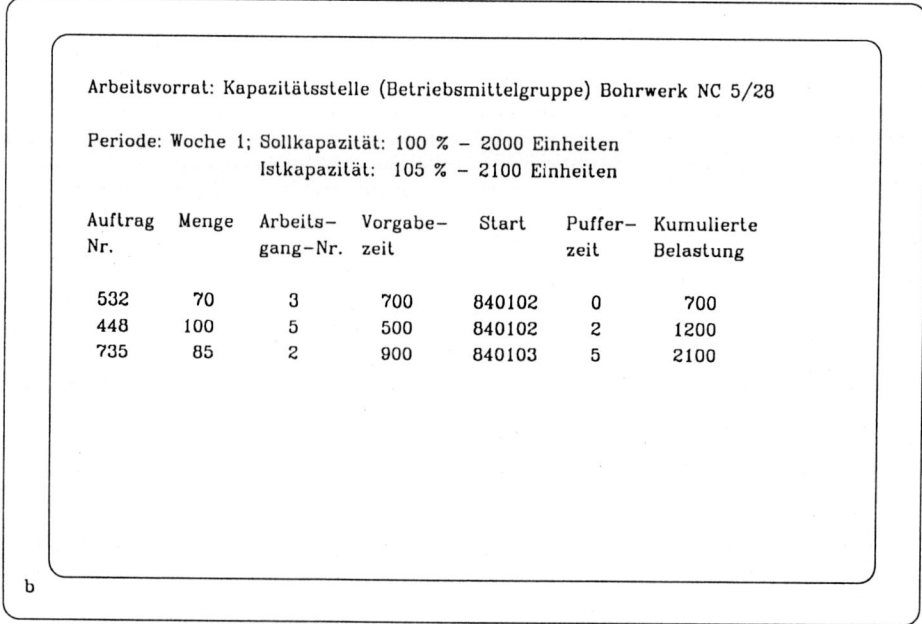

Abb. 3.B.I.09b: Kapazitätsbelastungsübersicht (Tabelle)

Der Einsatz von PPS-Systemen ist in den letzten Jahren stark gestiegen. Die hier geschildert Planungsphilosophie eignet sich vor allen Dingen für Betriebe mit Serienfertigung, die nach dem Prinzip der Werkstattfertigung organisiert sind. Eine stark kundenorientierte Auftragsfertigung, insbesondere auch Einzelfertigung, erfordert, daß der Kundenbezug bei Fertigungsaufträgen durch Mitführung einer Kundenauftragsnummer hergestellt wird. Dieses ist bei Losfertigung, die nur wenige Systeme anbieten, mit erheblichen Datenverwaltungsproblemen verbunden.

Weiterhin sind die Systeme auf Fertigungsstrukturen mit einer großen Fertigungstiefe ausgerichtet. Hier werden aus einer Vielzahl fremdbezogener Materialien und Einzelteile über viele Zwischenstufen wenige, dafür aber sehr komplexe Endprodukte erzeugt.

Für die Konsumgüterindustrie ist dagegen typisch, daß aus relativ wenigen Rohstoffen über wenige Produktionsstufen hinweg eine Vielzahl unterschiedlicher Endprodukte produziert werden. Diese werden häufig in Massenfertigung hergestellt und nur in unterschiedlichen Verpackungsformen variiert. Deshalb dominieren Fragen der Austaktung der einzelnen Fertigungsstraßen. Auch für chemische Prozesse mit technologisch bedingten Zyklen im Produktionsprozeß sind die PPS-Systeme nur schwer einsetzbar.

Der trotz der aufgeführten Mängel große Erfolg des Einsatzes von PPS-Systemen ist ein Beispiel dafür, daß sich im Zusammenhang mit der Entwicklung von EDV-Systemen eigenständige Planungsphilosphien ergeben, die die Mengenproblematik bezüglich der Datenverwaltung und die Komplexität des Planungsprozesses durch den Einsatz von Datenbanktechniken, Dialogfunktionen und Hardwarevernetzung wirksamer lösen, als es die von der betriebswirtschaftlichen Theorie angebotenen Optimierungsmodelle zur Produktions- und Ablaufplanung vermögen.

Im Gegensatz zu der Sukzessivplanung werden im Rahmen der betriebswirtschaftlichen Modelle zur Produktionsplanung Simultanansätze, zumeist auf Basis der linearen Programmierung, verfolgt (vgl. z. B. Kilger, W.: Optimale Produktions- und Absatzplanung 1973). Eine überschlägige Rechnung der Anzahl einzubeziehender Variablen und Nebenbedingungen macht aber sofort deutlich, daß die Aufstellung detaillierter LP-Programme für die Fertigungsindustrie aufgrund des außerordentlich hohen Mengenvolumens versagt (vgl. Scheer, Produktionsplanung 1976). Dieses ist eine direkte Folge des geringen Interesses betriebswirtschaftlicher Ansätze an der Datenbereitstellung gegenüber der logischen Modellformulierung.

Einige Unterschiede zwischen Ansätzen der Betriebswirtschaftslehre und den PPS-Systemen sind in Abbildung 3.B.I.10 zusammengestellt.

	EDV-Systeme zur Produktionsplanung und -steuerung	Produktionsplanungs- modelle der Betriebs- wirtschaftslehre
Planungs- konzeption	Stufenplanung	Simultanplanung
Entscheidungs- regeln	heuristisch	Optimierungen
Instrumentarium	einfache Regeln	mathematische Modelle
Schwerpunkt	operative Durch- gängigkeit	Entscheidungs- optimalität
Datenversorgung	umfangreiche Daten- verwaltungskonzeption für Stücklisten, Arbeits- pläne, Betriebsmittel	kaum behandelt
Integration zu benachbarten Anwendungen	Datenverbindungen zu Buchführung, Kosten- rechnung, Vertrieb	nur Entscheidungszu- sammenhänge im Rahmen komplexer Gesamtmodelle
Kenntnis an wis- senschaftlichen Hochschulen	gering	hoch
Anwendungsstand in der Praxis	hoch	gering

Abb. 3.B.I.10: Gegenüberstellung von Unterschieden zwischen Ansätzen der Betriebswirtschaftslehre und EDV-Systemen zur Produktionsplanung und -steuerung

Im Gegensatz zu den PPS-Systemen, in denen ausdrücklich zwischen der unterschiedlichen Fristigkeit von langfristiger Grobplanung (Primärbedarfsplanung), mittelfristiger
Material- und Zeitwirtschaft sowie kurzfristiger Fertigungssteuerung unterschieden wird,
haben viele betriebswirtschaftliche Optimierungsansätze gerade die Simultanplanung von
Ablauf- und Produktionsprogramm betont (vgl. z. B. *Adam, Sortenfertigung 1971*).

Bei den betriebswirtschaftlichen Modellen stehen einzelne Entscheidungsprobleme im
Vordergrund, während von den PPS-Systemen vor allen Dingen die durchgängige Unterstützung des gesamten Auftragsablaufs betont wird.

Bei PPS-Systemen wird über die Datenbank auch eine Unterstützung zu benachbarten
Anwendungsbereichen gegeben. Beispielsweise können aus dem Materialwirtschaftssystem die Buchungssätze für die Kreditorenbuchführung generiert werden oder aus dem
in ein PPS-System eingebundenen Vertriebssystem die Buchungssätze für die Debitorenbuchführung. Die Stücklisten und Arbeitspläne sind Grundlage der Kalkulation und
Ergebnisse der Betriebsdatenerfassung werden in die Lohnabrechnung sowie an die mit-

laufende Kalkulation weitergegeben. Derartige Datenzusammenhänge werden von betriebswirtschaftlichen Planungsmodellen nicht hergestellt.

Die Konzeption von EDV-gestützten PPS-Systemen wird erst seit neuerer Zeit in Lehrbüchern zur Industriebetriebslehre wahrgenommen. Entsprechend ist auch der Forschungsbeitrag der Betriebswirtschaftslehre noch gering. Es ist aber zu erwarten und zu erhoffen, daß aufgrund der hohen Verbreitung der PPS-Systeme und ihrer großen Gestaltungswirkung als Rückgrat der Informationsversorgung eines Industriebetriebes eine Änderung eintritt (vgl. *Scheer, EDV und OR 1980; Glaser, PPS-Systeme 1989*).

B.I.2. Computer Integrated Manufacturing (CIM)

B.I.2.1. Charakterisierung von CIM

Der Begriff CIM geht wohl auf das 1973 erschienene Buch "Computer Integrated Manufacturing" von Harrington zurück, in dem sich die wesentlichen Ausführungen auf die Werksebene (CAM) beziehen (vgl. *Harrington, Computer Integrated Manufacturing 1973*). Hier wird dagegen der Begriff weitergefaßt und unter CIM die integrierte Informationsverarbeitung eines Industriebetriebes im Sinne des "computergesteuerten Industriebetriebes" (vgl. *Scheer, CIM 1990*) verstanden. CIM umfaßt also das primär betriebswirtschaftlich ausgerichtete System zur Produktionsplanung und -steuerung (PPS) sowie die mehr technisch ausgerichteten Systeme, die mit den Begriffen computerunterstützte Konstruktion (Compter Aided Design = CAD), computerunterstützte Überwachung und Steuerung der Fertigung (Computer Aided Manufacturing = CAM), computerunterstützte Arbeitsplanung (Computer Aided Planning = CAP), computerunterstützte Ingenieurtätigkeiten, insbesondere beim Produktentwurf (Computer Aided Engineering = CAE) und computerunterstützte Qualitätssicherung (Computer Aided Quality-Assurance = CAQ) bezeichnet werden. Im Rahmen des CAM werden auch neue Fertigungstechniken wie computergesteuerte Werkzeugmaschinen, Roboter sowie Lager- und Transportsysteme unterstützt.

Der obere Teil des Y-CIM-Modells in Abbildung 3.B.I.01 bezeichnet die dem Produktionsprozeß vorgelagerte Planungs- und Konstruktionsphase. Die Verbindung zwischen technischen und betriebswirtschaftlichen Funktionen wird über die gemeinsame Nutzung der Grunddaten für Stücklisten, Arbeitspläne und Betriebsmittel hergestellt. Die Systeme sind aber organisatorisch getrennten Bereichen zugeordnet.

Das PPS-System wird von Logistik, Materialwirtschaft, Einkauf und Arbeitsvorbereitung benutzt, während CAE und CAD von der Konstruktion eingesetzt werden.

Im unteren Bereich, der sich auf den Produktionsprozeß bezieht, sind beide Systeme auch organisatorisch eng miteinander verbunden. Hier sind die Steuerungsfunktionen der Anlagen durch CAM eng mit der zeitlichen und örtlichen Steuerung der Aufträge und der Betriebsdatenerfassung verknüpft. Die Steuerung der Werkzeugmaschinen und die Auftragsterminierung können mit dem gleichen Fertigungsrechner (Prozeßrechner) durchgeführt werden. Automatisch gesteuerte Fertigungsmaschinen können Start- und Endeinformationen oder Kontrollergebnisse automatisch in das Betriebsdatenerfassungssystem melden. Da die Stufen des Produktionsplanungs- und -steuerungssystems bereits behandelt wurden, werden nun die mehr technisch ausgerichteten Funktionen näher erläutert, um anschließend betriebswirtschaftliche Auswirkungen diskutieren zu können.

Ebenso wie die Stufen des PPS-Systems einen durchgängigen Ablauf bilden, sind auch die EDV-gestützten technischen Funktionen des rechten Schenkels des Y in Abbildung 3.B.I.01 miteinander verbunden. Nur wird dieses noch nicht immer so deutlich gesehen, wie es für die Realisierung des CIM-Konzeptes erforderlich ist.

Im Rahmen des **Computer Aided Design (CAD)** wird der Konstrukteur bei der Konstruktion und Erstellung von Zeichnungen unterstützt. Hierbei kann er aus einer Datenbank Zeichnungen bereits vorhandener Teile abrufen, sie verändern oder mit anderen Zeichnungen zu einer neuen Zeichnung zusammensetzen. Durch das Abrufen und Weiterverarbeiten bereits gespeicherter Zeichnungen wird ein hoher Rationalisierungseffekt erzielt.

Nach der geometrischen Darstellungsmöglichkeit wird zwischen zweidimensionalen und dreidimensionalen CAD-Systemen unterschieden. Mit zweidimensionalen Systemen können lediglich Ebenen dargestellt werden. Bei den dreidimensional arbeitenden Systemen können Körper in Form von Drahtmodellen, Flächenmodellen oder Volumenmodellen gespeichert werden.

Dabei bieten Volumenmodelle die anschaulichste Darstellung. Ein Programm zur Erzeugung eines Volumenmodells ist in Abbildung 3.B.I.11 dargestellt. Durch die Zusammenfügung von Volumengrundmodellen wird ein neues Teil konstruiert. Dabei werden vor allem die PLUS- und MINUS-Operationen verwendet. Die dargestellten Programmbefehle sind unter Beachtung der eingetragenen Teile- und Achsenbezeichnungen weitgehend selbsterklärend (vgl. *Beier, CAM-System 1982, S. 5*).

Mit Hilfe von CAD-Systemen können die auf Grafik-Bildschirmen dargestellten Geometrien gedreht, vergrößert oder verkleinert werden. Spezielle Terminals erlauben eine besonders hohe Auflösung und damit eine exakte Wiedergabe der Geometrie und unterstützen auch den Einsatz von Farben. Durch Zugriff auf vorgefertigte geometrische

```
PARTNO/EXAMPLE 11
DY=12


V1=PRIREC/60,DY,-90

V2=PROFIL/ZAX,-65
   CONTUR/CLOSED

P1=POINT/60,80
   BEGIN/60,0,YLARGE,YPAR,60
   RGT/(CIRCLE/P1,(80-DY))
   RGT/(LINE/P1,ATANGL,150)
   RGT/(CIRCLE/P1,80)
   TERMCO



   TRANSF/30,DY,-50
V3=CYL/YAX,10,36

C1=SOLID/V1,PLUS,V2,V3,ROUND,5

   TRANSF/REF,90,-10,-32.5
V4=CYL/YAX,60,40



C2=PENTR/C1,MINUS,V4
```

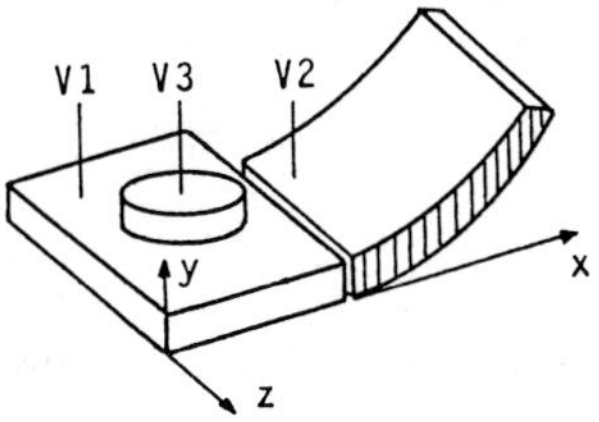

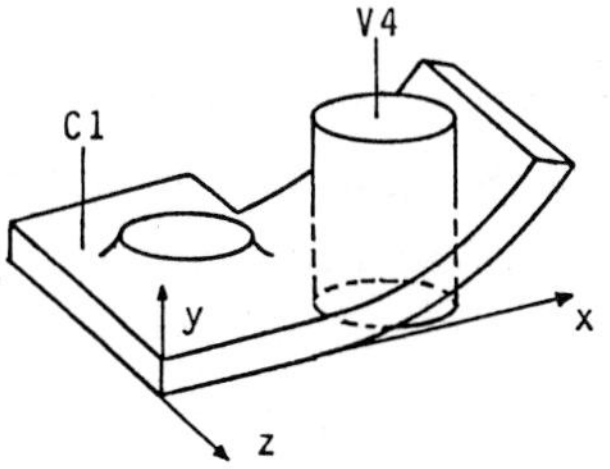

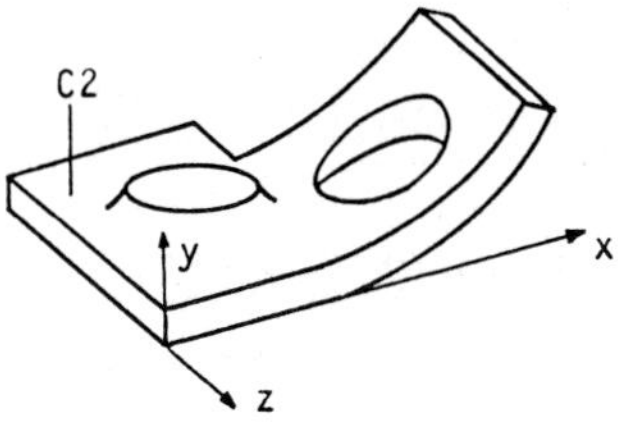

```
FINI
```

Abb. 3.B.I.11: Zeichnungserstellung mit Hilfe eines CAD-Programms

Grundstrukturen wie Kreise, Rechtecke, Trapeze usw. wird auch eine Neukonstruktion erleichtert.

Neben der automatischen Zeichnungserstellung werden zudem Berechnungen unterstützt. Besonders bekannt ist die Methode der Finiten Elemente (FEM), mit deren Hilfe die Verformung von Körpern unter Einwirkung von Kräften berechnet werden kann, beispielsweise die Verformung einer Autokarosserie beim Überqueren eines Bordsteines (vgl. *Warnecke, Bullinger, Lienert, Produktionsbereich 1980, S. 60*).

Zu CAD gehört auch, daß die angefertigten Zeichnungen in einer Datenbank in zugriffsfreundlicher Form gespeichert und die technischen Unterlagen dokumentiert werden.

Da in der technischen Zeichnung alle Komponenten eines Teils enthalten sind, kann aus ihr die Stückliste automatisch abgeleitet werden, ohne daß sie erneut in das EDV-System eingegeben werden muß. Die Produktionskoeffizienten werden dabei ebenfalls automatisch ermittelt, indem die Zeichnung per Programm auf gleiche Teile "durchsucht" wird. Im Rahmen des CAD entstehen somit wesentliche Daten der Produktionsplanung. Dieses begründet eine besonders enge Beziehung zwischen CAD und dem PPS-System.

Die Software zu CAD wird hauptsächlich von spezialisierten Softwarehäusern entwickelt, die häufig eine Partnerschaft mit Herstellern von Minicomputern eingehen, die ebenfalls keine eigene Standardsoftware zur Produktionsplanung und -steuerung anbieten. Deshalb besteht die Gefahr von Insellösungen. Somit muß eine klare Konzeption zur Verbindung der Datenbank für die Planungsfunktionen und das computerunterstützte Konstruieren gefordert werden.

Dieses wird auch von einigen Herstellern von PPS-Systemen erkannt, und es werden Anstrengungen zur Verbindung ihrer zunächst als Insellösung konzipierten PPS- und CAD-Systeme unternommen. Diese Verbindung kann z. B. darin bestehen, daß aus dem CAD-System die Stückliste generiert und über Dateitransfer in die Datenbank des PPS-Systems eingestellt wird. Bei einer solchen Verbindung ist aber die Nutzung einer **gemeinsamen** Datenbank noch nicht erreicht (vgl. die unterschiedlichen Integrationsgrade bei *Scheer, CIM 1990, S. 163*).

Die Forderung an die Integration der Datenbasis von CAD und PPS gilt nicht nur für die Systemhersteller, sondern auch für die Systembenutzer. Da CAD-Systeme häufig allein von den Konstruktionsabteilungen ausgewählt werden, dominiert bei der Bewertung ihr Funktionsumfang und nicht Fragen der Hard- und Softwarekopplung zum Planungsbereich. Diese Kopplungsmöglichkeiten sind aber langfristig wichtiger als das Vorhandensein spezieller Funktionen.

Viele Systeme befinden sich erst am Anfang ihrer Entwicklung und werden laufend erweitert. Wenn aber erst einmal unterschiedliche Hardware- und Datenbanksysteme installiert sind, ist eine wirksame Integration auf Dauer versperrt. Aus diesem Grund sollte der Integrationsgedanke Vorrang bei der Systemgestaltung besitzen.

Im Rahmen des **Computer Aided Engineering (CAE)** werden weitere Funktionen zur Unterstützung von Ingenieurtätigkeiten angeboten. Neben den grafischen CAD-Fähigkeiten gehört dazu die Möglichkeit, Prototypen von Erzeugnissen im Computer zu entwickeln, die die Erstellung realer Prototypen weitgehend ersetzen. Mit Hilfe von Simulationsstudien, die auch das Bewegen der Teile auf dem Bildschirm umfassen, können Aussagen über technische Merkmale eines neuen Produktes gemacht werden, ohne daß dieses real existiert. Derartige Untersuchungen gehen bis zu simulierten Crash-Tests bei neuentwickelten Automobilen.

Durch die gezielten Untersuchungen vieler Alternativen können die Kosten des Produktes gesenkt, Gewichte reduziert sowie Sicherheit und Genauigkeit erhöht, Störfaktoren wie Vibration und Geräusche abgebaut und energiesparende Effekte erzielt werden.

Das **Computer Aided Manufacturing (CAM)** umfaßt vor allem die Steuerung von Werkzeugmaschinen. Bei NC-Maschinen (Numerical Control) wird die Maschine durch einen Lochstreifen als Datenträger gesteuert. Werkstück und erforderliches Werkzeug (z. B. ein Bohrer) werden an der Werkzeugmaschine (z. B. Bohrmaschine) eingespannt; die Maschine bohrt selbständig die Löcher an den vorbestimmten Stellen, wobei das Werkstück entsprechend bewegt wird. Die zur Bearbeitung des Werkstückes notwendigen Informationen über Schnittgeschwindigkeit und Vorschub sind in digitaler Form auf dem Datenträger gespeichert.

Zur Erstellung der NC-Codierung können spezielle Programmiersprachen wie EXAPT oder APT eingesetzt werden. Mit Hilfe dieser Sprachen wird zunächst ein maschinenunabhängiges NC-Programm erstellt, das anschließend in ein spezielles, auf die Eigenschaften der betrachteten Werkzeugmaschinen ausgerichtetes Programm umgesetzt wird.

Zur Erstellung von NC-Programmen werden vor allen Dingen die Geometriedaten der Werkstücke benötigt.

Da diese bereits bei der Konstruktion festgelegt und erfaßt werden, kann bei einen Zugriff von der NC-Programmierung auf die gespeicherten Konstruktionsdaten der Programmieraufwand erheblich verringert werden oder sogar - bei einer automatischen Programmierung - entfallen. Der CAD-Einsatz wird deshalb zu einer stärkeren Integration technischer Funktionen führen, indem die Softwaresysteme mit der Zeichnungserstellung automatisch die Konstruktionsstückliste und das NC-Programm generieren. Auch hier zeigt sich somit die bereits oben als generelle Folge von konsequentem Datenbankeinsatz und Dialogverarbeitung erkannte Tendenz zur Bildung von Vorgangsketten.

In neuerer Zeit werden immer mehr Rechner direkt zur Steuerung von NC-Maschinen eingesetzt, d. h. der Umweg über die Lochstreifensteuerung entfällt. Bei CNC-Systemen (Computerized Numerical Control) werden alle Steuerungsfunktionen der Maschine von einem angeschlossenen Rechner übernommen. Hierdurch bestehen z. B. flexiblere Möglichkeiten zur Wiederholung eines Arbeitsganges, da das in dem Computer gespeicherte Programm nicht noch einmal geladen werden muß (vgl. *Warnecke, Bullinger, Lienert, Produktionsbereich 1980, S. 67).*

Bei DNC-Systeme (Direct Numerical Control oder auch Distributed Numerical Control) sind mehrere CNC-gesteuerte Werkzeugmaschinen über einen Minirechner miteinander verbunden. Dieser kann dadurch die Anlagen zentral mit Programmen und Steuerungsanweisungen versorgen.

Bei einer **computergestützten Arbeitsplanerstellung (CAP)** benutzt der Arbeitsplaner im Dialog Zeittabellen für Arbeitsoperationen, Rüstvorgänge, Leistungsdaten und Kostensätze der Betriebsmittel, um daraus die Vorgabewerte der Arbeitsgänge zu ermitteln und Betriebsmittelzuordnungen festzulegen (vgl. *Beier, CAM-System 1982*).

Die traditionelle Ermittlung von Arbeitsplan- und Arbeitsgangdaten ist bedeutend aufwendiger. Daneben ist die Informationsquelle aus Soll-Ist-Abweichungen und darauf aufbauender Erfahrungen der Arbeitsvorbereiter von stärkerer Bedeutung. Wegen der kürzer werdenden Lebensdauer von Produkten versiegt aber diese Erfahrungsquelle immer mehr, so daß die Qualität der Arbeitsplan- und Arbeitsgangdaten tendenziell abnimmt. Aus diesem Grund sind Verfahren des CAP nicht nur bezüglich ihrer Rationalisierungswirkung, sondern auch zur Erhöhung der Qualität von Planungsdaten von hoher Bedeutung.

Bei **computergestützten Lagersystemen** wird eine chaotische Lagerführung mit einem automatischen Transportsystem verknüpft. Artikel werden automatisch in freie Lagerplätzen eingelagert und nach bestimmten Prioritätsregeln wieder ausgelagert (insbesondere bei Hochregallagern).

Mit elektronisch gesteuerten **Fördereinrichtungen** können menschenlose Transportmittel Güter durch Produktionshallen auf durch Induktionsschleifen gebildete "Straßen" bewegen. Der Rechner kann dabei die Fahrwege optimal auswählen und den Transportablauf überwachen.

Die Steuerung von **Industrierobotern** ist ebenfalls ein wichtiges Einsatzgebiet von EDV-Anwendungen. Roboter sind in mehreren Bewegungsachsen frei programmierbar und können dabei flexible Aufgaben aus den Bereichen Handhabung, Schweißen, Lackieren und Montage übernehmen (vgl. *Lünzmann, Roboter 1982*).

Im Rahmen von **flexiblen Fertigungssystemen** (vgl. Abbildung 3.B.I.12) werden einige der genannten EDV-Techniken miteinander kombiniert (vgl. *Gunn, Fertigung 1982, S. 95*). In einem flexiblen Fertigungssystem sind mehrere programmierbare Werkzeugmaschinen zusammengefaßt und über eine computergesteuerte Transporteinrichtung miteinander verbunden. Ein DNC-Minicomputer steuert die Bearbeitungsfolge, wie sie in Abbildung 3.B.I.12 durch Angabe der Reihenfolgenummern der Arbeitsgänge angegeben ist.

Das auszuführende NC-Programm wird von dem Minicomputer in den Mikrocomputer der gerade aktiven CNC-Maschine übertragen. Gleichzeitig wird das benötigte Werkzeug angegeben, das von dem Aggregat selbständig aus einem Werkzeugvorrat ausgewählt und eingesetzt wird. Die Umrüstung auf ein neues Werkzeug ist damit in den Produktionsablauf integriert und bereitet keine relevanten Umstellungszeiten mehr. Bei Ausfall eines

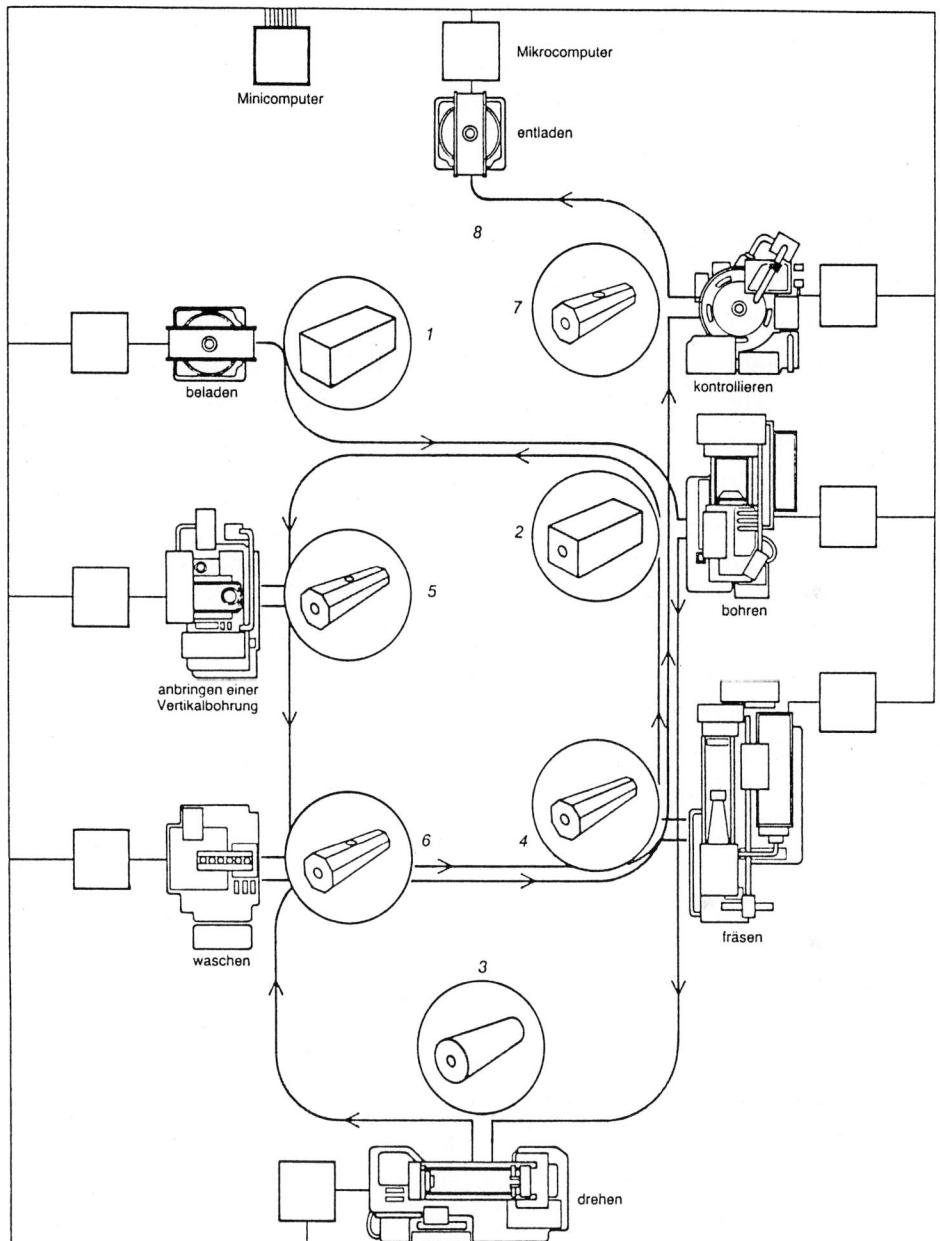

Abb. 3.B.I.12: Komponenten eines flexiblen Fertigungssystems

Aggregats wird automatisch ein Ausweichaggregat aktiviert, ohne daß der Produktionsprozeß unterbrochen wird.

Flexible Fertigungssysteme können somit über mehrere Schichten ohne Unterbrechung und ohne Einsatz von menschlicher Arbeitsleistung unterschiedliche, wenn auch ähnliche, Teile fertigen. Sie bilden eine Abkehr vom Werkstattprinzip (Verrichtungsprinzip) zum Fließprinzip (Objektprinzip). Ihre Vorteile liegen in einer Beschleunigung der Durchlaufzeiten und niedrigeren Lagerbeständen in der Fertigung, die mit einer höheren Kapitalbindung im Betriebsmittelbestand erkauft werden.

Die für die geschilderten Aufgaben eingesetzten Rechnertypen sind in der Regel Prozeßrechner. Sie müssen auf Realtime-Verarbeitung ausgelegt sein, da die angeschlossenen Produktionsmaschinen mit der Rechnersteuerung zeitlich synchronisiert sein müssen. Bei Realtime-Verarbeitung besitzen die eingehenden Signale absolute Priorität und werden sofort in dem Rechner verarbeitet. Bei typischen Time-Sharing-Betriebssystemen für kommerzielle Rechner werden dagegen den Benutzern nacheinander Zeitscheiben zugeteilt, so daß Wartesituationen entstehen und die Antwortzeiten zufallsabhängig sind. Damit kann keine zeitnahe Verarbeitung garantiert werden.

Abbildung 3.B.I.13, die an eine Darstellung der General Electric Information Services angelehnt ist, zeigt die Integration von Produktionsplanung und -steuerung, Konstruktion und Produktplanung, Fertigung und Lagersteuerung, die durch eine einheitliche Datenverwaltung und Netzsteuerung miteinander verbunden sind. (Eine andere anschauliche Darstellung einer integrierten Fabrik der Zukunft gibt ein Faltblatt in *IEEE, Automation 1983*).

Die vier Teilbereiche zeigen noch einmal die Vielfalt der zukünftigen EDV-Anwendungen im Produktionsbereich. Neben den Informationsverflechtungen innerhalb des Industriebetriebs sind auch die Beziehungen zur Umwelt angedeutet. Sie bestehen zunächst zum Absatzmarkt über Marktinformationen und Kundenaufträge, die das Auftragsverwaltungssystem innerhalb der Produktionsplanung und -steuerung verarbeitet. Kaufteile und Materialien, die die Lagersteuerung erfaßt und verwaltet, zeigen die Verbindung zum Beschaffungsmarkt. Zur Lagersteuerung gehört auch der Versand der fertiggestellten Endprodukte. Weiterhin sind in Abbildung 3.B.I.13 auch die Beziehungen zu externen Netzen über die zentrale Netzkontrolle dargestellt. Über diese Verbindung werden in den einzelnen Funktionen hochspezialisierte Anwendungssoftware von externen Serviceunternehmungen eingesetzt und Kommunikationsfunktionen zu Zulieferern und Abnehmern abgewickelt. Es ist zu erwarten, daß die Beziehungen zwischen Zulieferern und großen Herstellern, z. B. in der Automobilindustrie, so eng werden, daß man Änderungen

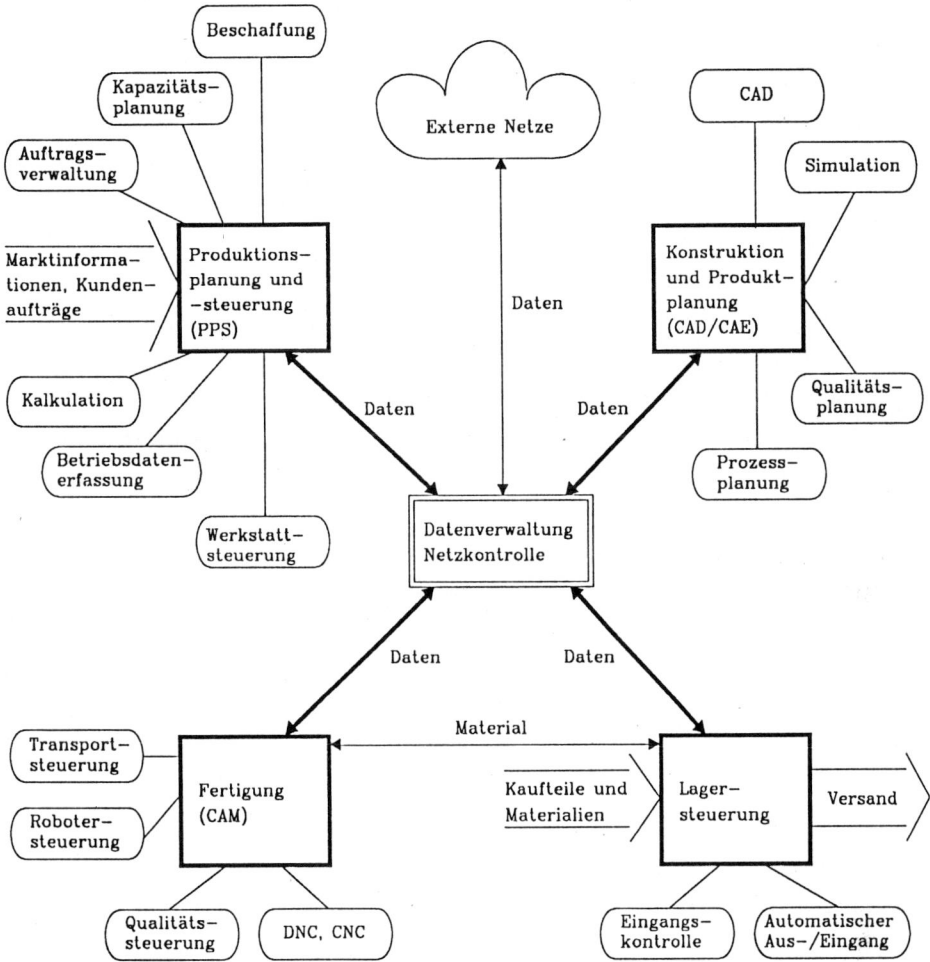

Abb. 3.B.I.13: Integrationskonzept der Factory of the Future

(nach *General Electric*)

in dem Produktionsprogramm des Herstellers automatisch in die Datenbanken der Dispositionsprogramme der Zuliefererfirmen überspielt. Derartige Ansätze sind bereits heute erkennbar.

Ein solches integriertes Konzept kann nur schrittweise entwickelt und eingeführt werden. Um so wichtiger ist es aber, bei der Gestaltung von Teillösungen eine Gesamtkonzeption zu beachten, damit keine isolierten Insellösungen entstehen. Diese Gefahr ist zur Zeit sehr groß, da für die einzelnen Anwendungsgebiete hochspezialisierte Hard- und Softwaresysteme angeboten werden, bisher aber kein EDV-Hersteller ein sofort realisierbares durchgängiges Gesamtkonzept bietet. Trotzdem wird sich die Realisierung von CIM durchsetzen, zumal zunehmend erfolgreiche Praxisbeispiele bekannt werden.

B.I.2.2. Betriebswirtschaftliche Wertung von CIM

Die ausführliche Behandlung der betriebswirtschaftlichen Auswirkungen von CIM liegt darin begründet, daß die Ausführungen auch für andere Branchenlösungen wegweisend sind. Darauf weisen auch Begriffe wie CIB = "Computer Integrated Banking" hin, die den Grundgedanken von CIM auch für andere Branchen aufgreifen (vgl. *Zapp, Computer Integrated Banking 1989, S. 121*).

Zur besseren Ableitbarkeit der betriebswirtschaftlichen Aussagen wird zunächst eine CIM-Realisierung beschrieben (vgl. *Scheer, Planungs- und Steuerungsfunktionen 1988*).

Der kalifornische Glashersteller Guardian Industries hat seinen wichtigsten Kunden Personal Computer kostenlos zur Verfügung gestellt. Mit den PC's werden den Kunden Daten über das Produktionsprogramm von Guardian Industries geliefert, insbesondere Artikelnummern, Bezeichnungen, zu fertigende Maße, mögliche Farben und Preise. Diese Daten werden von dem Unternehmen über Datenvernetzung aktuell gehalten. Die Kunden geben ihre Aufträge an das Unternehmen, indem sie auf die gespeicherten Daten zugreifen und somit Plausibilitäten bezüglich der Lieferbarkeit der gewünschten Farben und Maße selbst abprüfen. Die das Unternehmen erreichenden Aufträge sind damit bereits mit richtigen Auftragsdaten versehen. Dieses bedeutet, daß für Guardian Industries sonst übliche Abstimmungsprozesse bei der Auftragserteilung entfallen.

Die eingehenden Aufträge werden gebündelt und in einem Verschachtelungsoptimierungsprogramm auf die Ausgangsstoffe (Rohglas) so zugeteilt, daß möglichst wenig Verschnitt entsteht. Nachdem die Aufträge den Ausgangsplatten zugeteilt sind, liegt die Geometrie für die folgenden Zuschneidevorgänge fest, so daß die NC-Programme automatisch generiert werden. Aus der Auftragszuordnung werden automatisch die Zuschneideprogramme für die Zuschneideroboter generiert.

Der Produktionsprozeß wird ständig überwacht. Produktionsfehler führen zur Generierung von Nachaufträgen, so daß am Endes des Produktionsablaufs jeweils vollständige Kundenaufträge hergestellt worden sind. Eine Funktion zur Verwaltung von Teilaufträgen ist deshalb nicht nötig.

Aus den vorliegenden Auftragsdaten werden automatisch Bestellungen über Datenfernverarbeitung an einen Zulieferer übermittelt. Dieser erstellt entsprechend den Daten paßgenaue Verpackungsmaterialien (Kisten).

Durch das Ineinandergreifen von Auftragserfassung, Produktionsplanung, NC-Programmierung, Materialwirtschaft, Qualitätssicherung und Versand ist es möglich, daß Guardian Industries eine Lieferzeit von weniger als einen Tag zusichern kann: konkret bedeutet dieses, daß alle Aufträge, die das Unternehmen bis nachmittags 16.00 Uhr erreichen, bis zum anderen Morgen um 8.00 Uhr ausgeliefert werden können.

Dieses Beispiel demonstriert die Philosophie von CIM: Es wird der gesamte Auftragsfluß von Kunden durch die Produktion bis zu den Lieferanten als einheitliche Aufgabe betrachtet. Demgegenüber würden bei einer arbeitsteiligen Organisation, wie sie heute noch die überwiegende Vorgehensweise ist, Vertriebssystem, Produktionsplanungs- und -steuerungssystem, Materialwirtschaftssystem jeweils als eigenständige Aufgaben betrachtet, die lediglich notdürftig über sogenannte Schnittstellen miteinander verbunden werden. Dieses ist die Konsequenz aus der nach Funktionen gegliederten Aufbauorganisation.

Auch die schriftlich formulierte CIM-Strategie von Guardian Industries ist bemerkenswert. In ihr sind folgende Grundsätze festgelegt:
- Guardian ist der Kostenführer in dem Markt.
- Die Auftragsannahme kann durch 24-Stunden-Betrieb der EDV-Systeme rund um die Uhr erfolgen.
- Es gibt keine Lagerbestände für Halb- und Fertigfabrikate.
- Großkunden werden durch die Art der Auftragsannahme an das Unternehmen gebunden. Großkunden sind für die Richtigkeit der Auftragsdaten verantwortlich.
- Es werden nur vollständige Kundenaufträge ausgeliefert.
- Aufträge, die das Unternehmen bis 16.00 Uhr erreichen, werden bis 8.00 Uhr morgens des Folgetages ausgeliefert.

Diese Aussagen sind durchweg betriebswirtschaftlich. Aus ihr werden die Konsequenzen für das EDV-System abgeleitet.
- Zuverlässigkeit der EDV-Komponenten zur Aufrechterhaltung des 24-Stunden-Betriebes,
- Einsatz eines relationalen Datenbanksystems zur Unterstützung der Datenintegration,
- Realtime-Betrieb bei der Prozeßkontrolle,
- Einsatz von Kommunikationsnetzen zur Verbindung der Teilsysteme.

Die gegenwärtige Diskussion um CIM wird häufig mehr aus den Überlegungen der zweiten Gruppe, also mehr instrumental gesehen, während die grundliegenden Möglichkeiten betriebswirtschaftlicher Auswirkungen durch konsequente Nutzung der CIM-Technologie noch zu wenig diskutiert werden.

Diese Ausführungen machen aber deutlich: CIM ist ein eminent betriebswirtschaftliches Problem, das den Übergang von einer funktional arbeitsteiligen Organisation zur Prozeßorganisation ermöglicht.

Der Entwurf und die Implementierung eines CIM-Systems, wie es das Beispiel zeigt, ist außerordentlich kompliziert und erfordert umfassende betriebswirtschaftliche, organisatorische, EDV-technische und fertigungstechnische Kenntnisse. Ist das System aber eingerichtet, so sind die laufenden Dispositions- und betriebswirtschaftlichen Steuerungsfunktionen dagegen weitgehend trivial. Durch die straffe Organisation des Prozesses entfallen Funktionen zur Verwaltung von Zwischenlagerbeständen, Verwaltung und Disposition von Teillieferungen und anderes. **Je stärker Prozeßketten einheitlich organisiert sind, um so geringer ist der Koordinationsaufwand innerhalb der Kette.** Dieses ist die Konsequenz aus der Verringerung der Arbeitsteilung, bei der die betriebswirtschaftliche Koordination der zeitlich entkoppelten Glieder einer Kette eine wesentliche Aufgabe ist.

Die Verschiebung des Gewichtes von der laufenden Disposition und Steuerung zur betriebswirtschaftlich richtigen Gestaltung von CIM ist auch durch andere Beispiele zu belegen. Bei der Errichtung des hochautomatisierten Werkes zur Erstellung von elektronischen Schreibmaschinen der IBM in Lexington stand am Anfang die Forderung, durch die Fabrikautomatisierung die Herstellkosten auf rund ein Drittel der ursprünglichen Kosten zu senken. Nach dieser betriebswirtschaftlichen Forderung wurde das gesamte Werk gestaltet. Durch Eingriffe in den laufenden Prozeß können die aus Investitionsentscheidungen resultierenden Kosten dagegen kaum noch verändert werden.

Aus der Automobilindustrie ist bekannt, daß während der rund fünfjährigen Entwicklungszeit eines neuen Autotyps nahezu alle kostenwirksamen Entscheidungen über einzusetzende Materialien, Grad der Eigenfertigung gegenüber Fremdproduktion, einzusetzende Fertigungsverfahren und so weiter bestimmt werden. Die Kosten des laufenden Prozesses können durch Dispositionsfunktionen gegenüber den grundlegenden Auswahlentscheidungen nur noch gering beeinflußt werden.

Nach empirischen Untersuchungen hat sich ergeben, daß die Konstruktion zwar lediglich 10 % der Kosten eines Produkts verursacht, aber über 70 % der Kosten bestimmt (vgl. auch *Warnecke, Bullinger, Lienert, Produktionsbereich 1980, S. 59*), da sie die Materialien und Fertigungsverfahren festlegt. Aus diesem Grund ist es erforderlich, Kosteninformationen bei den Gestaltungsvorgängen zu nutzen. In Abbildung 3.B.I.14 ist der Dialogablauf einer kundenorientierten Variantenkonstruktion angedeutet, bei dem die Kalkulation in den Entwurfsprozeß eingebettet ist.

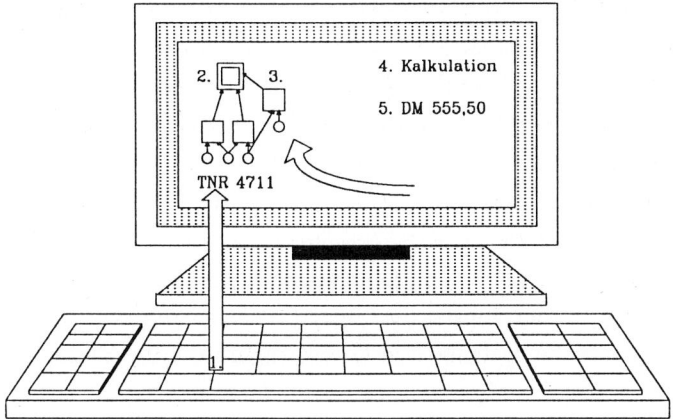

1. Eingabe TNR eines Ausgangsteils
2. Ausgabe der Stückliste des Ausgangsteils
3. Einfügen einer Änderung
4. Kalkulation des Erzeugnisses
5. Kalkulationsergebnis
6. Entscheidung, ob der Entwurf zufriedenstellend ist

Abb. 3.B.I.14: Kostenkalkulation einer Variantenkonstruktion

Gleichzeitig können von der Konstruktion Ergebnisse der Materialwirtschaft (Verfügbarkeit bestimmter Materialien, Lieferzeiten und Daten über die Lieferanten) mit herangezogen werden. Bei zeitkritischen Teilen kann der Konstrukteur im Dialog bereits Bestellsätze anlegen. Auch dieses bedeutet eine enge Verbindung von kaufmännischen und technischen Funktionen. Sie erfordert, daß die in dem Bereich der Konstruktion und Produktplanung tätigen Techniker mit dem Grundgerüst betriebswirtschaftlicher Terminologie vertraut werden. Auch können betriebswirtschaftliche Techniken der Optimierungs- und Entscheidungsfindung stärker eingesetzt werden, als es bisher der Fall ist. Beispielsweise kann man im Rahmen der Konstruktion bereits Zuschnittsoptimierungen durchführen.

Am Institut für Wirtschaftsinformatik (IWi) in Saarbrücken wird ein Expertensystem entwickelt, das den gesamten Konstruktionsprozeß eines Produktes kostenorientiert führt (vgl. *Scheer, Bock, Konstruktionsbegleitende Kalkulation 1988*). Ähnliche Ansätze werden auch am Lehrstuhl für Konstruktion im Maschinenbau der TU München verfolgt (vgl. *Ehrlenspiel, Kostengünstig Konstruieren 1985*).

Die Betriebwirtschaft kann sowohl in der Kostenrechnung als auch in der Investitionsplanung Unterstützungsmethoden zur Gestaltung von hochautomatisierten Systemen bereitstellen. Die auf die reine Verarbeitung von vorgegebenen Zahlungsströmen ausgerichteten klassischen Verfahren der Investitionsrechnung versagen. Das dynamische Umfeld der Informationstechnologie erfordert die Einbeziehung qualitativer und Risikofaktoren. Die Nutzwertanalyse mag einen ersten Anhaltspunkt für qualitative Investitionsrechnungen geben, komplexe Simulationsmodelle erscheinen auf Dauer erfolgversprechender.

Die Kostenrechnung, die gegenwärtig vor allen Dingen auf die Kostenkontrolle der laufenden Prozesse ausgerichtet ist, muß mehr in die Gestaltung der Kosten eingebunden werden. Dem Konstrukteur müssen im Rahmen einer konstruktionsbegleitenden Kalkulation Kostenwirkungen seiner Entscheidungen über Materialspezifikationen, geforderte Toleranzen und anderes mitgeteilt und Anregungen für kostengünstige Alternativen gegeben werden.

Im Zuge von CIM besteht ein Trend zur **objektbezogenen Dezentralisierung** der Fertigung. Das Verrichtungsprinzip, wie es im Werkstattprinzip zum Ausdruck kommt, hat zur Folge, daß Aufträge mit jedem Bearbeitungsvorgang von einer Werkstatt zur nächsten Werkstatt transportiert werden müssen. Dieses hat zu hohen Durchlaufzeiten geführt. Bei einer objektbezogenen Organisation wird dagegen ein bestimmtes Teilespektrum ganzheitlich gefertigt, indem mehrere Arbeitsgänge in einer Maschine integriert werden oder aber mehrere Maschinen gemäß dem Fertigungsfluß angeordnet sind und durch ein Transportsystem für den Materialfluß verbunden werden. Diese Entwicklung wird durch Begriffe wie Bearbeitungszentren, Fertigungsinseln und Flexible Fertigungssysteme charakterisiert.

Bezüglich der Produktionsplanung und -steuerung bedeutet eine solche Dezentralisierung, daß für die Feinplanung eigenständige Steuerungssysteme für die organisatorischen Einheiten eingesetzt werden. Aus dem klassischen, auf zentrale Rechner konzipierten Produktionsplanungs- und -steuerungssystem wird somit der Feinsteuerungsteil herausgebrochen und je nach Fertigungsform für die einzelnen dezentralen Fertigungseinheiten individuell gestaltet. Das übergeordnete Planungssystem kennt nur noch grobe Ecktermine, während die Feinplanung auf Arbeitsgangebene den dezentralen Einheiten überlassen bleibt.

Derartige Entwicklungen werden gegenwärtig durch EDV-gestützte Leitstandskonzepte realisiert.

In den vom Forschungsministerium geförderten Verbundprojekt "Teilefamilienfertigung" werden sowohl organisatorische als auch EDV-technische Lösungen für diese Fertigungsformen von Softwarehäusern, Anwendern und Forschungsinstituten erarbeitet.

Die Dezentralisierung von PPS-Funktionen ist aber kein isolierter Vorgang. In der Fertigung fallen Daten an, die auch von der Kostenrechnung für eine mitlaufende Kalkulation und für die Bruttolohn-Erfassung genutzt werden. Aus diesem Grunde muß die Dezentralisierung der Produktionssteuerung auch mit einem begleitenden Konzept für Kosten-rechnung und Lohnerfassung unterstützt werden.

Der Integrationsgedanke zur Straffung von Prozeßketten macht nicht an den Betriebs-grenzen halt. Logistikketten werden auch zu Kunden und Lieferanten EDV-unterstützt abgewickelt. Der zwischenbetriebliche Datenaustausch fordert einmal die technische Verträglichkeit der EDV-Systeme, zum anderen aber auch das inhaltliche Verstehen der ausgetauschten Daten. Es ist somit nicht nur eine Standardisierung der technischen Datenübertragung erforderlich, sondern auch die Standardisierung der ausgetauschten Dokumente.

Der Datenaustausch in CIM betrifft einmal die mehr technischen Informationen von geometrischen Daten eines CAD-Systems oder die Steuerungsprogramme von NC-Maschinen. Zunehmend werden aber auch Auftragsdaten, insbesondere auch im Rah-men von Just-in-Time-Konzeptionen, ausgetauscht. Dieses bedeutet, daß Verein-barungen über die gesamten Dokumente einer Auftragsbearbeitung, beginnend mit An-fragen, Preisvereinbarungen, Lieferscheinen, Rechnungen, Zahlungsanweisungen und so weiter, bereitstehen müssen. Gleichzeitig werden aber solche Dokumente bezüglich ihres Informationsgehaltes und damit ihrer Notwendigkeit selbst in Frage gestellt.

Bei einem ausgehandelten Rahmenvertrag liegen Preise und sonstige Lieferkonditionen fest. Ruft nun ein Hersteller im Rahmen eines Just-in-Time-Verbundes kurzfristig Mengen von dem Zulieferer selbst ab, so besitzt eine nachfolgend vom Zulieferer ausge-fertigte Rechnung kaum noch Informationsgehalt, da alle enthaltenen Daten über Mengen und Preise dem Empfänger bekannt sind, da er sie entweder langfristig bereits vereinbart oder aber in Form der Abrufe selbst erstellt hat (vgl. *Wildemann, Just-In-Time 1987*). Es genügt, wenn nun der Zahlungsempfänger die Zahlung auf Richtigkeit über-prüft, während bei einem herkömmlichen Ablauf die Rechnungsprüfung von dem Her-steller durchgeführt wird und die Zahlungseingänge ebenfalls vom Zulieferer geprüft werden müssen.

Die Bedeutung des betriebsübergreifenden Datenaustauschs liegt nicht nur in der Ver-schiebung von Funktionen innerhalb der Kette, sondern insbesondere auch in der ge-samtwirtschaftlichen Rationalisierung, die über alle Glieder der Kette hinweg entsteht. Hierfür rechtzeitig Vorarbeiten im Rahmen der Bestrebungen des DIN (Deutsches Institut für Normung) für CIM-Standards oder besser noch auf europäischer oder weltweiter Ebene zu treffen, ist eine wichtige betriebswirtschaftliche Herausforderung.

Die Gestaltung von CIM-Prozeßketten integriert betriebliche Funktionen auf der operati-ven Ebene. Auf den operativen Prozessen bauen aber begleitende wertorientierte Prozesse des Rechnungswesens auf. Sie reichen über das Controlling bis hin zu Entscheidungs-

und Planungsunterstützungssystemen der Unternehmensleitung. Ändern sich die Grundprozesse, so müssen auch die darüberliegenden EDV-Systeme sich anpassen. Wird beispielsweise die Steuerung eines CNC-Systems von einer intelligenten Maschinensteuerung übernommen, die gleichzeitig auch Prozeßdaten zu Analysezwecken erhebt, so müssen diese ebenfalls für das Rückmeldesystem der Aufträge, für die Kalkulation und für ein Leistungslohnabrechnungssystem bereitgestellt werden. Dieses erfordert eine hohe Abstimmung der Planung betriebswirtschaftlicher und technischer Informationssysteme.

Durch die verstärkte Integration von automatischen Prüfvorgängen in den Fertigungsfluß besteht eine Tendenz zur Vollkontrolle der Produktion. Dieses gilt z. B. für zerstörungsfreie automatische Wiegeanlagen im Bereich von gesteuerten Meßgeräten. Durch diese Tendenz zur Vollkontrolle wird die Anwendung von Stichprobenverfahren, für die im Rahmen der betriebswirtschaftlichen Qualitätskontrolle eine Vielzahl von Methoden entwickelt worden ist, reduziert.

Bei einer integrierten Lösung von CAD und NC-Programmierung kann aus technischer Sicht die explizite Definition von Arbeitsplänen und Arbeitsgängen entfallen; sie sind nun indirekt in dem NC-Programm enthalten. Für Kapazitätsplanungen und Nachkalkulationen werden aber weiterhin Arbeitsganginformationen benötigt, so daß sie allein für diesen betriebswirtschaftlichen Zweck weiter gehalten werden müssen.

Gegenwärtig werden vielfach betriebliche Grunddaten einzelnen Funktionen zugeordnet und von diesen in funktionsbezogenen Informationssystemen verwaltet. Beispielsweise werden Stücklisten, Arbeitspläne und Betriebsmitteldaten von EDV-Systemen zur Produktionsplanung und -steuerung gepflegt. Auf diese Daten greifen aber nicht nur PPS-Systeme zu, sondern sie sind gleichzeitig Grundlage der Kalkulation oder dienen auch zur Unterstützung der Konstruktion. Dieses bedeutet, daß derartige Grunddaten als eigenständige Organisationsobjekte aufgefaßt werden und unabhängig von Einzelfunktionen organisiert werden sollen. Sie stellen vielmehr Sichten für die unterschiedlichen Anwendungsbereiche bereit. Nur so ist es möglich, in allen Funktionen die gleiche Aktualität und Verfügbarkeit zu erhalten. Dieses ist Betriebswirten in Unternehmen leicht verdeutlicht, wenn sie sich bemühen, eine Online-Kalkulation einzuführen, die Grunddaten aber im PPS-System enthalten sind und das Kostenrechnungssystem eine abweichende Datenbasis besitzt.

Da die Verwaltung der Daten zur Produktbeschreibung innerhalb von CIM durch die enge Verzahnung von PPS mit CAD-Systemen einen Schwerpunkt bildet, ist hier ebenfalls die Betriebswirtschaft in hohem Maße tangiert.

Heute dominieren bei betriebswirtschaftlichen EDV-Systemen mittelfristige Planungs-zeiträume. Viele Dispositionssysteme sind auf Planungszeiträume von rund sechs Mona-ten ausgerichtet, so zum Beispiel die Bedarfsposition innerhalb der Materialwirtschaft, die Produktionsplanung oder auch die Kostenplanung. Langfristige strategische Prozesse werden dagegen weniger unterstützt und ebenso kurzfristige Steuerungsprozesse, die sich teilweise innerhalb von Tagen abspielen. Wie gezeigt wurde, überwiegt aber bei CIM einerseits die langfristige Gestaltung von Systemen und andererseits die kurzfristige Ab-wicklung, zum Beispiel durch den Just-in-Time-Gedanken. Dieses bedeutet gleichzeitig, daß mittelfristige Dispositionsfunktionen weniger bedeutsam bleiben - man denke nur an die in vergangener Zeit so breit diskutierte Losgrößenoptimierung, die bei der Forderung nach Losgröße 1 nahezu obsolet wird.

Die gegenwärtige Aufbau- und Ablauforganisation von Unternehmungen ist stark an den Spezialisierungsvorteilen der funktionalen Arbeitsteilung orientiert. Es zeigt sich aber ein durchgängiger Trend zu mehr objekt- oder prozeßorientierter Organisation. Dieses wird bei der Strukturierung von Gesamtunternehmen in Sparten, die nach Produktgruppen gebildet werden, deutlich oder innerhalb der Fertigung durch die nach Objektkriterien gebildeten Funktionseinheiten wie Bearbeitungszentren oder Fertigungsinseln. Die Orga-nisation von CIM-Ablaufketten ist ein weiterer Baustein innerhalb dieser Argumen-tationsfolge.

Unternehmungen tragen diesem Gedanken bereits Rechnung, indem beispielsweise für eine Fertigungsinsel eine Verantwortung geschaffen wird, die sowohl Auftragsabwick-lungs-, Arbeitsvorbereitungs- als auch Fertigungssteuerungsfunktionen beinhaltet.

Trotz des Trends zu mehr prozeßorientierter Ablauf- und Aufbauorganisation darf nicht ein erkannter Fehler durch einen neuen Fehler wettgemacht werden. Während heute die Einführung von CIM durch die funktionale Aufbauorganisation behindert wird, so sollte ein neues Informationssystem nicht wiederum allein eine bestimmte enge Aufbauorgani-sation unterstützen. Es ist vielmehr zu fordern, daß ein unternehmenweites Infor-mationssystem und hierbei insbesondere die zugrunde liegende Datenbasis quasi einen Informationsteppich bildet, der für unterschiedliche organisatorische Strukturierungen geeignet ist. Nur so ist es möglich, auch dynamische Veränderungen in Unternehmungen durch Konzernbildung, Ausgliedern von Teilbereichen und so weiter ohne größere Ein-schränkungen unterstützen zu können.

Viele gegenwärtige EDV-Trends werden eher von neu entwickelten CIM-Systemen als von den mehr traditionellen betriebswirtschaftlichen EDV-Anwendungen genutzt. Dieses gilt zum Beispiel für den Einsatz hochauflösender Workstations, Einsatz relationaler Daten-banken, Einsatz von qualitativ hochwertigen Grafiksystemen oder Einführung von Netzwerken. Man vergleiche nur den Unterschied zwischen einem zentralorientierten Auswertungssystem, das höchstens Primitivgrafik in Form von Punkten und Strichen zuläßt, mit der Qualität einer 3-D-Grafik mit enthaltender Simulation in einem CAD-/CAE-System.

Wegen der engen Verzahnung von technischen und betriebswirtschaftlichen Abläufen sowie von operativen Prozessen mit den auf ihnen aufbauenden Wert-, Planungs- und Entscheidungssystemen, ist aber eine einheitliche Qualität der Informationsverarbeitung erforderlich.

Die betriebswirtschaftlichen bedeutsamen Aspekte von CIM sind in folgenden neun Punkten zusammengefaßt:

1. CIM ist ein unternehmensstrategisches Konzept.
2. Die Gestaltung von CIM-Systemen erfordert hohe Fachkompetenz und neue Formen der Investitionsrechnung.
3. CIM erfordert dezentrale betriebswirtschaftliche Steuerungskonzepte.
4. CIM verstärkt den betriebsübergreifenden Datenaustausch und benötigt Standards auch für betriebswirtschaftliche Daten.
5. CIM erfordert eine enge Verbindung zwischen der Prozeß- und der Wertebene.
6. CIM führt zu einer eigenständigen (anwendungsneutralen) Verwaltung der Grunddaten.
7. CIM ändert die Fristigkeit von Planungsabläufen.
8. CIM benötigt eine prozeß- oder objektbezogene Aufbauorganisation.
9. CIM verstärkt den EDV-Einsatz auch in betriebswirtschaftlichen Funktionen.

B.II. Handel

Unter computergestützten **Warenwirtschaftssystemen (WWS)** werden in Handelsbetrieben die artikelgenaue mengen- und wertmäßige Warenverfolgung von Wareneingang, Lagerung, Warenausgang und Disposition/Bestellung verstanden (vgl. Abbildung 3.B.II.01).

Weiterhin werden aus diesem Kreislauf Daten für die Finanzbuchführung, Inventurunterstützung sowie Führungsinformationen für das Management bereitgestellt.

Warenwirtschaftssysteme werden sowohl auf der Einzelhandels- als auch auf der Großhandelsebene eingesetzt. Beim **Großhandel** dominiert die Auftragsabwicklung und Fakturierung mit der Verwaltung von Kunden- und Debitorendateien. Der **Einzelhandel** benötigt dagegen nur in Ausnahmefällen Kundendateien mit angeschlossener Offener-Posten-Buchführung, da hier der Barverkauf an der Kasse vorherrscht.

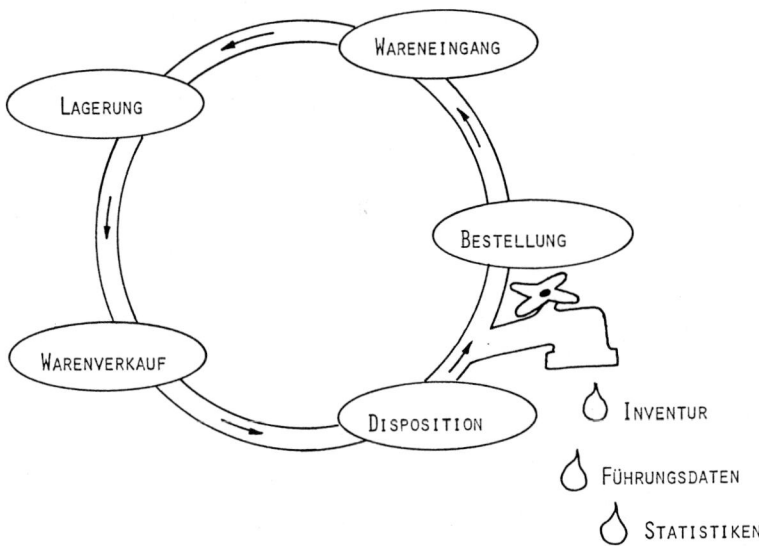

Abb. 3.B.II.01: Warenverfolgung in einem Warenwirtschaftssystem

Wesentliche EDV-Merkmale von Warenwirtschaftssystemen sind die Ausnutzung hoher Datenaktualität durch Dialogerfassung von Warenbewegungen und Zahlungsvorgängen, die Ausnutzung der Speichermöglichkeiten von EDV-Systemen bei der artikelgenauen Identifizierung von Warenbewegungen und -beständen sowie die Vernetzung von Datenendgeräten (Kassen) mit zentralen EDV-Systemen sowie zwischen Filialen und ihrer Zentrale. Gleichzeitig werden auch besondere Hardware-Systeme zur Dateneingabe (Scanner) an der Kasse, zum Anschluß von Waagen bei gewichtsvariabler Frischware sowie zur Feststellung von Inventurbeständen durch mobile Datenerfassungsgeräte im Lagerbereich eingesetzt.

Typische Funktionen eines Warenwirtschaftssystems auf der Einzelhandelsebene sind in Abbildung B.II.02 dargestellt.
An der Kasse werden mit jedem Verkaufsvorgang die Artikelnummer der Ware automatisch erfaßt. Hierzu können OCR-Schrift, Magnetlesestreifen oder sogenannte Balkencodes (Barcodes) verwendet werden. Die Warenetiketten werden an besonderen Leseeinrichtungen (Scanner) vorbeigeführt, die die Artikelnummer sowie weitere Informationen, die auf dem Warenetikett angebracht sind, z. B. den Preis, automatisch lesen.

Zur Standardisierung der Artikelnumerierung ist mit der **EAN-Numerierung** eine internationale Norm geschaffen worden. Das EAN-System wurde ursprünglich als europäische Artikelnumerierung entwickelt, wird aber inzwischen von der International Article Numbering Association, der über 32 Mitgliedsorganisationen angehören, getragen (vgl.

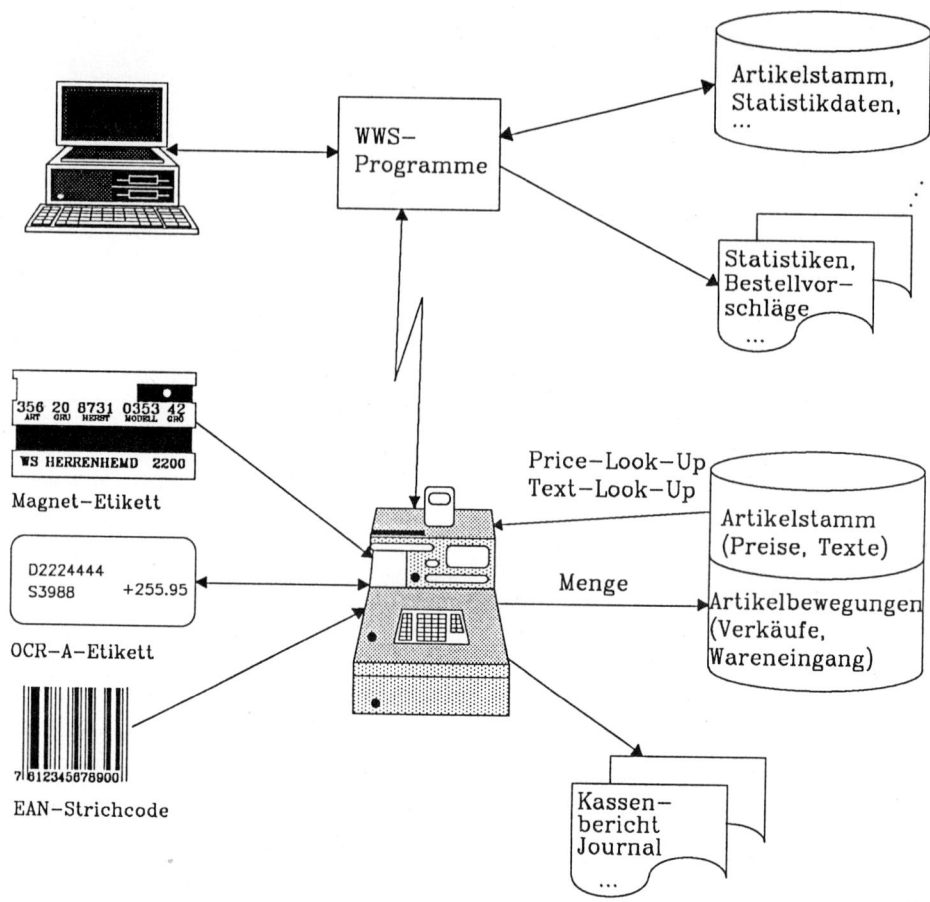

Abb. 3.B.II.02: Warenwirtschaftssystem auf Einzelhandelsebene

Zentes, EDV-gestütztes Marketing 1987, S. 29 ff.). Die EAN oder internationale Artikel-nummer umfaßt 13 Stellen, deren Aufbau in Abbildung 3.B.II.03 dargestellt ist.

Die EAN wird in der Regel in einem Barcode (Strichcode) von Herstellern ausgezeichnet. Der Auszeichnungsgrad ist dabei im Lebensmittelbereich mit weit über 90 % am höchsten. Waren, die nicht vom Hersteller ausgezeichnet worden sind, können nach dem EAN-Aufbau auch von einem Handelsunternehmen selbst verschlüsselt werden.

Das amerikanisch/kanadische UPC-System (Universal Pradac Code) besitzt einen ähn-lichen Aufbau wie die EAN-Numerierung und ist mit ihr kompatibel.

Mit fortschreitendem Einsatz der europäischen Artikelnummer (EAN), die bereits von den Herstellern auf der Ware angebracht wird, braucht keine betriebsindividuelle Artikel-nummer mehr geführt zu werden. Bei Anwendung von Price-look-up und Text-look-up

Länder-kenn-zeichen	Bundeseinheitliche Betriebsnummer "bbn"					Individuelle Artikel-nummer des Her-stellers					Prüf-ziffer
4	0	1	2	3	4	5	0	0	3	1	5	4
Centrale für Coorga-nisation für die BRD	FRANZ SCHUSTER KG Travestr. 20 2400 Lübeck					Lübecker Edel-marzipan Geschenkpackung 100 g					99 % Si-cher-heit

Abb. 3.B.II.03: Aufbau der Internationalen Artikelnummer (EAN)

(aus *Zentes, EDV-gestütztes Marketing 1987, S. 30*)

greift das System anhand der Artikelnummer auf die gespeicherten Preise und Texte zu, so daß auch eine Preisauszeichnung an den Artikeln entfallen kann.

Bei einem **Master-Slave-System** werden mehrere Kassen an eine übergeordnete intelli-gente Master-Kasse angeschlossen, in der die Artikeldaten gespeichert sind. Bei Einsatz intelligenter Kassen mit eigener Speicherkapazität wird dagegen ein verkürzter Artikelsatz direkt auf Disketten oder Festplatte in der Kasse gehalten.

Aufgrund der erfaßten Kassenvorgänge kann am Ende eines Tages ein Kassenbericht er-stellt werden, in dem z. B. die Gesamtumsätze nach Artikelgruppen ausgegeben werden.

Bei filialisierten Einzelhandelsgeschäften befindet sich der eigentliche Warenwirtschafts-rechner häufig in der örtlich entfernten Zentrale. Der Warenwirtschaftsrechner ruft dann am Abend die Bewegungssätze aus den dezentralen Dateien ab, wobei die Wählleitungen zwischen Warenwirtschaftsrechner und den intelligenten Kassen automatisch von der Zentrale oder den dezentralen Stellen aufgebaut werden.

Durch die günstigeren Datenübertragungstarife von Datex-P der Deutschen Bundespost ist auch eine fortlaufende Datenübertragung während des Tages zu erwägen. Hierdurch kann man eine höhere Systemsicherheit erzielen, da bei einem Ausfall nicht die Über-tragung der gesamten Tagesdaten gefährdet ist, sondern lediglich einige wenige Trans-aktionen, die nach dem Wiederanlauf des Systems leichter nachgefahren werden können.

Aus den übertragenen Bewegungsdaten können von dem Warenwirtschaftssystemrech-ner Auswertungen über sogenannte "Renner" oder "Ladenhüter" erstellt werden. Zunächst aktualisiert man durch Verbuchung der Zu- und Abgänge die Lagerbestände der Artikel pro Filiale und gibt Informationen über Engpässe an die Kassen zurück. Auch können Preisänderungen in die Artikeldateien der Filialen überspielt werden.

Eine wesentliche Aufgabe des Warenwirtschaftssystems besteht darin, eine bessere Disposition vorzunehmen. Hierzu werden umfangreiche Informationen zur Verfügung ge-stellt (vgl. Abbildung 3.B.II.04).

DISPOSITIONSLISTE   DATUM 24.11.89   SEITE 1-001

BEZEICHNUNG GEPA.	ATNR	BESTELL-VOR-SCHLAG	BESTAND	DURCHSCHNITT-LICHER WOCHENABSATZ	ABSATZ DER LETZTEN 4 WOCHEN				AUFTRAG	
					W01	W02	W03	W04	MG.	DAT.
MEIER KG, 2000 HAMBURG										
ZWIEBACK 225 G 24 PK 1	*07001		1017	18	22	10	24	16	25	28.10.
FRISCH KEKS 4ER 120 PK 1	*07007		27	0,2				1		
FRISCH KEKS 8ER 60 PK 1	*07008	16	253	0,7	10			17		
GETRÄNKE GMBH, 2000 HAMBURG										
LIMONADE 0,7 L FL 12 FL 1	*28252	4	66,8	1,4	1	3		2		
BAUER KG, 4000 DÜSSELDORF										
JOGHURT 4x125 6 PK 1	*22653		797	4,8	13	3		6	50	2.11.
SCHREIBER GMBH, 5000 KÖLN										
SCHMIERSEIFE 100G 6 FL 51	*29116	51	544	14	18	23	7	8	20	2.11.
									5	2.11.

Abb. 3.B.II.04: Dispositionsliste eines Warenwirtschaftssystems

Die Artikel werden mit Durchschnittsverbräuchen, Prognosewerten, Unterwegsbeständen usw. nach Lieferanten geordnet angezeigt. Die Zusammenfassung der Artikel nach gleichen Lieferanten gibt Hinweise auf mögliche Sammelbestellungen.

Die gegenwärtig angebotenen Standardsoftwaresysteme für die Warenwirtschaft und auch Eigenentwicklungen lassen noch Raum für eine verbesserte Unterstützung der Disposition durch den Einbau von Prognoseverfahren und Bestellmengenoptimierungen erkennen.

Es dominiert zur Zeit noch die Bewältigung der Massendaten und ihre aktuelle Verfolgung. Bereits diese Vorgänge machen aber den Einsatz von Warenwirtschaftssystemen lohnend.

Beim Wareneingang werden nicht nur aktuell die Bewegungen in den Filialen erfaßt und anschließend mit dem üblichen Abruf an die Zentrale weitergegeben, sondern gleichzeitig Unterstützungen zur Rechnungsprüfung und zur Artikelauszeichnung gegeben. Hierzu können z. B. Etiketten von einem angeschlossenen Drucker (auch im Barcode) ausgedruckt werden.

Betriebswirtschaftliche Probleme treten bei filialisierten Unternehmungen in der Abgrenzung der Funktionen zwischen Filiale und der Zentrale auf. Dieses betrifft vor allem die Disposition. Es gilt für Filialen häufig als elementare Handelsfunktion, selbständig disponieren und einkaufen zu können. Durch die verbesserten Informationen auf der

Ebene der Zentrale sind aber hier deutliche Vorteile einer zentralen Disposition zu erkennen (vgl. Kapitel 2, Punkt B.II.2.1). In Abbildung 3.B.II.05 ist deshalb ein Vorschlag für den Ablauf einer Bestellung gegeben, der auf dem Prinzip beruht, den Filialen zwar zentral erstellte Vorschlagslisten zur Disposition zur Verfügung zu stellen, die eigentliche Bestellung aber weiterhin dezentral ausführen zu lassen. Dieses Prinzip läßt sich nach Artikelgruppen differenziert gestalten, so daß auch die Zentrale Bestellungen vornehmen kann.

Bestellvorgang

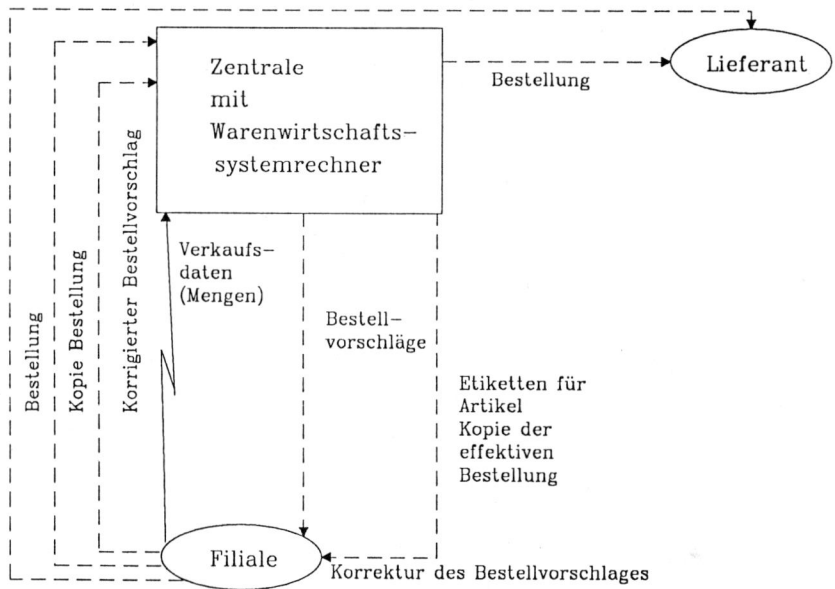

Abb. 3.B.II.05: Informationsflüsse innerhalb eines Warenwirtschaftssystems bei einer Bestellung

Bei der Beschreibung der Kassenfunktionen wurden bisher lediglich artikelbezogene Daten erfaßt. Neben artikelbezogenen Daten wie Preis und Lieferant ist es aber bei einem Verkaufsvorgang auch möglich, die Verkäufernummer und die Kundennummer einzugeben. Bei Anwendung eines Magnetcodes können dazu Ausweise an die Verkäufer und die Kunden verteilt werden, auf denen identifizierende Daten auf einem Magnetstreifen gespeichert sind, so daß die Daten ebenfalls automatisch erfaßt werden. Kunden können z. B. durch Einrichtung einer Rabattregelung, die ebenfalls automatisch durchgeführt wird, zur Akzeptanz von Kundenausweisen veranlaßt werden.

Handelsunternehmungen können auch Kreditkarten ausgeben, über die ein Kunden-konto zur Zahlungsabwicklung angesprochen werden kann. Auch mit der Vorlage der Kreditkarte können mit der auf dem Magnetstreifen angebrachten Information, die neben der Identifizierung und Authentifizierung des Kunden benötigt wird, die Kaufinfor-mationen dem Kunden zugeordnet werden.

Eine andere Möglichkeit zur Erfassung einfacher Kundeninformationen ist die direkte Eingabe von Kundenmerkmalen durch den Verkäufer. Die 7-Eleven-Gruppe in Japan er-faßt z. B. durch eine besondere Eingabetaste am Check-out-Terminal Geschlecht und Alter des Kunden durch Augenscheinnahme (vgl. *Zentes, EDV-gestütztes Marketing 1987, S. 174*). Damit werden mit jedem Verkaufsvorgang die vier Informationssysteme Kunden, Artikel, Lieferanten und Verkäufer (vgl. Abbildung 3.B.II.06) bedient.

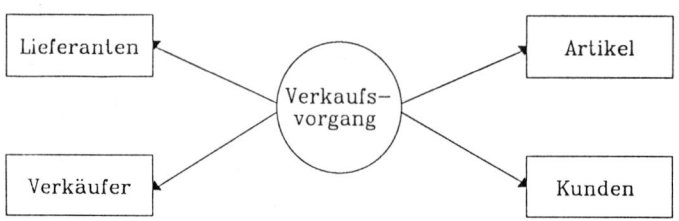

Abb. 3.B.II.06: Auswirkungen eines Verkaufsvorgangs

Diese Daten stehen zur leistungsbezogenen Lohnfindung der Verkäufer, Bestelldis-position, Rabattgewährung an Kunden und Lieferantenauswahl zur Verfügung und sind Basis für vielfältige Managementauswertungen. Die volle Ausnutzung der Informations-möglichkeiten eines Warenwirtschaftssystems werden erst erreicht, wenn auch das Management bei seinen Entscheidungen aktuell unterstützt wird (vgl. *Zentes, Warenwirt-schaftssysteme 1982, S. 23*). Dieses kann die artikel- und zeitgenauen Informationen z. B. zur Preispolitik oder Steuerung von kurzfristigen Aktionen nutzen.

EDV-gestützte Warenwirtschaftssysteme beeinflussen gravierend die Abläufe in Handels-betrieben und haben auch Auswirkungen auf deren Organisationsstruktur. Der Abbau von Informationshemmnissen der Zentrale durch aktuelle Datenübermittlung aus den Filialsystemen verstärkt eine Tendenz zur Zentralisierung, da hierbei auch Vorteile zur Disposition genutzt werden können. Gleichzeitig ermöglicht der differenzierte Datenanfall den Einsatz betriebswirtschaftlich ausgearbeiteter Prognose- und Dispositionstechniken (vgl. *Scheer, Warenwirtschaftssysteme 1982*).

Das dargestellte geschlossene Warenwirtschaftssystem wird zunehmend über den elektronischen Datenaustausch mit externen Partnern verbunden. Zentes spricht in diesem Zusammenhang von einem integrierten Warenwirtschaftssystem (vgl. *Zentes, EDV-gestütztes Marketing 1987, S. 48)*. Wesentliche Partner hierbei sind: Marktforschungsunternehmungen, Industrieunternehmungen, andere Handelsunternehmungen und Mitarbeiter.

Die hohe Aktualität und Detaillierung der Verkaufsdaten wird zunehmend von Marktforschungsunternehmungen durch direkten Anschluß an Handelspanel genutzt. Ein **Panel** ist eine definierte Erhebungsgruppe von Konsumenten oder Handelsbetrieben, in denen regelmäßig Kauf- oder Absatzinformationen erhoben werden.

Das bekannteste Handelspanel wird von der Firma A. C. Nielson durchgeführt. Durch die direkte Überspielung der Kasseninformationen an das Marktforschungsinstitut können aktuell Auswertungen über Aktionen und andere kurzfristige Verkaufsförderungsmaßnahmen erstellt werden.

Mit dem System **SEDAS** (Standardregelungen für ein einheitliches Datenträgeraustauschsystem), das von der CCG (Centrale für Coorganisation) entwickelt wurde, wird eine Norm zum Rechnungsdatenaustausch zwischen Herstellern (Industrie) und Handelsunternehmungen geschaffen (vgl. dazu auch Kapitel 2, Punkt B.II.3.1). Mit dem Aufbau einer Clearingstelle zwischen den Industrieunternehmungen und Handelsunternehmungen kann die Anzahl von Beziehungen und damit der Verwaltungsaufwand erheblich reduziert werden (aus n · m-Datenbeziehungen werden n + m) (vgl. *Zentes, EDV-gestütztes Marketing 1987, S. 40)*.

Die Vernetzung zwischen Einzelhandel und Großhandel ist in Teilbereichen wie Apotheken- oder Drogerieversorgungen bereits weit fortgeschritten. Hier können Bestellungen auf der Einzelhandelsebene über Terminals in Datenerfassungssysteme eingegeben werden, die von Großhandelsunternehmungen abgerufen werden und in ihr Dispositionssystem eingespielt (vgl. *Petri, Externe Integration 1990)*.

Im Rahmen von **POS (Point of Sale)**-Anwendungen wird mit der Erfassung des Verkaufsvorgangs am Check-out-Terminal des Warenwirtschaftssystems eine Datenverbindung zum Bankensystem bei Bezahlung mit Kredit- oder Scheck-Karten hergestellt.

Im Rahmen des **Teleshoppings**, z. B. über Btx-Anschluß, können auch Kunden direkt mit dem Warenwirtschaftssystem kommunizieren.

Die Einbeziehung von Mitarbeitern über Telearbeitssysteme kann für Abrechnungs- und Dispositionsfunktionen auch im Handelsbereich gelten.

Die Integration von Warenwirtschaftssystemen in überbetriebliche Kommunikations-netzwerke erweitert die Rationalisierungswirkungen des EDV-Einsatzes im Handel, be-tont aber auch die strategische, d. h. wettbewerbspolitische Bedeutung des EDV-Ein-satzes. Die Vernetzung von Großhandel zu Einzelhandel wird deshalb auch schulmäßig als Beispiel für die strategische Bedeutung der Informations- und Kommunikationstech-nik herangezogen (vgl. *Petre, Customers 1985*).

B.III. Banken

Typische Bankgeschäfte wie der Zahlungsverkehr treten in großer Anzahl auf und sind weitgehend gleichartig. Es liegt deshalb nahe, sie zu automatisieren, um Kosten zu redu-zieren. Dieses Rationalisierungsziel hat den EDV-Einsatz in Bankbetrieben bis ca. 1980 bestimmt.

Zunehmend wird die EDV aber als strategisches Marketinginstrument erkannt, um durch weitergehende Dienstleistungen gegenüber den Kunden Wettbewerbsvorteile zu er-zielen. Dieser elektronische Kundenservice wird als "**Electronic Banking (EB)**" bezeich-net. Im Mittelpunkt steht dabei die Einbeziehung des Kunden als Anwender des EDV-Systems der Bank. In einem späteren Schritt wird das EDV-System des Kunden mit dem der Bank verbunden, um Daten aus einem System sofort von dem anderen System weiterverarbeiten zu können. Gleichzeitig bieten die Banken die Nutzung komfortabler Informations- und Programmsysteme an.

Während aber gegenwärtig diese EDV-Unterstützung lediglich in Teilfunktionen erfolgt und daher eher als "Computer Aided Banking" bezeichnet werden kann, führt die umfas-sende Vernetzung der Systeme zum **Computer Integrated Banking (CIB)** (vgl. *Zapp, Computer Integrated Banking 1989*). Damit vollzieht sich eine ähnliche Entwicklung wie in der Industrie durch die Verbindung der CAx-Technologien zu CIM.

Die Bedeutung der EDV in Bankbetrieben zeigt sich auch darin, daß hier und bei Ver-sicherungen die ersten Vorstandsressorts für den Bereich der Informationsverarbeitung eingerichtet worden sind.

B.III.1. EDV-Einsatz zur Unterstützung einzelner Bankgeschäfte

Die traditionellen EDV-Anwendungen im Bankbetrieb beziehen sich auf den Zahlungs-verkehr, die Schalterbedienung, die Abrechnung der Geschäftsvorfälle und die Unter-stützung des Devisenverkehrs.

In letzter Zeit gewinnt die Einführung der Kundenselbstbedienung bei der Geldversorgung und beim Zahlungsverkehr zunehmend an Bedeutung (vgl. *Cordewener, Kundenbediente Datenstationen 1982; Czech u. a., Mikroelektronik 1983, S. 26 ff.*).

Im Rahmen des **Scheckverkehrs** wird weitgehend auf die Belegbegleitung verzichtet. Dieses heißt, daß die Daten eines Schecks bei der einlösenden Bank elektronisch gespeichert und lediglich diese Daten an die Bank des Ausstellers, gegebenenfalls über mehrere Clearingstellen hinweg, weitergeleitet werden. Der Scheck selbst verbleibt bei der Bank des Einreichers. Bei der Datenerfassung ist es dabei möglich, automatische Belegleser einzusetzen, die sowohl die bereits auf den Scheckformularen in OCR-Schrift gedruckten Angaben wie Kontonummer erfassen als auch die Angaben über Zahlungsempfänger, Zahlungsbetrag und sonstige Hinweise für unterschiedliche Schreibmaschinentypen bis hin zu Handschriften lesen können (vgl. *Kreuzer, Datenverarbeitung 1983, S. 12*).

Bei der Erstellung von **Massen-Zahlungsanweisungen** wie Lohn- und Gehaltszahlungen setzen Unternehmungen weitgehend den Datenträgeraustausch ein. Die Zahlungsanweisungen werden auf Magnetbändern oder Disketten gespeichert und der Hausbank übergeben, die sie anschließend an Clearingbanken weiterleitet, die die Überweisungen an die Banken der Empfänger verbuchen.

Im Rahmen des **Electronic Banking** wird die direkte Überspielung der Daten über Netzverbund möglich. Zur Datenübertragung innerhalb von Bankenorganisationen werden umfangreiche Rechnernetze eingesetzt. Diese beziehen sich innerhalb einer Bankorganisation auf die Datenübertragung zwischen Filialen und Zentralen. Solche internen Netze besitzen aber auch Zugang zu institutsübergreifenden Netzwerken bis hin zu internationalen Kommunikationsnetzen wie S.W.I.F.T. (Society for Worldwide Interbank Financial Telecommunication), über die der grenzüberschreitende Zahlungsverkehr abgewickelt wird.

Der Anschluß an instituts- und länderübergreifende Netzwerksysteme erfordert eine hohe Standardisierung der Netzprotokolle und Datenbankzugriffe, um unterschiedliche Hardware- und Datenbanksysteme anschließen zu können (vgl. *Roemer, Gemeinsame EDV 1981*). Aus diesem Grunde sind die Bankenanwendungen bei der Gestaltung offener Netze richtungweisend. Das S.W.I.F.T.-Netz gilt z. B. als eines der bedeutendsten privaten weltweiten Netzwerke (vgl. *Dube, Eisele, Massenzahlungen 1982, S. 45*). In Deutschland betreiben die Genossenschaftsbanken zur Abwicklung der Zahlungen innerhalb genossenschaftlicher Kreditinstitute das sogenannte GENO-Netz auf der Basis von DATEX-P, das als offenes Netz den Anschluß vielfältiger Hardware-Systeme der Teilnehmer erlaubt.

236

Bei der **Schalterbearbeitung** haben sich Kassenterminals durchgesetzt (vgl. Abbildung 3.B.III.01). An ihnen werden Ein- und Auszahlungen für Giro- oder Sparverkehr erfaßt, die im zentralen Host-Rechner verarbeitet werden. Gleichzeitig können über den Anschluß an die Stammdaten des zentralen Host-Rechners umfassende Kundenauskünfte über Kontostände usw. erteilt und dezentral ausgedruckt werden. Die Stammdaten dienen gleichzeitig zur Plausibilitätsprüfung der Dateneingabe. Zunehmend werden als Kassen-"Terminals" Mikrocomputer (PC's) eingesetzt, die neben dezentralen Auswertungen bei Ausfall des zentralen Systems oder des Netzes Vorgänge weiter erfassen und teilweise bearbeiten können.

Die DV-gestützte Kundenbedienung hat zu einer Reintegration von Tätigkeiten an den Arbeitsplatz des Banksachbearbeiters geführt, die bei der Batchverarbeitung vorher in Teilfunktionen zerlegt und damit unterschiedlichen zuständigen Arbeitsplätzen für Giroverkehr, Sparverkehr, Kundenberatung usw. zugeteilt worden waren. Durch die Zusammenfassung wird eine Steigerung des Kundenservice erreicht, weil sich ein Kunde an einem Schalter umfassend über unterschiedliche Dienste und seine unterschiedlichen Konten informieren kann und keine zeitraubenden Gänge und Wartezeiten vor verschiedenen Schaltern entstehen.

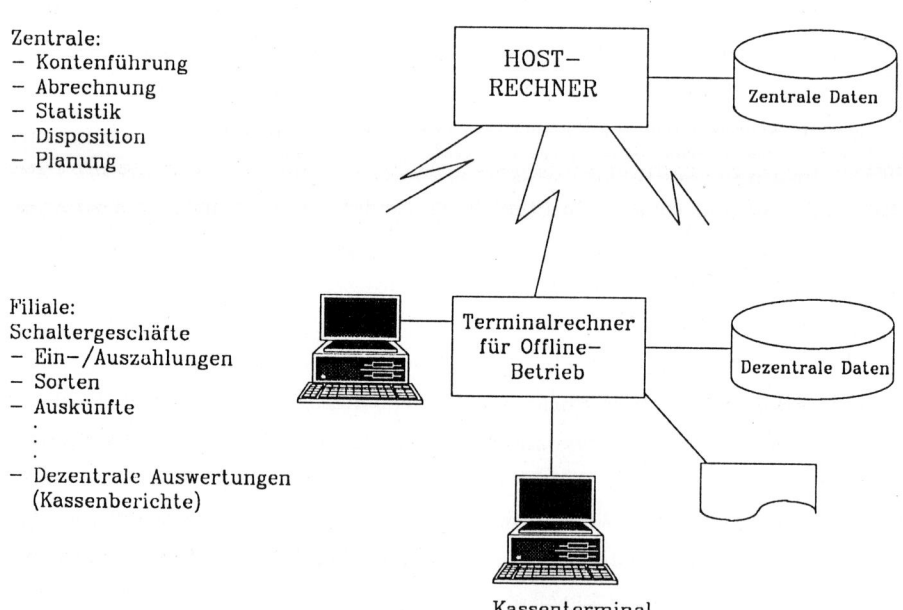

Abb. 3.B.III.01: EDV-Anwendungen in Banken

Im Rahmen der EDV-gestützten **Bearbeitung der Bankgeschäfte** in der Zentrale werden zunehmend integrierte Dialogsysteme eingesetzt. Sie verarbeiten die erfaßten Geschäftsvorfälle im Rahmen der Kontokorrentbuchhaltung, Sparkontenführung, des Devisengeschäftes bis hin zu Darlehen- und Wechselgeschäften. Durch die zeitnahe Verarbeitung lassen sich täglich aktuelle Bilanzen und betriebswirtschaftliche Auswertungen erstellen.

Das **Devisengeschäft** lebt von der Ausnutzung aktueller Informationen. Durch Anschluß an Servicesysteme zur Lieferung aktueller Kursinformationen (Reuter-Monitorsystem), Telefonstandleitungen zu den wichtigsten Bankplätzen und Devisenhändlern sowie Anschluß an die eigene EDV werden vielfältige Informationen am Arbeitsplatz des Devisenhändlers zusammengeführt. Online-Systeme unterstützen hier die zu treffenden Entscheidungen, indem z. B. Devisenrechnungen sekundenschnell ausgeführt und die getätigten Positionen fortlaufend gespeichert werden (vgl. *Bingemann, Devisenhandel 1982*). Der automatischen Speicherung kommt dabei als Dokumentationsfunktion eine besondere Bedeutung zu.

Der vielfältige EDV-Einsatz im Bankenbereich hat nicht nur Rationalisierungseffekte gezeitigt, sondern auch den **Kundenservice** erhöht. Durch die Entlastung der Mitarbeiter von Routineaufgaben kann der Kundenberatung ein größeres Gewicht zukommen. Gleichzeitig hat die hohe Dialogisierung und Vernetzung innerhalb dieses Wirtschaftssektors die Aktualität des Informationsflusses und des Zahlungsverkehrs außerordentlich gesteigert. Dieses ist eine wichtige Voraussetzung zur Kontrolle des Risikos, das insbesondere im internationalen Bankgeschäft vorliegt. Gleichzeitig kann die Datenbasis wirkungsvoll zur kurzfristigen Disposition genutzt werden. Hiermit ist eine Voraussetzung geschaffen, um Modellansätze zur Prognose von Zahlungsströmen und zur Optimierung von Anlageentscheidungen zu entwickeln und einzusetzen.

B.III.2. Electronic Banking/Computer Integrated Banking (CIB)

Elektronic Banking bezieht den Bankkunden stärker in die EDV-Abwicklung von klassischen und neuen Bankgeschäften ein. Der Begriff wird hier also auf die elektronische Kundenverbindung bezogen. Teilweise wird aber auch begrifflich zwischen internem Elektronic Banking und externem Elektronic Banking zur Unterscheidung der internen und kundenorientierten EDV-Unterstützung unterschieden (vgl. *Maciejewski, Electronic Banking 1989, S. 23 f.*).

Bei der Einbeziehung der **Privatkunden** steht im Vordergrund, Bankleistungen soweit wie möglich in einer Art "Selbstbedienung" zur Verfügung zu stellen, um die dadurch eingesparte Zeit der Bankmitarbeiter für andere Dienste (insbesondere Beratung) anzubieten. Bei der Unterstützung von **Geschäftskunden** werden dagegen neue Dienstleistungen zur **Kundenbindung** genutzt und neue Geschäftsfelder eröffnet.

Die Banken haben die EDV als Marketing-Instrument nicht nur aus eigenem Antrieb entdeckt, sondern um das Eindringen "bankfremder" Unternehmungen wie Kreditkartenorganisationen, große Handelsunternehmungen, Tankstellennetze oder Versicherungen in typische Bankgeschäfte zu verhindern.

Für Privatkunden werden fünf Dienste angeboten:

1. Elektronische Geldausgabeautomaten (GAA) und Kontoauszugsdrucker,
2. Plastikkarten als Zahlungsmittel,
3. Homebanking durch Btx-Einsatz,
4. POS-Verbindung,
5. Informationsservice und "bankfremde" Dienste.

Elektronische Geldausgabeautomaten sind bereits weit verbreitet. Mit Hilfe eines Ausweises (Scheckkarte) kann ein Kunde auch außerhalb der Kassenzeiten Geldbeträge im Rahmen eines Limits abheben. Auf diesen Ausweisen befindet sich ein Magnetstreifen. Der Automat "liest" daraus die Kartennummer und erfragt eine Personenidentifizierungsnummer (PIN), um dadurch den Benutzer als Berechtigten zu authentifizieren. Hierzu ist eine Online-Verbindung zu einer Datenbank mit den Berechtigungsdaten herzustellen. Bei hoher Inanspruchnahme des Dienstes können hierbei Wartesituationen auftreten. Diskutiert und erprobt wird deshalb eine **Chipkarte**, bei der ein Mikroprozessor "offline" die Authentifizierung übernehmen kann. Mit Hilfe der Chip-Karte können auch weitere Funktionen, wie abbuchen des Geldbetrages von dem im Chip gespeicherten Kontostand usw., durchgeführt werden. Zur Datensicherung kann der Chip die Daten PIN, Kontostände usw. in verschlüsselter Form durch Anwendung sogenannter kryptografischer Codes enthalten (vgl. *Limmer, Chipkarte 1988*).

An **Kontoauszugsdruckern** kann ein Bankkunde Kontoauszüge abrufen, nachdem er sich wiederum identifiziert und authentifiziert hat.

Es wird angestrebt, durch die Entwicklung von multifunktionalen Terminals oder Workstations neben der Barabhebung und dem Ausdrucken von Kontoauszügen weitere Bankdienstleistungen in Form von Selbstbedienung anzubieten.

Je nach Ausstattung des Terminals können folgende Leistungen genutzt werden:

- Bareinzahlung,
- Scheckeinreichung,
- Ausgabe von Travellerschecks,
- Geldüberweisungen vom laufenden Konto auf das Barkonto,
- Bezahlen von Rechnungen an Dritte als Bareinzahlung oder als Überweisung,
- Kontostandsanzeige.

Ausgestattet ist das Terminal mit einem Kartenleser zur Identifikation des Kunden, einer Tastatur für die Wahl der Dienstleistung, einer numerischen Tastatur für die Eingabe des PIN, der Kontonummer und des Betrages, einem Leuchtschriftanzeiger, einem Bildschirm und einem Drucker.
Insgesamt besitzen diese Service-Funktionen eine hohe Benutzerakzeptanz.

Nachdem spezielle Kreditkartendienste und auch Handelsorganisationen **Kreditkarten** als Zahlungsmittel eingeführt haben, ist diese Form auch von Banken übernommen worden. Gegenüber amerikanischen aber auch anderen europäischen Ländern ist die Durchdringung dieses Zahlungsmittels in der Bundesrepublik Deutschland noch relativ gering. Hier hat sich vielmehr auch der Euroscheck als wirksames Zahlungsmittel durchgesetzt. Mit der zunehmenden internationalen Verflechtung (Europäischer Binnenmarkt 1992, Auslandstourismus) wird auch hier mit einer verstärkten Durchdringung von Kreditkarten als Zahlungsmittel gerechnet. Bei Vorlage einer Kreditkarte wird ebenfalls durch eine Online-Verbindung mit einer Datenbasis die Authentifizierung des Benutzers sowie die Überprüfung des Kreditlimits vorgenommen. Bei der Einführung einer Chipkarte können auch diese Funktionen wiederum offline unterstützt werden.

Im Rahmen des Btx-gestützten **Home-Bankings** kann der Kunde Informationen über Kontostände abrufen, Überweisungs- und Daueraufträge eingeben und Beratungslei-stungen im Dialog abfragen. Obwohl perspektivisch diese Möglichkeit bis hin zum Ein-satz von Expertensystemen zur individuellen Beratung große Möglichkeiten bietet, sind mit der generell geringen Akzeptanz von Btx durch Privatkunden die Erwartungen ge-dämpft worden.

Unter **POS-Systemen** wird die Verbindung von intelligenten Kassen des Handels mit dem EDV-System des Bankenbereiches verstanden. Ein Kunde kann in einem ange-schlossenen POS-Handelsgeschäft mit seiner Scheckkarte bezahlen, wobei nach Her-stellung einer Online-Verbindung die Identifizierungs- und Authentifizierungsprüfung abgewickelt werden und der zu zahlende Betrag von dem Konto des Kunden abgebucht wird. Da die Rationalisierungswirkung für den Handel noch nicht als besonders hoch eingeschätzt wird, ist dieser Service trotz erfolgreicher Feldversuche in Berlin und München noch nicht weit fortgeschritten.

Zur **Vermittlung** von Haus- oder Grundstücksobjekten können **Informationssysteme** eingesetzt werden, die dem privaten Interessenten entsprechend seinen Wünschen geeignete Objekte aus einer Datenbank vorschlagen und mit einem gekoppelten Diasystem auch optisch zeigen. Ein angeschlossenes Finanzierungsprogramm ermittelt für den Kunden auf seine individuellen Möglichkeiten zugeschnittene Finanzierungspläne. Hier wird also durch Einsatz der EDV das Bankengeschäft auf Vermittlungsgeschäfte ausgeweitet. In gleicher Weise können auch Versicherungsleistungen vermittelt oder angeboten werden.

Bei dem Electronic Banking mit Geschäftskunden entwickeln sich die Banken immer mehr von Institutionen, die mit Geld handeln, zu Institutionen, die mit Informationen **über** Geld handeln.

Je nach der EDV-Ausstattung der Kunden und dem Grad der Vernetzung bieten sich unterschiedliche Einsatzfelder. Hat beispielsweise ein Geschäftskunde keine eigene EDV, so übernehmen Bankeninstitutionen EDV-Dienstleistungen wie die Lohnabrechnung. Dazu werden die Mitarbeiter-Stammdaten gespeichert und die monatlichen Leistungsdaten von der Bank erfaßt. Die Lohnzahlung erfolgt dann elektronisch auf die Konten der Mitarbeiter.

Für die Unterstützung von Überweisungs- und Lastschrifteinzügen können für Kunden ohne EDV Kunden- und Lieferantendaten als Stammdaten gespeichert werden. Damit sind die Anschriften und Kontonummern in dem EDV-System der Bank erfaßt. Der Kunde braucht nun für die zu zahlenden oder einzuziehenden Beträge lediglich eine abgekürzte Liste von Kunden- und Lieferantennummern mit den Beträgen der Bank zu übergeben.

Ist der Kunde über ein Terminal mit dem Bankensystem verbunden, so können Informationsdienste genutzt werden. Banken stellen den Anschluß an nationale und internationale Informationsdienste über Geldvorgänge (z. B. Börseninformationen), aber auch generelle Wirtschaftsdaten zur Verfügung.

Für die Bewirtschaftung von Barbeständen werden **Cash-Management-Systeme** angeboten. Hierdurch ist es möglich, die Salden unterschiedlicher Konten des betreffenden Kreditinstitutes oder auch anderer Institute bis zu weltweiten Verbindungen zusammenzuführen. Neben reinen Informationsfunktionen werden auch automatische Kontenübertragungen und Zusammenführungen angeboten.

Zur Abwicklung der umfassenden Datenverbindungen setzt das Bankensystem internationale Netze wie S.W.I.F.T. oder private Netze wie das von General Electric Information Service angebotene MARK III-System ein.

Durch den Anschluß des Kundenrechners ergibt sich eine neue Dimension der Zusammenarbeit zwischen Bank und Unternehmung. Es können nicht nur Informationen abgerufen werden, sondern gleich im eigenen Rechner weiterverarbeitet und Ergebnisse an den Bankrechner zurückgegeben werden. Beispielsweise kann im Rahmen eines Cash-Management-Systems der gegenwärtige Bestand an Geldmitteln festgestellt und im Rechner des Kunden gespeichert werden. Durch Nutzung eines anderen Bankendienstes können günstige Anlagemöglichkeiten ermittelt und der Betrag mit Hilfe eines kundenindividuellen Optimierungsprogramms plaziert werden. Das Ergebnis wird als Anlageauftrag der Bank zurück übermittelt.

Hier greifen unternehmensindividuelle Finanz- und Liquiditätsplanung mit Informationsdiensten des Bankensystems sowie individuellen Auswertungsprogrammen oder auch die Nutzung von Anlageoptimierungsprogrammen der Banken ineinander.

Die Vielzahl der von den einzelnen Banken angebotenen Systeme (z. B. von der Commerzbank die Systeme WORLD CASH ACMS, CORBITEX, COBIS, COINFO, COSTAMM usw. oder der Dresdner Bank mit dredis, drekon, drehaus oder der Deutschen Bank mit db-data) zeigen, daß gegenwärtig eine Vielzahl noch isolierter EDV-Unterstützungen angeboten werden. Die Verbindung zwischen dem Computersystem der Banken und den kundenindividuellen Systemen wird in der Regel auch erst notdürftig durch Nutzung von PC-Industriestandards hergestellt. Hier stoßen die Datenverbindungen an die gleichen Beschränkungen durch noch fehlende Netzstandards wie bei anderen betriebsübergreifenden Funktionen (vgl. *Commerzbank, Handbuch Electronic Banking 1988*).

Trotzdem zeigen die bisherigen Anwendungen bereits das hohe Ausmaß, wie der Charakter von Bankbetrieben durch EDV-Einsatz verändert wird.

B.IV. Versicherungen

Versicherungsbetriebe setzen die EDV vor allen Dingen zur Unterstützung von Sachbearbeitertätigkeiten, der Vermögensdisposition und zur Steuerung des Außendienstes ein.

Die Durchdringung mit Dialogsystemen ist in diesem Dienstleistungsbereich außerordentlich hoch. In fortschrittlichen Versicherungsbetrieben teilen sich bereits weniger als zwei Mitarbeiter ein Terminal (vgl. *Boysen, EDV-gestütztes Rechnungswesen 1983*).

242

Dadurch ist es möglich, den Kunden aktuelle Auskünfte über den Stand ihrer Versicherungsverträge zu geben. Abbildung 3.B.IV.01 zeigt anhand eines Beispiels der Bundesversicherungsanstalt für Angestellte (BfA), wie durch Einführung der Dialogverarbeitung die Bearbeitungszeit eines Vorgangs von neun Tagen auf wenige Minuten reduziert werden konnte (vgl. *Rohrlach, BfA 1981, S. 12*).

Die Unterstützung der **Korrespondenz** und **Textverarbeitung** ist bei Versicherungsbetrieben ebenfalls weit fortgeschritten bis hin zur aktenlosen Sachbearbeitung und zumindest teilautomatisierten Korrespondenz. Abbildung 3.B.IV.02 stellt den Ablauf einer weitgehend aktenlosen Sachbearbeitung in einer Bausparkasse dar, die eine starke Ähnlichkeit mit der Korrespondenzverarbeitung in Versicherungen aufweist (vgl. *Barth, Rohleder, Aktenlose Sachbearbeitung 1983, S. 19*).

Nach der Sortierung der Eingangsbriefe wird entschieden, ob eine individuelle Korrespondenz erforderlich ist oder aber ein standardisiertes Antwortschreiben aus Briefbausteinen durch Einfügung der kundenindividuellen Daten zusammengestellt werden kann.

Auch die **Online-Verwaltung der Vermögen** in Hypotheken, Schuldscheinen,

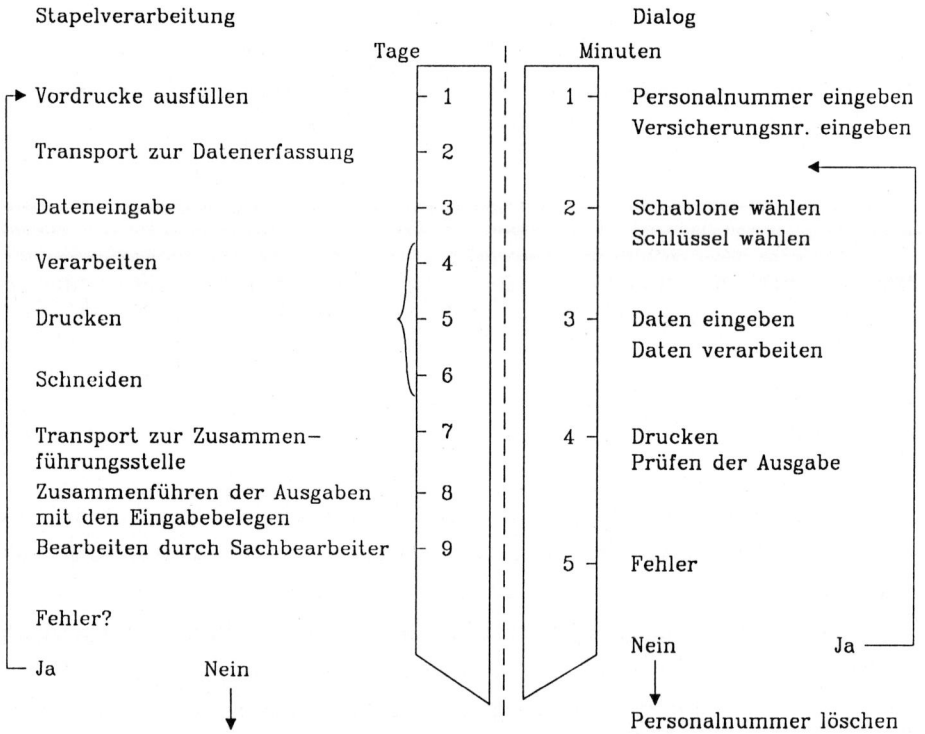

Abb. 3.B.IV.01: Verminderung der Bearbeitungszeit des Vorgangs durch Einführung der Dialog-
logverarbeitung

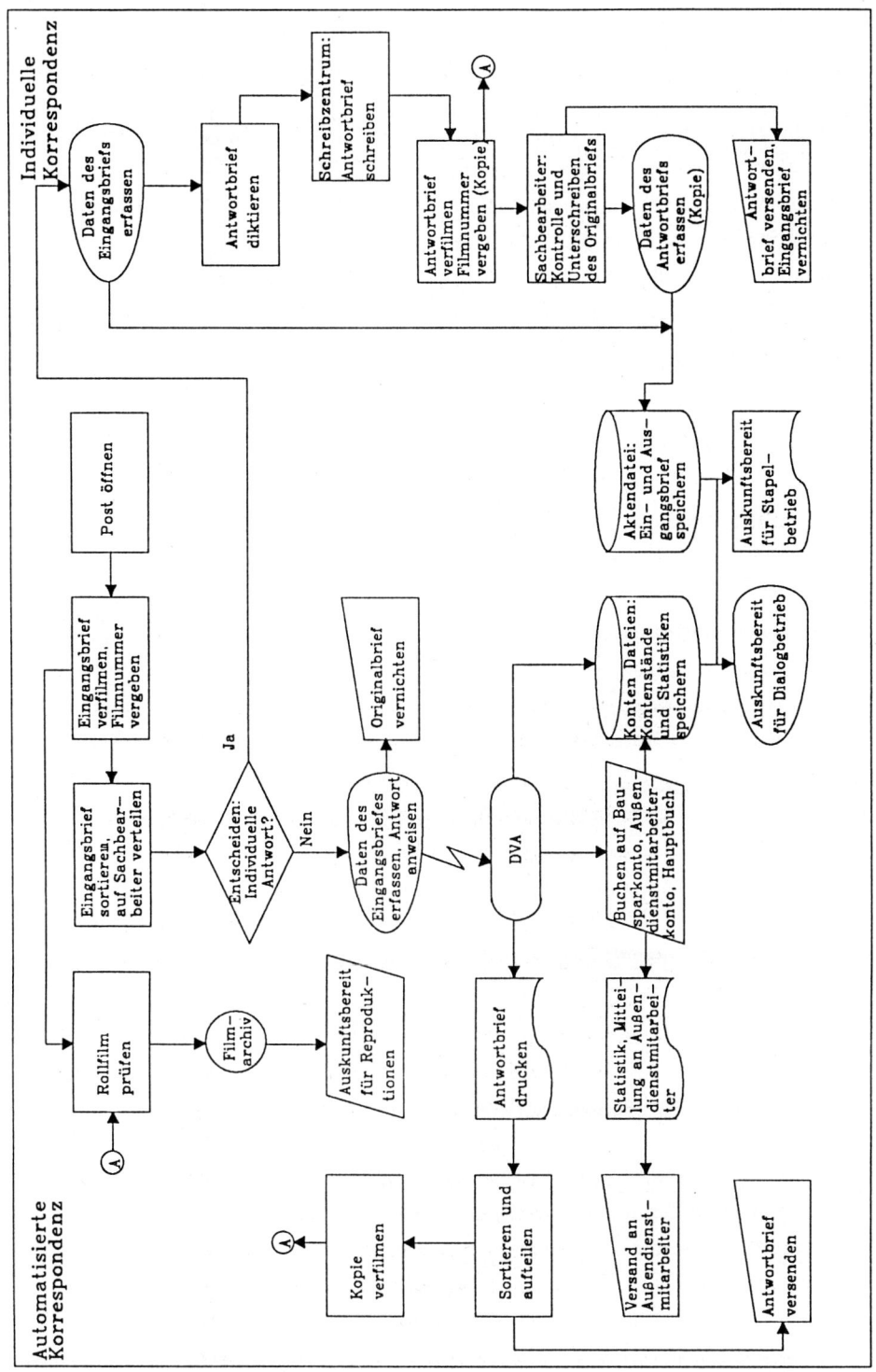

Abb. 3.B.IV.02: Weitgehend aktenlose Sachbearbeitung

festverzinslichen Wertpapieren, Aktien, Häusern und Grundstücken kann durch ein integriertes Informationssystem wirkungsvoll unterstützt werden (vgl. *Lieske, Vermögen verwaltet 1981*).

Zur Eingabe der Daten von Neukunden, Schadensfällen usw. in den Außenstellen von Versicherungsbetrieben werden dezentrale Erfassungssysteme oder auch Online-Terminalverbindungen eingesetzt. Zum Anschluß der Außenstellen an die Gebietszentralen werden wie im Bankenbereich umfangreiche Netze aufgebaut.

Die Einführung von Bildschirmtext wird auch im Versicherungsgewerbe neue Formen der Zusammenarbeit zwischen Kunden und Versicherungszentrale bei Auskunft, Beratung und Geschäftsabschluß ermöglichen.

C. Branchenneutrale EDV-Systeme

C.I. Rechnungswesen

Das Rechnungswesen ist ein traditionell intensives Anwendungsgebiet der Elektronischen Datenverarbeitung. Ein Grund dafür ist die große Anzahl der zu bearbeitenden Geschäftsvorfälle, so daß hier die Speicher- und Rechenfähigkeiten der EDV besonders wirkungsvoll zum Tragen kommen. Trotzdem hat der EDV-Einsatz bisher zu keinen grundsätzlich neuen betriebswirtschaftlichen Konzeptionen gegenüber einer manuellen Bearbeitung geführt, wie es z. B. bei der Produktionsplanung und -steuerung geschildert wurde. Dieses ist für die Finanzbuchführung auch nicht erstaunlich, da sie vor allen Dingen durch gesetzliche Vorschriften des Handels- und Steuerrechts sowie der Abgabenordnung strukturiert ist. Dagegen eröffnet die Kosten- und Leistungsrechnung wegen ihrer vielfältigen Zwecke und unterschiedlichen betriebswirtschaftlichen Konzeptionen eher die Möglichkeit zur Entwicklung neuer EDV-orientierter betriebswirtschaftlicher Ansätze.

C.I.1. Finanzbuchführung

Aufgabe der Finanzbuchführung ist es, die Beziehungen der Unternehmung mit der Außenwelt darzustellen und sämtliche Geschäftsvorfälle aufzuzeigen. Sie gliedert sich in eine **Hauptbuchführung** und mehrere **Nebenbuchführungen** für organisatorisch verselbständigte Teilbereiche. In Abbildung 3.C.I.01 sind die Gebiete dargestellt.

Die Nebenbuchführungen bearbeiten die Einzelfälle und speichern sie detailliert ab. An die Hauptbuchführung werden dann lediglich verdichtete Sammelbuchungen weitergeleitet.

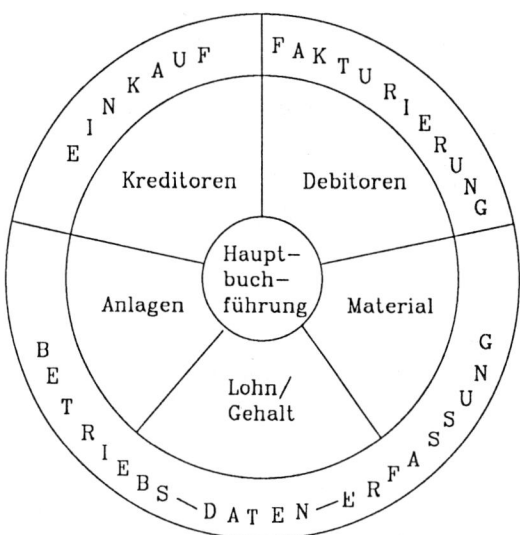

Abb. 3.C.I.01: Finanzbuchführung und vorgelagerte Bereiche

Die **Kreditoren-** und **Debitorenbuchführungen**, insbesondere bei der Form der Offenen-Posten-Buchführung, werden aus Gründen des hohen Mengenanfalls ausgegliedert und als Personenbuchführungen bezeichnet.

Die anderen Nebenbuchführungen erfüllen neben der Datenlieferung an die Hauptbuchführung noch weitere Funktionen.

Die **Anlagenbuchführung** ermittelt auch die kalkulatorischen Abschreibungen für die Kostenrechnung. Darüber hinaus bestehen enge Verbindungen zur Instandhaltungsplanung und zum Produktionsplanungs- und -steuerungssystem.

In der **Lohn-** und **Gehaltsbuchführung** wird die Lohnabrechnung als eine wesentliche selbständige Aufgabe durchgeführt.

In der **Materialbuchführung** bestimmt man den wertmäßigen Materialverbrauch für die Kostenrechnung, und es existiert ein enger Bezug zur Materialdisposition.

Da die Nebenbuchhaltungen die wichtigsten Datenlieferanten der Hauptbuchführung sind, besteht eine hohe Tendenz zur Datenintegration, indem die in den Nebenbuchführungen erzeugten Daten automatisch an die Hauptbuchführung übergeben werden. Diese Integrationstendenz wirkt sich gleichzeitig auch auf weitere vorgelagerte Systeme aus, die ihrerseits wiederum Daten an die Nebenbuchführungen liefern (vgl. Abbildung 3.C.I.01).

So wird in dem Fakturiersystem mit der Rechnungserstellung automatisch ein Buchungssatz für die Debitorenbuchführung erstellt.

Im Rahmen der **Rechnungsprüfung** greift der Sachbearbeiter im Dialog auf Daten der Materialwirtschaft bzw. des Einkaufs wie Bestellungen, Wareneingang und Lieferanten zu, um nach der eigentlichen Rechnungsprüfung die Buchungssätze der Offenen Posten für die Kreditorenbuchführung und gegebenenfalls eine Zahlungsanweisung zu erstellen (vgl. Abbildung 3.C.I.02). Hierbei können die Daten weitgehend aus den bereits gespeicherten Vorgängen ohne manuelle Eingabe übernommen werden.

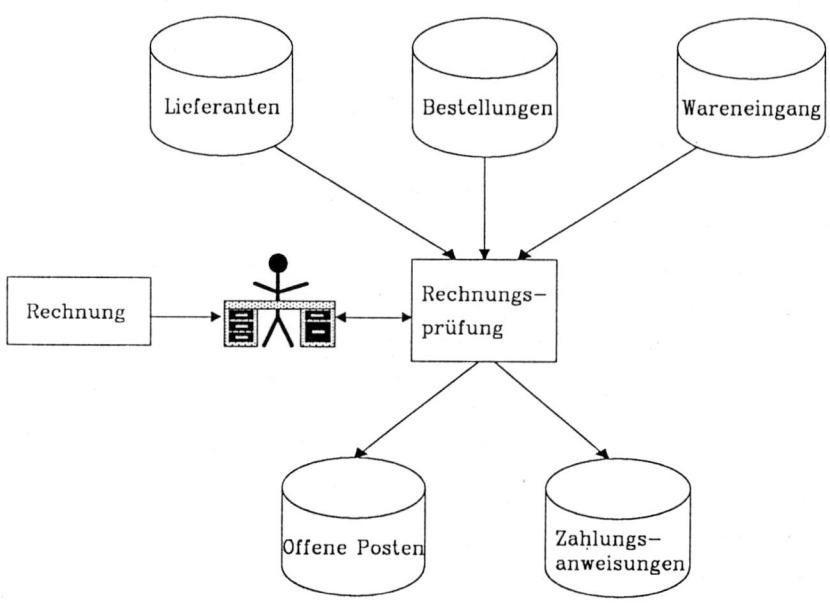

Abb. 3.C.I.02: Rechnungsprüfung

Es ist zu bemerken, daß die Rechnungsprüfung wegen der engen Datenbeziehung häufig in EDV-Systeme zur Materialwirtschaft eingegliedert ist, während sie organisatorisch von der Kreditorenbuchführung bearbeitet wird. Eine fehlende Integration der EDV-Systeme von Materialwirtschaft und Kreditorenbuchführung zwingt den Sachbearbeiter, mit zwei unterschiedlichen EDV-Systemen zu arbeiten (vgl. *Krcmar, Schnittstellen 1983, S. 341*). Wie die Online-Kalkulation, die wegen der Datennähe zu Stücklisten und Arbeitsplänen in Produktionsplanungs- und -steuerungssysteme eingegangen ist, obwohl sie inhaltlich zur Kostenrechnung gehört, wird hier die Rechnungsprüfung wegen der größeren Datennähe zu Bestellung und Wareneingang in die Materialwirtschaft verlegt, obwohl sie inhaltlich der Finanzbuchführung nähersteht.

Im Rahmen der **Betriebsdatenerfassung** werden Laufzeiten der Anlagen, Leistungsdaten des Personals und Materialverbräuche aktuell erfaßt. Diese Daten bilden damit die

Grundlagen zur Anlagenbuchführung, zur Bruttolohnberechnung und zum mengenmäßigen Verbrauch der Materialbuchführung (vgl. Abbildung 3.C.I.01).

Die bereits generell in der Finanzbuchführung vorhandene Tendenz, die Erfassung der einzelnen Geschäftsvorfälle aus der Hauptbuchführung in die Nebenbuchführungen auszugliedern, wird also in vorgelagerte EDV-Systeme weitergeführt.

Innerhalb der Buchführung hat sich die Dialogverarbeitung in breitem Ausmaß durchgesetzt. So wird von den im ISIS-Katalog aufgeführten Standardsoftwaresystemen zur Finanzbuchführung der überwiegende Teil als Dialogversion angeboten. Neben der Verschmelzung von Dateneingabe und Sachbearbeitertätigkeit, die zu einer Reduzierung des Bearbeitungsaufwands führt, wird dadurch auch eine hohe Aktualität der Datenbestände erreicht. Dieses ist sicher nicht für jede Kontenart erforderlich, ermöglicht aber für kurzfristige Liquiditätsdispositionen sowie zur Bearbeitung von Mahnungen und Zahlungsvorgängen die notwendigen aktuellen Datenbestände. Während bei der Stapelverarbeitung ein Buchungsvorgang zwischen unterschiedlichen Abteilungen (Finanzbuchführung, Datenerfassung und Rechenzentrum) aufgesplittet wurde, sorgt die Dialogverarbeitung wieder für die vollständige Belegverarbeitung durch den Buchhalter (vgl. Abbildung 2.B.I.05).

Durch die Erzeugung von Zahlungsvorschlagslisten im Rahmen der Kreditorenbuchführung oder das Anzeigen von Zahlungseingängen im Rahmen der Debitorenbuchführung lassen sich auch Zuordnungs- und Entscheidungsprobleme interaktiv unterstützen. Bei Sammelzahlungen kann der Sachbearbeiter die Beträge entweder nach vorgegebenen Regeln zuordnen lassen oder den am Terminal angezeigten Offenen Posten manuell zuordnen (vgl. Abbildung 3.C.I.03).

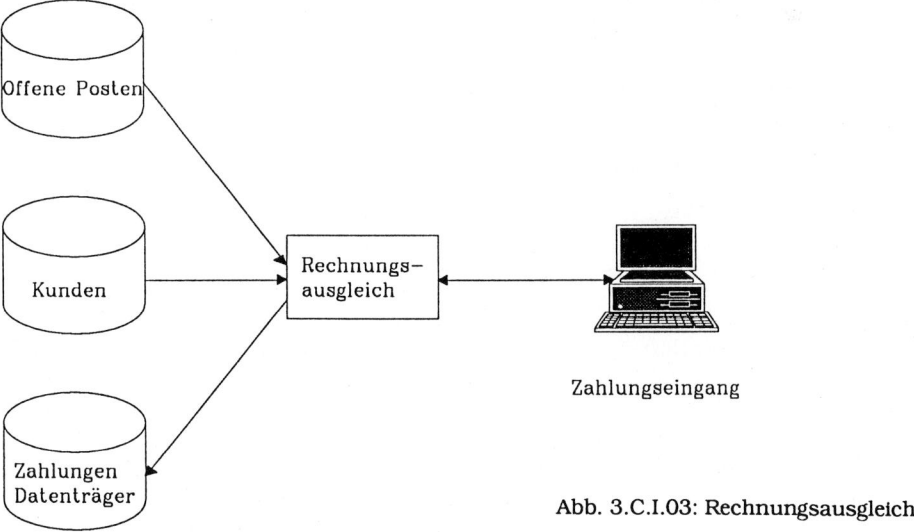

Abb. 3.C.I.03: Rechnungsausgleich

Die konsequente Dialogisierung der Buchführung führt dazu, daß ein Geschäftsvorfall innerhalb der Fakturierung sofort in die Debitorenbuchführung weitergeleitet wird und damit auch innerhalb einer Sammelbuchung an die Hauptbuchführung. Wenn Fehler auftreten, so kann man diese nur noch durch eine Stornierung dieses Geschäftsvorfalls rückgängig machen. Aus diesem Grunde werden auch abgeschwächte Formen der Dialogverarbeitung eingesetzt. Die Geschäftsvorfälle werden zunächst in Zwischendateien als sogenannte Pseudo-Buchungen gespeichert und erst nach Freigabe durch den Sachbearbeiter in größeren Abständen (z. B. täglich) fest verbucht. In der Zwischenzeit werden aber die Pseudo-Buchungen mit den zugehörigen Konten verkettet, so daß sie zu Auskunftszwecken aktuell zur Verfügung stehen.

Eine Zwischenstufe ist auch, daß man im Zuge der Datenerfassung lediglich formale Prüfungen durchführt, bei denen der Zugriff auf die Stammdateien nicht erforderlich ist, die eigentlichen Buchungen dann aber in Batch-Läufen erfolgen. Diese Form, bei der wesentliche Vorteile einer direkten umfassenden Plausibilitätsprüfung nicht auszunutzen sind, geht aber in ihrer Bedeutung zurück.

Komfortable EDV-Systeme zur Buchführung gestatten die Führung unterschiedlicher Mandanten, so daß mit einem einheitlichen System auch rechtlich selbständige Firmen eines Konzerns bearbeitet werden können. Dieses ermöglicht eine Vereinheitlichung des Berichtswesens und eine aktuelle konzernübergreifende Information und Vergleichbarkeit. Durch den Einsatz von Konsolidierungstechniken, die auch Fremdwährungen und gegenseitige Belieferungen von Konzernbetrieben berücksichtigen können, lassen sich konzernweit Führungsinformationen kurzfristig zur Verfügung stellen (vgl. *Müller, KONSYS 1983*).

Die hohe Aktualität der Datenbasen innerhalb der Finanzbuchführung ermöglicht auch zeitnahe betriebswirtschaftliche Auswertungen. Gleichzeitig können die Daten der Unternehmensplanung z. B. für Rentabilitäts- und Investitionsrechnungen zur Verfügung gestellt werden. Hier eröffnen sich noch wirksame Entwicklungs- und Einsatzgebiete entsprechender Dispositionsmodelle einer EDV-orientierten Betriebswirtschaftslehre.

C.I.2. Kosten- und Leistungsrechnung

Die Kosten- und Leistungsrechnung umfaßt die Arbeitsgebiete Kostenartenrechnung, Kostenstellenrechnung, Kostenträgerstückrechnung (Kalkulation) und Kostenträgerzeitrechnung (Betriebsergebnisrechnung).

Die Kostenrechnung ist eine nachgelagerte Funktion, da sie außer den Planungsdaten einer Plankostenrechnung kaum eigene Daten erzeugt, sondern auf vorgelagerte EDV-Systeme angewiesen ist (vgl. Abbildung 3.C.I.04).

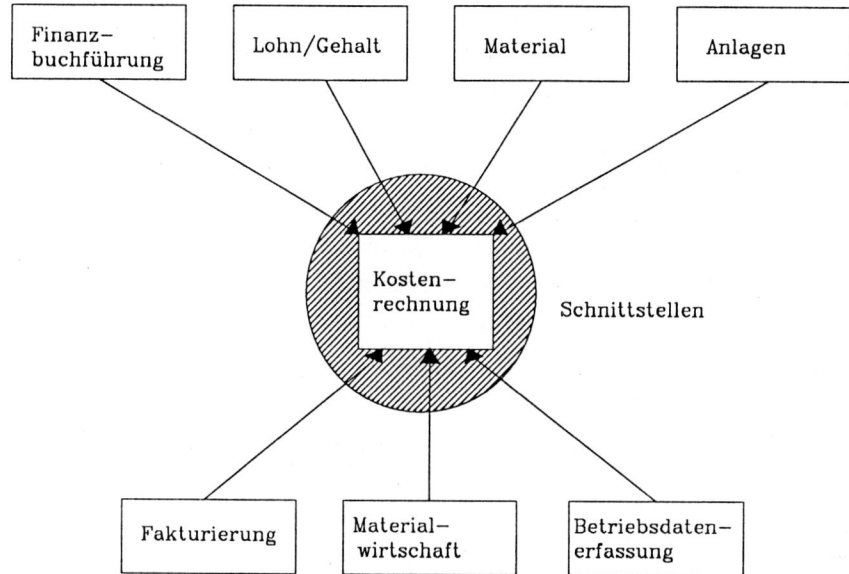

Abb. 3.C.I.04: Datenversorgung der Kostenrechnung

Wesentliche Datenlieferanten sind die Finanzbuchführung, Lohn- und Gehaltsabrechnung, Materialabrechnung und Anlagenbuchführung. Auch hier setzt sich die bereits bei der Finanzbuchführung beobachtete Tendenz fort, die Daten möglichst urbelegnah zu erfassen und für die Kostenrechnung vorzukontieren. Dieses bedeutet, daß auch die Fakturierung, Materialwirtschaft und Betriebsdatenerfassung direkt Daten an die Kostenrechnung abgeben. Wenn die Vorkontierung, d. h. die Festlegung von Kostenarten, Kostenstellen und gegebenenfalls Kostenträgern, bereits von diesen Systemen durchgeführt wird, erfordert dieses eine hohe Integration auf der Daten- und Programmebene. Für die Plausibilitätsprüfung der Vorkontierungen müssen Stammdaten aus den unterschiedlichen betriebswirtschaftlichen Anwendungsbereichen zur Verfügung stehen.

Zur Vorkontierung ergeben sich damit je nach Grad der Vorverlagerung unterschiedliche Alternativen. Für die Behandlung von Fremdlieferungen und Leistungen (vgl. *Krcmar, Schnittstellen 1983, S. 340*) kann beispielsweise entweder bereits bei der Bestellung vorkontiert werden oder bei der Rechnungsprüfung im Rahmen der Materialwirtschaft bzw. Finanzbuchführung oder von der Kostenrechnungsabteilung bei der Kostenartenrechnung.

Für die **Kostenartenrechnung** bedeutet die Vorverlagerung der Kontierung, daß für sie die Funktion Datenerfassung weitgehend entfällt. Die wesentliche Aufgabe der Kostenartenrechnung besteht dann in der Abstimmung der Kostenrechnungsdaten mit den anderen Bereichen sowie in der Umbewertung von Vorgängen aus der Finanzbuchführung mit den kalkulatorischen Kostensätzen.

Bei einer hohen Integration kann aus der Kostenrechnung direkt auf die gespeicherten Urbelege zugegriffen werden; sind die Systeme dagegen getrennt, so werden die Daten über Dateischnittstellen in die Kostenrechnung übernommen und existieren damit redundant.

In der **Kostenstellenrechnung** werden Kostenarten verursachungsgerecht verteilt. Besondere Bedeutung besitzt dabei die Verrechnung innerbetrieblicher Leistungen. Hierbei werden zur Behandlung gegenseitiger Leistungsverflechtungen heuristische Verfahren wie das Stufenleiterverfahren eingesetzt. Das exakte Gleichungsverfahren erfordert einen hohen Rechenaufwand. Gerade hier könnte man aber die EDV hilfreich einsetzen. Es ist deshalb verwunderlich, daß dieses Vorgehen bisher nur vereinzelt und auch nur in individuell erstellten Systemen anzutreffen ist.

Im Rahmen der **Kalkulation** werden die Selbstkosten von Erzeugnissen ermittelt. Entsprechend den unterschiedlichen Produktionsstrukturen und Kostenrechnungsverfahren ergeben sich vielfältige Berechnungsmöglichkeiten. Diese hohe Variabilität hat die EDV-Unterstützung behindert. Ein weiteres Problem liegt in der bereits zitierten Verknüpfung zu den Daten des Produktionsbereichs, insbesondere zu Stücklisten, Arbeitsplänen und Betriebsmitteldaten. Wird eine Kalkulation lediglich einmal jährlich für das gesamte Produktionsprogramm im Batch durchgeführt, so können für diesen sehr umfangreichen Verarbeitungslauf die Daten aus dem Produktionsbereich über Dateischnittstellen übernommen werden. Soll dagegen eine Kalkulation im Dialog möglich sein, so sind diese Daten über eine direkte Datenverbindung online zur Verfügung zu stellen, bzw. sie müssen ständig parallel auch in der Kostenrechnung gespeichert sein. Dieses ist aber wegen des hohen Datenumfangs und des damit verbundenen Pflegeaufwandes kaum durchführbar.

Im Rahmen der **Kostenträgerzeitrechnung** lassen sich differenzierte Deckungsbeitragsrechnungen mit unterschiedlichen Bezugsbasen durchführen. Generell ist noch ein Nachholbedarf der Erlösrechnung bezüglich ihrer Differenziertheit gegenüber den Kostenrechnungsansätzen zu verzeichnen (vgl. *Mertens, Rechnungswesen 1983, S. 24*).

Während die Dialogverarbeitung im Rahmen der Finanzbuchführung sowohl in Theorie als auch in Praxis breit anerkannt ist, gilt dieses nicht im gleichen Umfang für die Kostenrechnung. Die bestehenden betriebswirtschaftlichen Kostenrechnungsverfahren (Ist-Kostenrechnung, Normal-Kostenrechnung und die verschiedenen Formen der Plankostenrechnung in Verbindung mit verschiedenen Teilkostenrechnungen (starr, flexibel, Grenzplankostenrechnung)) sind weitgehend periodenorientiert, d. h., die Auswertungen beziehen sich jeweils auf größere Perioden wie z. B. Monate. Diese Tatsache wird häufig als Argument benutzt, um die Batchlösung als einzig sinnvolle Auswertungsform zu begründen. Hierbei wird aber nicht beachtet, daß die Periodenorientierung einer Auswertung nicht unbedingt gleich Batchauswertung sein muß.

Unter Batchauswertung wird vor allen Dingen auch die Abgabe der Kontrolle des Rechenablaufes an das EDV-System verstanden. Es ist aber durchaus möglich, auch periodenorientierte Auswertungen vom Sachbearbeiter am Bildschirm anstoßen zu lassen, um auch hier einen Dialog, wenn auch mit verlängerter Antwortzeit auf Seiten des EDV-Systems, zu führen.

Darüber hinaus gibt es im Rahmen der Kostenrechnung ereignisbezogene Auswertungen, die bezüglich der Forderung nach Aktualität oder nach Anwendung eines interaktiven Entscheidungsprozesses eine Dialogverarbeitung erfordern. Beispielsweise lassen sich im Rahmen der Auftragsverhandlungen Kalkulationen für Einzelfertigungsprodukte durchführen, Losgrößen- und Verfahrensauswahlentscheidungen durch ad-hoc-Berechnungen unterstützen oder Auskünfte von verschiedenen Abteilungen über Kosten- und Erlösdaten im Dialog einholen.

Auch sprechen mehr technisch orientierte Gründe wie die höhere Einfachheit der Systemkonzeption bei integrierten Verflechtungen (vgl. *Plattner, Kostenstellenrechnung 1983, S. 89 - 91*) für konsequente Dialoglösungen.

Der Einsatz von Datenbanksystemen im Rechnungswesen und insbesondere auch in der Kostenrechnung nimmt zu. Während auf einer 1980 durchgeführten Tagung zu Fragen der Kostenrechnung lediglich ein oder zwei Systeme Ansätze zur Einbeziehung von Datenbanktechniken erkennen ließen (vgl. *Kilger, Scheer, Plankosten- und Deckungsbeitragsrechnung 1980*), wurden auf einer drei Jahre später stattfindenden Tagung zur gleichen Thematik nahezu alle vorgestellten Standardsoftwaresysteme von Datenbanksystemen unterstützt (vgl. *Kilger, Scheer, Rechnungswesen und EDV 1983*). Der Datenbankeinsatz unterstützt gerade die hier mögliche Datenintegration zu vorgelagerten Bereichen sowie die variablen Online-Auswertungsmöglichkeiten.

Da die Kostenrechnung eine der wesentlichen Informationsquellen der Unternehmensführung ist, muß sie auf vielfältige Fragestellungen Antwort geben können. Dieses führt zur Forderung, die Daten möglichst lange unverdichtet zu speichern. Einer Formulierung von Schmalenbach folgend, wird diese unverdichtete Datenbasis als **Grundrechnung** bezeichnet (vgl. *Sinzig, Rechnungswesen 1989, S. 47 ff. und die dort aufgeführte Literatur*).

Auf diese Grundrechnung setzen dann sowohl periodische Auswertungen als auch ad-hoc-Berechnungen als Sonderauswertungen auf. Der Begriff Grundrechnung ist in diesem Zusammenhang wohl als umstritten zu bezeichnen, da Schmalenbach auch Teile der periodischen Auswertungen unter diesen Begriff subsumiert hat. Trotzdem hat dieser Gedanke die Diskussion um ein EDV-orientiertes Rechnungswesen in den letzten Jahren sehr stark befruchtet. Die logische Grundrechnung (vgl. Abbildung 3.C.I.05) muß damit nicht mit einer einheitlichen physischen Datenbank identisch sein, da viele der Urdaten bereits in verschiedenen vorgelagerten Systemen gespeichert sind und bei Einsatz des gleichen Datenbanksystems für die Sonderauswertungen zur Verfügung stehen.

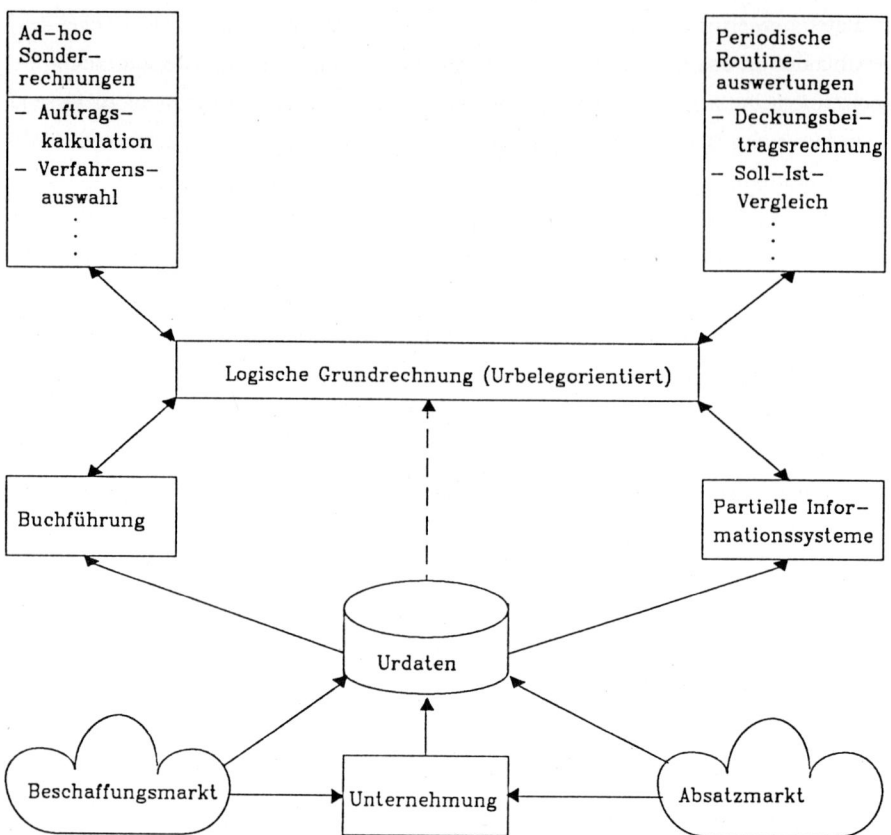

Abb. 3.C.I.05: Einbindung der Grundrechnung in ein Kostenrechnungssystem

Die Konzeption eines datenbankorientierten Rechnungswesens, insbesondere der Kostenrechnung, ermöglicht nicht nur den Einsatz der konzeptionell klaren und durchgeglie-
derten Kostenrechnungsverfahren, z. B. das System von Kilger (vgl. *Kilger, Plankostenrechnung 1988*), sondern auch die Verwirklichung von Gedanken eines flexiblen Kostenrechnungssystems auf Basis der Einzelkosten (vgl. *Riebel, Deckungsbeitragsrechnung
1985*).

Der Einsatz eines einheitlichen Datenbanksystems zur Verwaltung der Grunddaten in einer Unternehmung läßt auch den Zugriff verschiedener Abteilungen auf Kostenrech-
nungsinformationen zu. Beispielsweise kann der Vertrieb Deckungsbeiträge über Artikel,
Verkaufsgebiete und Kunden zur gewinnoptimalen Steuerung nutzen. Zu erwähnen ist
auch das bereits häufig zitierte Anwendungsgebiet der Nutzung von Kosteninformationen
bei der Produktentwicklung.

Diesem Gedanken wird auch zunehmend von solchen Softwaresystemen Rechnung getragen, die bisher in sich abgeschlossene Abrechnungssysteme angeboten haben (vgl. *Bretschneider, Integriertes Rechnungswesen 1983*). Aus den Abrechnungsfunktionen baut man dazu ein **Kosteninformationssystem (KIS)** in Form einer Datenbank auf, auf die sowohl Kostenrechnungssachbearbeiter als auch andere Abteilungen zugreifen (vgl. Abbildung 3.C.I.06). Auch können hierzu Personal Computer, die mit der zentralen EDV verbunden sind, eingesetzt werden. Da man bereits im Abrechnungssystem viele Daten verdichtet, erfüllt dieser Gedanke nicht voll die Vorstellung eines Kostenrechnungssystems auf Basis einer Grundrechnung, wie sie in Abbildung 3.C.I.05 dargestellt wurde.

Auf die bestehende Diskussion und das geeignete EDV-gerechte Kostenrechnungssystem mit klaren Konzepten fundiert Einfluß zu nehmen, ist eine wesentliche Aufgabe einer EDV-orientierten Betriebswirtschaftslehre.

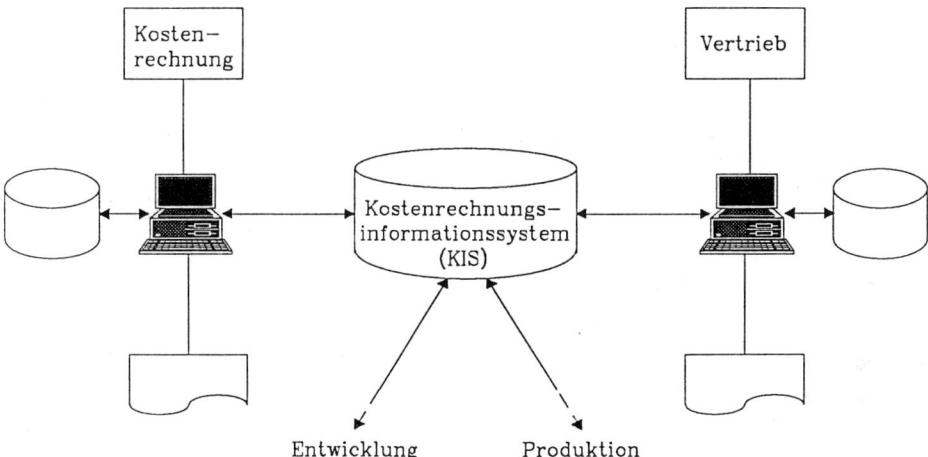

Abb. 3.C.I.06: Kostenrechnungsinformationssystem

C.II. Marketing

Im Vergleich zu anderen betriebswirtschaftlichen Funktionen ist die EDV-Unterstützung im Marketing noch unterentwickelt. Dieses ist umso verwunderlicher, da auch dieser Bereich mit einem großen Datenvolumen arbeitet. Dieses betrifft einmal die innerhalb der Unternehmung anfallenden internen Informationen über Auftragseingänge, Absatz, Preise, Werbung usw. und zum anderen die regelmäßig bezogenen externen Marktforschungsdaten aus Panel-Untersuchungen usw. Benutzerfreundliche Auswertungssysteme und Aufbereitungsmöglichkeiten durch Grafik-Systeme ergeben hier vielfältige

EDV-Anwendungen (vgl. *Thome, Datenverarbeitung im Marketing 1981*). Die Benutzung internationaler Service-Netze wie z. B. EURONET ermöglicht den Zugriff auf Datenbanken internationaler Organisationen (UNO, EG) oder nationaler öffentlicher Institutionen wie die des Statistischen Bundesamtes.

Die hohe Aktualität der Daten innerhalb des Handels durch Einsatz von Warenwirtschaftssystemen ist Anlaß für die Hersteller von Konsumgütern, ihre Marketingdaten aktuell zu führen. In fortschrittlichen **Marketinginformationssystemen** der Konsumgüterindustrie können sich Produktmanager vor einem Kundenbesuch über den aktuellen Umsatz des Kunden, sein Zahlungsverhalten, seinen Marktanteil usw. informieren (vgl. *Röske, Gansera, Strategisches Marketing 1981*).

Die Einführung von elektronischen Panel erhöht die Aktualität dieser externen Informationsquelle erheblich (vgl. *Zentes, EDV-gestütztes Marketing 1987, S. 150 ff.*). Die Daten werden dabei nicht nur in "Papierform" zur Verfügung gestellt, sondern dem Benutzer werden die Daten über Datenträgeraustausch (Magnetband oder Diskette) zur internen Speicherung angeboten, bzw. durch Anschluß der eigenen EDV oder mindestens eines Terminalverbundes wird auch der direkte Zugriff ermöglicht.

Die Qualität der internen Marketingdaten erhöht sich dadurch, daß zunehmend Marketinginformationssysteme aufgebaut werden, in denen aus operativen Vertriebssystemen extrahierte Daten zur benutzerfreundlichen Auswertung gespeichert werden. Hierbei können über die reinen Verkaufsdaten hinausgehende Informationen eingestellt werden, die durch Reisende oder Vertreter des Unternehmens mit Hilfe der **mobilen Datenerfassung (MDE)** erhoben wurden. In besonders komfortabler und aktueller Form geschieht dieses durch Ausrüstung des Außendienstes mit tragbaren PC's, die einmal die Vertriebsaktivitäten unterstützen und zum anderen für Marketingauswertungen wichtige Zusatzinformationen liefern. (vgl. *Zentes, EDV-gestütztes Marketing 1987; Deusch, Freihalter, Mobile Datenerfassung 1989*).

Für Primärerhebungen bietet der Einsatz der EDV ebenfalls erhebliche Nutzungsmöglichkeiten. So können einmal **computergestützte Interviews** durchgeführt werden, die neben Rationalisierungsgewinnen auch den Einfluß des Interviewenden reduzieren (vgl. *Kroeber-Riel, Neibecker, Computergestützte Interviewsysteme 1988*). Gleichzeitig können auch nicht-verbale Untersuchungen zur Analyse des Konsumentenverhaltens computergestützt durchgeführt werden. Hierbei soll das nicht bewußte Verhalten des Konsumenten durch Beobachtung registriert und analysiert werden. Über Blickaufzeichnungssysteme, elektronische Analyse von Reaktionszeit und Intensität von Gefallens- und Mißfallensäußerungen bei Vorführung von Video, Werbespots usw. stehen Grunddaten zur vielfältigen Analyse zur Verfügung (vgl. z. B. *Neibecker, Apparative Marktforschung 1987; Kroeber-Riel, Neibecker, Computergestützte Interviewsysteme 1988).*

Bei vielen Analysen im Marketing wird keine direkte Verbindung zwischen dem absatz-politischen Instrument und den ökonomischen Erfolgsfaktoren Gewinn oder Umsatz her-gestellt, sondern es werden lediglich Indikatoren ermittelt. Beispielsweise wird für Anzei-gen als Erfolgsindikator der Aufmerksamkeitswert oder ein Erinnerungswert ermittelt; damit ist aber noch keine automatische Verbindung zu den ökonomischen Zielen herge-stellt. Das komplizierte Netz von Indikatoren, ökonomischen Größen und Erfahrungswis-sen zu verbinden, ist somit ein wirksames Anwendungsgebiet.

Der Einsatz von Expertensystemen eröffnet ebenfalls im Marketing vielfältige Anwen-dungsmöglichkeiten (vgl. *dazu Neibecker, Expertensysteme im Marketing 1989).* Da viele Marketingentscheidungen zwar auf vielfältigen Datenanalysen basieren, zum Schluß aber doch mehr aus dem Fingerspitzengefühl der Marketing-Verantwortlichen getroffen wer-den, ist die Aufnahme dieses heuristischen Wissens in die Wissensbasen von Experten-systemen besonders interessant. Einsatzfelder für Expertensysteme, wie sie bereits durch Prototypen belegt sind, sind strategische Marketingentscheidungen, Marktanteilsanalyse, Unterstützung des Verkaufspersonals, Einsatz bei der Media-Planung, Unterstützung der Werbegestaltung und der Werbewirkungsanalyse.

C.III. Personalwesen

Die Berechnung des **Nettolohns** ist ein klassisches Anwendungsgebiet der EDV. Durch gesetzliche Vorschriften der Steuergesetzgebung und der Sozialversicherungen ist dieses Gebiet weitgehend standardisiert und eignet sich deshalb im besonderen Ausmaß für den Einsatz von Standardsoftware. Da die Nettolohnberechnung lediglich vor den (monat-lichen) Zahlungstagen durchgeführt wird, war sie lange eine typische Batch-Anwendung.

Für die **Stammdatenverwaltung** wird aber zunehmend auch Dialogverarbeitung einge-setzt. Dialogverarbeitung ermöglicht gleichzeitig die verstärke Nutzung der Datenbasis für ad hoc-Anwendungen. Diese beziehen sich z. B. auf die Abfrage der Zu- und Abgänge von Personal, Auskunft über Krankenstände, Fehlzeiten, Anzeige von Lohnkonten sowie auf zahlreiche Modellrechnungen im Rahmen von Tarifverhandlungen oder Änderungen von Prämienbestimmungen.

Die **Bruttolohnberechnung** führt man in vielen Fällen noch wenig EDV-gestützt durch, da hier zahlreiche betriebsindividuelle Sonderfälle zu beachten sind. Mit dem fort-schreitenden Einsatz von Betriebsdatenerfassungssystemen können aber die Leistungs-daten der Mitarbeiter in der Produktion direkt übernommen werden und als Grundlage der Bruttolohnberechnung dienen. Bei einer aktuellen Betriebsdatenerfassung ist es sogar möglich, daß die Mitarbeiter ihre eigenen aufgelaufenen Daten der erfaßten Lohnscheine am Bildschirm aktuell abrufen und sich somit jederzeit über ihren aktuellen Lohnanspruch informieren können.

Durch den Anschluß von Zeiterfassungssystemen unterstützt die EDV auch die Einführung von Gleitzeitregelungen.

Die Lohnzahlungen erfolgen per Datenträgeraustausch mit den Banken. Dieses hat die Barauszahlungen nahezu vollständig verdrängt. Gleichzeitig können aus den Personaldatenbanken meldepflichtige Tatbestände im Rahmen der Datenübertragungsverordnung (DÜVO) ebenfalls per Datenträgeraustausch geliefert werden. Solche Tatbestände werden dann an das Statistische Bundesamt, Krankenkassen, Rentenversicherung und Arbeitslosenversicherung weitergeleitet und dienen dort einmal zur Erfassung der Ansprüche der Arbeitnehmer und zum anderen für aktuelle statistische Auswertungen. Diese Statistiken stehen wiederum den Unternehmungen als Informationen für ihre individuellen Personalplanungen zur Verfügung.

Der Einsatz von Datenbanksystemen und Dialogverarbeitung führt dazu, daß innerhalb von Personalverwaltungssystemen die reinen Lohnabrechnungsfunktionen als Standardfunktionen ausgeführt werden, darüber hinaus aber immer mehr Anwendungen zur Entscheidungsunterstützung und **Personalplanung** in den Vordergrund treten (vgl. *Heinrich, Pils, Personalinformationssysteme 1983*).

C.IV. Unternehmensplanung

Für die Unternehmensplanung sind in der Betriebswirtschaftslehre umfassende Optimierungsmodelle auf Basis der Linearen Optimierung und Simulation entwickelt worden (vgl. *Naylor, Corporate Planning 1979; Zwicker, Dynamische Systeme 1981; Mertens, Griese, Industrielle Datenverarbeitung II 1988, S. 18 ff.*).

Daneben sind benutzerorientierte Planungssprachen für EDV-Systeme entwickelt worden, die zwar anspruchsloser bezüglich des Optimierungsgedankens sind, dafür aber eine weite Verbreitung besitzen. Gegenüber der Optimierung werden Dialogsysteme mit Unterstützung der Modellaufstellung sowie Anwendung von "what-if"-, "what to do to achieve"- und Monte Carlo-Simulationen eingesetzt.

Oben wurde bereits mit Beispielen zur Entwicklung eines Finanzplans und Sensitivitätsanalysen auf wesentliche Fragestellungen und Anwendungsmöglichkeiten dieser Planungssprachen eingegangen (vgl. Kapitel 2, Punkt B.I.2.3).

Eine Risikoanalyse mit Hilfe der Monte Carlo-Methode ist in Abbildung 3.C.IV.01 dargestellt.

RISIKOANALYSE

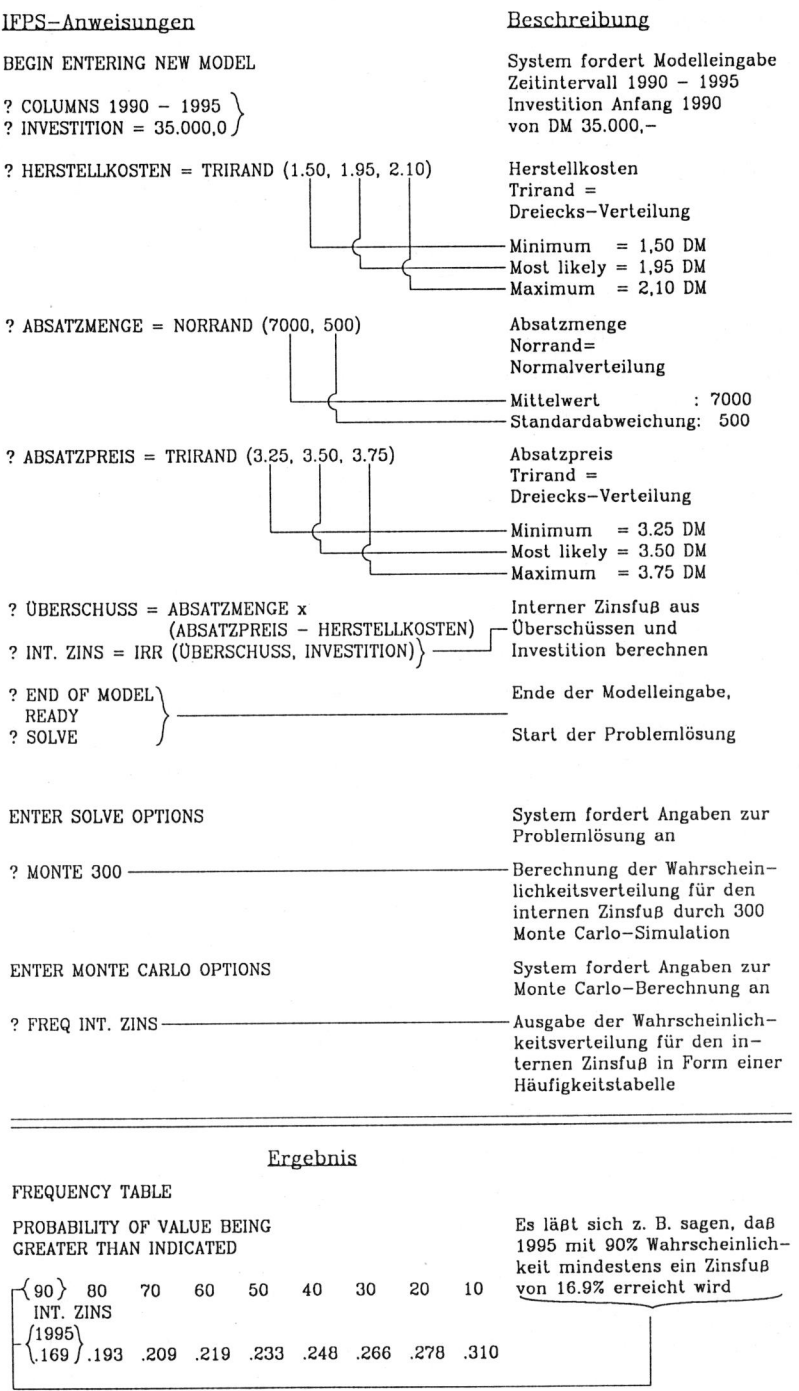

IFPS-Anweisungen	Beschreibung
BEGIN ENTERING NEW MODEL	System fordert Modelleingabe Zeitintervall 1990 – 1995
? COLUMNS 1990 – 1995 ? INVESTITION = 35.000,0	Investition Anfang 1990 von DM 35.000,–
? HERSTELLKOSTEN = TRIRAND (1.50, 1.95, 2.10)	Herstellkosten Trirand = Dreiecks-Verteilung
	Minimum = 1,50 DM Most likely = 1,95 DM Maximum = 2,10 DM
? ABSATZMENGE = NORRAND (7000, 500)	Absatzmenge Norrand= Normalverteilung
	Mittelwert : 7000 Standardabweichung: 500
? ABSATZPREIS = TRIRAND (3.25, 3.50, 3.75)	Absatzpreis Trirand = Dreiecks-Verteilung
	Minimum = 3.25 DM Most likely = 3.50 DM Maximum = 3.75 DM
? ÜBERSCHUSS = ABSATZMENGE x (ABSATZPREIS – HERSTELLKOSTEN) ? INT. ZINS = IRR (ÜBERSCHUSS, INVESTITION)	Interner Zinsfuß aus Überschüssen und Investition berechnen
? END OF MODEL READY ? SOLVE	Ende der Modelleingabe, Start der Problemlösung
ENTER SOLVE OPTIONS	System fordert Angaben zur Problemlösung an
? MONTE 300	Berechnung der Wahrschein- lichkeitsverteilung für den internen Zinsfuß durch 300 Monte Carlo-Simulation
ENTER MONTE CARLO OPTIONS	System fordert Angaben zur Monte Carlo-Berechnung an
? FREQ INT. ZINS	Ausgabe der Wahrscheinlich- keitsverteilung für den in- ternen Zinsfuß in Form einer Häufigkeitstabelle

Ergebnis

FREQUENCY TABLE

PROBABILITY OF VALUE BEING
GREATER THAN INDICATED

Es läßt sich z. B. sagen, daß
1995 mit 90% Wahrscheinlichkeit mindestens ein Zinsfuß
von 16.9% erreicht wird

90	80	70	60	50	40	30	20	10
INT. ZINS								
1995								
.169	.193	.209	.219	.233	.248	.266	.278	.310

Abb. 3.C.IV.01: Risikoanalyse in IFPS

258

Da derartige Softwaresysteme zunächst von sogenannten Time-Sharing-Diensten zur Verfügung gestellt wurden, die dann anschließend auf dedizierte EDV-Systeme übertragen wurden, müssen unternehmensinterne Daten über umständliche Wege in die Systeme eingespielt werden. Auch bei Spreadsheet-Programmen wie z. B. VisiCalc, MULTIPLAN oder LOTUS 1-2-3, die auch für die Unternehmensplanung eingesetzt werden, besteht das Problem, die Daten bereitzustellen, da sie jeweils eine spezielle Datenbasis benötigen.

Da nach empirischen Untersuchungen die Unternehmensleitung für visuelle Darstellungen besonders aufgeschlossen ist, besteht hier auch ein lohnendes Anwendungsgebiet für Business-Graphics (vgl. dazu die Darstellung einer Portfolio-Analyse nach dem Konzept der Boston Consulting Group mit Hilfe des EDV-Systems FCS in Abbildung 3.C.IV.02).

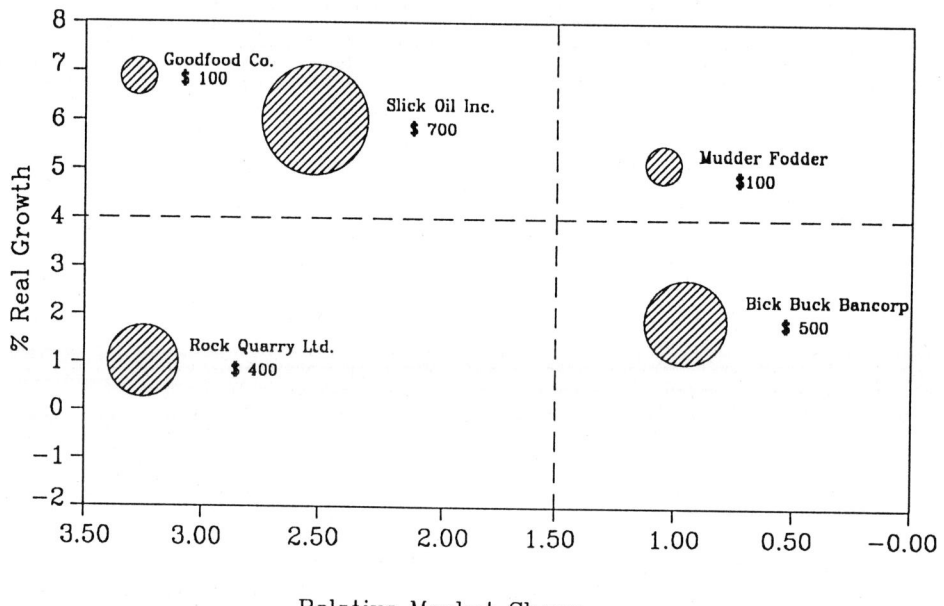

LITTLE GIANT CORPORATION
1982 Revenue (millions)

Abb. 3.C.IV.02: Grafische Auswertung im Rahmen der Unternehmensplanung

Es wird argumentiert, daß für die Unternehmensplanung vor allen Dingen verdichtete Daten erforderlich sind, die nicht aus den operativen EDV-Systeme entnommen werden können. Für Zeitvergleiche und Prognoserechnungen sind aber dennoch vielfältige Daten der operativen EDV-Systeme nötig.

Deshalb wird hier vorgeschlagen, Mikrocomputer zur Unternehmensplanung an die zentrale EDV und damit die zentralen Datenbanken der Unternehmung anzuschließen. Die Vernetzungsmöglichkeiten von Mikrocomputern sorgen gerade für die Verbindung beider Vorteile: Über die Emulation von Terminaleigenschaften bzw. den Dateitransfer zwischen Großrechner und Mikrocomputer können Daten der zentralen EDV extrahiert und dann mit den benutzerfreundlichen Auswertungssystemen für Mikrocomputer weiterverarbeitet werden.

Der Anschluß an Time-Sharing-Dienste kann auch weiterhin sinnvoll sein, wenn diese besonders hochentwickelte Auswertungsprogramme anbieten. Darüber hinaus ist für die Unternehmungsplanung auch der Anschluß an Kommunikationsdienste sinnvoll, die beispielsweise volkswirtschaftliche Statistikdaten zur Verfügung stellen.

Eine umfassende EDV-Konfiguration für die Unternehmungsplanung ist in Abbildung 3.C.IV.03 dargestellt.

Da der Informationsbedarf der Unternehmensleitung wegen ihrer Koordinationsfunktionen über alle betriebliche Bereiche hinweg breit ausgelegt ist, besteht hier ein Bedarf für Datenbankanfragesprachen. Diese Möglichkeiten sind zur Zeit zwar technisch gegeben, werden aber noch wenig genutzt, da beim EDV-Einsatz in Unternehmungen die Bewältigung der Mengenprobleme auf der Administrations- und Dispositionsebene dominiert. Der fortschreitende Einsatz von Datenbanksystemen wird hier aber auch für die Unternehmensleitung neue Anwendungen eröffnen.

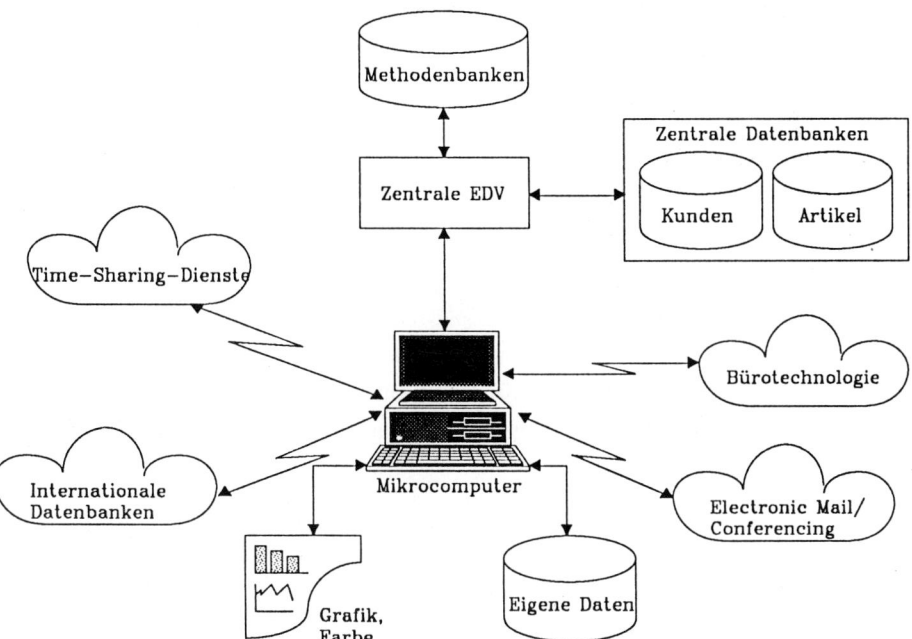

Abb. 3.C.IV.03: EDV-Konfiguration für die Unternehmungsplanung

Insgesamt bieten die Verwendung vielfältiger Datenquellen, flexibler Auswertungen durch Grafikunterstützung sowie der Einsatz von Planungssprachen zur Modellgenerierung, Sensitivitätsanalyse und Monte Carlo-Studien eine intensive Nutzung des betriebswirtschaftlichen Vorrats an Planungsmodellen. Darüber hinaus können aber diese Instrumente auch Anregung zur Weiterentwicklung von Verfahren der Unternehmensplanung geben, da diese Möglichkeiten auch in neueren Veröffentlichungen noch zu wenig aufgezeigt werden.

C.V. Büroautomatisierung

C.V.1. Charakterisierung von Büroautomatisierung

Die Büroautomatisierung umfaßt die Integration vielfältiger EDV-Techniken. Sie betrifft die Verarbeitung vn Daten, Texten, Bildern und Sprache und schließt Kommunikationsdienste wie Electronic Mail und Electronic Conferencing ein. Auch hier besteht das Problem, neue Systeme mit bereits vorhandenen, insbesondere den klassischen EDV-Systemen, zu verbinden. Ziel ist es dabei, dem Benutzer eine einheitliche "Oberfläche" für diese Systeme zur Verfügung zu stellen. Dieses bedeutet, daß er für alle Anwendungen mit einheitlichen Kommandos, Bildschirmmasken, Fehlermeldungen, Datenformaten usw. arbeiten kann.

Die Ansätze beziehen sich zwar **auch** auf die Unterstützung von Sekretariatsarbeiten, umfassen aber hauptsächlich die Funktion eines qualifizierten Sachbearbeiters, (vgl. *Schönweitz, Bürokommunikation 1989, S. 44 f.*). Dabei sollen nicht nur die sich wiederholenden (Serien-) Vorgänge mit EDV-Unterstützung bearbeitet werden, sondern auch Einzelfälle. Für diese werden ähnliche Vorgänge aus elektronischen "Ablagen" gesucht, um sie dem Sachbearbeiter als Grundlage für interaktive Änderungen zur Verfügung zu stellen. Damit besteht ein zu früheren Situationen analoges Vorgehen, wie es z. B. bei der Konstruktion von kundenwunschorientierten Varianten im Fertigungsbereich durchgeführt wird.

In Abbildung 3.C.V.01 sind den Anwendungen im Bürobereich unterschiedliche EDV-Instrumente zu ihrer Unterstützung gegenübergestellt und bewertet (vgl. *Scheer u. a., Personal Computing 1984*).

Die **Informationsverwaltung** umfaßt Anlegen, Speichern, Ändern und Wiederauffinden von Informationen. Am Arbeitsplatz des Sachbearbeiters werden mit der Bearbeitung von Vorgängen Daten erzeugt, die er zur Wiederverwendung oder zur Weitergabe an andere Arbeitsplätze in das EDV-System speichert.

Instrumente / Anwendungen	Intern			Extern					
	Mikro-computer	Dedizierte Rechner	Zentrale EDV	Btx	Telefax	Teletex	Mailbox	Time-Sharing-Dienste	Internat. Datenbanken
Informations-verwaltung	M	M	H					M	
Problemlösungen									
Anfragen	g	M	H	M				M	H
Einf. Auswertungen	H	M	H					H	
Simulation	M	H	M					M	
Methodenintensiv	M	H	H					H	
Datenintensiv	g	H	H					g	
Ausgabeintensiv	H	M	M					g	
Textverarbeitung	H	H	g			M			
Desktop Publishing	M	H	M						
Kommunikation									
Electronic Mail			M	M	g	M	H	g	
Electronic Confe-rencing			M	g				g	g
Remote Office Work	M	g	g	M	g	g			
Verwaltung persön-licher Ressourcen	M	M	g	g				g	

H = hohe Eignung   M = mittlere Eignung   g = geringe Eignung   leer = keine sinnvolle Eignung

Abb. 3.C.V.01: Eignung von EDV-Instrumenten für Anwendungen im Bürobereich

Bei **Problemlösungen** wird unterschieden zwischen:

- Anfragen an vorhandene Datenbestände,
- einfachen Auswertungen durch Aufstellung von Tabellen,
- Berechnung von Entscheidungsalternativen (Simulation),
- methodenintensivem Einsatz unter Verwendung von Statistikprogrammen oder Optimierungstechniken,
- datenintensiven Problemlösungen durch Verknüpfung unterschiedlicher Dateien sowie Zusammenführung örtlich getrennter Datenbestände und ausgabeintensiver Auswertungen durch Einsatz von Grafiksystemen oder Massendrucksachen.

Im Rahmen der **Textverarbeitung** wird das Erstellen, Verändern und Archivieren von Texten unterstützt.

Unter **Desktop-Publishing (DTP)** versteht man das Erstellen von Dokumenten, die Text, Tabellen und Bilder enthalten. Dabei kommen die Vielfalt der Schrifttypen, Form, Layout und Qualität den Möglichkeiten nahe, die im grafischen Gewerbe (Druckindustrie) erreichbar sind (vgl. *Braun, Zierer, Desktop Publishing 1988, S. 50*).

Sachbearbeitertätigkeiten sind in hohem Maße Teamarbeiten. Dieses erfordert für die Bearbeitung von Vorfällen einen intensiven Informationsfluß zwischen den beteiligten Stellen. Die **Kommunikation** mit internen Partnern, aber auch mit externen Partnern wie Kunden, Lieferanten und dem Außendienst ist somit eine wesentliche Arbeitskomponente.

Mit Hilfe des **Electronic Mail** (vgl. Abbildung 3.C.V.02) können von einem Eingabesystem am Arbeitsplatz über ein Datenübertragungssystem Informationen an ein EDV-System an einem anderen Arbeitsplatz geschickt werden. Hierbei können ein oder mehrere Adressaten einer Information angegeben werden. Der Empfänger wird automatisch auf das Vorhandensein neuer Informationen hingewiesen und kann sie, nach Prioritäten geordnet, abrufen, bearbeiten oder speichern.

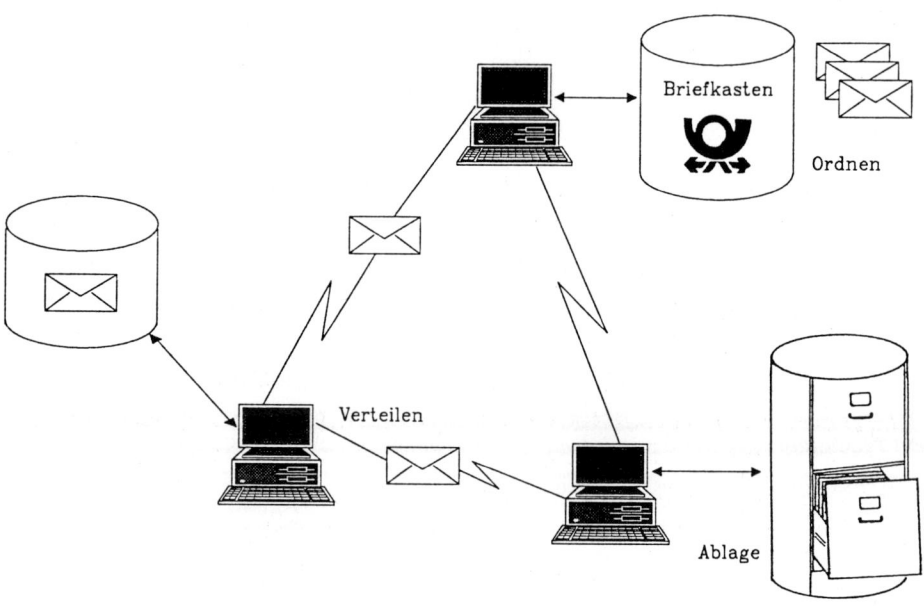

Abb. 3.C.V.02: Electronic Mail

Im Rahmen des **Electronic Conferencing** (vgl. Abbildung 3.C.V.03) wird das Kommunikationsnetz außer zum Informationsaustausch auch zur gleichzeitigen Bearbeitung von Vorfällen genutzt. Arbeitsergebnisse eines örtlich und zeitlich getrennt arbeitenden Teams werden in einer zentralen Konferenzdatei gespeichert, auf die alle Benutzer zugreifen können. Damit ist jeder Benutzer über den Stand der anderen Arbeiten informiert (vgl. *Szyperski, Aspekte 1982; Eicker, Telekonferenz 1988*).

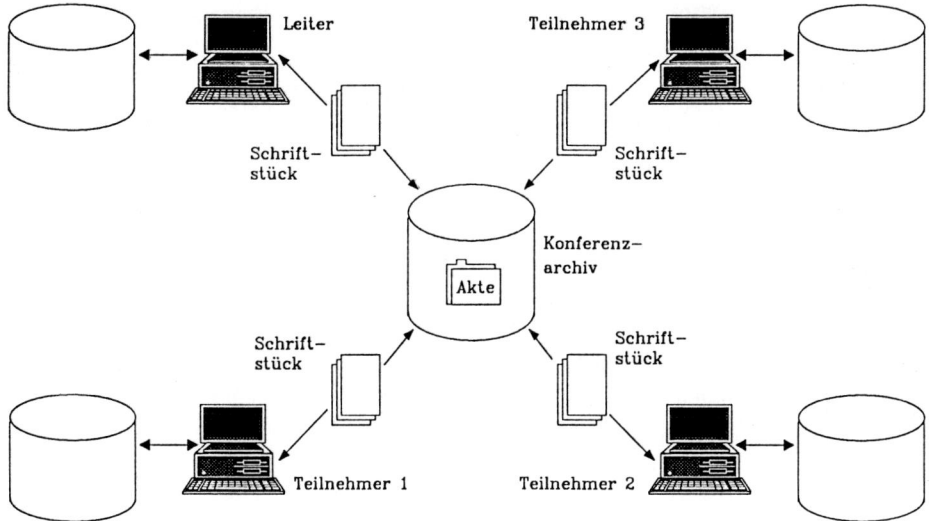

Abb. 3.C.V.03: Electronic Conferencing

Datenübertragungsmöglichkeiten machen die örtliche Anwesenheit des Sachbearbeiters an seinen Büroarbeitsplatz nicht mehr unbedingt erforderlich. Über ein Terminal kann der Sachbearbeiter auch von anderen Orten auf benötigte Daten zugreifen. Deshalb kann auch die Ausgliederung von Mitarbeitern in ein ihrem Wohnort nahes Büro oder sogar die Bearbeitung von der eigenen Wohnung des Sachbearbeiters aus im Rahmen des **Remote Office Work** möglich sein.

Neben Informationen über die von ihm zu bearbeitenden Vorgänge kann ein Sachbearbeiter auch **Daten seiner eigenen Arbeitseinteilung**, z. B. seinen Terminkalender, von einem EDV-System verwalten lassen. Das EDV-System kann ihn auf bestimmte Termine hinweisen und einen rechtzeitigen Arbeitsbeginn von Vorgängen anmahnen. Bei der gemeinsamen Verwaltung der Terminkalender von mehreren Benutzern können passende Termine für Konferenzen automatisch bestimmt werden.

Innerhalb der Büroauomatisierung kann zwischen internen und externen **Instrumenten** unterschieden werden, wobei Übertragung und Herkunft der Informationen Unterscheidungskriterium ist.

Als **interne Instrumente** stehen einmal **Mikrocomputer** zur Verfügung, die sich besonders für einfache Auswertungen durch Einsatz der Spreadsheet-Programme sowie bei Anschluß von Plottersystemen auch zur Grafikausgabe eignen.

Dedizierte Rechner, wobei es sich vor allem um Workstations handelt, sind für die Textverarbeitung und grafische Verarbeitung (DTP) im Sachbearbeiterbereich geeignet.

Auch die **zentrale Datenverarbeitung** kann Sachbearbeitertätigkeiten unterstützen. Die bereits angeführten Datenbankanfragesprachen, insbesondere auf Basis der relationalen Datenbanksysteme, ermöglichen es dem Sachbearbeiter, eigene Daten auf dem zentralen EDV-System zu verwalten und für Auswertungen zu nutzen. Viele Auswertungswünsche sind ohnehin auf bereits zentral gespeicherte Daten wie Aufträge, Erlöse, Kosten usw. gerichtet. Umfassende Planungssprachen unterstützen methodenintensive Auswertungen und Simulationen, z. B. Risikoanalysen mit Hilfe der Monte Carlo-Technik (vgl. Kapitel 2, Punkt B.I.2.3).

Externe Instrumente sind Bildschirmtext, Telefax, Teletex, Mailbox-Systeme, Time-Sharing-Dienste und internationale Datenbanken.

Mit Hilfe des **Bildschirmtextes** können Kommunikationsfunktionen innerhalb einer Unternehmung, aber auch zwischen unterschiedlichen Unternehmungen realisiert werden.

Die **Postdienste** Telefax und Teletex unterstützen ebenfalls Kommunikationsanwendungen. Allerdings werden die Anforderungen, wie sie von einem ausgearbeiteten Electronic Mail- oder Electronic Conferencing-System erwartet werden, nicht voll realisiert. Mit Hilfe von Telefax kann man Abbildungen im Faksimile-Verfahren übertragen. Das System Teletex überträgt Texte inhalt- und formatgetreu an den Empfänger und enthält somit Editierfunktionen der Textverarbeitung und Übertragungsfunktionen des Telexsystems.

Zur Kommunikation über **Mailbox-Systeme** erhält jeder Teilnehmer eine Art elektronisches Postfach, das Ablage und Abruf von Informationen erlaubt. Über ein Passwort kann nur ein berechtigter Empfänger auf die im Postfach gespeicherten Informationen zugreifen.

Neben der Deutschen Bundespost, deren Mailbox-System die Telebox ist, gibt es eine Vielzahl privater Anbieter (vgl. *o. V., Telebox 1989*).

Von Dienstleistungsunternehmen werden **Time-Sharing-Dienste** angeboten, die die Nutzung spezieller Software, Rechnerleistung, Computernetzwerke und Anwendungsberatung ermöglichen.

Durch Zugriff auf **internationale Datenbanken** können Recherchen innerhalb unterschiedlicher Wissensgebiete ausgeführt werden (vgl. *Schulte-Hillen, Arbeitsmittel 1988*).

Das Wesen der Büroautomatisierung ist, dem Sachbearbeiter die vielfältigen Anwendungs- und Realisierungsmöglichkeiten unter einer einheitlichen Benutzeroberfläche anzubieten (vgl. *Babcock, Integrated Office System 1983, S. 61; Liebermann, Selig, Walsh, Office Automation 1982, S. 12*). Aus diesem Grunde ist der Einsatz der in Abbildung 3.C.V.01 aufgeführten Instrumente als getrennte Dienste nicht sinnvoll.

Eine erste Integration der verschiedenen Dienste wird über die Erweiterung des Funktionsumfangs von Mikrocomputern realisiert. So sind Mikrocomputer nicht nur als stand alone-Systeme einzusetzen, sondern können als Terminals über Terminalemulationsprogramme am Time-Sharing-Dienst und auch an die zentrale EDV angeschlossen werden. Dadurch ist auch ein Dateitransfer aus zentralen Datenbeständen in Mikrocomputer möglich, so daß der Sachbearbeiter sowohl zentrale Daten als auch die Vorteile der benutzerbezogenen Spreadsheet-Programme der Mikrocomputer nutzen kann. Viele Mikrocomputer werden auch bildschirmtextfähig bzw. können an die Postdienste Telex und Teletex angeschlossen werden.

Diese Integration vollzieht sich auf der technischen Ebene, erzeugt aber noch keine einheitliche Systemoberfläche für den Benutzer.

Derartige Möglichkeiten werden aber von speziellen Bürosystemen geboten. Sie umfassen die Integration von Textverarbeitung, Grafikverarbeitung, Zugriff zu elektronischen Archiven, Datenverarbeitung und Electronic Mail. Gleichzeitig wird ein Zugang zu anderen Kommunikationsdiensten und zum zentralen EDV-System hergestellt. Ein einheitliches Softwaresystem bedient alle Funktionen, so daß der Benutzer über eine einheitliche Terminalführung verfügt. Das Konzept sieht weiter vor, daß zunächst innerhalb von Abteilungen Bearbeitungsinseln gebildet werden, die aber über Vernetzung mit den Inseln anderer Abteilungen sowie der Groß-EDV und externen Kommunikationsdiensten verbunden werden können (vgl. Abbildung 3.C.V.04) (vgl. *Schwetz, Bürotätigkeiten 1983, S. 16*).

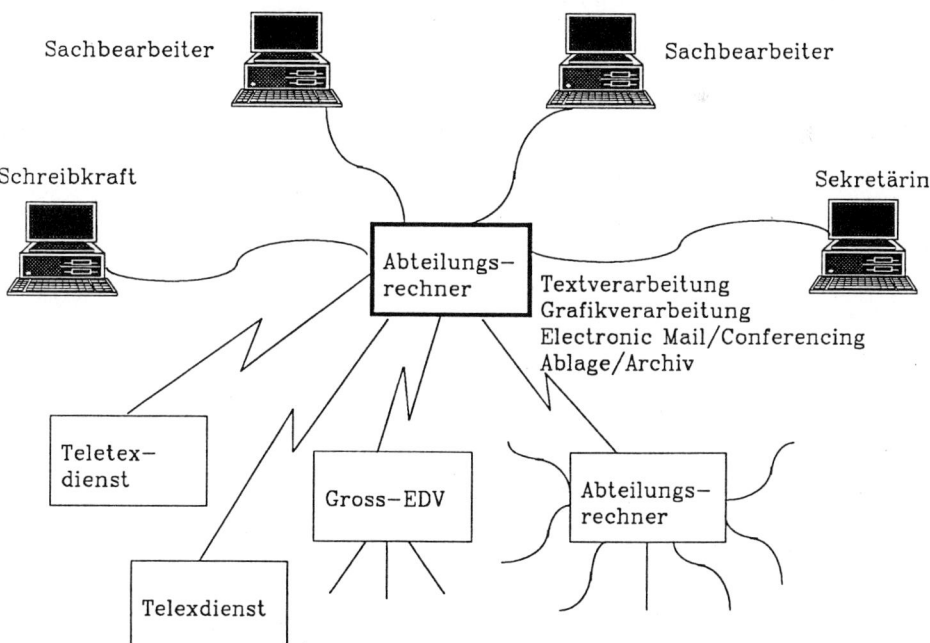

Abb. 3.C.V.04: Funktionsumfang von Bürosystemen

266

Die Bildung von integrierten Anwendungsinseln erscheint im Bürobereich auch sinnvoll. Nach empirischen Untersuchungen bestehen rund 80 % der Informationsbeziehungen innerhalb einer Abteilung, lediglich 20 % sind an andere Abteilungen oder externe Stellen gerichtet. Der Hauptteil der Kommunikationsbeziehungen wird über die Electronic Mail- und Electronic Conferencing-Funktionen des Abteilungsrechners abgewickelt.

In dem Ansatz **Office by Example** (IBM) wird eine Integration zwischen Textverarbeitung, Datenbankzugriffen, grafischer Verarbeitung und Electronic Mail ebenfalls über eine einheitliche Benutzeroberfläche, also eine einheitliche Bürosprache, hergestellt (vgl. Abbildung 3.C.V.05). Das System existiert am Thomas-Watson-Forschungszentrum der IBM in Yorktown Heights als Pilotversion und benutzt das relationale Datenbanksystem Query by Example. Dieses System stellt dem Benutzer vorformatierte Tabellen zur Verfügung, in die er seine Anfragewünsche in einfacher Form eintragen kann. Auch der Zugriff auf andere Datenbanken (IMS) wird in der gleichen grafisch unterstützten Form hergestellt.

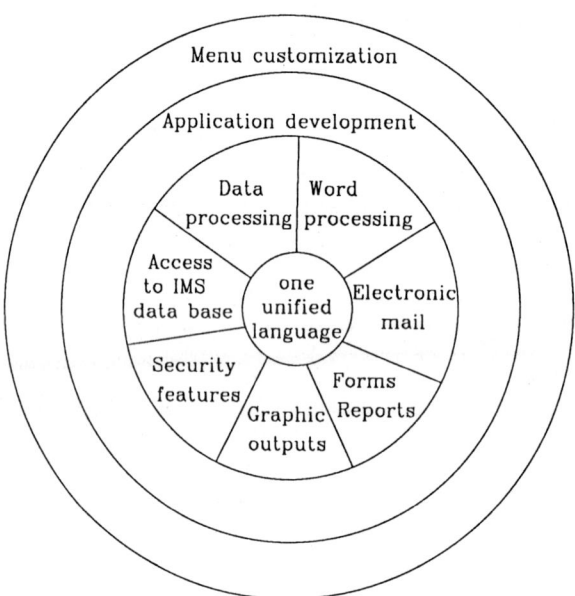

Abb. 3.C.V.05: Office by Example

(aus *Zloof, Office by Example 1982, S. 274*)

C.V.2. Betriebswirtschaftliche Wertung von Büroautomatisierung

Die Büroautomatisierung wird tiefgreifende Folgen für Arbeitsplätze und Ablauf-
strukturen im Verwaltungsbereich von Unternehmungen mit sich bringen. Dabei zählen
auch technisch orientierte Verwaltungen wie Arbeitsvorbereitung, Konstruktion usw. zu
den Anwendungsfeldern. Die Techniken werden nicht nur Sekretariats- und Schreib-
kräfte, sondern insbesondere auch qualifizierte Sachbearbeiter und das mittlere
Management unterstützen.

Die oben herausgearbeitete Integration von Abläufen durch Einsatz von Datenbank- und
Dialogtechniken wird gerade hier besonders wirksam. Es werden sowohl durchgehende
Vorgangsketten über Datenintegration und Electronic Mail-Funktionen realisiert als auch
derzeitig getrennte Funktionen an Arbeitsplätzen neu zusammengefaßt. Dieses gilt z. B.
auch für die Verbindung von Textverarbeitung mit Sachbearbeitertätigkeiten. So wird in
der Zukunft ein Sachbearbeiter einen Text, den er im Rahmen eines Berichtes erstellen
soll, aus einem bereits vorhandenen Bericht mit ähnlichem Thema am Terminal kopieren
und ergänzen sowie benötigte Abbildungen ebenfalls aus dem Archiv übernehmen und
aktualisieren.

Die Trennung zwischen Entwurf des Berichtes und Anfertigung des Textes im Schreib-
büro sowie Anfertigung der Abbildungen durch Hilfskräfte wird somit entfallen.

Gleichzeitig stehen dem Sachbearbeiter aber auch anspruchsvolle Hilfsmittel zum Einsatz von Optimierungsverfahren, Datenbankzugriffen und Simulationstechniken zur
Verfügung. Auch werden für Sachbearbeitertätigkeiten Expertensysteme entwickelt. Für
eine EDV-orientierte Betriebswirtschaftslehre stellt sich somit die Aufgabe, für diese
Möglichkeiten auch geeignete Organisations- und Planungskonzepte zu entwickeln.

Die drastische Erhöhung von Kommunikationsmöglichkeiten durch Electronic Mail, die
unabhängig von den einschränkenden Bedingungen des Telefons durch Anwesenheit des
Adressaten ist, wird die Organisationsstruktur von Unternehmungen verändern. Es wird
z. B. erwartet (vgl. *Jarke, Wissensbasierte Unterstützung verteilter Entscheidungen 1989,
S. 33*), daß die Hierarchiestrukturen verflachen.

Bürotätigkeiten sind im Gegensatz zu den operativen Anwendungen nicht strukturiert
und damit weniger präskriptiv in Software zu gestalten. Aus diesem Grund ist die Büroautomatisierung kein eigentliches Anwendungskonzept, sondern eine Bereitstellung von
Werkzeugen zur Unterstützung von Bürotätigkeiten. Die hoch-kommunikativen Abläufe
in Büros sind aber auch von grundsätzlicher Bedeutung, wenn einem neuen
Forschungsansatz gefolgt wird, der die menschliche Gesellschaft generell als Netz von
Konversationen beschreibt (vgl. *Jarke, Wissensbasierte Unterstützung verteilter Entscheidungen 1989, S. 32 und die dort angegebene Literatur*).

Die Bereitstellung von Werkzeugen und Daten macht Bürotätigkeiten stärker planbar als es gegenwärtig der Fall ist. Es werden deshalb betriebswirtschaftliche Planungs- und Kontrollverfahren, wie sie für den Fertigungsbereich gebräuchlich sind, zunehmend auch im Bürobereich anwendbar sein.

Kapitel 4: Das EDV-orientierte betriebswirtschaftliche Informationsmodell

Gegenstand des Buches war die gegenseitige Beeinflussung von Betriebswirtschaftslehre und Informations- und Kommunikationstechniken (kurz als EDV-Techniken bezeichnet) (vgl. Abbildung 4.01).

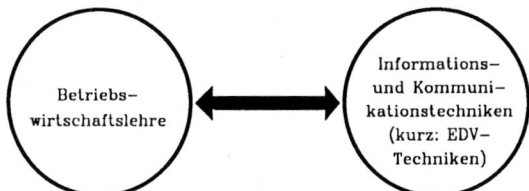

Abb. 4.01: Gegenseitige Beeinflussung von Betriebswirtschaftslehre und EDV-Techniken

Wesentliche Aussage ist, daß sich durch die Möglichkeiten der Informations- und Kommunikationstechniken betriebswirtschaftliche Inhalte ändern. Die Daten- und Funktionsintegration durch Einsatz von Datenbanksystemen ermöglicht eine geschlossenere Bearbeitung betriebswirtschaftlicher Abläufe wie Auftragsbearbeitung oder Bestellungen. Gleichzeitig wird eine engere Verzahnung zwischen technischen und betriebswirtschaftlichen Funktionen, z. B. bei der Produktentwicklung, unterstützt.

Der Einsatz von Dialogtechniken führt zu einer stärkeren Ereignisorientierung von Planungs- und Entscheidungsvorgängen, die das Gewicht von einer periodenbezogenen Optimierungskonzeption zu einer aktuellen Steuerungsfunktion verlagert.

Expertensysteme ermöglichen die formale Verarbeitung von heuristischem und vagem Wissen, so daß eine Tendenz von der Bearbeitung strukturierter Entscheidungen zur Bearbeitung schlecht strukturierter Entscheidungen unterstützt wird.

Die Vernetzungsmöglichkeiten von EDV-Systemen führen zu Umverteilungen von Aufgabenzuordnungen und Entscheidungskompetenzen innerhalb von Organisationen.

Diese im zweiten Kapitel detaillierter herausgearbeiteten Ergebnisse machen den Einfluß der EDV auf betriebswirtschaftliche Tatbestände deutlich. Umgekehrt kann aber auch die Betriebswirtschaftslehre durch Erarbeitung von Anforderungen an EDV-Techniken sowie die Einarbeitung ihres Instrumentariums zur Optimierung des Einsatzes von EDV-Techniken gestaltend einwirken. Beispielsweise können Optimierungsansätze bei der Zuordnung von Ressourcen innerhalb von Rechnernetzen eingesetzt werden oder betriebswirtschaftliche Theorien können Basis der Konstruktion von Unternehmensdatenmodellen sein.

Da die einzelnen EDV-Techniken bei konkreten betriebswirtschaftlichen Anwendungen ineinander verwoben sind, wurden im dritten Kapitel konkrete betriebswirtschaftliche EDV-Lösungen vorgestellt, die in besonderer Weise die Bedeutung der Informations- und Kommunikationstechniken zeigen. Neben branchenbezogenen Anwendungen in Industrie, Handel, Banken und Versicherungen wurden branchenneutrale EDV-Systeme im Bereich Rechnungswesen, Marketing, Personalwesen, Unternehmensplanung und Büroautomatisierung diskutiert.

Bei der Untersuchung einzelner EDV-Techniken in Kapitel 2 wurde dem in Abbildung 1.B.III.01 entwickelten Modell eines Informationssystems gefolgt, wie es in Abbildung 4.02 noch einmal dargestellt ist. Der Benutzer greift über eine Ablaufsteuerung auf Datenbasis und Funktionen zu.

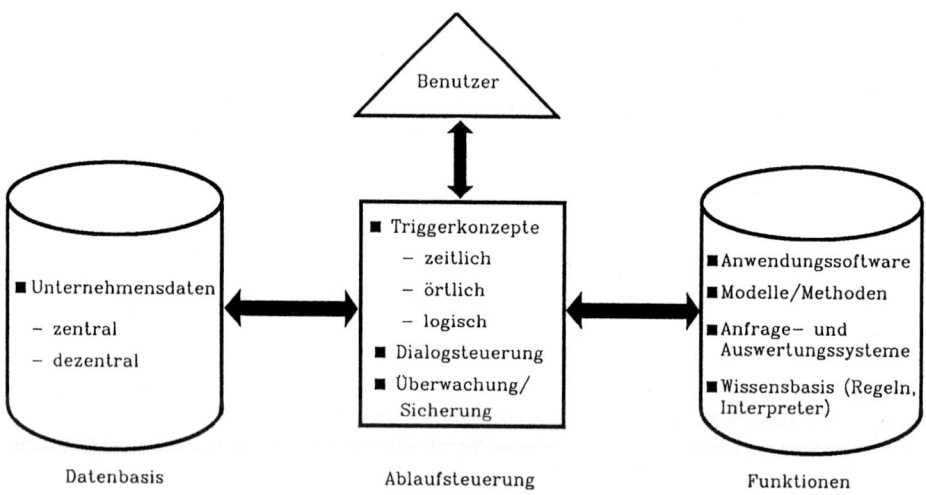

Abb. 4.02: Computergestütztes Informationssystem

Es wurde deutlich, daß bei einer adäquaten Nutzung der EDV-Techniken auch neue Beschreibungen der betriebswirtschaftlichen Zusammenhänge erforderlich sind. Die Beschreibung der betriebswirtschaftlichen Zusammenhänge muß dabei auf einer logisch höheren Ebene erfolgen, als es die Beschreibung der EDV-technischen Zusammenhänge erfordert.

In Abbildung 4.03 sind deshalb drei Beschreibungsebenen für die Komponenten des Informationssystems dargestellt.

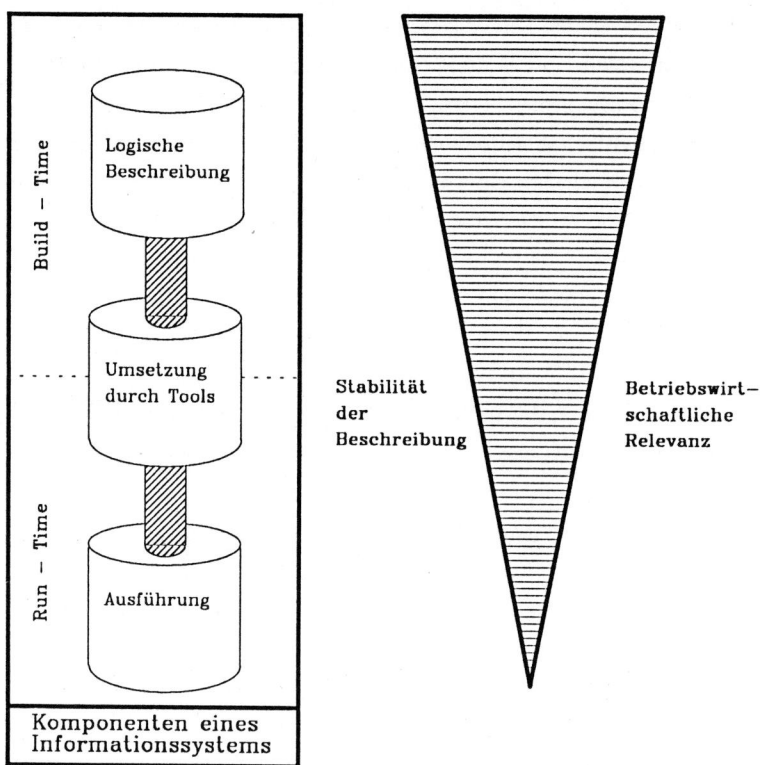

Abb. 4.03: Beschreibungsebenen

Auf der oberen (logischen) Beschreibungsebene müssen die betriebswirtschaftlichen Tatbestände soweit formalisiert dargestellt werden, daß sie für eine Weiterverarbeitung mit Hilfe der EDV geeignet sind. Diese Ebene stellt somit die Schnittstelle zwischen dem betriebswirtschaftlichen Fachwissen und den Formalisierungsanforderungen der Informations- und Kommunikationstechniken dar.

Die Ebene der Tools sorgt dafür, daß die Beschreibungen in konkrete EDV-Techniken umgesetzt werden. Sie vermittelt somit zwischen der logischen Ebene und der tatsächlichen technischen Ausführung eines EDV-Prozesses.

Aufgrund des hohen Entwicklungstempos der EDV-Techniken nimmt mit der Nähe zur technischen Ausführungsebene die Beschreibungsstabilität von Tatbeständen ab. Konkret bedeutet dieses, daß z. B. durch das Auswechseln von Geräten, Betriebssystemen usw. die Ausführung eines EDV-Prozesses erheblich verändert werden kann, ohne daß aber die darüberliegende Ebene des Einsatzes von Werkzeugen wie eines Netzmanagements oder Data Dictionaries erheblich beeinflußt werden muß (hier müssen eventuell lediglich einige Parameter geändert werden), während die Beschreibung der betriebswirtschaftlich logischen Zusammenhänge sogar völlig unbeeinflußt bleibt.

Die in Abbildung 4.03 auf der rechten Seite dargestellte Gewichtung zeigt deshalb sowohl bezüglich der Stabilität der Beschreibung als auch der betriebswirtschaftlichen Relevanz eine abnehmende Tendenz der Ebenen.

Die EDV-orientierte Betriebswirtschaftslehre sollte sich somit auf die Beschreibung der logischen Tatbestände der Komponenten eines Informationssystems konzentrieren. Dabei müssen allerdings die in dieser Arbeit herausgearbeiteten Beziehungen zu den EDV-Techniken einbezogen werden. Die Betriebswirtschaftslehre sollte dabei aber nicht die Werkzeug- und Hardware- bzw. Systemebene als **isolierten** Beschreibungsgegenstand erachten.

Die Beschreibung der logischen Tatbestände der Komponenten eines Informationssystems kann als **betriebswirtschaftliches Informationsmodell** bezeichnet werden. Um aber die Bedeutung der EDV-Techniken ausdrücklich mit einzubeziehen, wird hier der Begriff "**EDV-orientiertes betriebswirtschaftliches Informationsmodell**" verwendet.

Wegen der hohen Stabilität des Entwurfs der logischen Zusammenhänge wird dessen Konstruktion auch als "Build-Time"-Modell bezeichnet. Die "Build-Time"-Version wird über eine längere Zeit aktuell gehalten. Bei einer konkreten Ausführung eines EDV-Prozesses greift die Steuerung über die Beschreibung der logischen Zusammenhänge (Build-Time-Version) auf die Ausführungsebene (Run-Time-Version) zu.

Diese Strukturierung ermöglicht es, die Ergebnisse dieses Buches in ein Konzept einzuordnen.

In Abbildung 4.04 ist zunächst der **Benutzer** als Teil des Informationssystems hervorgehoben. Bezüglich der logischen Ebene sind hier vor allen Dingen betriebswirtschaftlich interessante Fragestellungen der Benutzerergonomie, Präsentationstechniken (z. B. Grafikeinsatz, Fenstertechniken) und Anforderungen an Benutzerführungen in Dialogumgebungen interessant. Fragestellungen hierzu wurden in den Ausführungen zur Dialogtechnik und Gestaltung von Methoden- und Modellbanken angesprochen.

Die Festlegung von Datensichten und -berechtigungen wurde ebenfalls im Rahmen der Dialogtechnik behandelt.

Die durch die Funktionsintegration ermöglichte Zusammenfassung von Arbeitsschritten zu größeren Arbeitspaketen kann in einer Arbeitsplatzbeschreibung als Organisationsmodell festgehalten werden.

Die Verbindung zwischen diesen betriebswirtschaftlich logischen Tatbeständen (für die jeweils auch die vorhandenen betriebswirtschaftlichen Beschreibungsmittel auf ihre notwendigen Formalisierungsanforderungen untersucht wurden) und den anderen Komponenten des Informationssystems wird durch die Werkzeugebene hergestellt.

Wichtige Werkzeuge zur Unterstützung der Präsentationsmöglichkeiten werden durch die technische Benutzerschnittstelle (z. B. X-WINDOWS oder MOTIF) hergestellt. Paßwörter

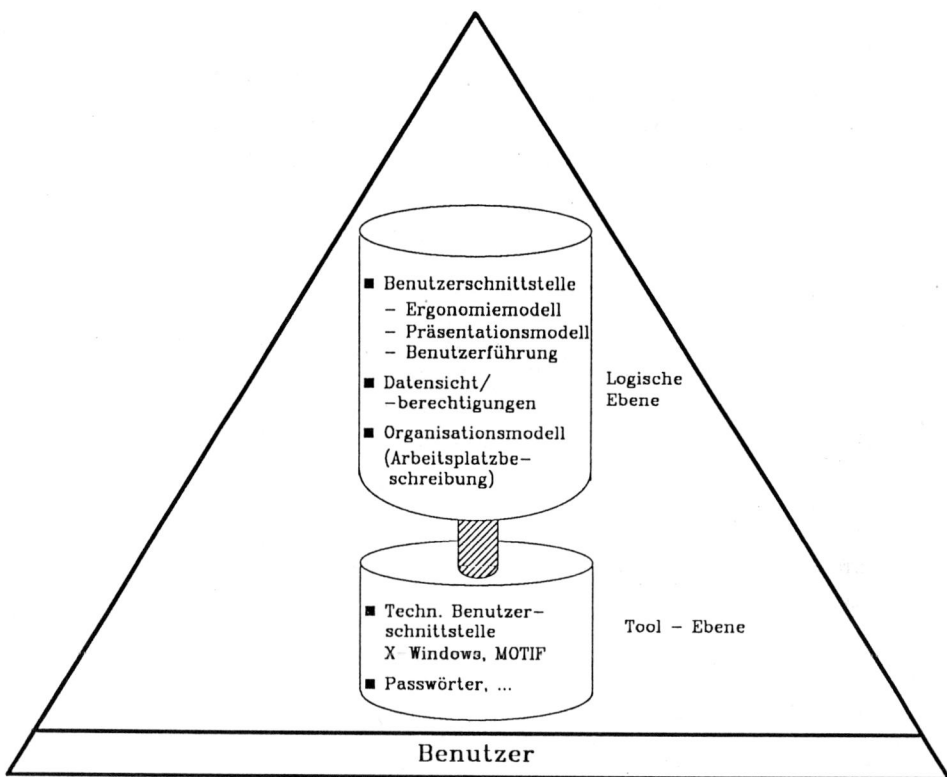

Abb. 4.04: Der Benutzer als Teil des Informationssystems

sind Mittel zur Realisierung von Benutzerberechtigungen und Elektronische Briefkästen können zur Steuerung des arbeitsplatzbezogenen Auftragsvorrats eingesetzt werden.

In Abbildung 4.05 sind für die Komponente **Datenbasis** die drei Ebenen angegeben. Auf der logischen Ebene werden die Datenstrukturen in Form eines **Datenmodells** konstruiert. Als Ausschnitte des Unternehmensdatenmodells können auch Bereichs- datenmodelle oder für einzelne Unternehmensprozesse Prozeßdatenmodelle gebildet wer- den. Bestimmte logische Sichten auf die Datenmodelle werden ebenfalls abgelegt.

In Kapitel 2, Abschnitt A wurde bei der Beschreibung der Datenbasis auf die Kon- struktion der logischen Datenstrukturen besonderer Wert gelegt, da sie zunehmend als wichtigster Bestandteil eines Informationssystems erkannt werden.
Die Datenstrukturen werden von Werkzeugen wie Data Dictionary oder Datenbank- beschreibungssprachen eines konkreten Datenbanksystems (DBS) verwaltet. An- fragesprachen, z. B. mit der SQL-Schnittstelle, ermöglichen den Zugriff zu den Daten.

274

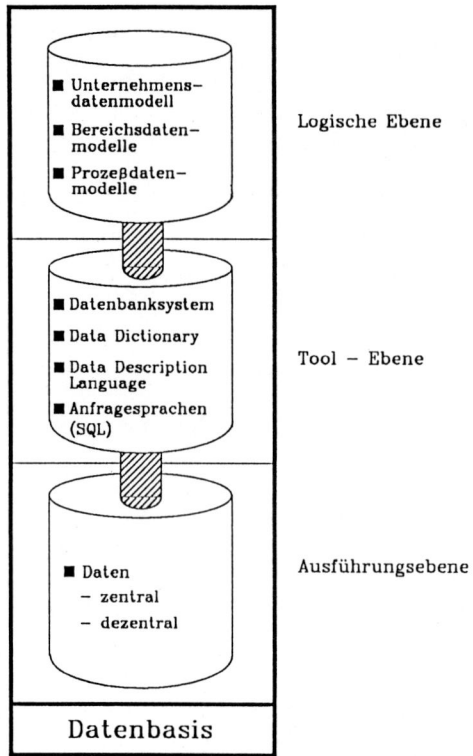

Abb. 4.05: Die Datenbasis als Teil des Informationssystems

Die physischen Daten selbst werden der Ausführungsebene zugeordnet. Sie können einmal zentral oder als benutzerindividuelle Daten auch dezentral bestimmten Anwendern zugeordnet werden.

Auch die **Funktionen** sind in Abbildung 4.06 nach dem Ebenenkonzept untergliedert. Wesentliches Ergebnis des Kapitels 2 war die durch die Informationstechnologie ermöglichte stärkere Betonung von Ablaufzusammenhängen, wie sie durch die Begriffe Prozeßketten oder Vorgangsketten bezeichnet werden können. Solchen Ketten, z. B. eine Auftragsbearbeitung oder eine Produktentwicklung, können in Vorgangskettendiagrammen beschrieben werden.
Entscheidungs- und Planungsmodelle können, um den formalen Anforderungen der Informationstechnik zu genügen, durch Entscheidungstabellen, Regeln eines Expertensystems oder in der MPS-Notation beschrieben werden.
Die **Umsetzung des betriebswirtschaftlichen Inhaltes** geschieht auf der Tool-Ebene durch die Verknüpfung mit Methodenbanken bis hin zu Computersprachen. Zu den Sprachen werden dabei auch Werkzeuge wie Vierte Generationssprachen oder Anwendungsenabler gezählt. Anwendungsenabler sind quasi Makroprogrammbausteine, die

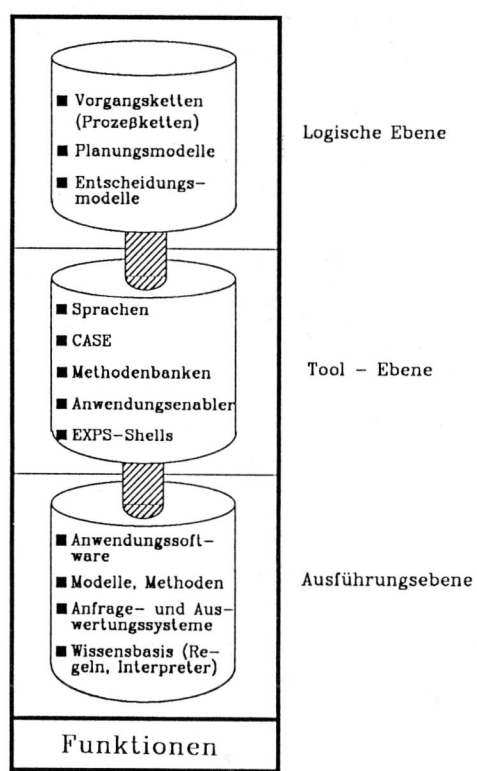

Logische Ebene

- Vorgangsketten (Prozeßketten)
- Planungsmodelle
- Entscheidungs-modelle

Tool – Ebene

- Sprachen
- CASE
- Methodenbanken
- Anwendungsenabler
- EXPS-Shells

Ausführungsebene

- Anwendungssoft-ware
- Modelle, Methoden
- Anfrage- und Aus-wertungssysteme
- Wissensbasis (Re-geln, Interpreter)

Funktionen

Abb. 4.06: Die Anwendungen als Teil des Informationssystems

in verschiedenen Anwendungsumgebungen eingesetzt werden können (vgl. hierzu *IBM, Das CIM-Unternehmen 1989, S. 55 ff.*).

Die Ausführungsebene der betriebswirtschaftlichen Funktionen wird dann durch konkrete Anwendungssoftware (einschließlich Standardsoftware), konkrete Modell- und Methodenbanksoftware, Anfrage- und Auswertungssysteme bis hin zu Expertensystemen übernommen.

Für die **Ablaufsteuerung** sind die drei Ebenen in Abbildung 4.07 dargestellt. Wichtiges Element der betriebswirtschaftlichen Beschreibung der Ablaufsteuerung ist die Zuordnung von Unternehmensfunktionen zu einzelnen Unternehmensebenen wie Unternehmenszentrale, Produktbereich, Werk, Werksbereich, Anlagengruppe bis zum Prozeß. Diese Beschreibung wurde exemplarisch sowohl für Industriebetriebe als auch für Warenwirtschaftssysteme in Kapitel 2 und 3 vorgestellt. Sie ist Voraussetzung für die Beschreibung der Kommunikationsbeziehungen zwischen den Bereichen und innerhalb der Bereiche zwischen einzelnen Arbeitsplätzen.

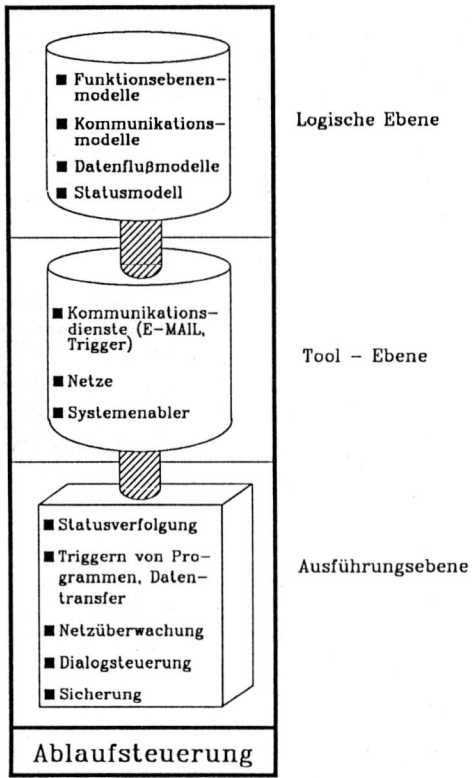

Abb. 4.07: Die Ablaufsteuerung als Teil des Informationssystems

Datenflußmodelle, wie sie z. B. durch die De Marco-Diagrammtechnik abgebildet werden können, stellen den Zusammenhang zwischen den Prozeßkettenbeschreibungen und dem Datenmodell her.

Ein Statusmodell beschreibt die unterschiedlichen Zustände, die ein Vorgang während seiner Bearbeitung annehmen kann. Beispielsweise kann ein Auftrag die Stati: eingegangene Kundenanfrage, erfolgtes Angebot, angenommenes Angebot, Auftrag in Bearbeitung, Auftrag freigegeben, Auftrag in Ausführung, Auftrag fertiggestellt und Auftrag abgeliefert annehmen. Die Stati besitzen somit eine wesentliche logische Funktion für die Ablaufsteuerung von Vorgangsketten. Einzelne Stati können andere Vorgänge auslösen, unterbrechen oder abschließen.

EDV-Techniken (wie die Kommunikationsdienste "Electronic Mail", "Trigger" oder "Netzbeschreibung") dienen wiederum zur Vermittlung zwischen der betriebswirtschaftlichen Beschreibungen und ihrer technischen Ausführung. So können Inhalte des Statusmodells mit Hilfe der Parameter eines Trigger-Systems realisiert werden. Werkzeuge wie

Systemenabler (vgl. *IBM, Das CIM-Unternehmen 1989*) setzen die Ablaufbeschreibung in eine noch von der konkreten Hardwareebene unabhängigen Form um.

Auf der **Ausführungsebene** müssen sowohl die konkreten EDV-technischen Gegebenheiten als auch die konkret vorliegenden einzelnen auszuführenden Aufgaben berücksichtigt werden. Sie verbindet somit die Ausführungsebene der Anwendungen mit der Ausführungsebene der Datenbasis.

Durch die Durchgängigkeit der höheren Beschreibungsebenen mit den darunterliegenden Ebenen ist aber sichergestellt, daß auf der Ausführungsebene jederzeit der aktuelle Zustand der Komponente des Informationssystems zur Verfügung steht.

In Abbildung 4.08 ist abschließend der Zusammenhang zwischen den Komponenten des Informationssystems dargestellt. Änderungen auf den höheren Ebenen stehen sofort den unteren Ebenen zur Verfügung. Gleichzeitig wird durch die Architektur ermöglicht, daß Änderungen auf den unteren Ebenen die darüberliegenden Ebenen nur unwesentlich beeinflussen.

In Abbildung 4.08 ist somit die Konzeption eines EDV-orientierten betriebswirtschaftlichen Informationsmodells dargestellt. Obwohl die hauptsächliche Beschreibungsebene der EDV-orientierten Betriebswirtschaftslehre die logische Sicht ist, müssen die darunterliegenden Ebenen soweit einbezogen werden, daß die Auswirkungen der Informations- und Kommunikationstechniken auf betriebswirtschaftliche Abläufe und Fragestellungen erkannt und kreativ umgestaltet werden können.

Das entwickelte Informationsmodell kann auch in einer detaillierteren und formalisierten Form mit Hilfe des Entity-Relationship-Modells (ERM) dargestellt werden.

Das Entity-Relationship-Modell dient zur Abbildung von Objekttypen (Entitytypen) und den zwischen ihnen bestehenden Beziehungstypen. Mit Hilfe dieser Beschreibungssprache werden die logischen Datenstrukturen von Anwendungsgebieten konstruiert. Es eignet sich aber auch zur Abbildung der logischen Struktur eines Informationssystems selbst, d. h. die Elemente des Informationssystems werden als Entitytypen dargestellt und die zwischen den Elementen bestehenden Zusammenhänge werden durch Beziehungstypen beschrieben.

Dieses kann für alle Komponenten des Informationssystems, also Benutzer, Datenbasis, Funktionen und Ablaufsteuerung für alle drei Ebenen (logische, Tool-, Ausführungsebene) durchgeführt werden. **Die Gesamtbeschreibung bildet dann das Informationsmodell oder das Meta-Informationssystem.**

Da hier die Bedeutung der Datenbasis besonders herausgestellt wurde, werden lediglich die logischen **Datenstrukturen** als ERM abgebildet, also ein Meta-Datenmodell erstellt.

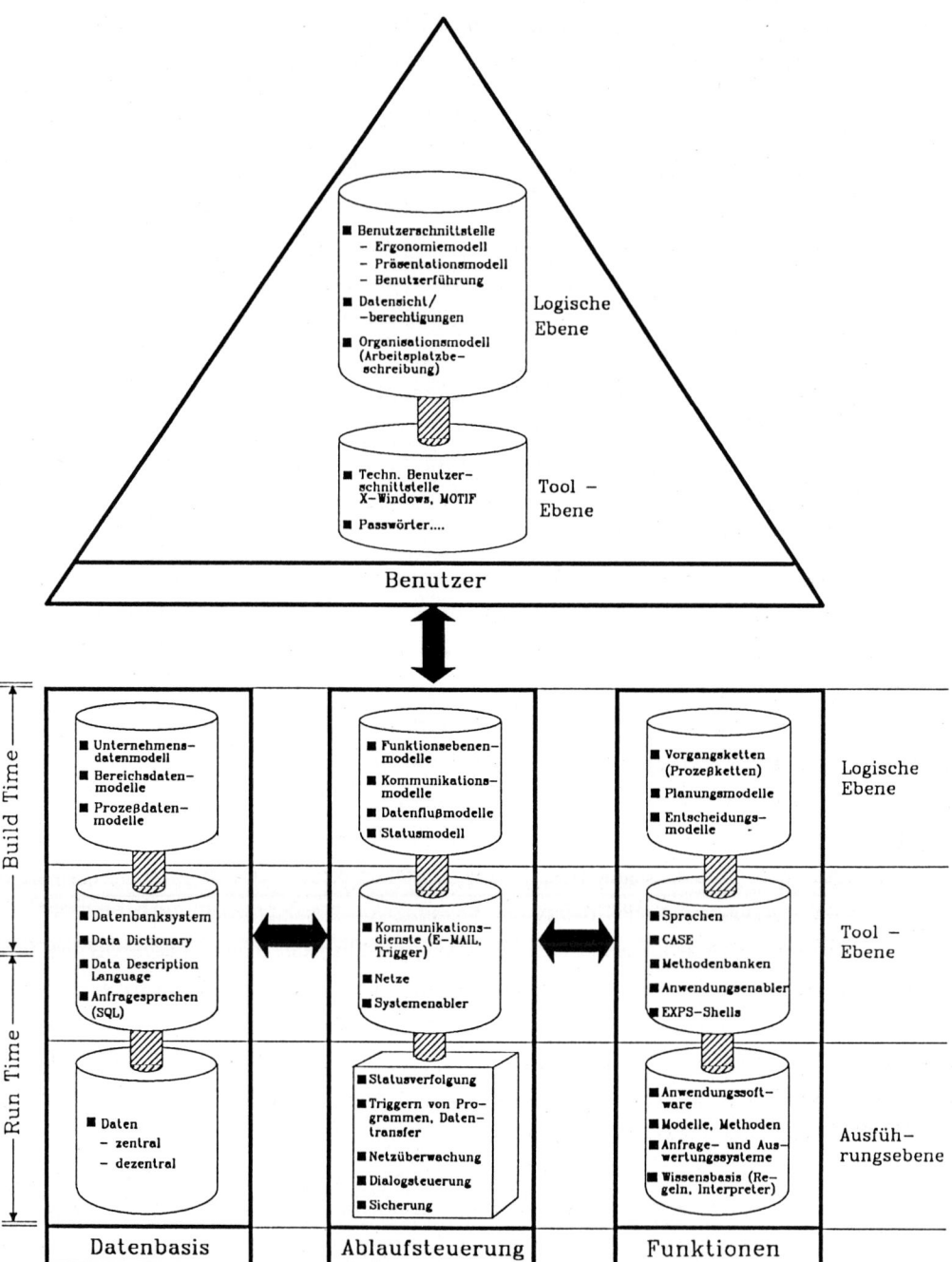

Abb. 4.08: Das EDV-orientierte betriebswirtschaftliche Informationsmodell

Die logische Datenstruktur eines Anwendungsbereiches wurde mit Hilfe des ERM abgebildet (fachliches Datenmodell). Die Beschreibung dieser Darstellungsart, also das Meta-Datenmodell, wird nunmehr ebenfalls als ERM dargestellt.

Da in dem fachlichen Modell und dem Meta-Modell die gleichen Begriffe (Entitytyp, Beziehungstyp usw.) verwendet werden, ist die Beschreibung schwierig. Um Mißverständnisse zu vermeiden, wird deshalb der Zusatz "fachliche Ebene" verwendet, wenn sich die Begriffe auf die Darstellung von Anwendungen innerhalb des Informationssystems beziehen. Zur weiteren Klarstellung wird für Entitytypen der Fachebene die Bezeichnung ETYP verwendet und für Beziehungstypen der Fachebene die Bezeichnung BTYP. Der Zusatz "Metaebene" wird verwendet, wenn die Beschreibung der Komponenten des Informationssystems selbst behandelt wird.

Das ERM besteht aus Entity- und Beziehungstypen, die durch Kanten miteinander verbunden sind.

In Abbildung 4.09 werden für die Begriffe Entity- und Beziehungstyp der Fachebene die Entitytypen ETYP und BTYP gebildet. Ihre Ausprägungen sind die für ein Anwendungsgebiet definierten Entitytypen bzw. Beziehungstypen. Für das in Kapitel 2 verwendete Beispiel sind somit die Entitytypen KUNDEN und ARTIKEL der Fachebene Ausprägungen des Entitytyps ETYP und der Beziehungstyp KAUFEN der Fachebene ist nunmehr eine Ausprägung des Entitytyps BTYP. Die Ausprägungen der Entitytypen der Abbildung 4.09 sind jeweils durch Vergabe von Schlüsselbegriffen, hier durch ETNR und BTNR zu identifizieren.

Eine Kante stellt jeweils auf der Fachebene eine Verbindung zwischen einem Entitytyp und einem Beziehungstyp her. Hierfür wird auf der Metaebene der Beziehungstyp KANTE eingeführt. Attribute des Entityp KANTE sind z. B. maximale oder minimale Anzahl der erlaubten Ausprägungen der Beziehungsrichtung. Da auf der Fachebene von einem Entitytypen mehrere Kanten ausgehen und zu einem Beziehungstyp mehrere Kanten hinführen können, besteht eine n:m Beziehung zwischen ETYP und BTYP.

Zwischen einem Entitytyp und einem Beziehungstyp können auf der fachlichen Ebene mehrere Kanten unterschiedlicher inhaltlicher Bedeutung bestehen (z. B. bei der Darstellung der Stücklistenstruktur die Kanten zur Kennzeichnung der übergeordneten und der untergeordneten Teile). Es wird deshalb der Entitytyp KANTENROLLE mit dem Schlüssel KRNR eingeführt, der in diesen Fällen eine eindeutige Identifizierung einer Kante ermöglicht. Eine spezielle Kante wird somit durch die Attributkombination ETNR, BTNR und Kantenrollennummer KRNR identifiziert.

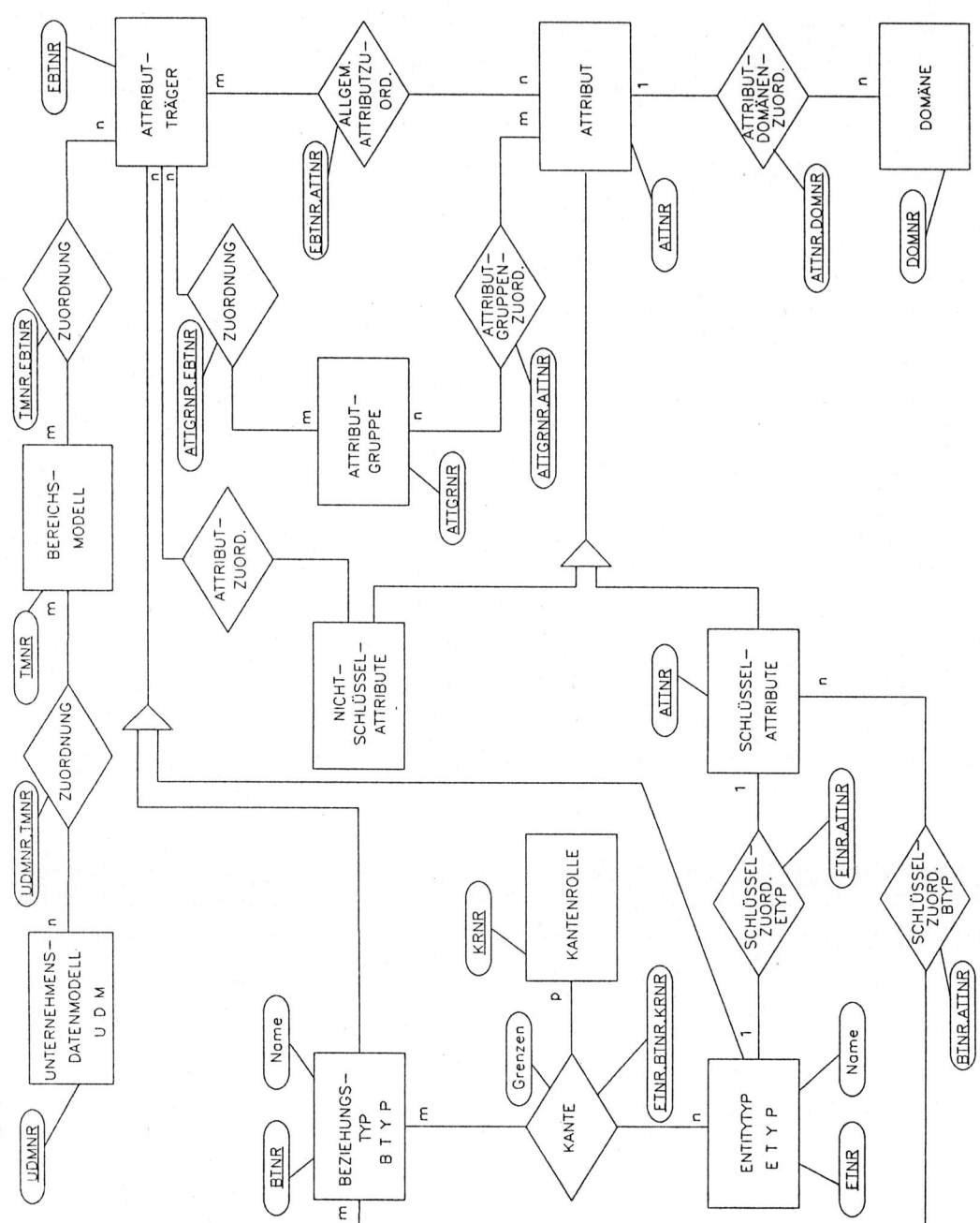

Abb. 4.99 Meta-Datenmodell

Jedem Entitytyp auf der fachlichen Ebene ist ein identifizierendes Schlüsselattribut zugeordnet. Die auf der fachlichen Ebene verwendeten Schlüsselattribute bilden den Entitytyp SCHLÜSSELATTRIBUT. Zwischen dem Entitytyp ETYP und dem Entitytyp SCHLÜSSELATTRIBUT besteht eine 1:1-Beziehung. Beispielsweise wird dem Entitytyp KUNDE die Kundennummer als ihn eindeutig identifizierendes Schlüsselattribut zugeordnet, entsprechend dem Entitytyp ARTIKEL das Schlüsselattribut Artikelnummer usw.

Beziehungstypen werden durch die Schlüsselattribute der mit ihnen verbundenen Entitytypen identifiziert. Aus diesem Grunde müßte keine Beziehung zwischen dem Entitytyp BTYP und SCHLÜSSELATTRIBUT eingeführt werden. Die Schlüsselattribute sind vielmehr über die KANTE-Beziehung und die Beziehung zwischen SCHLÜSSELATTRIBUT und ETYP implizit zugeordnet. Zum leichteren Verständnis wird aber eine SCHLÜSSELZUORDNUNG BTYP als n:m-Beziehung eingeführt.

Die Entitytypen ETYP und BTYP sind auf der fachlichen Ebene jeweils Attributträger, d. h. ihnen werden auf der fachlichen Ebene Schlüssel- und weitere beschreibende Attribute zugeordnet. Sie werden somit zu dem Entitytyp ATTRIBUTTRAEGER generalisiert.

In einer Unternehmung können für bestimmte Anwendungsbereiche wie Marketing, Produktion usw. Datenmodelle gebildet werden. Die zu einem solchen Bereichsmodell gehörenden Attributträger (also Entity- und Beziehungstypen der Fachebene) werden über den Entitytyp BEREICHSMODELL und einer n:m-Zuordnung zu ATTRIBUTTRAEGER erfaßt. Die Vereinigung der Bereichsmodelle bildet dann das gesamte Unternehmensdatenmodell (UDM). Da es mehrere Versionen eines Unternehmensdatenmodells geben kann, wird zwischen dem Entitytyp UDM und dem Entitytyp BEREICHSMODELL eine n:m-Beziehung angesetzt.

Nachdem die Entity- und Beziehungstypen mit ihren Schlüsselattributen konstruiert worden sind, werden im zweiten Schritt die Nichtschlüsselattribute festgelegt und zugeordnet.

Der bereits eingeführte Entitytyp SCHLÜSSELATTRIBUT ist eine Spezialisierung des generellen Entitytyps ATTRIBUTE mit dem Schlüsselattribut ATTNR. Er spezialisiert sich in die Entitytypen SCHLÜSSELATTRIBUTE und NICHTSCHLÜSSELATTRIBUTE.

Die Nichtschlüsselattribute werden über eine m:n-Beziehung den Attributträgern zugeordnet. Dies bedeutet, daß ein Attributträger mehrere Schlüsselattribute besitzen kann, wie es im Normalfall auch gegeben ist. Zum anderen bedeutet es auch, daß ein Attribut mehreren Attributträgern zugeordnet werden kann. Dieses tritt auf, wenn z. B. das Attribut "Name" sowohl für Kunden als auch für Lieferanten verwendet wird. Die "ALLGEMEINE ATTRIBUTZUORDNUNG" zwischen ATTRIBUTE und ATTRIBUTTRAEGER umfaßt (redundant) sowohl Schlüssel - als auch Nichtschlüsselverweise. Sie wird zur Vereinfachung bei der späteren Weiterentwicklung verwendet.

Die Wertemenge eines Attributes wird durch den Entitytyp DOMÄNE gekennzeichnet. Jedem Attribut kann eine Domäne zugeordnet werden. Bei dem Attribut "Name" können in der Domäne alle vorkommenden Namen in Form eines Lexikons gespeichert sein und bei Zahlenwerten können die Zahlenbereiche definiert werden.

Inhaltlich zusammengehörende Attribute können zu einer Gruppe zusammengefaßt werden. Beispielsweise kann die Attributgruppe "Anschrift" die Attribute Straßenname, Hausnummer, Postleitzahl und Wohnort umfassen. Es ist möglich, hier auch überlappende Attributgruppen zu bilden, so daß eine n:m-Beziehung zwischen den Entitytypen ATTRIBUT und ATTRIBUTGRUPPE besteht. Den Attributträgern können direkt Attributgruppen zugeordnet werden, so daß dadurch eine komprimiertere Verbindung zu den Einzelattributen hergestellt werden kann.

Damit ist das Meta-Modell der logischen Datenstrukturierung auf der Fachebene entwickelt. Zur Abbildung des gesamten Informationsmodells muß es um die Tool- und Ausführungsebene ergänzt werden und auch die anderen Komponenten Benutzer, Funktionen und Ablaufsteuerung müssen einbezogen werden.

Abbildungsverzeichnis

284

Kapitel 3: EDV-orientierte betriebswirtschaftliche Lösungen

**Kapitel 4: Resümee: Das EDV-orientierte betriebswirtschaftliche Informations-
modell**

288

Literaturverzeichnis

Adam, D.: *Sortenfertigung 1971*

　　Produktionsplanung bei Sortenfertigung. Wiesbaden 1971.

Ahlers, J. u. a.: *Prüfungsgerechtheit 1982*

　　Die Messung der Prüfungsgerechtheit von EDV-Buchführungssystemen. Die Wirtschaftsprüfung (WPg), 35 (1982), S. 529 - 538.

Alpar, P.: *Methodenauswahl 1980*

　　Computergestützte interaktive Methodenauswahl. Frankfurt/Main 1980.

Anselstetter, R.: *Nutzeffekte der Datenverarbeitung 1986*

　　Betriebswirtschaftliche Nutzeffekte der Datenverarbeitung. 2. Aufl., Heidelberg-Berlin-New York 1986.

Awad, E. M.: *Management Information Systems 1988*

　　Management Information Systems (Concepts, Structure and Applications). California 1988.

Babcock, B.: *Integrated Office System 1983*

　　Tying it together in the Integrated Office System. Computer Design, 22 (1983) No. 12, S. 61 - 64.

Baetge, J.: *Systemtheorie 1974*

　　Betriebswirtschaftliche Systemtheorie (Regelungstheoretische Planungs- und Überwachungsmodelle für Produktion, Lagerung und Absatz). Opladen 1974.

Balzert, H.: *Software-Systeme 1982*

　　Die Entwicklung von Software-Systemen (Prinzipien, Methoden, Sprachen, Werkzeuge). Mannheim-Wien-Zürich 1982.

Barth, U.; Rohleder, H.: *Aktenlose Sachbearbeitung 1983*

　　Die aktenlose Sachbearbeitung bei der Bausparkasse Mainz AG. Data report, 18 (1983) H. 1, S. 18 - 21.

Bauer, F. L.: *Software Engineering 1977*

Software Engineering, An Advanced Course. 2. Aufl., Heidelberg-Berlin-New York 1977.

Becker, J.: *EDV-System zur Materialflußsteuerung 1987*

Architektur eines EDV-Systems zur Materialflußsteuerung. Berlin-Heidelberg-New York-London-Paris-Tokyo 1987.

Beier, F.: *CAM-System 1982*

Anforderungen an ein CAM-System. In: CAD/CAM-Anwendungen im Maschinenbau. Hrsg.: Verein Deutscher Maschinenbau-Anstalten e. V. (VDMA). Frankfurt 1982 (Mit Technologie die Zukunft bewältigen, Bd. 1).

Bendig, R. u. a.: *Betriebswirtschaftliche Problemstellungen 1987*

Expertensysteme, Systeme zur Lösung betriebswirtschaftlicher Problemstellungen, Teil 1. Duisburg 1987 (Diskussionsbeiträge des Fachbereichs Wirtschaftswissenschaft, Nr. 104, Hrsg.: Universität-Gesamthochschule Duisburg).

Berthold, H. J.: *Aktionsdatenbanken 1983*

Aktionsdatenbanken in einem kommunikationsorientierten EDV-System. Informatik-Spektrum, 6 (1983) H. 6, S. 20 - 26.

Biethahn, J.: *Einführung in die EDV 1989*

Einführung in die EDV für Wirtschaftswissenschaftler. 6. Aufl., München 1989.

Bingemann, H.: *Devisenhandel 1982*

Kontrolliertes Risiko durch On-line-Information im Devisenhandel. Data report, 17 (1982) H. 2, S. 17 - 19.

Bleicher, K.: *Organisation 1987*

Organisation. In: Allgemeine Betriebswirtschaftslehre. Hrsg.: F. X. Bea; E. Dichtl; M. Schweitzer. Bd. 2: Führung. 3. Aufl., Stuttgart-New York 1987, S. 73 - 148.

Bodendorf, F.: *SAMBA 1981*

SAMBA - Ein Methodenbankrahmen um das Statistikpaket SPSS. 2. Aufl., Erlangen 1981.

Boysen, W.: *EDV-gestütztes Rechnungswesen 1983*

Anforderungen der Geschäftsleitung an ein EDV-gestütztes Rechnungswesen. In: Rechnungswesen und EDV, 4. Saarbrücker Arbeitstagung. Hrsg.: W. Kilger; A.-W. Scheer. Würzburg-Wien 1983, S. 11 - 22.

Brandenburg, V.: *Simulation von "Computer-am-Arbeitsplatz"-Systemen 1983*

Simulation von "Computer-am-Arbeitsplatz"-Systemen. München 1983.

Braun, H.; Zierer, H.: *Desktop Publishing 1988*

Desktop Publishing-Perfektion im Büro? Office Management, 36 (1988) H. 1, S. 50 - 53.

Bretschneider, J.: *Integriertes Rechnungswesen 1983*

Plaut Software M110 für ein integriertes Rechnungswesen. In: Rechnungswesen und EDV, 4. Saarbrücker Arbeitstagung. Hrsg.: W. Kilger; A.-W. Scheer. Würzburg-Wien 1983, S. 145 - 156.

Brombacher, R.: *Marketing-Informationssystem 1981*

DEMI, Dezentrales Marketing-Informationssystem (Dialogsystem zur Auswahl geeigneter Datenanalyse- und Prognoseverfahren). Saarbrücken 1981 (Veröffentlichungen des Instituts für Wirtschaftsinformatik, Heft 28, Hrsg.: A.-W. Scheer).

Buchmann, T. K. H.: *EDIFACT 1988*

Einführung, EDIFACT. In: EDIFACT - Elektronischer Datenaustausch für Verwaltung, Wirtschaft und Transport, 3. DIN-Tagung am 12. u. 13.12.88. Hrsg.: DIN, Herrenberg 1988, S. 2-3 - 2-29.

Budde, R.; Schnupp, P.; Schwald, A.: *Software-Produktion 1980*

Untersuchung über Maßnahmen zur Verbesserung der Software-Produktion, Teil 1 (Theoretische Ansätze auf dem Gebiet der Software-Produktion). München-Wien 1980.

Bullinger, H.-J.; Fröschle, H.-P.: *ISDN und Unternehmensorganisation 1989*

ISDN und Unternehmensorganisation. Office Management, 37 (1989) H. 5, S. 36 - 45.

Chen, P. P.: *Entity-Relationship Model 1976*

The Entity-Relationship Model (Towards an Unified View of Data). ACM Transactions on Database-Systems, No. 1 (1976), S. 9 - 36.

Chen, P. P. (Hrsg.): *Information Modeling 1984*

Entity-Relationship Approach to Information Modeling and Analysis. Amsterdam-New York-Oxford 1984.

Commerzbank (Hrsg.): *Handbuch Electronic Banking 1988*

Handbuch Electronic Banking. Frankfurt 1988.

Control Data Corporation (Hrsg.): *IFPS 1983*

IFPS-TS, Interactive Financial Planning System, User-Information Manual. Best.-Nr. 7607 8900, o. O. 1983.

Cordewener, K.-F.: *Kundenbediente Datenstationen 1982*

Kundenbediente Datenstationen als marktpolitische Instrumente des Bankbetriebes. Göttingen 1982 (Göttinger Hefte zur Bankbetriebslehre und Unternehmensfinanzierung, Heft 10).

Czech, D. u. a.: *Mikroelektronik 1983*

Mikroelektronik im Bankgewerbe. Eschborn 1983.

Date, C. J.: *Database Systems 1983*

An Introduction to Database Systems. Vol. 2, Reading (Massachusetts) 1983.

Davis, G. B.; Olson, M.: *Management Information Systems 1984*

Management Information Systems (Conceptual Foundations, Structure, and Development). New York 1984.

De Marco, T.: *Structured Analysis 1979*

Structured Analysis and System Specification. New York 1979.

Deusch, K.-E.; Freihalter, R.: *Mobile Datenerfassung 1989*

Informationsmanagement im Verkauf mit Hilfe des relationalen Datenbanksystems DB2 und mobiler Datenerfassung im Außendienst. In: Praxis relationaler Datenbanken, IDS Kolleg Fachtagung am 1. u. 2.6.89. Hrsg.: A.-W. Scheer. Saarbrücken 1989, S. 99 - 117.

DIN (Hrsg.): *Schnittstellen 1989*

Schnittstellen der rechnerintegrierten Produktion (CIM) - Fertigungssteuerung und Auftragsabwicklung (DIN-Fachbericht 21). Berlin-Köln 1989.

Dinkelbach, W.: *Entscheidungsmodelle 1982*
Entscheidungsmodelle. Berlin-New York 1982.

Domsch, M.: *Personalarbeit 1980*
Systemgestützte Personalarbeit. Wiesbaden 1980.

Dube, J.; Eisele, R.: *Massenzahlungen 1982*
Massenzahlungen - elektronisch übertragen. IBM Nachrichten, 32 (1982) H. 259, S. 41 - 45.

Dworatschek, S.: *Datenverarbeitung 1989*
Grundlagen der Datenverarbeitung. 8. Aufl., Berlin 1989.

Ehrlenspiel, K.: *Kostengünstig Konstruieren 1985*
Kostengünstig Konstruieren. Berlin-Heidelberg-New York-Tokyo 1985.

Eicker, S.: *Telekonferenz 1988*
Telekonferenz. Information Management, 3 (1988) H. 1, S. 39.

Eidenmüller, B.: *Die Produktion als Wettbewerbsfaktor 1989*
Die Produktion als Wettbewerbsfaktor (Herausforderungen an das Produktionsmanagement). Zürich 1989.

Emery, J. C.: *Integrated Information Systems 1975*
Integrated Information Systems and their Effects on Organizational Structure. In: Information Systems and Organizational Structure. Hrsg.: E. Grochla; N. Szyperski. Berlin-New York 1975, S. 95 - 104.

EPS Consultants (Hrsg.): *FCS-EPS 1982*
FCS-EPS Decision Support System Reference Manual. Version 2, o. O. 1982.

Frese, E.: *Organisation 1988*
Grundlagen der Organisation (Die Organisationsstruktur der Unternehmung). 4. Aufl., Wiesbaden 1988.

Galbraith, J. R.: *Organization Design 1977*
Organization Design. Reading (Massachusetts)-Menlo Park (California)-London-Amsterdam-Don Hills (Ontario)-Sydney 1977.

294

Gansinger, H. u. a.: *Smalltalk-80* 1987
Smalltalk-80. Informationstechnik (it), 29 (1987) H. 4, S. 241 - 251.

General Electric Informations Services Company (Hrsg.): *MIMS 1981*
The MIMS - System Reference Manual. o. O. 1981.

Glaser, H.: *PPS-Systeme 1989*
Zum betriebswirtschaftlichen Gehalt von PPS-Systemen. In: Rechnungswesen und
EDV, 10. Saarbrücker Arbeitstagung 1989. Hrsg.: A.-W. Scheer. Heidelberg 1989,
S. 343 - 369.

Gorry, G. A.; Morton, M.S. Scott: *A Framework for MIS 1971*
A Framework for Management Information Systems. Sloan Management Review, 13
(1971) No. 1, S. 55 - 70.

Grochla, E.: *Zentralisationswirkungen 1969*
Zur Diskussion über die Zentralisationswirkungen automatischer Datenverarbei-
tungsanlagen. Zeitschrift für Organisation (ZfO), 38 (1969) H. 2, S. 47 - 53.

Grochla, E.: *Dezentralisierungs-Tendenzen 1976*
Dezentralisierungs-Tendenzen im Betrieb durch Einsatz moderner Datenverarbeitung. Angewandte Informatik, 18 (1976) H. 12, S. 511 - 521.

Grochla, E.: *Organisationstheoretische Ansätze 1978*
Organisationstheoretische Ansätze zur Gestaltung rechnergestützter Informationssysteme. Angewandte Informatik, 20 (1978) H. 4, S. 141 - 149.

Grochla, E.: *Konsequenzen 1982*
Betriebliche Konsequenzen der informationstechnologischen Entwicklung. Angewandte Informatik, 24 (1982) H. 2, S. 62 - 71.

Grossenbacher, J.-M.: *Verteilung der EDV 1985*
Verteilung der EDV. 3. Aufl., Zürich 1985.

Gunn, T. G.: *Fertigung 1982*
Konstruktion und Fertigung. Spektrum der Wissenschaft, H. 11 (1982), S. 77 - 98.

Gutenberg, E.: *Betriebswirtschaftslehre 1951*

Grundlagen der Betriebswirtschaftslehre. Bd. 1: Die Produktion, Berlin-Heidelberg-New York 1951.

Haberstock, L.: *Kostenrechnung 1987*

Kostenrechnung I. 8. Aufl., Hamburg 1987.

Hackstein, R.: *Produktionsplanung und -steuerung 1989*

Produktionsplanung und -steuerung (PPS). 2.Aufl., Düsseldorf 1989.

Härder, T.: *Datenbanksysteme 1978*

Implementierung von Datenbanksystemen. München-Wien 1978.

Hahn, D.; Lassmann, G.: *Produktionswirtschaft 1986*

Produktionswirtschaft - Controlling industrieller Produktion. Bd. 1 und 2, Heidelberg 1986.

Hansel, J.; Lomnitz, G.: *Projektleiter-Praxis 1987*

Projektleiter-Praxis. Berlin-Heidelberg-New York-London-Paris-Tokyo 1987.

Hansen, H. R.: *Wirtschaftsinformatik I 1986*

Wirtschaftsinformatik I (Einführung in die betriebliche Datenverarbeitung). 5. Aufl., Stuttgart 1986.

Hansen, H. R.; Amsüss, W. L.; Frömmer, N. S.: *Standardsoftware 1983*

Standardsoftware (Beschaffungspolitik, organisatorische Einsatzbedingungen und Marketing). Berlin-Heidelberg-New York-Tokyo 1983.

Harmon, P.; King D.: *Expertensysteme 1989*

Expertensysteme in der Praxis (Perspektiven, Werkzeuge, Erfahrungen). 3. Aufl., München-Wien 1989.

Harrington, J.: *Computer Integrated Manufacturing 1973*

Computer Integrated Manufacturing. Florida 1973.

Hausknecht, J.; Zündorf, H.: *Finanz- und Rechnungswesen* 1989

Expertensysteme im Finanz- und Rechungswesen. Stuttgart 1989.

Haverly Systems (Hrsg.): *OMNI 1981*

OMNI Linear Programming System - User Reference Manual Version 4.1. St. Albans (England)-Denville (New Jersey) 1981.

Hax, A. C.; Golovin, J. J.: *Hierarchical Production Planning 1978*

Hierarchical Production Planning Systems. In: Studies in Operations Management. Hrsg.: A. C. Hax. Amsterdam-New York-Oxford 1978, S. 429 - 464.

Hax, H.; Laux, H.: *Flexible Planung 1972*

Flexible Planung - Verfahrensregeln und Entscheidungsmodelle für die Planung bei Ungewißheit. Zeitschrift für betriebswirtschaftliche Forschung (ZfbF), 24 (1972), S. 318 - 340.

Hedberg, B. u. a.: *Organizational Power Structures 1975*

The Impact of Computer Technology on Organizational Power Structures. In: Information Systems and Organizational Structure. Hrsg.: E. Grochla; N. Szyperski. Berlin-New York 1975, S. 131 - 149.

Heilmann, H.; Heilmann, W.: *Telearbeitsplatz 1983*

Softwareentwicklung am Telearbeitsplatz - Erfahrungen und Trends aus den USA. Handbuch der modernen Datenverarbeitung (HMD), 20 (1983) H. 110, S. 95 - 100.

Heinen, E.: *Betriebswirtschaftslehre 1969*

Zum Wissenschaftsprogramm der entscheidungsorientierten Betriebswirtschaftslehre. Zeitschrift für Betriebswirtschaft (ZfB), 39 (1969) H. 4, S. 207 - 220.

Heinen, E. (Hrsg.): *Industriebetriebslehre 1985*

Industriebetriebslehre (Entscheidungen im Industriebetrieb). 8. Aufl., Wiesbaden 1985.

Heinrich, L. J.; Burgholzer, P.: *Informationsmanagement 1988*

Informationsmanagement (Planung, Überwachung und Steuerung der Informations-Infrastruktur). 2. Aufl., München-Wien 1988.

Heinrich, L. J.; Kurbel, K. (Hrsg.): *Studien- und Forschungsführer 1988*

Studien- und Forschungsführer Wirtschaftsinformatik. 3. Aufl., Berlin-Heidelberg-New York-London-Paris-Tokyo 1988.

Heinrich, L. J.; Pils, M.: *Personalinformationssysteme 1983*

Betriebsinformatik im Personalbereich (Die Planung computergestützter Personalinformationssysteme). 2. Aufl., Würzburg-Wien 1983.

Helber, C.: *Gestaltung optimaler EDV-Systeme 1981*

Entscheidungen bei der Gestaltung optimaler EDV-Systeme. München 1981.

Hering, E.: *Software-Engineering 1989*

Software-Engineering. 2. Aufl., Braunschweig-Wiesbaden 1989.

Hermes, H.: *Syntax-Regeln für den Datenaustausch 1988*

Syntax-Regeln für den elektronischen Datenaustausch. In: Einführung in EDIFACT, Entwicklung, Grundlagen und Einsatz. Hrsg.: DIN. Berlin 1988, S. 7 - 12.

Hofmann, J.: *Aktionsorientierte Datenverarbeitung 1988*

Aktionsorientierte Datenverarbeitung im Fertigungsbereich. Berlin-Heidelberg-New York-London-Paris-Tokyo 1988.

Horton, F. W.: *Information Management Workbook 1986*

The Information Management Workbook (IRM Made Simple). 2. Aufl., Washington 1986.

Horvath, P.; Petsch, M.; Weihe, M.: *Standard-Anwendungssoftware 1986*

Standard-Anwendungssoftware für das Rechnungswesen. München 1986.

Hübner, H.: *Integration 1979*

Integration und Informationstechnologie im Unternehmen. München 1979.

IBM (Hrsg.): *CAPOSS-E 1983*

Capacity Planning and Operation Sequencing System - Extended (CAPOSS-E), Anwendungsbeschreibung, 5740-M41. o. O. 1983.

IBM (Hrsg.): *COPICS (SL & R) 1983*

COPICS-Shop Order Load Analysis and Reporting (SL & R), GH 19-6356-0. o. O. 1983.

IBM (Hrsg.): *Business Systems Planning 1984*

Business Systems Planning. Handbuch zur Planung von Informationssystemen. FNR: E12-1400. o. O. 1984.

IBM (Hrsg.): *Das CIM-Unternehmen 1989*

Das CIM-Unternehmen. Vorabversion, München 1989.

IEEE (Hrsg.): *Automation 1983*

Data Driven Automation. IEEE Spectrum, 20 (1983) No. 5, Faltblatt.

Index Technology Corporation (Hrsg.): *Excelerator 1988*

Produktinformation zu Excelerator. Cambridge (Massachusetts) 1988.

Ischebeck, W.: *Betriebsübergreifende Informationssysteme 1989*

Betriebsübergreifende Informationssysteme. Information Management, 4 (1989) Nr. 1, S. 22 - 26.

Jacob, H. (Hrsg.): *Industriebetriebslehre 1972*

Industriebetriebslehre in programmierter Form. Bd. 3: Organisation und EDV. Wiesbaden 1972.

Jarke, M.: *Wissensbasierte Unterstützung verteilter Entscheidungen 1989*

Wissensbasierte Unterstützung verteilter Entscheidungen und Modellierungsprozesse. In: Betriebliche Expertensysteme II (Einsatz von Expertensystem-Prototypen in betriebswirtschaftlichen Funktionsbereichen). Hrsg.: A.-W. Scheer. Wiesbaden 1989, S. 29 - 54 (Schriften zur Unternehmensführung (SzU), Bd. 40, Hrsg.: H. Jacob u. a.).

Kargl, H.: *Fachentwurf für DV-Anwendungssysteme 1989*

Fachentwurf für DV-Anwendungssysteme. München 1989.

Kazmeier, E.: *Ablaufplanung 1984*

Ablaufplanung im Dialog - Alternative oder Ergänzung zur Optimierung. In: Operations Research Proceedings, Vorträge der 12. DGOR-Jahrestagung 1983. Hrsg.: H. Steckhan u. a.. Berlin-Heidelberg-New York-Tokyo 1984, S. 163 - 168.

Kieser, A.; Kubicek, H.: *Organisation 1983*

Organisation. 2. Aufl., Berlin-New York 1983.

Kilger, W.: *Optimale Produktions- und Absatzplanung 1973*

Optimale Produktions- und Absatzplanung (Entscheidungsmodelle für die Produktions- und Absatzbereiche industrieller Betriebe). Opladen 1973.

Kilger, W.: *Plankostenrechnung 1988*

Flexible Plankostenrechnung und Deckungsbeitragsrechnung. 9. Aufl., Wiesbaden 1988.

Kilger, W.; Scheer, A.-W. (Hrsg.): *Plankosten- und Deckungsbeitragsrechnung 1980*

Plankosten- und Deckungsbeitragsrechnung in der Praxis. Würzburg-Wien 1980.

Kilger, W.; Scheer, A.-W. (Hrsg.): *Rechnungswesen und EDV 1983*

Rechnungswesen und EDV, 4. Saarbrücker Arbeitstagung. Würzburg- Wien 1983.

Kistner, K.-P.; Switalski, M.: *Hierarchical Production Planning 1987*

Hierarchical Production Planning - Necessity, Problems and Methods. Bielefeld 1987 (Diskussionsarbeiten der Fakultät für Wirtschaftswissenschaften der Universität Bielefeld).

Kleinrock, L.: *Queueing Systems 1976*

Queueing Systems, Vol. II (Computer Applications). New York-London-Sydney-Toronto 1976.

Kneip, L.; Scheer, A.-W.; Wittemann, N.: *PROMOS 1981*

PROMOS (Ein Produktionsplanungs-Modellgenerator-System zur Bestimmung des Primärbedarfs im Rahmen eines PPS-Systems). Saarbrücken 1981 (Veröffentlichungen des Instituts für Wirtschaftsinformatik, Heft 26, Hrsg.: A.-W. Scheer).

Korte, W. B.; Robinson, S.: *Telearbeit 1988*

Telearbeit. Office Management, 36 (1988) H. 12, S. 8 - 15.

Krallmann, H. u. a.: *Kommunikationsstrukturanalyse 1989*

Die Kommunikationsstrukturanalyse (KSA) zur Konzeption einer betrieblichen Kommunikationsarchitektur. In: Interaktive betriebswirtschaftliche Informations- und Steuerungssysteme. Hrsg.: K. Kurbel; P. Mertens; A.-W. Scheer. Berlin-New York 1989, S. 289 - 314.

Krcmar, H.: *Gestaltung von "Computer-am-Arbeitsplatz"-Systemen 1983*

Gestaltung von Computer-am-Arbeitsplatz-Systemen (Entwicklung von Alternativen und deren Bewertung durch Simulation). München 1983.

Krcmar, H.: *Schnittstellen 1983*

Schnittstellenprobleme EDV-gestützter Systeme des Rechnungswesens. In: Rechnungswesen und EDV, 4. Saarbrücker Arbeitstagung. Hrsg.: W. Kilger; A.-W. Scheer. Würzburg-Wien 1983, S. 323 - 350.

Kreuzer, K.: *Datenverarbeitung 1983*

Datenverarbeitung rationalisiert Geldinstitute. Data report, 18 (1983) H. 2, S. 10 - 14.

Kroeber-Riel, W.; Neibecker, B.: *Computergestützte Interviewsysteme 1988*

Elektronische Datenerhebung (Computergestützte Interviewsysteme). In: Innovative Marktforschung. Hrsg.: Forschungsgruppe Konsum und Verhalten. Würzburg-Wien 1988, S. 193 - 208.

Kuba, R. W.: *Projektorganisation 1987*

Computergestützte Projektorganisation. Köln 1987.

Kurbel, K.: *Programmentwicklung 1987*

Programmentwicklung. 4. Aufl., Wiesbaden 1987.

Kurbel, K.; Pietsch, W.: *Expertensystem-Projekte 1989*

Expertensystem-Projekte (Entwicklungsmethodik, Organisation und Management). Informatik-Spektrum, 12 (1989) H. 12, S. 133 - 146.

Langer, H.: *Kosteninformationssystem 1980*

AKIS - ein Kosteninformationssystem der Hoechst AG. In: Online-Systeme im Finanz- und Rechnungswesen. Hrsg.: P. Stahlknecht. Berlin- Heidelberg-New York 1980, S. 416 - 430.

Leavitt, H. J.; Whisler, T. L.: *Management 1958*

Management in the 1980s. Harvard Business Review, 36 (1958) No. 6, S. 41 - 48.

Leismann, U.: *WWS mit Btx 1990*

Warenwirtschaftssysteme mit Bildschirmtext. Berlin-Heidelberg-New York-London-Paris-Tokyo 1990.

Lenk, T.: *Telearbeit 1989*
     Telearbeit. Berlin 1989.

Liebermann, M. A.; Selig, G. J.; Walsh, J. J.: *Office Automation 1982*
     Office Automation. New York-Chichester-Brisbane-Toronto-Singapore 1982.

Lieske, N.: *Vermögen verwaltet 1981*
     Wer Vermögen verwaltet, hat viel zu verlieren. Data report, 16 (1981) H. 2, S. 23 -
     28.

Limmer, H.: *Chipkarte 1988*
     Chipkarte bietet Datensicherheit. Dynamik im Handel, H. 2 (1988), S. 100 - 102.

Little, J. D. C.: *Decision Calculus 1977*
     Modelle und Manager (Das Konzept des Decision Calculus). In: Entscheidungshil-
     fen im Marketing. Hrsg.: R. Köhler; H. J. Zimmermann. Stuttgart 1977, S. 122 -
     147.

Lucas, H. C., Jr.: *Information Systems 1981*
     The Analysis, Design and Implementation of Information Systems. 2. Ed., New
     York-Hamburg 1981.

Lünzmann, F.: *Roboter 1982*
     Integration von 600 Robotern in die Fertigung - Wirtschaftlichkeit und Erfah-
     rungen. In: Rationalisierung. Hrsg.: W. Kilger; A.-W. Scheer. Würzburg-Wien 1982,
     S. 322 - 338.

Maciejewski, P. G.: *Electronic Banking 1989*
     Electronic Banking - Stand und Entwicklungstendenzen. Office Banking, Nr. 1
     (1989), S. 22 - 28.

Mahmoud, S.; Riordan, J. S.: *Distributed Information Networks 1976*
     Optimal Allocation of Resources in Distributed Information Networks. ACM
     Transactions on Data Base Systems, No. 1 (1976), S. 66 - 78.

Makridakis, S.; Wheelright, S. C.: *Forecasting 1978*
     Forecasting: Methods and Applications. Santa Barbara-New York 1978.

Martin, J.: *Application Development 1982*

  Application Development Without Programmers. Englewood Cliffs 1982.

McCorduck, P.: *Fifth Generation 1983*

  Introduction to the Fifth Generation. Communications of the ACM, 26 (1983) No. 9, S. 629 - 630.

Meffert, H.: *Marketing Informationssysteme 1975*

  Computergestützte Marketing Informationssysteme (Konzeptionen, Modellanwendungen, Entwicklungsstrategien). Wiesbaden 1975.

Meffert, H.: *EDV im Marketing 1980*

  EDV-Anwendungen im Marketing. In: Wirtschaftsinformatik III. Hrsg.: H. D. Plötzeneder. Stuttgart-New York 1980, S. 29 - 56.

Mertens, P.: *Rechnungswesen 1983*

  Einflüsse der EDV auf die Weiterentwicklung des betrieblichen Rechnungswesens. In: Rechnungswesen und EDV, 4. Saarbrücker Arbeitstagung. Hrsg.: W. Kilger; A.-W. Scheer. Würzburg-Wien 1983, S. 23 - 36.

Mertens, P.: *Industrielle Datenverarbeitung 1988*

  Industrielle Datenverarbeitung. Bd. 1: Administrations- und Dispositionssysteme. 7. Aufl., Wiesbaden 1988.

Mertens, P.: *Expertensysteme in Funktionsbereichen 1988*

  Expertensysteme in den betrieblichen Funktionsbereichen - Chancen, Erfolge, Mißerfolge. In: Betriebliche Expertensysteme I (Einsatz von Expertensystemen in der Betriebswirtschaft - Eine Bestandsaufnahme). Hrsg.: A.-W. Scheer. Wiesbaden 1988, S. 29 - 66 (Schriften zur Unternehmensführung (SzU), Bd. 36, Hrsg.: H. Jacob u. a.).

Mertens, P.; Allgeyer, K.; Däs, H.: *Betriebliche Expertensysteme 1986*

  Betriebliche Expertensysteme in deutschsprachigen Ländern (Versuch einer Bestandsaufnahme). Erlangen 1986 (Arbeitsberichte des Instituts für mathematische Maschinen- und Datenverarbeitung (Informatik), Friedrich-Alexander-Universität Erlangen-Nürnberg).

Mertens, P.; Bodendorf, F.: *Methodenbanken 1979*

Interaktiv nutzbare Methodenbanken, Entwurfskriterien und Stand der Verwirklichung. Angewandte Informatik, 21 (1979) H. 12, S. 533 - 541.

Mertens, P.; Borkowski, V.; Geis, W.: *Expertensystem-Anwendungen 1988*

Betriebliche Expertensystem-Anwendungen - Eine Materialsammlung. Berlin-Heidelberg-New York-London-Paris-Tokyo 1988.

Mertens, P., Griese, J.: *Industrielle Datenverarbeitung II 1988*

Industrielle Datenverarbeitung. Bd. 2: Informations- und Planungssysteme, 5. Aufl., Wiesbaden 1988.

Mertens, P., Plautfaut, E.: *Informationstechnik 1986*

Informationstechnik als strategische Waffe. Information Management, 1 (1986) Nr. 2, S. 6 - 17.

Mertens, P., Wedekind, H.: *Betriebsinformatik 1982*

Entwicklung und Stand der Betriebsinformatik. Zeitschrift für Betriebswirtschaft (ZfB), 52 (1982) H. 5, S. 510 - 519.

Millington, D.: *Systems Analysis 1981*

Systems Analysis and Design for Computer Applications. Chichester 1981.

Müller, E.: *KONSYS 1983*

KONSYS, ein Programm zur Konsolidierung der in- und ausländischen Tochtergesellschaften der VW AG. In: Rechnungswesen und EDV, 4. Saarbrücker Arbeitstagung. Hrsg.: W. Kilger; A.-W. Scheer. Würzburg-Wien 1983, S. 508 - 526.

Nassi, I., Shneiderman, B.: *Flowchart Techniques 1973*

Flowchart Techniques for Structured Programming. ACM-SIGPLAN Notices, No. 8 (1973), S. 12 - 26.

Nastansky, L.: *Tabellenkalkulationsprogramme 1987*

Tabellenkalkulationsprogramme. In: Lexikon der Wirtschaftsinformatik. Hrsg.: P. Mertens u. a., Berlin-Heidelberg-New York-London-Paris-Tokyo 1987, S. 329 - 332.

Naylor, T. H.: *Corporate Planning 1979*

Corporate Planning Models. Reading (Massachusetts) u. a. 1979.

304

Neibecker, B.: *Apparative Marktforschung 1987*

Apparative Marktforschung (Ein Beitrag zur Werbewirkungsanalyse). Werbefor-schung und Praxis, 32 (1987) Nr. 1, S. 19 - 24.

Neibecker, B.: *Expertensysteme im Marketing 1989*

Einsatz von Expertensystemen im Marketing. In: Betriebliche Expertensysteme II (Einsatz von Expertensystem-Prototypen in betriebswirtschaftlichen Funktionsbe-reichen). Hrsg.: A.-W. Scheer. Wiesbaden 1989, S. 55 - 82 (Schriften zur Unter-nehmensführung (SzU), Bd. 40, Hrsg.: H. Jacob u. a.).

Niedereichholz, J.: *Datenbanksysteme 1983*

Datenbanksysteme (Aufbau und Einsatz). 3. Aufl., Heidelberg 1983.

Nixdorf (Hrsg.): *COMET 1978*

Datenverarbeitungssystem 8870/1, COMET 3.2, Programmgenerator CHICO. o. O. 1978.

Nomina (Hrsg.): *ISIS-Software Report 1989*

ISIS-Software Report (Computerprogramme in der Bundesrepublik Deutschland, Österreich, Schweiz). München 1989.

Österle, H.: *Informationssysteme 1981*

Entwurf betrieblicher Informationssysteme. München-Wien 1981.

Olson, M. H.: *Remote Office Work 1983*

Remote Office Work (Changing Patterns in Space and Time). Communications of the ACM, 26 (1983) No. 3, S. 182 - 186.

O.V.: *Vorteile im Wettbewerb 1987*

Vorteile im Wettbewerb. Btx-Praxis, H. 12 (1987), S. 34 - 35.

O.V.: *AMADEUS-Produktinformationen 1988*

AMADEUS-Produktinformationen. Frankfurt/Main 1988, o. S..

O.V.: *Telebox 1989*

Kommunikation zwischen Telebox und Telex. Office Management, 37 (1989) H. 3, S. 109.

O.V.: *Anforderungsprofil 1989*

Anforderungsprofil für die Universitätsausbildung in Wirtschaftsinformatik in wirtschaftswissenschaftlichen Studiengängen. Informatik-Spektrum, 12 (1989) H. 12, S. 225 - 228.

Petre, P.: *Customers 1985*

How to Keep Customers Happy Captives. Fortune vom 2. September 1985, S. 42 - 48.

Petri, C.: *Externe Integration 1990*

Externe Integration der Datenverarbeitung (Unternehmensübergreifende Konzepte für Handelsunternehmen). Berlin-Heidelberg-New York-London-Paris-Tokyo 1990.

Picot, A.: *Bürokommunikation 1982*

Neue Techniken der Bürokommunikation in wirtschaftlicher und organisatorischer Sicht. In: Büro-Systeme und Informations-Management. Hrsg.: CW/CSE. München 1982.

Picot, A., Reichwald, R.: *Kommunikationstechnologien 1978*

Untersuchungen der Auswirkungen neuer Kommunikationstechnologien im Büro auf Organisationsstrukturen und Arbeitsinhalte (Entwicklung einer Untersuchungskonzeption Forschungsbericht T 79-64). Eggenstein-Leopoldshafen 1978.

Plattner, H.: *Kostenstellenrechnung 1983*

Die Organisation eines interaktiven Planungssystems für die Kostenstellenrechnung. In: Rechnungswesen und EDV, 4. Saarbrücker Arbeitstagung. Hrsg.: W. Kilger; A.-W. Scheer. Würzburg-Wien 1983, S. 89 - 110.

Poensgen, O. H.: *Zentralisation und Dezentralisation 1967*

Zentralisation und Dezentralisation im Lichte dreier moderner Entwicklungen. Zeitschrift für Betriebswirtschaft (ZfB), 37 (1967) H. 6, S. 373 - 394.

Porter, M. E.: *Wettbewerbsstrategie 1988*

Wettbewerbsstrategie. 5. Aufl., Frankfurt/Main 1988.

Porter, M. E.; Millar, V.: *Wettbewerbsvorteile 1986*

Wettbewerbsvorteile durch Information. HARVARD manager, H. 1 (1986), S. 26 - 35.

Pressmar, D. B., Hansmann, R.: *Standardsoftwaresysteme 1978*

Standardsoftwaresysteme zur betrieblichen Kostenrechnung. In: Spezialgebiete der Kostenrechnung. Wiesbaden 1978, S. 99 - 123 (Schriften zur Unternehmensführung (SzU), Bd. 24, Hrsg.: H. Jacob).

Prüsmann, K.: *Standardsoftware 1983*

Auswahl- und Einsatzerfahrungen mit fremderstellter Standardsoftware für die Kostenrechnung bei der Thyssen Industrie AG. In: Rechnungswesen und EDV, 4. Saarbrücker Arbeitstagung. Hrsg.: W. Kilger; A.-W. Scheer. Würzburg-Wien 1983, S. 305 - 319.

Reblin, E.: *Stapel- oder Dialogverarbeitung 1980*

Stapel- oder Dialogverarbeitung im Rechnungswesen. In: Online-Systeme im Finanz- und Rechnungswesen. Hrsg.: P. Stahlknecht. Berlin-Heidelberg-New York 1980, S. 43 - 55.

Reichwald, R.: *Bürotechnik 1981*

Neue Systeme der Bürotechnik und Büroarbeitsgestaltung - Problemzusammenhänge. In: Neue Systeme der Bürotechnik - Beiträge zur Büroarbeitsgestaltung aus Anwendersicht. Hrsg.: R. Reichwald. Berlin 1981.

Reuter, A.: *Fehlerbehandlung 1982*

Fehlerbehandlung in Datenbanksystemen (Datenbank-Recovery). München-Wien 1982.

Richter, J. E. & Partner GmbH (Hrsg.): *ADVIS-Methodenpackage 1981*

ADVIS-Methodenpackage - Softwaretechnologische Methoden im Verbund. Hannover 1981.

Rickert, R.: *Konzeption von Methodenbanken 1982*

Konzeption von Methodenbanken zur Entscheidungsunterstützung. In: Unternehmensplanung und -steuerung in den 80er Jahren. Hrsg.: H. Krallmann. Berlin-Heidelberg-New York 1982, S. 164 - 179.

Riebel, P.: *Deckungsbeitragsrechnung 1985*

Einzelkosten- und Deckungsbeitragsrechnung. 5. Aufl., Wiesbaden 1985.

Rockart, J. F.: *Critical Success Factors 1982*

Current Uses of the Critical Success Factors Process (Proceedings of the Fourteenth Annual Conference of the Society for Information Management). o. O. 1982, S. 17 - 21.

Roemer, A.: *Gemeinsame EDV 1981*

Gemeinsame EDV für die Sparkassen in Niedersachsen/Bremen. Online, H. 3 (1981), S. 142 - 144.

Röske, W., Gansera, H.: *Strategisches Marketing 1981*

Strategisches Marketing (Ein Vorschlag für ein computergestütztes Marketing-Support-System in den 80er Jahren). In: Datenverarbeitung im Marketing. Hrsg.: R. Thome. Berlin-Heidelberg-New York 1981, S. 25 - 97.

Rohrlach, H.-J.: *BfA 1981*

BfA informiert aktuell und schnell. Data report, 16 (1981) H. 6, S. 10 - 14.

Rosenkranz, F.: *Modell- und computergestützte Unternehmensplanung 1981*

Stand und Perspektiven der modell- und computergestützten Unternehmensplanung. In: Investitions- und Finanzplanung, 2. Saarbrücker Arbeitstagung. Hrsg.: W. Kilger; A.-W. Scheer. Würzburg-Wien 1981, S. 86 - 94.

Schäfer, E.: *Industriebetrieb 1978*

Der Industriebetrieb. 2. Aufl., Wiesbaden 1978.

Scheer, A.-W.: *Produktionsplanung 1976*

Produktionsplanung auf der Grundlage einer Datenbank des Fertigungsbereichs. München-Wien 1976.

Scheer, A.-W.: *Wirtschaftlichkeitsanalyse 1978*

Wirtschaftlichkeitsanalyse von Informationssystemen. In: Entwicklungstendenzen der Systemanalyse. Hrsg.: H.-R. Hansen. München-Wien 1978, S. 305 - 330.

Scheer, A.-W.: *EDV und OR 1980*

Elektronische Datenverarbeitung und Operations Research im Produktionsbereich - zum gegenwärtigen Stand von Forschung und Anwendung. OR-Spektrum, Bd. 2, H. 1 (1980), S. 1 - 22.

Scheer, A.-W.: *Warenwirtschaftssysteme 1982*

Dispositions- und Bestellwesen als Baustein zu integrierten Warenwirtschafts-systemen. Saarbrücken 1982 (Veröffentlichungen des Instituts für Wirtschaftsin-formatik, Heft 33, Hrsg.: A.-W. Scheer.).

Scheer, A.-W.: *Produktionsbereich 1983*

DV-gestützte Planungs- und Informationssysteme im Produktionsbereich. Elektro-nische Rechenanlagen, 25 (1983) H. 2, S. 82 - 92.

Scheer, A.-W.: *Wirtschaftsinformatik 1988*

Wirtschaftsinformatik - Informationssysteme im Industriebetrieb. 2. Aufl., Berlin-Heidelberg-New York-London-Paris-Tokyo 1988.

Scheer, A.-W.: *Planungs- und Steuerungsfunktionen 1988*

Neues Gewicht für Planungs- und Steuerungsfunktionen. Blick durch die Wirt-schaft vom 29.6.88, S. 7.

Scheer, A.-W. (Hrsg.): *Betriebliche Expertensysteme I 1988*

Betriebliche Expertensysteme I (Einsatz von Expertensystemen in der Betriebswirt-schaft - Eine Bestandsaufnahme). Wiesbaden 1988 (Schriften zur Unternehmens-führung (SzU), Bd. 36. Hrsg.: H. Jacob u. a.).

Scheer, A.-W. (Hrsg.): *Betriebliche Expertensysteme II 1989*

Betriebliche Expertensysteme II (Einsatz von Expertensystem-Prototypen in be-triebswirtschaftlichen Funktionsbereichen). Wiesbaden 1989 (Schriften zur Unter-nehmensführung (SzU), Bd. 40, Hrsg.: H. Jacob u. a.).

Scheer, A.-W.: *CIM 1990*

CIM (Computer Integrated Manufacturing) - Der computergesteuerte Industriebe-trieb. 4. Aufl., Berlin-Heidelberg-New York-London-Paris-Tokyo 1990.

Scheer, A.-W., Bock, M.: *Konstruktionsbegleitende Kalkulation 1988*

Expertensysteme zur konstruktionsbegleitenden Kalkulation. CAD-CAM-Report, 7 (1988) Nr. 12, S. 47 - 55.

Scheer, A.-W., Kraemer, W.: *Betriebsübergreifende Vorgangsketten 1989*

Betriebsübergreifende Vorgangsketten und Informationssysteme. CIM-Manage-ment, 5 (1989) H. 3, S. 4 - 9.

Scheer, A.-W., Steinmann, D.: *Themenbereich Expertensysteme 1988*

Einführung in den Themenbereich Expertensysteme. In: Betriebliche Expertensysteme I (Einsatz von Expertensystemen in der Betriebswirtschaft - Eine Bestandsaufnahme). Hrsg.: A.-W. Scheer. Wiesbaden 1988, S. 5 - 27 (Schriften zur
Unternehmensführung (SzU), Bd. 36, Hrsg.: H. Jacob u. a.).

Scheer, A.-W. u. a.: *Personal Computing 1984*

Personal Computing - EDV-Einsatz in Fachabteilungen. München 1984.

Scheer, A.-W. unter Mitarbeit von Bolmerg, L.; Demmer, H., Helber, C.: *Wirtschaftsinformatik 1978*

Wirtschafts- und Betriebsinformatik. München 1978.

Schellhaas, H., Schönecker, H.: *Kommunikationstechnik 1983*

Kommunikationstechnik und Anwender-Akzeptanzbarrieren (Bedarfsstrukturen,
Einsatzbedingungen, Forschungsprojekt Bürokommunikation). München 1983.

Schlageter, G., Stucky, W.: Datenbanksysteme 1983

Datenbanksysteme (Konzepte und Modelle). 2. Aufl., Stuttgart 1983.

Schmitz, P., Schönlein, A.: *Optimierungsmodelle 1978*

Lineare und linearisierbare Optimierungsmodelle sowie ihre ADV-gestützte Lösung.
Braunschweig 1978.

Schnupp, P.: *Rechnernetze 1982*

Rechnernetze (Entwurf und Realisierung). 2. Aufl., Berlin-New York 1982.

Schönweitz, G.: *Bürokommunikation 1989*

Bürokommunikation: Herstellerkonzepte auf dem Prüfstand (1. Teil: Benutzeranforderungen). Office Management, 37 (1989) H. 10, S. 42 - 45.

Scholz, C.: *Personal Computing 1989*

Einführung in das Personal Computing. Berlin-New York 1989.

Schulte-Hillen, J.: *Arbeitsmittel 1988*

Arbeitsmittel, kein Zauberkasten. Online, H. 5 (1988), S. 44 - 46.

Schwetz, R.: *Bürotätigkeiten 1983*

Einfluß kommunikationsfähiger Systeme auf die Bürotätigkeiten und die Büroorganisation. In: Arbeitspapier. Hrsg.: Siemens. München 1983.

Seibt, D.: *Btx im geschäftlichen Bereich 1986*

Btx-Anwendungsschwerpunkte im geschäftlichen Bereich (Vortrag gehalten im Rahmen des Fachseminars: "Gestaltung von Btx-Rechnerverbundanwendungen" am 20. und 21.11.1986 in Köln). Köln 1986.

Seitz, N.: *Warenbewirtschaftung 1982*

Warenbewirtschaftung in Kooperationssystemen: Die V.A.G.-Organisation. Zürich 1982. In: Integrierte Warenwirtschaftssysteme. Hrsg.: J. Zentes.

Shunk, D. L.: *CIM in den USA 1988*

CIM in den USA. Fortschrittliche Betriebsführung/Industrial Engineering (FB/IE). 37 (1988) H. 1, S. 19 - 25.

Sinzig, W.: *Rechnungswesen 1989*

Datenbankorientiertes Rechnungswesen. 3. Aufl., Berlin-Heidelberg-New York-Tokyo 1989.

Stahlknecht, P.: *Customizen 1983*

Customizen. Informatik-Spektrum, 6 (1983) H. 3, S. 168.

Stahlknecht, P.: *Wirtschaftsinformatik 1989*

Einführung in die Wirtschaftsinformatik. 4. Aufl., Berlin-Heidelberg-New York-London-Paris-Tokyo-Hong Kong 1989.

Steinmann, D.: *Wissensbasierte Anwendungen 1989*

Konzeption zur Integration wissensbasierter Anwendungen in konventionelle Systeme der Produktionsplanung und -steuerung (PPS) im Bereich der Fertigungssteuerung. In: Betriebliche Expertensysteme II (Einsatz von Expertensystem-Prototypen in betriebswirtschaftlichen Funktionsbereichen). Hrsg.: A.-W. Scheer. Wiesbaden 1989, S. 83 - 122. (Schriften zur Unternehmensführung (SzU), Bd. 40, Hrsg.: H. Jacob u. a.).

Stetter, F.: *Softwaretechnologie 1983*

Softwaretechnologie. 2. Aufl., Mannheim-Wien-Zürich 1983.

Synott, W. R., Gruber, W. H.: *Information Resource Management 1986*

Information Resource Management (Opportunities and Strategies for the 1980's). New York 1981.

Szyperski, N.: *Aspekte 1982*

Strategische Aspekte von Office Support Systemen. In: 1. Europäischer Kongreß über Bürosysteme & Informationsmanagement. Hrsg.: CW-CSE. München 1982.

Thome, R. (Hrsg.): *Datenverarbeitung im Marketing 1981*

Datenverarbeitung im Marketing. Berlin-Heidelberg-New York 1981.

Thome, R.: *Informationsverarbeitung in der Praxis*

Informationsverarbeitung in der Praxis. Landsberg 1986.

Trost, H.: *Wissensrepräsentation 1984*

Wissensrepräsentation in der AI am Beispiel Semantischer Netze. In: Artificial Intelligence, Eine Einführung. Hrsg.: J. Retti u. a.. Stuttgart 1984, S. 47 - 72.

Wagner, H. M., Whitin, T. M.: *Economic Lot Size Model 1958*

Dynamic Version of the Economic Lot Size Model. Management Science, 5 (1958), S. 89 - 96.

Warnecke, H. J., Bullinger, H. J., Lienert, J.: *Produktionsbereich 1980*

EDV-Anwendungen im Produktionsbereich. In: Wirtschaftsinformatik III. Hrsg.: H. D. Plötzeneder. Stuttgart-New York 1980, S. 57 - 80.

Wedekind, H.: *Datenbanksysteme I 1981*

Datenbanksysteme I. 2. Aufl., Mannheim-Wien-Zürich 1981.

Wildemann, H.: *Just-In-Time 1987*

Das Just-In-Time Konzept (Produktion und Zulieferung auf Abruf). Frankfurt 1987.

Wißkirchen, P. u. a.: *Bürosysteme 1983*

Informationstechnik und Bürosysteme. Stuttgart 1983.

Witte, E. (Hrsg.): *Empirische Forschung 1981*

Der praktische Nutzen empirischer Forschung. Tübingen 1981.

312

Wittemann, N.: *Produktionsplanung 1984*

Produktionsplanung mit verdichteten Daten. In: Operations Research Proceedings, Vorträge der 12. DGOR-Jahrestagung 1983. Hrsg.: H. Steckhan u. a.. Berlin-Heidelberg-New York-Tokyo 1984, S. 172 - 179.

Wittemann, N.: *Produktionsplanung mit verdichteten Daten 1985*

Produktionsplanung mit verdichteten Daten. Berlin-New York-Tokyo 1985.

Zacharias, C.-O.: *Lagerverbundsysteme 1982*

EDV-Einsatz in hierarchischen Lagerverbundsystemen. München 1982.

Zapp, H.: *Computer Integrated Banking 1989*

Electronic Banking/Computer Integrated Banking (CIB). Die Betriebswirtschaft (DBW), 49 (1989) H. 1, S. 120 - 121.

Zentes J. (Hrsg.): *Warenwirtschaftssysteme 1982*

Integrierte Warenwirtschaftssysteme. Zürich 1982.

Zentes, J. (Hrsg.): *Kommunikationstechnologien 1984*

Neue Informations- und Kommunikationstechnologien in der Marktforschung. Berlin-Heidelberg-New York-Tokyo 1984.

Zentes, J.: *EDV-gestütztes Marketing 1987*

EDV-gestütztes Marketing (Ein informations- und kommunikationsorientierter Ansatz). Berlin-Heidelberg-New York-London-Paris-Tokyo 1987.

Zloof, M. M.: *Office by Example 1982*

Office by Example. IBM Systems Journal, 21 (1982) No. 3, S. 272 - 304.

Zwicker, E.: *Dynamische Systeme 1981*

Simulation und Analyse dynamischer Systeme in den Wirtschafts- und Sozialwissenschaften. Berlin-New York 1981.

Stichwortverzeichnis

320

A.-W. Scheer, Universität Saarbrücken

CIM
Computer Integrated Manufacturing

Der computergesteuerte Industriebetrieb

4., neu bearb. u. erw. Aufl. 1990. XIII, 293 S. 149 Abb. Geb. DM 55,- ISBN 3-540-52158-5

Die hervorragende Aufnahme, die dieses inzwischen als Standardwerk etablierte Buch insbesondere in der Praxis gefunden hat und die wiederum eine Neuauflage innerhalb kurzer Zeit erforderlich machte, zeigt, daß es dem Autor gelungen ist, einen umfassenden Überblick über die neuesten Entwicklungen im Produktionssektor zu geben. Die erste Auflage wurde vom „Computer-Magazin" im Juni 1987 zum „Buch des Monats" erklärt. Die „Frankfurter Allgemeine Zeitung" schreibt zur 3. Auflage: „Wer sich in das Thema CIM einlesen und sich hierüber einen Überblick verschaffen möchte, aber auch wer seine eigene Kenntnis und Meinung hierzu durch Lektüre einer systematischen, leicht verständlichen Gesamtdarstellung abrunden möchte, wird dieses Buch mit Gewinn lesen."

A.-W. Scheer, Universität Saarbrücken

Wirtschaftsinformatik

Informationssysteme im Industriebetrieb

3., neu bearb. u. erw. Aufl. 1990. Etwa 670 S. Etwa 450 Abb. Geb. DM 69,-
ISBN 3-540-53381-8

Inhaltsübersicht: Beschreibung von Informationssystemen. – Funktionsbezogene Informationssysteme. – Das unternehmensweite Informationssystem.

Das Buch präsentiert die konsequente Nutzung der Datenverarbeitung in allen Bereichen des modernen Industriebetriebs.
Das Computer-Magazin erklärte das Werk im Mai 1988 zum „Buch des Monats", es schreibt in seiner Besprechung: „Hier liegt ein Buch vor, das dem Manager, dem DV-Praktiker und Systementwickler sowie dem Studenten nur wärmstens weiterempfohlen werden kann."

Die integrierte Informationsverarbeitung setzt leistungsfähige Datenbasen voraus. Je mehr der Zugang zu EDV-gestützten Informationssystemen durch benutzerfreundliche Anfragesprachen und Auswertsysteme erleichtert wird, um so wichtiger wird die Gestaltung der Datenbank, auf der diese Instrumente basieren.
Viele Unternehmen führen zur Zeit relationale Datenbanksysteme ein. Ihr Nutzen kommt aber erst durch einen sorgfältigen Entwurf des Datenbankschemas zum Tragen.
Für die Funktionsbereiche Produktion, Technik, Beschaffung, Absatz, Personal, Rechnungswesen und Verwaltung eines Industriebetriebes werden deshalb in diesem Buch die Datenstrukturen „konstruiert", um Dispositions-, Abrechnungs-, Auswertungs-, und Planungssysteme zu unterstützen.
Als durchgängiges Entwurfsverfahren wird das Entity-Relationship-Modell eingesetzt. Die entwickelten Datenstrukturen werden jeweils in die Schemata des Relationenmodells übersetzt. Die durchgängige Darstellungsweise verdeutlicht Datenbeziehungen zwischen den Funktionsbereichen und unterstützt das Konzept der integrierten Datenverarbeitung, wie es in den zukunftsorientierten Systemen CIM und Büro-Automation zum Ausdruck kommt.
Die Datenstrukturen werden zu einem integrierten Unternehmensdatenmodell (UDM) zusammengeführt und in das Konzept eines Management-Informationssystems eingebettet.

Springer-Verlag
Berlin
Heidelberg
New York
London
Paris
Tokyo
Hong Kong
Barcelona